Über dieses Buch   Bestimmend für Leben und Werk der mexikanischen Malerin Frida Kahlo (1907 – 54) war ein schwerer Unfall, von dessen Folgen sie sich zeitlebens nicht mehr richtig erholen sollte. Über Monate zum Stilliegen verurteilt, beginnt sie zu malen, und die Malerei gibt ihr die Möglichkeit, sich von ihrer Angst und ihrem Leid zu befreien.

Mit 19 Jahren heiratet sie den durch seine Wandmalereien berühmt gewordenen mexikanischen Maler Diego Rivera; André Breton führt sie in das Pariser Kunstleben ein; Picasso rühmt ihre einzigartigen Porträts. Sie lernt Trotzki kennen und wird zur romantisch verklärten Kommunistin. Ausgestattet mit einer ungeheuren Energie führt sie ein Leben voller Intensität und Leidenschaft. Nur in ihren Bildern, die nicht umsonst überwiegend Selbstdarstellungen sind, gibt sie ihre ungeheuren Leiden und Ängste preis, versucht sie mit Hilfe der Phantasie und einer ihr ganz eigenen Symbolsprache mit der Realität fertigzuwerden.

Hayden Herreras Biographie zeichnet den Lebensweg dieser bewundernswerten Frau nach und liefert gleichzeitig eine kenntnisreiche und ausführliche Analyse ihres Werkes.

Die Autorin   Hayden Herrera ist Kunsthistorikerin und eine der besten Kennerinnen von Leben und Werk Frida Kahlos.

Hayden Herrera

Frida Kahlo

Malerin der Schmerzen –
Rebellin gegen das Unabänderliche

Aus dem Amerikanischen übersetzt
von Dieter Mulch

Fischer Taschenbuch Verlag

36.–41. Tausend: April 1991

Ungekürzte Ausgabe
Veröffentlicht im Fischer Taschenbuch Verlag GmbH,
Frankfurt am Main, April 1987

Lizenzausgabe mit freundlicher Genehmigung des
Scherz Verlags Bern, München, Wien.
Titel der amerikanischen Originalausgabe:
›Frida – A Biography of Frida Kahlo‹
Einzig berechtigte Übersetzung aus dem
Amerikanischen von Dieter Mulch.
© 1983 by Hayden Herrera
Gesamtdeutsche Rechte by Scherz Verlag, Bern, München, Wien.
Umschlaggestaltung: Jan Buchholz / Reni Hinsch
Umschlagabbildung: »Die gebrochene Säule«, 1944;
Sammlung Dolores Olmedo, Mexico City. Foto: José Verde.
Druck und Bindung: Clausen & Bosse, Leck
Printed in Germany
ISBN 3-596-25636-4

Inhalt

Einleitung

Die erste große Ausstellung von Bildern der Frida Kahlo in ihrer mexikanischen Heimat fand im April 1953, ein Jahr vor ihrem Tod, statt. Damals war sie siebenundvierzig Jahre alt; aber ihr Gesundheitszustand hatte sich so verschlechtert, daß niemand bei der Eröffnung mit ihrer Anwesenheit rechnete. Doch kurz nachdem um acht Uhr abends die Galerie für Moderne Kunst in Mexico City die Türen zum Empfang der Besucher geöffnet hatte, fuhr ein Krankenwagen vor, und die Künstlerin ließ sich auf einer Bahre hereintragen. Wie man es von ihr kannte, war sie in ihre mexikanische Tracht gekleidet, und sie nahm an der Eröffnungsfeier von ihrem Himmelbett aus teil, das im Laufe des Nachmittags in der Galerie aufgestellt worden war. Das Kopfende war dicht besteckt mit Fotografien von ihrem Mann, dem großen Freskenmaler Diego Rivera, und von Fridas politischen Idolen, Malenkow und Stalin. Skelette aus Pappmaché baumelten vom Betthimmel herunter, und ein Spiegel war dergestalt über der im Bett liegenden Künstlerin befestigt, daß sich darin die Blicke der Besucher mit dem frohen, wenn auch von der Krankheit gezeichneten Gesicht der Kahlo begegneten. Zweihundert Freunde und Bewunderer ihrer Kunst traten einer nach dem anderen an ihr Lager heran, um sie zu begrüßen. Danach bildeten sie einen großen Kreis um das Bett und sangen zusammen mit Frida mexikanische Balladen bis spät in die Nacht.

Die Ausstellung reflektierte die wichtigsten Momente aus dem Leben der ungewöhnlichen Frau; zugleich bildete das Ereignis einen Höhepunkt ihrer Laufbahn. Viele der besonderen Eigenschaften, die ihre Malerei wie ihr Leben auszeichneten, traten in dieser Rückschau auf ihr Werk in einprägsamer Weise und für jeden sichtbar hervor: Fridas Tapferkeit und ihre – trotz schwerer körperlicher Leiden – unbezwingbare Frohnatur; der hohe Wert, den die Künstlerin allem Überraschenden und Intim-Persönlichen beimaß; ihre eigentümliche Vorliebe für schauspielhafte Auftritte, Selbstinszenierung als eine Schutzmaske, um ihre Privatsphäre und persönliche Würde zu wahren. Vor allem ließ die Ausstellung keinen Zweifel darüber, daß Frida Kahlos wichtigster Darstellungsgegenstand ihre eigene Person war. Die meisten der ungefähr zweihundert Gemälde, die sie in ihrer allzu früh beendeten Künstlerkarriere geschaffen hatte, waren Selbstbildnisse.

Das «Ausgangsmaterial» dieser Bilder entbehrte nicht dramatischer Reize. Was Fridas Schönheit an Vollkommenheit fehlte, trug nur dazu bei, ihre eigenwillige Anziehungskraft zu erhöhen. Die dunklen Augenbrauen zogen eine durchgehende, kräftige Linie über ihre Stirn, ihr Mund war sinnlich voll, und ein Anflug von Bartflaum lag als Schatten auf ihrer Oberlippe. Frida hatte dunkle, schrägstehende mandelförmige Augen. Leute, die die Künstlerin gut kannten, berichten, wie Fridas Intelligenz und Humor aus diesen Augen leuchteten und wie sie Stimmungen und Launen der Malerin verrieten. In ihrem Blick kam eine durchdringende Direktheit zum Ausdruck; ihr schien nichts zu entgehen, und Fridas Besucher fühlten sich von ihren Augen so unausweichlich scharf beobachtet wie von einem Ozelot.

Fridas Lachen war tief und ansteckend; es brach aus ihr hervor, wenn sie sich freute, aber auch, wenn sie sich fatalistisch in die Absurdität ihrer Leiden schickte. Mit einer etwas rauhen Stimme sprudelte die Kahlo ihre Sätze hervor, intensiv, gefühlsbetont und lebhaft, und sie unterstrich sie mit raschen und zierlichen Gesten. Dazwischen lachte sie immer wieder aus vollem Halse, oder sie ließ einen gelegentlichen emotionalen Aufschrei hören.

Wenn Frida Englisch sprach – und sie beherrschte diese Sprache fließend mündlich und schriftlich –, so neigte sie zum Slang. Beim Lesen ihrer Briefe muß man sich über ihre kuriosen Wendungen manchmal wundern. Auch in ihrer spanischen Muttersprache gebrauchte sie gerne schockierende Ausdrücke, und es machte der Malerin offensichtlich in beiden Sprachen Spaß zu sehen, wie ihre Zuhörer auf diese Form von Herausforderung reagierten. Der Schockeffekt der Gossensprache wurde in seiner Wirkung noch dadurch erhöht, daß sie aus dem Munde einer so weiblich reizvollen Person kam, die mit ihrem langen Hals und stolz erhobenen Haupt eher die Noblesse einer Königin auszustrahlen schien.

Die Malerin trug gerne stark farbige Kleider und zog die einheimischen Trachten mit ihren langen Röcken der modernen Haute Couture vor. Wo sie erschien, erregte sie Aufsehen. In New York liefen ihr sogar einmal die Kinder nach, weil sie meinten, daß die buntfarbig gekleidete Dame zu einem Zirkus gehören müsse. Die Kahlo hat dergleichen Erlebnisse keineswegs als verletzend empfunden.

1929 wurde Frida die dritte Frau von Diego Rivera. Welch ein Paar! Rivera, ein Mensch von gewaltiger Leibesfülle, der jeder spontanen Regung folgte, eine Gestalt wie von Rabelais erfunden – und daneben die Kahlo, zierlich und stolz; sie hätte in einem Roman von Gabriel García Márquez vorkommen können. Dieses ungleiche Paar muß – so erscheint es zumindest dem heutigen Betrachter – Gott und die Welt gekannt haben: Eine Zeitlang waren sie mit Trotzki befreundet, sie hatten Umgang mit Henry Ford und mit Nelson Rockefeller, mit Dolores del Rio und Paulette Goddard. Bei dem Malerpaar in Mexiko City traf sich die internationale Intelligenzija; zu ihren Gästen zählten Pablo Neruda, André Breton und Sergej Eisenstein. Marcel Duchamp war Fridas Gastgeber in Paris, Isamu Noguchi war ihr Liebhaber, und Miró, Kandinsky und Tanguy gehörten zu ihren Bewunderern. In New York begegnete die Künstlerin Alfred Stieglitz und Georgia O'Keeffe, in San Francisco wurde sie von Edward Weston und von Imogen Cunningham fotografiert.

Dank Riveras Drang zur öffentlichen Selbstdarstellung wurde seine Ehe mit der Kahlo etwas, woran ein großes Publikum teilhatte, und die stets sensationslüsterne Presse ließ es sich nicht nehmen, über alle Abenteuer, Liebesgeschichten, Streitereien, Trennungen und Wiederversöhnungen des Paares bis ins kleinste zu berichten. Die Riveras wurden nur noch mit ihren Vornamen zitiert, und jeder wußte, wer mit Frida und Diego gemeint war: Er war «der größte Künstler der Welt» und sie die mitunter rebellische Priesterin in seinem Tempel. Sie war lebhaft, intelligent, erotisch attraktiv und infolgedessen nicht selten in Liebesabenteuer mit Männern verstrickt. Es gibt auch Hinweise, daß sie lesbische Beziehungen pflegte. An denen nahm ihr Mann keinen Anstoß; dafür reagierte er um so heftiger auf männliche Rivalen: «Ich habe keine Lust, meine Zahnbürste mit jedem zu teilen», sagte er, und einmal hätte er beinahe einen Liebhaber mit seiner Pistole über den Haufen geschossen.

Wenn man mit Leuten spricht, die die Malerin persönlich gekannt haben, fällt immer wieder auf, wie sehr die Kahlo Liebe und Zuwendung auf sich zog. Gewiß, sie konnte sarkastisch und launisch sein; trotzdem treten noch heute den Menschen die Tränen in die Augen, wenn sie an diese Frau zurückdenken. In ihren lebendig gebliebenen Erinnerungen nimmt sich Frida Kahlos Leben aus wie eine von F. Scott Fitzgerald erfundene Kurzgeschichte: voller Glanz und Heiterkeit bis zum tragischen Ende. Die Wirklichkeit war freilich sehr viel weniger heiter.

Am 17. September 1925 erlitt die damals achtzehnjährige Frida in

9

Mexico City einen Verkehrsunfall: Der Omnibus, mit dem sie von der Schule nach Hause fuhr, wurde von einer Trambahn gerammt. Bei dem Zusammenstoß wurde das Mädchen von einer Metallstange buchstäblich aufgespießt. Die Folgen ihrer schweren Verletzungen blieben für ihr weiteres Leben bestimmend; die restlichen neunundzwanzig Jahre ihres Daseins waren von Krankheit und Schmerzen gezeichnet. «Was die Zahl meiner Operationen betrifft, kann ich es mit jedem aufnehmen», sagte sie einmal. Ebenfalls eine Folge des Unfalls war, daß Frida mit der unerfüllten Sehnsucht nach einem Kind leben mußte. Schmerzlich war auch für sie, daß sie sich von dem Mann, den sie liebte, oft betrogen sah und gelegentlich von ihm verlassen wurde. Unter diesen Umständen hatte die für die Künstlerin so typische *alegría*, ihre Heiterkeit, einen besonderen Stellenwert: Sie spielte sie aus, wie ein Pfau sein Rad schlägt; dahinter aber verbarg sie ihren tiefen Kummer und ihre übersteigerte Ichbesessenheit.

«Ich male meine eigene Wirklichkeit», sagte sie. «Das einzige, was ich über meine Arbeit mit Sicherheit sagen kann, ist, daß ich male, weil ich muß, und daß ich immer male, was mir in den Sinn kommt, ohne jede weitere Überlegung.» Was der Kahlo in den Sinn kam, gehört zu den originellsten und dramatischsten Bildvorstellungen des zwanzigsten Jahrhunderts. Sie malte sich selbst blutend, weinend, aufgebrochen, und mit unerhörter Offenheit machte sie aus ihren Schmerzen ihre von Humor und Phantasie durchwaltete Kunst. In Form von Bildern schuf die Kahlo ihre Autobiographie; nie verlor sie sich dabei ins Allgemeine, blieb immer sehr persönlich und schürfte lieber tief, als daß sie der Versuchung nachgegeben hätte, ein allumfassendes Bild schaffen zu wollen. Eine seltsame Kraft geht von den Bildern der Kahlo aus. Der Betrachter wird von ihr erfaßt und in geradezu bedrängender Weise festgehalten.

In der Mehrzahl beschränken sich die Gemälde auf kleine Formate; eine Bildfläche von 30 mal 40 Zentimetern war bei der Kahlo durchaus üblich. Die geringe Größe kam der Intensität zugute, mit der die Künstlerin ihre Bildgegenstände behandelte. Mit sehr kleinen Pinseln trug sie nach altmeisterlicher Weise die Farbe in kleinen Strichen auf. Die Dinge fügen sich zu klaren Kompositionen zusammen, und die von der Malerin bevorzugte naturalistische Gegenständlichkeit verleiht auch dem Phantastischen noch greifbare Realität.

Die Arbeiten der Kahlo mußten vor allem den Surrealisten gefallen. In den späten dreißiger Jahren wurde die Malerin von ihnen gefeiert und in ihren Reihen willkommen geheißen. Aber auch herausragende Kunstsammler erkannten schon früh die Bedeutung dieser

Werke, so etwa Edward G. Robinson, Edgar Kaufmann, Jr., A. Conger Goodyear und Jacques Gelman.

Erst viel später fanden die Bilder das verdiente Interesse einer größeren Öffentlichkeit. Im Herbst 1977 richtete die mexikanische Regierung im Palast der Schönen Künste von Mexico City eine Retrospektive für die Werke der Frida Kahlo aus. Es war eine seltsame Ehrung, die ihr da zuteil wurde, denn die Ausstellung schien mehr dazu angetan, die exotische Persönlichkeit der Malerin und ihre Lebensgeschichte herauszustellen, als ihre Kunst zu würdigen. In den hohen weiten Sälen hatte man riesige Vergrößerungen von Fotos aus dem Leben der Kahlo aufgehängt, neben denen die kostbar-winzigen Gemälde fast nur noch wie die Interpunktionszeichen in einem Text wirkten.

Dennoch behielt Fridas Kunst schließlich die Oberhand; denn die Bilder waren so klein im Vergleich mit den Fotografien, daß die Betrachter sie nur aus allernächster Nähe richtig ins Auge fassen konnten; und sobald einmal jemand so nahe herangetreten war, übten die Bilder ihre seltsam anziehende Wirkung aus. In allen ihren Werken hatte die Malerin Momente des Betroffenseins aus ihrem Leben festgehalten und sie für den Betrachter nachvollziehbar gemacht – jedes Bild ein erstickter Schrei, die Erfahrungen und Empfindungen der Frau in solcher Verdichtung, daß sie zur Entladung zu drängen scheinen. Neben dieser kraftvollen Ausstrahlung wirkten die Fotografien, die an einem Gerüst in der Saalmitte montiert waren, zusammengestückelt und unsolide wie ein Kartenhaus.

Seither ist das Publikum der Frida Kahlo unübersehbar gewachsen, und gerade in den letzten Jahren wurden Wanderausstellungen ihrer Arbeiten in verschiedenen Museen der Vereinigten Staaten, ferner in London und auch in Berlin, Hamburg und Hannover gezeigt. Die äußerst persönliche und weibliche Sehweise in Fridas Bildwelt und ihre künstlerische Unabhängigkeit sind vor allem bei den Frauen im Publikum auf große Resonanz gestoßen.

Mit Diego Rivera hat die Kahlo in ihrer Kunst nicht konkurrieren wollen; andererseits stand sie ihrem Mann als Künstlerin nicht nach, und es gibt einige scharfblickende Kritiker, die Frida als Künstlerin sogar mehr Bedeutung beimessen als dem großen mexikanischen Freskenmaler selbst. Immerhin hat auch Diego dergleichen über seine Frau geäußert, und er schwenkte stolz Picassos Brief, in dem es nach Fridas Pariser Ausstellung hieß: «Weder Derain noch du oder ich, keiner von uns kann einen Kopf so malen wie Frida Kahlo.»

Am 2. November 1978, dem mexikanischen Totengedenktag, eröffnete die Galería de la Raza im Mission District von San Francisco eine Ausstellung mit dem Titel *Hommage à Frida Kahlo*. Gezeigt wurden die Beiträge von etwa fünfzig Künstlern, die eingeladen worden waren, Arbeiten im Sinne des Symbolismus der Kahlo einzusenden. Wie es an dem hohen mexikanischen Festtag Brauch ist, wurde in der Galerie der traditionelle Opferaltar für die Dahingegangenen aufgestellt. Er war geschmückt mit Kerzen, Totenschädeln aus Zuckerguß, Kreuzen aus geflochtenem Stroh, «Totenbrot» in der Form menschlicher Knochen, einem Sarg mit Vögeln und einem Puppenbett, in dem eine Miniatur-Frida lag. An den Wänden der Galerie hingen die Werke der Künstler zusammen mit den Selbstbildnissen der Kahlo, um die Verbundenheit mit ihr zu betonen. In den Ausstellungsbeiträgen war Frida als politische Heldin und revolutionäre Kämpferin dargestellt, als leidende, kinderlose und mißhandelte Frau, ja sogar als mexikanische Ophelia. Wiederholt wurde sie als jemand gezeigt, der sich, wenn auch noch so sehr vom Tode bedroht, seinem Schicksal entgegenstellt. Eine der Künstlerinnen, die an der Ausstellung teilnahmen, erläuterte die Verehrung, die sie für die Kahlo empfand, so: «Frida verkörpert in sich den Begriff echter Kultur für die Chicanofrauen. Sie hat uns Mut gemacht. In ihren Werken drückt sich kein Selbstmitleid aus, nur Stärke.»

Man freut sich für Frida über die Mannigfaltigkeit der Erinnerungen, die die Künstlerin bei vielen Menschen aus unterschiedlichen Kreisen hinterließ. Sie hat selbst sehr viel zur Legende beigetragen, in der sie fortlebt; das Bild ist durch allerlei Widersprüche und Zweideutigkeiten in eine vielleicht beabsichtigte Unschärfe getaucht; denn die Künstlerin war viel zu vielschichtig und hat viel zu bewußt ihre komplizierte Selbsterfahrung reflektiert, als daß sie jeden Zweifel aus dem Bild von sich hätte verbannen können. So ist der Biograph fast versucht, diejenigen Seiten der Wirklichkeit nicht zu enthüllen, die das Image in Frage stellen, das die Malerin von sich selbst geschaffen hat. Aber die Wahrheit kann hier dem Mythos gar nicht gefährlich werden. Auch die nüchternen Tatsachen dieses Künstlerlebens bleiben für den Betrachter so erstaunlich und ungewöhnlich wie die Legende, die sich darum rankt.

1 Das blaue Haus

Die Lebensgeschichte der Frida Kahlo beginnt und endet im selben Haus. Es steht an der Kreuzung zwischen der Allende- und der Londres-Straße in Coyoacán, einem malerischen alten Viertel am südlichen Rand von Mexico City. Wie viele Häuser dieser Stadt ist es ein einstöckiges Gebäude. Die Wände sind blau gekalkt. Die Fassade wird belebt durch vielsprossige Fenster mit grünen Läden und durch die sich ständig wiegenden Schatten der Bäume. Über dem Eingang findet der Besucher heute ein Schild mit der Aufschrift MUSEO FRIDA KAHLO. Wer sich von dem bescheidenen Äußeren nicht abhalten läßt, wird im Innern des Hauses freilich mit dem Erlebnis von Räumen belohnt, wie man sie wohl kaum sonst in Mexico antreffen kann: Hier ist die Wohnung einer Frau mit all ihren Gemälden und mit ihrer ganzen Einrichtung in ein Museum umgewandelt worden.

Der Eingang wird von zwei riesigen Judasfiguren* bewacht. Sie sind fast sieben Meter hoch und scheinen zu gestikulieren, als ob sie sich miteinander unterhielten. Geht man zwischen ihnen hindurch, so betritt man einen Garten mit subtropischen Pflanzen, Brunnen und einer kleinen Pyramide. Sie ist mit Figuren besetzt, die aus der Zeit vor der spanischen Eroberung stammen.

Im Innern des Hauses teilt sich dem Besucher sehr stark das Gefühl mit, daß der Geist der früheren Bewohner alle Bilder und Gegenstände noch immer belebt. Hier sieht man Frida Kahlos Palette und Pinsel auf ihrem Arbeitstisch, wie wenn sie sie soeben abgelegt hätte. Dort, in der Nähe seines Bettes, liegen Diego Riveras breitkrempiger Hut, seine Overalls und die riesigen Bergarbeiterschuhe, die er zu

---

* Diese Figuren werden aus Pappmaché hergestellt und sind dazu bestimmt, am Ostersamstag als Feuerwerkskörper die Menge zu belustigen. Sie erinnern nicht nur an den Verrat des Judas an Christus, sondern sind mit der Zeit zu Symbolfiguren für alle Unterdrücker geworden, denen sich das einfache Volk ausgesetzt fühlt. So nehmen die «Judasse» die Gestalt von Polizisten, Soldaten, Politikern, Grundbesitzern und überhaupt von allen an, die den Haß des Volkes verdient haben. (Nach Bertram D. Wolfe u. Diego Rivera ‹Porträt von Mexico›)

tragen pflegte. Beim Durchwandern der Sammlung betritt man auch den als Schlafzimmer eingerichteten großen Eckraum, dessen Fenster auf die Allende- und auf die Londres-Straße hinausgehen. Hier hängt hinter den Glastüren eines Schrankes Fridas farbenfrohe Tracht aus der Gegend von Tehuantepec, und an der Wand darüber steht geschrieben: *Aquí nació Frida Kahlo el día 7 de julio de 1910*. (Hier wurde Frida Kahlo am 7. Juli 1910 geboren.)

Die Inschrift wurde vier Jahre nach Fridas Tod angebracht, nachdem man sich entschlossen hatte, dieses Haus als Gedenkstätte zu pflegen. Eine weitere Inschrift schmückt die blauen und roten Wände des Innenhofes: *Frida y Diego vivieron en esta casa 1929–1954*. (In diesem Haus wohnten Frida und Diego von 1929 bis 1954.) Oh, so mag der andächtige Besucher denken, wie schön das ausgedrückt ist! Hier finden sich die drei wichtigsten Lebensphasen verzeichnet: Geburt, Ehe und Tod.

Leider entspricht keine der Inschriften ganz der Wahrheit. Laut Geburtsurkunde wurde Frida nämlich bereits 1907 geboren. Wahrscheinlich befriedigten sie die banalen Fakten nicht, und sie versuchte, eine tiefere Wahrheit zum Ausdruck zu bringen, als sie 1910 zu ihrem Geburtsjahr machte. Es war das Jahr, in dem die mexikanische Revolution ausbrach und Chaos und Tod auf den Straßen von Mexico City herrschten. Frida wollte zugleich mit dem modernen Mexico geboren sein.

Die andere Inschrift im Frida-Kahlo-Museum versucht ein idealisierendes und sentimentales Bild von Ehe und Haushalt der Kahlo mit Rivera zu vermitteln. Auch hierin war die Wirklichkeit ganz anders. Vor 1934, als das Paar nach einem vierjährigen Aufenthalt in den Vereinigten Staaten nach Mexico zurückkehrte, hatten sie das blaue Haus in Coyoacán nur kurz bewohnt. Von 1934 bis 1939 lebten sie in zwei separaten Häusern, die in dem nahegelegenen Wohngebiet von San Angel eigens für sie gebaut worden waren. In der darauf folgenden Zeit gab es lange Perioden, in denen Diego die Unabhängigkeit seines Ateliers in San Angel vorzog und nicht mit Frida zusammen wohnte; ganz abgesehen von dem einen Jahr, in dem die Riveras sich scheiden ließen und wieder heirateten.

Die Inschriften sind also nichts weiter als Zierstickereien zum Ausschmücken der Wahrheit; wie das ganze Museum sind auch sie Teil von Fridas Legende.

Das blaue Haus in Coyoacán war erst drei Jahre alt, als Frida geboren wurde. Ihr Vater hatte es 1904 erbaut, und zwar auf einem kleinen

Grundstück, wo zuvor die Hacienda «El Carmen» gestanden hatte. Dennoch wirkt der Neubau wie aus der Kolonialzeit, weil er sich im Stil an die herkömmliche Bauweise anlehnt: das eingeschossige Gebäude zeigt wuchtige Mauern zur Straßenseite hin, darüber ein Flachdach; das Ganze ist über einem U-förmigen Grundriß erbaut, wobei alle Zimmer einen Ausgang zum Hof hin und einen Durchgang zum jeweils nächsten Raum haben, aber nicht von einer gemeinsamen Diele aus zu erreichen sind. Das Haus liegt nur wenige Blocks von dem zentral gelegenen Marktplatz und von der Stadtkirche entfernt, in der Fridas Mutter eine Bank für sich und ihre Töchter reserviert hatte. Von ihrem Hause aus war es auch nicht weit zu den Viveros von Coyoacán. Häufig spazierte Frida über die nur teilweise mit Kopfsteinpflaster befestigten Wege zu diesem Waldpark, durch den sich ein schmales Flüßchen windet.

Als Guillermo Kahlo das Haus in Coyoacán baute, war er ein erfolgreicher Fotograf, der soeben von der mexikanischen Regierung den Auftrag erhalten hatte, alles in Bildern zu dokumentieren, was im Bereich der Architektur als nationales Erbe gelten durfte. Dies war schon eine beachtliche Anerkennung für jemanden, der dreizehn Jahre zuvor ohne die geringsten Erfolgsaussichten in Mexico eingewandert war. Er stammte von ungarischen Juden aus Arad ab, das heute ein Teil von Rumänien geworden ist. Fridas Großeltern waren nach Deutschland gezogen und hatten in Baden-Baden eine neue Existenz gegründet. Dort wurde ihr Vater, Wilhelm, als eines von vielen Kindern im Jahre 1872 geboren. Der alte Kahlo war Juwelier und handelte mit Fotomaterial; er war reich genug, seinen Sohn zum Studium nach Nürnberg schicken zu können. Die vielversprechende Studienlaufbahn endete jedoch abrupt, noch ehe sie recht begonnen hatte: Bei einem Sturz zog sich der junge Wilhelm Gehirnverletzungen mit bleibenden Folgen zu und litt seitdem an epileptischen Anfällen. Etwa zur selben Zeit, im Jahr 1890, verstarb Wilhelms Mutter, und der Vater heiratete eine Frau, die der Junge nicht leiden konnte. Das Zusammenleben muß sich wohl schwierig gestaltet haben; denn 1891 gab Vater Kahlo dem nunmehr neunzehnjährigen Sohn so viel Geld, daß er die Überfahrt nach Mexico bezahlen konnte. Wilhelm brach die Brücken hinter sich ab, änderte seinen Vornamen in Guillermo um und kehrte nie mehr in sein Geburtsland zurück.

Fast mittellos und mit nur wenigen Habseligkeiten erreichte der junge Einwanderer Mexico. Durch Beziehungen zu anderen deutschen Einwanderern erhielt er zunächst einen Posten als Kassierer in einem Glaswarenladen; später wurde er Verkäufer in einer Buchhandlung, schließlich arbeitete er in einem Juweliergeschäft, dessen Besitzer er bei der Überfahrt von Deutschland nach Mexico kennengelernt hatte.

1894 heiratete er eine Mexikanerin, die jedoch bei der Geburt ihrer zweiten Tochter im Kindbett starb. In Fridas Erinnerungen heißt es darüber: «In der Nacht, als seine Frau starb, rief mein Vater meine nachmalige Großmutter Isabel. Sie kam mit ihrer Tochter, die damals im selben Geschäft wie mein Vater arbeitete. Er verliebte sich über alle Maßen in sie und heiratete sie später.»

Man kann sich leicht vorstellen, warum Matilde Calderón ihrem Guillermo Kahlo so gut gefiel: Fotografien aus der Zeit ihrer Eheschließung zeigen die junge Frau als eine ausgemachte Schönheit mit sehr großen Augen, vollen Lippen und einem energischen Kinn. «Sie war wie eine kleine Glocke von Oaxaca», erinnerte sich Frida später an sie, «wenn sie zum Markt ging, gürtete sie ihre schlanke Taille und trug ihren Korb ausgesprochen kokett.» Matilde Calderón y González war 1876 in Oaxaca als ältestes von zwölf Kindern geboren worden. Ihre Mutter war die Tochter eines spanischen Generals und in einer Klosterschule erzogen worden. Matildes Vater dagegen stammte von Indios ab und war von Beruf Fotograf. Frida schildert ihre Mutter als intelligent, wenn auch ungebildet; aber was sie an Bildung vermissen ließ, machte sie durch große Frömmigkeit wett.

Weniger leicht zu verstehen ist es wohl, warum die fromme Matilde Calderón ihrerseits an Guillermo Kahlo Gefallen fand. Der sechsundzwanzigjährige Einwanderer war Jude, bekannte sich zum Atheismus und litt unter Epilepsie. Immerhin müssen in jenen Tagen seine helle Haut und seine europäische Bildung eine gewisse Faszination ausgeübt haben, denn damals galt alles, was aus Europa kam, als jeglichem Einheimisch-Mexikanischen überlegen. Außerdem bewies Guillermo Intelligenz und Fleiß und war trotz seiner abstehenden Ohren ziemlich hübsch. Er hatte dichtes braunes Haar, einen sinnlichen, schön geschwungenen Mund, trug einen eleganten Schnurrbart mit vorschriftsmäßig hochgedrehten Spitzen und machte mit seinem schlanken, beweglichen Körper eine angenehme Figur. «Er war sehr anziehend und hatte eine gefällige Art, sich beim Gehen zu bewegen», sagte Frida von ihrem Vater im Rückblick. Der Ausdruck seiner großen Augen war bohrend und wurde mit den Jahren fast fieberhaft eindringlich. Zugleich schien sein Blick eine nie gestillte romantische Sehnsucht zu verraten.

Wahrscheinlich war die vierundzwanzigjährige Matilde schon deshalb für Kahlos Werbung besonders empfänglich, weil sie das übliche

Fridas erstes ernst zu nehmendes Gemälde
war ein *Selbstporträt*, das sie 1926 für ihren
Jugendfreund malte.

Fridas enge Verbundenheit mit ihrem indianischen Erbe zeigt sich in dem Bild
Meine Amme und ich von 1937, das geradezu wie ein mystisches Doppelporträt wirkt.

Heiratsalter bereits um mehrere Jahre überschritten und eine vorausgegangene Liebesbeziehung tragisch geendet hatte. Frida erinnerte sich, wie ihr die Mutter einmal ein in Wildleder gebundenes Buch zeigte, «in welchem sie die Briefe ihres ersten Geliebten aufbewahrte! Auf der letzten Seite war zu lesen, daß der Schreiber der Briefe, ein junger Deutscher, in ihrer Gegenwart Selbstmord verübt hatte. Dieser Mann lebte in ihrem Gedächtnis weiter.» So ist es vielleicht begreiflich, warum sich die junge Frau gerade zu einem Deutschen hingezogen fühlte. Falls sie ihren Mann tatsächlich nicht geliebt haben sollte, wie Frida später behauptete, so hat sie zumindest geglaubt, eine gute Partie zu machen.

Matilde brachte ihren Mann dazu, sich der Fotografie zuzuwenden; denn das war der Beruf ihres Vaters. Frida berichtete, Großvater Calderón habe Guillermo Kahlo seine erste Kamera geliehen, und das junge Paar «verbrachte die Flitterwochen mit einer Rundreise durch die Republik. Dabei entstand eine Serie von Aufnahmen, die sich vor allem mit Kolonialarchitektur und Bauwerken der einheimischen Tradition beschäftigten. Nach ihrer Rückkehr richteten die Kahlos das erste Fotostudio an der Avenida 16 de Septiembre ein.» Ein in Englisch und Spanisch abgefaßtes Inserat machte die Geschäftsgründung bekannt: «Guillermo Kahlo, Spezialist für Landschaften, Gebäude, Interieurs, Fabriken usw. fertigt nach Wunsch fotografische Aufnahmen sowohl in der Hauptstadt wie an jedem beliebigen anderen Ort der Republik.» Obgleich dem jungen Fotografen mitunter sehr schöne Porträtaufnahmen gelangen, z. B. von Mitgliedern der Regierung Díaz oder von seiner eigenen Familie, so lag ihm dennoch nicht viel daran, Menschen zu fotografieren, weil es ihm mißfiel, wie er sagte, etwas hübsch zu machen, was Gott häßlich geschaffen hatte.

1936 stellte Frida ihren Geburtsort und den Familienstammbaum in einem liebenswürdig versponnenen Gemälde dar, dem sie den Titel gab *Meine Großeltern, meine Eltern und ich.* Auf diesem Bild zeigt sie sich als kleines, etwa zweijähriges Mädchen, das nackt und selbstsicher im Innenhof des blauen Hauses steht, vor ihr ein Kinderstühlchen, in der Hand einen roten Faden, der den über den Familienstammbaum zu ihr führenden Strom des Blutes darstellt, wie wenn es die Schnur eines Luftballons wäre. Das blaue Haus steht nicht in der kleinen Stadt, sondern in der kakteenbewachsenen Ebene des zentralen mexikanischen Hochlandes. Im Hintergrund erkennt man die zerfurchten Bergrücken, die so oft als Szenerie in Fridas Selbstbildnissen vorkommen. Genau unterhalb der abgebildeten Großeltern väterlicherseits sieht man das Meer. Die mexikanischen Großeltern hat Frida durch die Erde, die deutschen durch den Ozean symbolisiert. Ein bescheidenes mexikanisches Gebäude erhebt sich neben dem Kahlo-Haus, und in einem weiter entfernt liegenden Feld befindet sich die noch primitivere Lehmziegelhütte eines Indios. In ihrer kindhaften Vision hat die Künstlerin die gesamte Stadt Coyoacán in ihrem Vaterhaus zusammengefaßt und, der übrigen Realität entfremdet, in die Wildnis versetzt. So steht die kleine Frida im Schutz des Hauses, im Herzen von Mexico, ja, man könnte fast sagen in der Mitte der Welt.

2 Kindheit in Coyoacán

Magdalena Carmen Frida Kahlo y Calderón wurde am 6. Juli 1907 als dritte Tochter von Guillermo und Matilde Kahlo geboren. Es war morgens um halb neun, mitten im Sommer, der auf dem Hochplateau von Mexico City kalt und regnerisch zu sein pflegt. Die beiden ersten Vornamen erhielt das Mädchen in Anlehnung an die christliche Tradition; der dritte Vorname war aus dem Deutschen abgeleitet und wurde in der Familie zu ihrem Rufnamen. Bis in die dreißiger Jahre, als sich in Deutschland die Gewaltherrschaft der Nazis breitmachte, schrieb Frida ihren Namen noch mit dem im Deutschen gebräuchlichen «ie», obwohl dies nicht mit dem Taufregister übereinstimmte.

Kurz nach der Geburt des Mädchens erkrankte die Mutter, und die kleine Frida erhielt eine Indiofrau als Amme. «Jedesmal bevor ich ihr angelegt wurde», erzählte Frida später, «haben sie ihr vorher die Brust gewaschen.» Viele Jahre danach wurde es für die Künstlerin Frida ein bedeutungsvoller Gedanke, daß sie mit der Milch einer einheimischen Frau gesäugt worden war, und sie malte diese Amme als mythische Verkörperung des mexikanischen Erbes und sich selbst als Säugling an ihrer Brust.

Matilde Kahlos Gesundheit blieb weiter anfällig; als sie älter wurde, litt sie an ähnlichen Anfällen wie ihr Mann. Aber vielleicht lag es auch an ihrer Mentalität, daß sie es den zwei älteren Schwestern, Matilde und Adriana, überließ, sich um Frida und die kleine Schwester Cristina zu kümmern. Auch die beiden Töchter Guillermos aus erster Ehe wirkten an der Erziehung mit, wenn sie aus ihrem Kloster zu Besuch waren.

Drei Jahre nach Fridas Geburt brach die mexikanische Revolution aus. Für Fridas Eltern war das ein schlimmes Unglück und nicht etwa ein glorreiches Ereignis, wie es von anderen gefeiert wurde. Bis zur Revolution hatten die Regierungsaufträge Guillermo Kahlo genügend Geld eingebracht, um sein bequemes Haus in einem vornehmen Teil von Coyoacán bauen zu können. Der Sturz dieser Regierung und das darauf folgende, vom Bürgerkrieg beherrschte Jahrzehnt brachten unvorhersehbare Armut für die Familie Kahlo. Aufträge für fotografische Arbeiten waren kaum noch zu erhalten, und Frida erinnerte sich später, wie schwer es in ihrem Elternhause wurde, den notwendigen Lebensunterhalt aufzubringen.

Matilde Calderón hatte einen Mann mit guten Erfolgschancen geehelicht; jetzt aber mußte sie die wenigen Pesos zusammenhalten und sparsam leben. Es war nicht die Stärke ihres Mannes, mit Geld richtig umzugehen, und so konnte er manchmal nicht einmal das Material für seine Fotoarbeiten bezahlen. Die Kahlos mußten eine Hypothek auf ihr Haus aufnehmen, sie verkauften die Möbel des französischen Wohnzimmers, und zeitweise waren sie sogar darauf angewiesen, Zimmer in ihrem Hause zu vermieten. Während Guillermo Kahlo zunehmend schweigsamer wurde und sich aus der Gesellschaft immer mehr zurückzog, blieb seiner matronenhaften Frau nichts weiter übrig, als auf ihre Weise den Haushalt weiterzuführen; sie schimpfte mit dem Personal, feilschte mit den Händlern und beklagte sich bei den Bauern, die die Milch brachten. «Wenn sie auch vom Lesen und Schreiben nichts verstand, so konnte sie doch wenigstens Geld zählen.»

Matilde Kahlo konnte aber auch noch anderes: Sie brachte ihren Töchtern die hausfraulichen Künste und Fertigkeiten bei, die zu einer traditionellen mexikanischen Mädchenerziehung gehörten, und sie versuchte zugleich, ihnen den katholischen Glauben weiterzugeben, der ihr selbst so viel bedeutete. Täglich nahm sie die Töchter zur Kirche mit, und sie hielt auch mit ihnen zusammen die österlichen Exerzitien ein. So lernte Frida schon frühzeitig nähen, kochen, stricken und reinemachen; ihr Leben lang war sie stolz auf ihr hübsches, gepflegtes Heim. Der traditionshörigen Frömmigkeit jedoch, wie sie von der Mutter, den älteren Schwestern und Tanten geübt wurde, verweigerten Frida und ihre Schwester Cristina die Gefolgschaft. «Meine Mutter war übertrieben religiös», heißt es bei Frida in der Erinnerung. «Wir beteten vor jedem Essen, und während die anderen sich auf ihr innerstes Selbst konzentrierten, schauten Cristi und ich uns bloß an und verbissen uns das Lachen.» Zusammen sollten Frida und Cristina zum Katechumenenunterricht gehen, «aber wir schwänzten und machten uns lieber über die Früchte eines nahe gelegenen Obstgartens her».

Zusammen gingen die beiden jüngsten Schwestern auch zur Schule. «Als ich drei oder vier war, schickten sie Cristi und mich in einen Kindergarten. Die Lehrerin war äußerst altmodisch, hatte einen falschen Zopf und trug ganz merkwürdige Kleider. Es gehört zu meinen frühesten Erinnerungen, wie diese Lehrerin vor dem verdunkelten Klassenzimmer stand, in der einen Hand eine Kerze, in der anderen eine Orange, um uns zu demonstrieren, wie sich Sonne, Erde und Mond im Weltraum bewegen. Ich war so tief von dem Geschehen beeindruckt, daß ich mir dabei mein Höschen naß machte. Um das kleine Malheur zu beseitigen, zog man mir etwas von einem anderen Mädchen an, das in unserer Nachbarschaft wohnte. Wegen dieser Episode bekam ich einen solchen Haß auf dieses Mädchen, daß ich sie eines Tages in die Nähe unseres Hauses zerrte und dort würgte, bis sie zu röcheln anfing. Glücklicherweise kam gerade ein Bäcker vorbei, der sie meinem Griff entwand.»

Vermutlich hat Frida hier ihre Bosheit übertrieben; aber sie war schon ein kleiner Teufel. Einmal saß ihre Halbschwester María Luisa auf dem Nachttopf. «Aus Jux schubste ich sie, und sie fiel hintenüber mit dem Pott und der ganzen Bescherung.» Aber diesmal ließ sich das Opfer nichts gefallen. «Wütend brüllte sie mich an. ‹Du bist gar nicht die Tochter meiner Eltern. Dich haben sie bloß aus dem Müllkübel aufgelesen.› Diese Behauptung traf mich so tief, daß ich mich alsbald in ein vollkommen introvertiertes Wesen verwandelte.»

Allerdings hatten solche Erfahrungen keine langanhaltende Wirkung auf Frida, und der alte Übermut kehrte bald wieder. Sie scheute sich auch nicht, ihren Vater wegen seiner pedantischen deutschen Art zu necken, und redete ihn oft mit «Herr Kahlo» an. Frida spielte auch eine wichtige Rolle bei einer Episode, die mehr als viele andere die unglückliche Stimmung im Kahlo-Haushalt verdeutlicht. Sie erzählte das später so:

«Als ich sieben Jahre alt war, half ich meiner Schwester beim Ausreißen. Matilde war schon fünfzehn und wollte mit ihrem Freund nach Veracruz. Sie stieg zum Balkonfenster hinaus, und ich machte es hinter ihr zu, so daß niemand merkte, was geschehen war. Matita war der Liebling meiner Mutter, und ihre Flucht machte sie ganz hysterisch. Mein Vater dagegen sagte kein Wort, als Mati wegging . . .

Jahrelang sahen und hörten wir nichts von ihr. Dann fuhr ich eines Tages mit meinem Vater in der Trambahn, als er ganz unvermittelt sagte: ‹Wir werden sie wohl nie mehr finden!› Ich tröstete ihn, und meine Hoffnung war durchaus begründet. Eine Freundin hatte mir nämlich erzählt, im Ärzteviertel wohne eine Frau mit einem Mann zusammen, die mir ganz ähnlich sähe und Matilde Kahlo heiße. In einem Innenhof, im vierten Zimmer eines langen

Korridors, entdeckte ich sie schließlich. Das Zimmer war ganz hell und voller Singvögel. Matita duschte sich gerade mit einem Schlauch. Sie lebte dort mit Paco Hernández, den sie später auch heiratete. Die beiden hatten keine Kinder und lebten in wohlhabenden Verhältnissen. Natürlich habe ich es sofort zu Hause erzählt und bin öfters bei Matita zu Besuch gewesen; aber es war vergeblich, Mutter dafür zu gewinnen, mich zu begleiten.»

Es sollte noch lange dauern, bis Matilde ihrer Tochter verzieh. Matita brachte öfters Früchte und Delikatessen als Geschenk; aber da ihre Mutter sie nicht ins Haus kommen ließ, mußte sie ihre Gaben vor die Tür legen, und erst wenn Matita wieder gegangen war, nahm Frau Kahlo die Mitbringsel ins Haus. Erst 1927, zwölf Jahre nach dem heimlichen Fortgang der Tochter, konnte Frida in einem Brief notieren: «Maty kommt jetzt wieder zu uns nach Hause. Der Friede ist geschlossen.»

Fridas Verhältnis zu ihrer Mutter war recht zwiespältig, eine Art Haßliebe. Dies zeigte sich besonders deutlich bei einem späteren Interview. Sie bezeichnete ihre Mutter sowohl als grausam, weil sie imstande war, ein Rattennest zu ertränken, zugleich aber auch als sehr liebenswert, unternehmungslustig und intelligent. Und obgleich beim Heranwachsen die unvermeidlichen Kämpfe mit der Frau, die sie «den Chef» nannte, immer heftiger wurden, konnte Frida «nicht mehr aufhören zu weinen», als ihre Mutter starb.

Als kleines Kind war Frida ein rundliches Kerlchen mit einem Grübchen im Kinn und Augen, aus denen die Lust an Spaß und Schabernack blitzte. Ein Familienfoto, als sie sieben Jahre alt war, zeigt eine deutliche Veränderung. Sie steht abseits, allein hinter einem Busch, als ob sie sich verstecken wollte. Der Wandel war wohl ihrer Krankheit zuzuschreiben: Mit sechs Jahren hatte Frida Kinderlähmung und mußte neun Monate lang das Bett hüten. «Es fing mit schrecklichen Schmerzen im rechten Bein an», erinnerte sie sich. «Mein Bein wurde in einem kleinen Zuber mit Walnußwasser gewaschen und mit heißen Tüchern gerieben.»

Die unausgeglichene Mischung aus Ichbezogenheit und Hinwendung zu anderen Menschen, die für die erwachsene Frida charakteristisch wurde, mag ihre Ursache in der bitteren Erfahrung des kranken Mädchens gehabt haben, als sie die innere Welt der Tagträume nicht mit der Welt des gesellschaftlichen Austauschs in Einklang zu bringen vermochte. Nie verließ sie die Wunschvorstellung von einer stets erreichbaren Freundin, einer tröstenden Vertrauten, und in ihrem Tagebuch erläutert sie das Doppelselbstporträt *Die beiden Fridas* auf folgende Weise:

«Ich war wohl sechs Jahre alt, als ich mir sehr lebhaft eine Freundschaft mit einem ungefähr gleichaltrigen Mädchen vorstellte. In meinem Zimmer, das auf die Allende-Straße ging, hauchte ich gegen die Fensterscheibe und zeichnete mit dem Finger eine Tür. In meiner Vorstellung lief ich nun aufgeregt und gespannt durch diese ‹Tür› hinaus, überquerte die große breite ‹Ebene›, die ich vor mir liegen sah, bis ich bei der Molkerei Pinzón ankam. Dort schlüpfte ich durch das O von Pinzón und begab mich dann unverzüglich ins Innere der Erde, wo stets die Gespielin meiner Träume auf mich wartete. An ihre Gestalt und Farben kann ich mich nicht mehr erinnern; aber ich weiß, daß sie sehr lustig war und viel lachte, freilich völlig lautlos. Sehr beweglich war sie und konnte tanzen, wie wenn sie gänzlich schwerelos gewesen wäre. Ich imitierte sie in all ihren Bewegungen, und während wir gemeinsam tanzten, vertraute ich ihr alle meine geheimen Sorgen und Wünsche an. Welche das waren? Ich weiß es nicht mehr. Sie jedenfalls wußte alles über mich. Wenn ich nach meinem imaginären Ausflug zum Fenster zurückkehrte, kam ich wieder durch die ‹Tür› herein; dann wischte ich sie schnell mit den Fingern weg, um sie auf diese Weise verschwinden zu lassen. Wann dies alles geschah und wie lange ich immer bei meiner Vertrauten war, ich hätte es nicht zu sagen gewußt; Sekunden oder Jahre, es machte für mich keinen Unterschied; jedenfalls war ich glücklich, und mit dem freudigen Wissen um mein geheimes Erlebnis rannte ich in die entfernteste Ecke des Innenhofes; immer an derselben Stelle, unter einer Zeder, blieb ich stehen, jubelte und lachte, verwundert darüber, daß ich mit meinem großen Glück allein war und das kleine Mädchen so lebhaft in meiner Vorstellung gegenwärtig blieb. Vierunddreißig Jahre sind seit dem Beginn dieser magischen Freundschaft vergangen, und jedesmal, wenn ich mich an sie erinnere, wird sie wieder lebendig und nimmt meine Gedanken für sich gefangen.»

Als Frida sich von der Krankheit zu erholen begann, empfahl der Arzt zur Kräftigung des geschwächten rechten Beines ein Programm mit körperlichen Übungen, und Guillermo Kahlo, der sich während der Krankheitszeit besonders zärtlich und besorgt um seine Tochter gekümmert hatte, achtete nun darauf, daß sie verschiedene Sportarten betrieb; einige davon galten damals in Mexico noch keineswegs als schicklich für anständige junge Mädchen: Frida spielte Fußball, war bei Box- und Ringkämpfen dabei und wurde eine ausgezeichnete Schwimmerin. Mit den Jungen zusammen lief sie Rollschuh, und sie hatte auch ein Fahrrad; gern kletterte sie auf Bäume, ruderte über die Teiche im Chapultepec-Park oder nahm an Ballspielen teil. «Trotzdem blieb das Bein im Wachstum zurück und war merklich dünner als das linke. Auch mußte ich immer hohe Schnürschuhe tragen. Anfangs nahm ich mir die Witze der Schulkameraden über mein Bein nicht besonders zu Herzen; später tat mir diese Lieblosigkeit aber doch weh, und die Roheit der anderen kränkte mich immer mehr, je älter ich wurde.» Fridas Jugendfreundin, die Malerin Aurora Reyes, erinnert sich an diese Zeit: «Wir waren ziemlich grausam, wenn es um ihr Bein ging. Beim Fahrradfahren riefen wir ihr nach: ‹Frida, pata de palo!› (etwa: Holzbein-Frida), und sie schimpfte dann mit allen ihr zu Gebote stehenden Flüchen zurück.»

Um ihr Leiden zu verbergen, trug sie drei oder vier Socken übereinander zur Verstärkung der dünnen Wade, und bei ihren Schuhen wurde der rechte Absatz erhöht. Andere Freunde bewunderten die Tapferkeit, mit der sie die Mißbildung ertrug und sich nicht in ihrer körperlichen Aktivität behindern ließ. Noch heute sehen sie Frida auf ihrem Fahrrad vor sich, wie sie irrwischartig im Centenario-Park herumfuhr. «Sie war durchaus graziös und harmonisch in ihren Bewegungen. Ihren Gehfehler wußte sie so geschickt auszugleichen, daß sie wie ein Vogel dahinzugleiten schien.»

Aber sie war ein verletzter Vogel, und so blieb es nicht aus, daß sie sich anders als ihre Schulkameraden entwickelte. Oft mußte sie mit sich allein sein. Gerade in einem Alter, in dem sie ihre Fühler über den engeren Familienkreis hinaus ausstrecken und die dauerhaftesten Freundschaften hätte machen können, mußte sie zu Hause bleiben. Nach ihrer Genesung wurde sie in der Schule gehänselt und geschnitten. Frida reagierte auf diese Kränkungen einerseits, indem sie sich von den anderen zurückzog und sich für introvertiert hielt, andererseits, indem sie in übertriebener Jungenhaftigkeit ein besonders unangepaßtes Wesen an den Tag legte und sich später als Original einen Namen machte.

Wie bei dem Foto, auf dem sie abseits von der Familie steht, so stellte sie sich auch in den Bildern dar, auf denen sie sich als Kind porträtierte: Frida ist allein – auch bei der Darstellung mit dem Familienstammbaum ist das nicht anders –, und wenn auch diese Einsamkeit vor allem von den Gefühlen bestimmt wird, die sie später beim

Malen der Bilder empfunden hat, so ist es dennoch sicher, daß diese gemalten Erinnerungen viel Wahrheit über ihre Vergangenheit enthalten: Eine einsame Erwachsene erinnert sich hier an vergangene Phasen ihres Lebens, in denen sie ebenso einsam gewesen war.

Auf einem Gemälde von 1938 findet sich die Inschrift: *Sie wollen Flugzeuge und bekommen Strohflügel.* Frida verknüpft in diesem Bild eine belanglose Kindheitsenttäuschung mit dem Gedanken an ihre durch die Krankheit beschränkte Bewegungsfreiheit und an die wiederholten entsagungsvollen Zeiten, in denen sie wegen der Operationen an ihrem Fuß im Bett bleiben mußte. In seiner Biographie von Diego Rivera erläutert Bertram D. Wolfe dieses Bild so: «Es knüpft an eine Episode ihrer Kindheit an, bei der ihr die Eltern ein weißes Kleidchen mit Flügeln anzogen, um sie als Engel zu verkleiden. Dabei verursachten die Flügel bei der kleinen Frida großen Kummer, weil man mit ihnen nicht fliegen konnte.» Auf dem Bild ist Frida etwa sieben Jahre alt; in der Hand hält sie zum Zeichen dessen, was ihr damals vorenthalten wurde, ein Modellflugzeug. Die Strohflügel, die sie damals wirklich bekam, hängen an Bändern vom Himmel herab, und damit der Inhalt noch eindeutiger wird, hat Frida um ihren Rock ein Band gewunden, dessen beide Enden am Boden angenagelt sind.

Ein weiteres Gemälde, auf dem sich Frida als einsames Kind zeigt, heißt *Vier Bewohner Mexicos* und stammt ebenfalls aus dem Jahre 1938. Weniger eindeutig als das Selbstporträt mit den Strohflügeln, erweckt es zunächst den Anschein, als ob es bloß um eine harmlose Darstellung mexikanischer Folklore ginge. In Wirklichkeit handelt es sich um die erschütternde Darstellung der Begegnung eines Mädchens mit dem kulturellen Erbe ihres Heimatlandes.

In diesem Zusammenhang darf man nicht vergessen, wie Frida gerne das durch die Krankheit verkümmerte Bein unter langen mexikanischen Trachtenröcken verbarg, und wie sie sich auf der Suche nach einem Ausgleich für ihre Leiden und anderen Seelenwunden zunehmend der Überlieferung der einheimischen Kultur zuwandte. So konnte es kommen, daß sie einmal zur «mexikanischsten» aller Mexikaner werden sollte.

Frida war Guillermo Kahlos Liebling. In ihr glaubte er seine hochentwickelte Sensibilität wiederzufinden ebenso wie seine Rastlosigkeit und seinen Hang zur Reflexion. «Frida ist die intelligenteste meiner Töchter», pflegte er zu sagen, «sie ist mir am ähnlichsten.»

Auch wenn Kahlo nicht sehr viel Zeit mit seinen Kindern verbringen konnte, so kümmerte er sich doch wenigstens um seine Lieblingstochter. Er gab ihr Bücher aus seiner Bibliothek zu lesen, reizte ihre intellektuelle Neugier und weckte bei ihr nicht nur Wissensdurst, sondern auch leidenschaftliches Interesse für mancherlei Dinge der Natur – Steine, Blumen, Tiere, Vögel, Insekten, Muscheln. Gelegentlich begleitete Frida den Vater zu einem nahe gelegenen Park, und während Kahlo sich die Zeit mit Malen vertrieb, verbrachte das Mädchen Stunden mit dem Sammeln von Kieselsteinen, Insekten und seltsamen Pflanzen am Ufer des kleinen Flüßchens. Sie nahm sie mit nach Hause, verglich sie mit Abbildungen in naturwissenschaftlichen Büchern, zerlegte sie und betrachtete sie unter dem Mikroskop des Vaters.

Als sie alt genug war, weihte der Vater sie in seine Studien der mexikanischen Archäologie ein. Auch lehrte er sie, wie man mit einer Kamera umgeht, wie man Fotos entwickelt, retuschiert und koloriert. Zwar brachte Frida nicht viel Geduld für derlei anstrengende Arbeiten auf; dennoch entdeckt man in ihren späteren Bildern etwas von der gewissenhaften Genauigkeit des väterlichen Metiers und von der Sorgfalt für die kleinsten Oberflächendetails, die für Guillermo Kahlo selbstverständlich war. Es ist begreiflich, daß die feinen Pinselstriche und die kleinen Formate als Folge der Retuschierarbeiten an Fotos für Frida zur zweiten Natur wurden, und auch die steife Förmlichkeit, mit der ihr Vater manche Porträts gestaltete, hat sicher Fridas Darstellungsweise von Menschen geprägt. Die Malerin hat die Verbindung zwischen der Kunst ihres Vaters und ihrer eigenen nicht geleugnet. Sie sagte einmal, daß ihre Gemälde ganz ähnlich wie die Kalenderillustrationen ihres Vaters wären, nur gäbe sie statt der Abbildung äußerer Realität die sichtbaren Dinge so wieder, wie sie vor ihrem inneren Auge stünden. Gewiß, die pedantisch naturalistischen Gemälde ihres Vaters haben bei Frida keine direkte Nachahmung erfahren. Kahlo malte meist Stilleben, ländliche Genreszenen, die wie altmodisch sentimentale Kalenderblätter aussahen. Aber allein die Tatsache, daß er Maler und Fotograf war, hatte eine prägende Wirkung für Frida. Ähnlich früheren Beispielen aus der Kunstgeschichte – man denke nur an Tintorettos Tochter Marietta Robusta, an Artemisia Gentileschi oder an Angelika Kauffmann – ist auch Frida ein Beispiel für eine Künstlerin, die durch das Vorbild des künstlerisch arbeitenden Vaters zu ihrer Laufbahn ermutigt wurde.

Nach Fridas Polioerkrankung waren Vater und Tochter noch enger miteinander verbunden als zuvor. Sie hatten als zusätzliches Bindeglied die gemeinsame Erfahrung von Krankheit und gesellschaftlicher Einsamkeit. Frida erinnerte sich, daß die epileptischen Anfälle bei ihrem Vater meist abends einsetzten, kurz bevor sie zu Bett gehen mußte. Sie wurde dann jedesmal schnell aus dem Zimmer gebracht, und da ihr niemand eine Erklärung für die seltsamen Geschehnisse gab, lag sie oft wach vor Angst und Aufregung; am Morgen wurde sie dann erneut verwirrt, wenn sie ihren Vater wiedersah und er sich ganz normal verhielt, als ob nichts geschehen wäre. So stellte der Vater für sie ein beängstigendes Geheimnis dar und war zugleich Gegenstand ihres Mitleids. Später begleitete sie ihn oft, um ihm bei seinen Außenaufnahmen zu helfen. Auf solchen Exkursionen kam es nicht selten vor, daß er mit der Kamera auf der Schulter und mit Frida an der Hand plötzlich auf der Straße in Ohnmacht fiel. Das Mädchen hatte inzwischen gelernt, wie sie ihm bei seinen Anfällen beistehen konnte. Sie gab ihm sofort etwas Alkohol oder Äther zu atmen, und gleichzeitig paßte sie auf, daß in der Zwischenzeit niemand etwa die Kamera stahl.

Jahre danach schrieb Frida in ihr Tagebuch: «Meine Kindheit war herrlich; denn obgleich mein Vater ein kranker Mann war und alle anderthalb Monate Ohnmachtsanfälle erlitt, wurde er für mich zu einem unvergleichlichen Vorbild an rücksichtsvoller Zärtlichkeit, an sachkundiger Arbeitsweise als Maler und Fotograf und vor allem an Verständnisbereitschaft für alle meine Probleme.»

Ein weiteres Zeugnis ihrer töchterlichen Liebe kommt in ihrem *Porträt von Don Guillermo Kahlo* zum Ausdruck. Es beruht auf einer Fotografie, die er wahrscheinlich selbst von sich aufgenommen hat. Frida malte das Bild 1952, elf Jahre nachdem ihr Vater an einem Herzanfall gestorben war, und nur zwei Jahre vor ihrem eigenen Tod. Nüchterne Braun- und Grautöne und Schwarz waren dem feierlichen Ernst von Herrn Kahlo angemessen. Die buschigen Brauen und der wild gehetzte Blick in seinen übergroßen Augen, die rund wie Kameralinsen wirken, lassen die Unausgeglichenheit seines Gefühlslebens ahnen. Wenn man dieses Porträt sieht, ist es schwer zu verstehen, daß Frida bei der Beschreibung ihres Vaters einmal den Ausdruck «in sich ruhend» gebrauchte; denn die Ruhe, die er an den Tag legte, kam vor allem von seiner Selbstkontrolle und Schweigsamkeit, keineswegs von dem Gefühl tatsächlichen inneren Friedens. Übrigens pflegte Frida auch ihr eigenes Gesicht stets als undurchdringliche Maske zu malen, unter der sich innere Unruhe verbarg.

Vor der Büste auf dem Porträt ihres Vaters verläuft ein Schriftband; die Inschrift darauf lautet: «Ich habe meinen Vater gemalt, Wilhelm Kahlo, von ungarisch-deutscher Abstammung, Kunstfotograf von Beruf; seinem Charakter nach ein großzügiger Mensch, intelligent und mit vornehmer Gesinnung, war er auch tapfer, denn er hat sechzig Jahre lang an Epilepsie gelitten, dennoch nie seine Arbeit aufgegeben und am Kampf gegen Hitler teilgenommen. In verehrendem Angedenken. Seine Tochter Frida Kahlo.»

3 Cachuchas und Escuinclas

1922 wurde Frida Kahlo in die «Preparatoria» aufgenommen. Dies war eine höhere Schule zur Vorbereitung auf die Studien an der Universität und damals in Mexico zweifellos die beste Lehranstalt. Fridas Leben nahm eine neue Richtung; denn von nun an war sie nicht mehr ständig unter der Obhut von Mutter, Schwestern und Tanten, und sie wurde aus dem geruhsam freundlichen Provinzleben von Coyoacán mitten in das hektische Treiben von Mexico City versetzt. In der Hauptstadt wurde das moderne Mexico erdacht und verwirklicht, und die junge Generation hatte unmittelbar teil an dieser Entwicklung. Mit ihren neuen Schulkameraden gehörte Frida zum bevorzugten Teil der mexikanischen Jugend: es waren hauptsächlich Kinder von Geschäftsleuten aus der Hauptstadt und Umgebung, die ihren Söhnen und Töchtern die Voraussetzung für ihr Studium gewährleisten wollten. Als die Schulzeit dieser Generation vorüber war, da hatten diese jungen Leute nicht nur dazu beigetragen, Schulen und Universitäten ihrem Wesen nach neu zu gestalten; aus den Reihen dieser Studenten sollten auch viele der später führenden Persönlichkeiten der Nation hervorgehen.

Aus dem Zeitgeist heraus läßt sich verstehen, warum Frida den Ausbruch der mexikanischen Revolution als Jahr ihrer Geburt wählte. Es hatte eines Jahrzehnts von Kämpfen bedurft, um das Land den Mexikanern zurückzugeben. Nun, in den zwanziger Jahren, konnte man daran gehen, die Gewinne der langen Kampfzeit abzusichern und die erstrittenen Vorteile auszubauen. Reformen des Arbeits- und Grundbesitzrechts wurden eingeleitet, die Macht der katholischen Kirche erfuhr erhebliche Beschränkungen, und die Nutzung der Bodenschätze kam unter staatliche Kontrolle. In dem Maße wie die Mexikaner eine neue, stolze Identität entwickelten, verwarfen sie die früher gepflegten Ideen und Moden, die der französischen und spanischen Kultur entlehnt gewesen waren. Jetzt richtete sich die öffentliche Aufmerksamkeit wieder auf das einheimische Kulturerbe. «Ihr Idealisten, haltet durch bei der Rettung unserer Republik!» rief der

Philosophieprofessor Antonio Caso seinen Studenten zu. «Richtet eure Blicke auf unser Land, auf unsere Bräuche und Überlieferungen, auf unsere Hoffnungen und Wünsche, auf all das, was wir in Wirklichkeit sind!»

Die Stimmung dieser neuen Welt war also von Begeisterung, Eifer, Kampfgeist und Reformwille geprägt. Dies wurde Fridas Lebenshintergrund, als sie die schützenden Wände ihres Hofes verließ, als sie das gemächliche Tempo ihres Stadtviertels aufgab und die einstündige Straßenbahnfahrt antrat, um zu ihrer neuen Schule zu gelangen.

«Wir sprechen nicht etwa von einer Zeit der Lügen, Illusionen oder Tagträume», schrieb Andrés Iduarte, der spätere Direktor des Nationalmuseums für bildende Kunst, der Frida in der Preparatoria kennengelernt hatte, «es war vielmehr eine Zeit der Wahrheit, des Vertrauens, der Leidenschaft, des Edelmuts, des Fortschritts, der himmlischen Luft und des sehr irdischen Stahls. Wir waren vom Schicksal begünstigt, wir jungen Leute meiner Generation, zu der auch Frida gehörte. In den entscheidenden Jahren unserer Persönlichkeitsentwicklung erlebten wir den nationalen Wiederaufbau; während das Land sich seines moralischen Anspruchs versicherte, entfaltete sich zugleich unser eigener Geist.»

Frida gehörte zu den ersten Mädchen, die als Schülerinnen an der Preparatoria zugelassen wurden. Die Zahl der Mädchen unter den Schülern war dementsprechend gering, etwa fünfunddreißig unter einer Schülerschaft von zweitausend. Es wird von einem Vater berichtet, der damals seiner Tochter den Besuch der Schule nur unter der Bedingung gestattete, daß sie mit keinem der männlichen Schüler sprechen würde. Wahrscheinlich war auch Matilde Calderón de Kahlo nicht von dem Gedanken entzückt, ihre Tochter an einen derart tugendgefährdenden Ort zu schicken; aber Guillermo Kahlo machte keine Einwände. Da er keinen Sohn hatte, der seine eigenen Ausbildungshoffnungen hätte weiterführen und vollenden können, setzte er nun alles an die Fortbildung seines Lieblingskindes. Wie der meistversprechende Sohn in den traditionellen Verhältnissen von einst, sollte Frida für einen Beruf ausgebildet werden. So machte sie die schwierige Aufnahmeprüfung für die Preparatoria. Daß sie dort aufgenommen wurde, darf als Beweis ihrer besonderen Begabung gelten; denn das fünfjährige Curriculum dieser Schule war für seine harten Anforderungen bekannt. Frida wählte ein Kursprogramm, das auf ein Medizinstudium vorbereiten sollte.

Mit vierzehn Jahren war Frida schlank und von zartem, elegantem

Wuchs; sie strahlte eine seltsame Lebhaftigkeit aus und legte eine Mischung von Zartgefühl und mutwilliger Ausgelassenheit an den Tag. Ihre schwarzen Haare trug sie in einer Ponyfrisur, und mit ihren vollen Lippen und dem Grübchen im Kinn wirkte sie kühn und energisch; dieser Eindruck wurde durch die kräftigen, zusammengewachsenen Brauen über den leuchtenden dunklen Augen noch verstärkt. In der Preparatoria trug man keine Uniform, und bei ihrem Eintritt erschien sie nach Art deutscher Oberschülerinnen in einem dunkelblauen Faltenrock mit dicken Strümpfen, hochgeschnürten Schuhen und einem breitrandigen schwarzen Strohhut, dessen Bänder ihr am Rücken herunterhingen. Aber Alicia Galant, die Frida 1924 kennenlernte und ihre Freundin wurde, erinnert sich, daß Frida zu Hause in Coyoacán in blauen Overalls mit Metallklammern auf ihrem Fahrrad herumfuhr. Dieser damals ungewöhnliche Aufzug zusammen mit ihrem jungenhaften Haarschnitt war für bürgerliche Mütter schockierend; wenn sie Frida in Begleitung einer Jungengruppe die Straße herunterradeln sahen, riefen sie entsetzt: «*Que niña tan fea!*» (Was für ein widerwärtiges Ding!) Aber ihre Freunde waren fasziniert von ihr. Sie wissen heute noch, wie Frida ständig eine Schultasche auf dem Rücken mitschleppte, deren Inhalt ihre Interessen widerspiegelte: Texte, Schreibhefte, Zeichnungen, Schmetterlinge, gepreßte Blumen, Bücher in deutscher Fraktur aus der Bibliothek ihres Vaters.

In ihrer Jungenhaftigkeit hielt Frida es von Anfang an für unter ihrer Würde, sich im oberen Teil des Schulhofes aufzuhalten, wo der Mädchenpräfekt sein Reich hatte und wo die Schülerinnen sich aufhalten sollten, wenn sie nicht gerade im Unterricht waren. Frida fand die meisten Mädchen albern und geschmacklos, und sie fühlte sich von ihrem kleinlichen Geplapper derart abgestoßen, daß sie sie *escuinclas* nannte (*escuinclas* sind haarlose mexikanische Hunde). Sie zog es vor, sich in den Wandelhallen und Korridoren der Schule herumzutreiben und an den verschiedenen Cliquen und Gruppierungen teilzuhaben, in die sich die kaum überschaubare Schülermenge gliederte. Die einen standen voll hinter Vasconcelos' populären Reformen und hielten sie für die entscheidenden Taten der nationalen Wiedergeburt, andere wetterten gegen die Demokratisierung der Kultur und des Bildungswesens und sagten als unvermeidliche Folge den totalen kulturellen Niedergang voraus. Einige lasen Marx, andere empörten sich über die Reformen, die aus der Revolution hervorgegangen waren. Radikale unter den Schülern verwarfen jegliche Religion; aber es gab auch konservative Schülergruppen, die die katholische Kirche eifrig und mitunter auch handgreiflich verteidigten. So bekämpften sich die verschiedenen Splitterparteien mit sektiererischem Sendungsbewußtsein, teils auf den Korridoren der Schule, teils auf den Seiten zahlloser Schülerzeitungen und Handzettel.

Frida hielt es mit den *cachuchas*. Sie hatten ihren Namen von den Mützen, die sie alle trugen, und an der Preparatoria machten sie wegen ihrer Intelligenz und Boshaftigkeit von sich reden. Sie waren eine Gruppe von sieben Jungen und zwei Mädchen: Miguel N. Lira (den Frida Chong Li nannte, weil er sich mit chinesischer Dichtung und Sinologie befaßte), José Gómez Robleda, Agustín Lira, Jesús Ríos y Valles, Alfonso Villa, Manuel González Ramírez und Alejandro Gómez Arias, dazu noch die beiden Mädchen Carmen Jaime und Frida. Sie alle sollten einmal prominente Vertreter ihrer Berufe in Mexico werden. Alejandro Gómez Arias ist heute ein hochangesehener Intellektueller, Rechtsanwalt und politischer Journalist; Miguel N. Lira hat sich als Anwalt und Dichter einen Namen gemacht; José Gómez Robleda war Professor der Psychiatrie an der medizinischen Fakultät der Universität; Manuel González Ramírez wurde Historiker, Schriftsteller und Anwalt. In dieser Funktion hat er Frida und Diego Rivera in verschiedenen Fällen Beistand geleistet.

Was diese Clique während der Schulzeit zusammenhielt, waren nicht so sehr gemeinsame Anliegen oder Tätigkeiten als vielmehr die bei allen Mitgliedern stark ausgeprägte Respektlosigkeit jeglicher Autorität gegenüber. In politische Arbeit ließen sie sich nicht einspannen, weil Politiker in ihren Augen bloß aus selbstsüchtigen Motiven handelten; aber sie traten für einen romantischen Sozialismus ein, der mit nationalistischen Zügen durchsetzt war. Sie glaubten an die Zukunft ihres Landes und demonstrierten für die Reform des Schulwesens. Zugleich fanden sie ein unbändiges Vergnügen daran, in den Klassenzimmern Anarchie zu verbreiten, und ihre Streiche waren so schlimm, daß man sie nicht mehr bloß als jugendliche Albernheiten ansehen konnte. So liefen einmal die Schüler aus allen Klassenzimmern zusammen, weil mehrere *cachuchas* auf einem Esel durch die Wandelhallen der Schule ritten; ein andermal wickelten sie ein Netz von Feuerwerkskörpern um einen Hund, zündeten die Schnur und ließen das arme Vieh bellend durch die Korridore rasen.

Einer aus der Gruppe erinnert sich, daß Frida sich ihnen anschloß, weil die *cachuchas* weder die Leute noch sonst irgend etwas ernst zu nehmen bereit waren. «Bevor sie zu uns kam, wagte sie kaum, sich über andere Leute lustig zu machen, aber sie lernte es bei uns sehr schnell und wurde bald eine Meisterin im Erfinden von Streichen und Wortspielen; wenn es darauf ankam, konnte sie sehr scharfzüngig und

Die Dualität ihrer Persönlichkeit kommt im Bild *Die beiden Fridas* zum Ausdruck, das die Malerin 1939 für die internationale Surrealistenausstellung schuf.

geistesgegenwärtig reagieren.» Von den *cachuchas* lernte Frida auch eine Art kameradschaftlicher Treue, eine gewisse jungenhafte Art, Freundschaften zu pflegen, die sie ihr Leben lang beibehalten hat. In dieser Gemeinschaft vertiefte sich Fridas natürlicher Widerspruchsgeist zu einer kritischen Weltanschauung.

Es gibt eine Anekdote, nach der Frida einmal von der Schule verwiesen werden sollte; wir wissen nicht, warum. Unerschrocken soll sie ihre Sache direkt dem Innenminister Vasconcelos vorgetragen haben. Jeder kannte dessen Rivalität und mißbilligende Haltung zu Lombardo Toledano, dem Direktor der Preparatoria. Der Minister soll die Wiederaufnahme des Mädchens veranlaßt und dem schwer geprüften Toledano gegenüber geäußert haben: «Wenn Sie nicht einmal mit so einem kleinen Mädchen umgehen können, taugen Sie nicht zum Direktor einer solchen Schule!»

Der Lieblingsaufenthaltsort der *cachuchas* war die ibero-amerikanische Bibliothek, nicht weit von der Preparatoria entfernt. Obgleich man sie in einer ehemaligen Kirche untergebracht hatte, war es dort freundlich und warm; unter dem hohen Tonnengewölbe breitete sich ein Irrgarten von Bücherregalen aus; die Wände waren geschmückt mit Wandbildern von Roberto Montenegro und mit seidenen Flaggen der lateinamerikanischen Länder. Zwei gutmütige Bibliothekare gestatteten den *cachuchas*, die Bibliothek fast wie private Räume zu benutzen, und so wurde die «Ibero» bald zu ihrem Hauptquartier. Jeder der Gruppe hatte dort seine oder ihre besondere Ecke. Hier redeten sie sich die Köpfe heiß, hier flirteten und rauften sie, hier schrieben sie Aufsätze, zeichneten sie oder lasen sie Bücher.

Sie lasen viel und verschlangen alles von Dumas bis Mariano Azuela, von der Bibel bis *Zozobra*, ein Werk, das der Dichter Ramón López Velarde 1919 veröffentlichte und das den Geist der Revolutionsjahre reflektiert. Sie lernten die großen Werke der spanischen und russischen Literatur kennen und hielten sich auch in der zeitgenössischen mexikanischen Literatur auf dem laufenden. Mit der Zeit konnte Frida in drei Sprachen lesen: in Spanisch, Englisch und Deutsch. Von der Bibliothek ihres Vaters her war sie an philosophische Literatur gewöhnt, und sie liebte es, daherzureden, wie wenn Kant und Hegel so leicht zu verstehen wären wie Comics. Es konnte durchaus vorkommen, daß sie zu Hause aus dem Fenster rief: «Alejandro, leih mir doch mal deinen Spengler; ich habe nichts mehr zu lesen für die Busfahrt!»

Wenn sie auch viel las, so war Frida dennoch keine besonders fleißige Schülerin. Ihre Interessen lagen in Biologie, Literaturgeschichte und Kunst; aber richtig gefangengenommen wurde sie nur durch den Umgang mit Menschen. Es war ein Glück für sie, daß sie auch ohne große Anstrengung gute Noten erzielen konnte: Sie brauchte einen Text nur einmal zu lesen, um seinen Inhalt schon zu behalten, und so hielt sie es für ihr gutes Recht, den Unterricht bei langweiligen und schlecht vorbereiteten Lehrern zu schwänzen, wie es ihr paßte. Statt dessen pflegte sie sich vor dem von ihr gemiedenen Klassenzimmer hinzusetzen und ihren Freunden laut vorzulesen. Wenn sie aber an den Stunden doch teilnahm, sorgte sie zumindest für einen lebhaften Verlauf des Unterrichts. Einmal war sie so sehr gelangweilt von einem Vortrag eines Psychologieprofessors über die Theorie des Schlafes, daß sie ihrer Nachbarin einen Zettel reichte, auf den sie geschrieben hatte: «Erst lesen, dann umdrehen und weitergeben. Nicht lachen, sonst gibt's Ärger und du fliegst raus.» Auf der Rückseite war eine Karikatur des Lehrers als schlafender Elefant. Natürlich konnte niemand von den etwa neunzig Studenten des Kurses das Lachen unterdrücken, als der Zettel die Runde machte.

In ihrer Respektlosigkeit den Lehrern gegenüber ging Frida gelegentlich so weit, daß sie den Direktor bat, einen bestimmten Kollegen von der Anstalt zu entfernen. «Er hat seinen Beruf verfehlt», konnte sie in einem solchen Fall erklären. «Er weiß nicht, wovon er redet. Der Text, den er erläutert, straft ihn Lügen, und wenn wir eine Frage haben, kann er keine Antwort geben; wir sollten ihn wegschicken und die Lehrerstelle zur Neubewerbung ausschreiben!»

Die *cachuchas* verschonten mit ihren Streichen auch nicht die Maler. 1921/22 hatte Vasconcelos einige Künstler damit beauftragt, in der Preparatoria Wandgemälde zu schaffen. Als die Maler dann auf ihren Gerüsten hockten, wurden sie zu idealen Opfern für die Anschläge der *cachuchas*. Wenn zum Beispiel ein neues Gerüst gebaut worden war, lagen Holzstücke und Hobelspäne auf dem Boden herum. «Wir zündeten sie einfach an», erzählte José Gómez Robledo, «und da stand dann der arme Mensch mit seinem ruinierten Gemälde mitten in Rauch und Flammen. Später gewöhnten sich die Maler an, große Pistolen bei sich zu tragen.»

Die auffallendste Erscheinung unter all den Künstlern war zweifellos Diego Rivera. Er schuf die Fresken im Bolivar-Amphitheater, der Aula der Preparatoria. 1922 war er sechsunddreißig Jahre alt, weltberühmt und unglaublich dick. Es machte ihm Spaß, sich während des Malens zu unterhalten, und seine Ausstrahlung ebenso wie sein froschartiges Äußeres sorgten dafür, daß er immer Zuhörer um sich hatte. Eine weitere Besonderheit war seine Aufmachung in einer Zeit, da Lehrer und Beamte schwarze Anzüge, Stehkragen und Homburgs trugen. Rivera kam mit einem Stetson daher, hatte schwere Bergarbeiterschuhe an und hielt mühsam die sackartig um ihn herumhängenden Kleider mit einem breiten Patronengürtel zusammen. Seine Hosen und Jacken sahen immer so aus, als ob darin eine Woche lang ein Elefant geschlafen hätte.

Rivera reizte Frida ganz besonders zu Streichen. Obwohl der Zutritt zum Amphitheater für Schüler verboten war, solange der Künstler dort arbeitete, gelang es ihr dennoch, hineinzuschlüpfen, ohne erwischt zu werden. Manchmal stibitzte sie Essen aus Riveras Lunchkorb, und einmal rieb sie Seife auf die Treppe, die von der Bühne des Amphitheaters herunterführte, wo der Künstler am Werk war. Hinter einer Säule versteckt, beobachtete Frida, was passieren würde. Rivera ging jedoch stets so gemessen und setzte seine Füße so sorgfältig einen vor den anderen, daß er von der gefährlichen Glätte überhaupt nichts bemerkte. Dafür rutschte am nächsten Tag einer der Professoren auf der präparierten Treppe aus und polterte die Stufen hinunter.

Rivera hatte oft Besuch auf seinem Gerüst. Ganz besonders fiel natürlich die Schar hübscher Modelle auf, die bei ihm ein- und ausgingen. Eine davon, Lupe Marín, war seine Geliebte, die er 1922 heiratete. Eine andere, selbst Malerin, war für ihre Schönheit bekannt und hieß Nahui Olín. Nach ihrem Ebenbild hat Rivera die Symbolfigur der erotischen Dichtung gestaltet. Frida versteckte sich gern in der dunklen Türnische, und wenn Lupe gerade bei Rivera auf dem Gerüst war, rief sie: «Achtung, Diego, jetzt kommt Nahui!» Oder wenn der Maler allein war und sie Lupe kommen sah, flüsterte sie laut in den Saal, wie wenn Rivera in einer kompromittierenden Situation erwischt würde: «Paß auf, Diego, die Lupe kommt!»

Es gehört zu Frida Kahlos Legende, daß sie sich bereits in Rivera verliebte, während sie noch auf der Preparatoria war. Als sie einmal im Kreise von Mitschülerinnen in einem Eissalon von ihren Lebensplänen sprach, soll Frida mit der erstaunlichen Behauptung herausgerückt sein: «Ich möchte ein Kind von Diego Rivera haben; und ich werde es ihm auch eines Tages sagen.» Ihre Freundin Adelina Zendejas war entsetzt und nannte Diego einen vollgefressenen und ekelhaften alten Kerl; doch Frida war unbeirrbar in ihrer Meinung, Diego sei zartfühlend, klug und liebenswürdig. Sie wollte ihn baden und pflegen, und sie würde das Baby von ihm schon noch bekommen, «sobald ich ihn dazu kriege, daß er mitmacht». Frida selbst erzählt später, daß sie, während sie Diego mit Spottnamen wie «alter Fettwanst» ärgerte, in Gedanken zu sich sagte: «Wart nur, Freundchen, jetzt scherst du dich nicht um mich; aber eines Tages werde ich ein Kind von dir haben!»

Diego Rivera hat die erste Begegnung mit der Schülerin Frida Kahlo in seiner Autobiographie *My Art, My Life* (Meine Kunst, mein Leben) etwas anders dargestellt:

«Eines Nachmittags saß ich oben auf meinem Gerüst beim Malen, und Lupe saß weiter unten mit einer Handarbeit. Irgend jemand rief laut und stieß heftig gegen die Tür der Aula. Dann flog plötzlich die Tür auf, und ein Mädchen von ungefähr zehn oder zwölf Jahren kam hereingestürzt. Sie war wie alle Schülerinnen gekleidet; aber in ihrem Auftreten wirkte sie ungewöhnlich. Sie legte eine Selbstsicherheit an den Tag, wie wenn sie sich ihres Wertes voll bewußt wäre, und ihre Augen sprühten ein seltsames Feuer. Ihre Gestalt war von kindlicher Schönheit; doch ihre Brüste waren schon voll entwickelt.

Das Mädchen schaute zu mir herauf und fragte: ‹Ich hoffe, es stört Sie nicht, wenn ich Ihnen ein wenig bei der Arbeit zuschaue?›

‹Keineswegs, mein Fräulein›, sagte ich, ‹ich freue mich immer über Besuch.›

Darauf setzte sie sich hin und betrachtete mich still bei der Arbeit, wobei ihr Blick an jedem Pinselstrich hing. Mit der Zeit erregte sie Lupes Eifersucht, und Lupe fing an, die Kleine zu beschimpfen. Die hörte aber gar nicht auf sie, was Lupe nur noch zorniger machte. Die Hände in die Hüften gestemmt, ging sie auf das Mädchen los und trat herausfordernd vor sie hin. Die Kleine erstarrte ein wenig, wich aber Lupes Blick nicht aus und ließ sich zu keiner Bemerkung hinreißen. Lupe war sichtlich verwirrt, schaute das Mädchen noch eine Weile drohend an, mußte dann aber doch lächeln, und sagte zu mir in einem Ton widerwilliger Anerkennung: ‹Schau dir doch mal diese Göre an. So klein sie ist, hat sie doch überhaupt keine Angst vor einer großen starken Frau wie ich. Die gefällt mir.›

Die ‹Göre› blieb ungefähr drei Stunden bei uns. Beim Weggehen sagte sie bloß ‹gute Nacht›. Ein Jahr später erfuhr ich, daß sie es gewesen war, die hinter den Säulen versteckt gerufen hatte und daß sie Frida Kahlo hieß. Doch daß sie einmal meine Frau werden würde, wäre mir damals nicht in den Sinn gekommen.»

Bei aller Faszination Fridas für Rivera, war sie doch während ihrer Schuljahre die Freundin von Alejandro Gómez Arias, dem unbestrittenen Anführer der *cachuchas*. Er hatte schon damals viel von dem, was ihn später auszeichnete und ihn weithin bekannt werden ließ als brillanten Redner mit großer Ausstrahlungskraft, als unterhaltsamen Erzähler, hochgebildeten Wissenschaftler und vorzüglichen Sportler. Alejandro war hübsch, hatte eine hohe Stirn, sanfte, dunkle Augen, eine aristokratische Nase und feingeschwungene Lippen. In seinen Umgangsformen war er ziemlich verfeinert und zugleich ungezwungen. Ob er nun von Politik, Proust, Malerei oder Schultratsch redete, immer flossen ihm seine Ideen und Worte mit Leichtigkeit zu. Unterhaltung war für ihn eine Kunst: seine Pausen und sein Schweigen setzte er mit musikalischer Präzision ein, und stets gelang es ihm, seine Zuhörer in Atem zu halten.

Frida, die dazu geboren war, bedeutende Männer zu lieben, lernte Alejandro zunächst als ihren Mentor kennen. Er war 1919 in die Preparatoria eingetreten und demgemäß seiner Mitschülerin Frida einige Jahre voraus. Später wurde er ihr Schulkamerad und schließlich ihr Jugendfreund. Sie nannte ihn ihren *novio*, was damals den Partner einer romantischen Liebesbindung bezeichnete und nicht selten in eine Ehe mündete. Gómez Arias meint dazu, daß die Ausdrücke *novio* und *novia* eine allzu bürgerliche Bedeutung von «Verlobten» hätten; er zieht es vor, als ihr intimer Freund oder ihr erster Geliebter zu gelten. Über die Frida von damals sagt er: «Sie hatte eine kindlich unerfahrene Lebensart und war zugleich sehr spontan und dramatisch in ihrem Drang, das richtige Leben zu entdecken.» Mit Blumen und geistreich-schlagfertigen Reden warb Alejandro zartfühlend und ritterlich um seine «Kleine von der Preparatoria», wie sie sich ihm gegenüber selbst nannte. Nach der Schule sah man sie oft gemeinsam spazieren und in endlose Gespräche vertieft. Sie tauschten ihre Fotos aus und schrieben sich Briefe, sobald sie einmal getrennt waren.

Wenn ihre Lebenswege auch später auseinanderführen sollten, blieben sie dennoch enge Freunde bis zu Fridas Tod. Fridas Briefe an Alejandro sind noch immer in seinem Besitz. Sie zeigen ein Bild ihres damaligen Lebens und geben Aufschluß über Fridas Entwicklung vom Kind zur Jugendlichen und schließlich zur Frau. In den Briefen erkennt man schon früh die Neigung zur Selbstreflexion über ihr Leben und ihre Gefühle, die später einmal Grundlage ihrer Kunst werden sollte. Sie schrieb mit einer emotionalen Klarsicht und Offenheit, die bei einem heranwachsenden Mädchen in Erstaunen versetzt, und die ihr eigene Spontaneität drückt sich in einer ungehemmten Sprache aus; selten wird der Fluß ihrer Sätze durch Kommas, Punkte oder Absätze unterbrochen. Dafür beleben häufig karikaturhafte Zeich-

nungen das Schriftbild, mit denen Frida ihre Erlebnisse illustriert –
etwa einen Streit, einen Kuß oder sich selbst als Kranke im Bett.
Immer wieder tauchen lächelnde oder weinende Gesichter als Kommentare zu den Sätzen auf, vielleicht weil Alejandro sie hin und wieder als sein «Heulsuschen» bezeichnete. Manchmal skizzierte sie mo-
dische Schönheiten mit schlanken Hälsen, hochtoupiertem Haar, blei-
stiftdünnen Brauen und geschürzten Lippen. Neben eine solche
Zeichnung schrieb sie: «Eine Idealfigur. Reiß sie bloß nicht raus, weil
sie so hübsch ist. An der Puppe kannst du sehen, wie gut ich schon im
Zeichnen bin, ein wahres Wunderkind, nicht wahr? Also paß auf,
wenn die Hunde in die Nähe dieser wunderbaren psychologischen
und künstlerischen Studie kommen!»

Als Unterschrift verwendete Frida häufig ein von ihr erfundenes
Piktogramm: ein gleichschenkeliges Dreieck mit der Spitze nach unten, das sie manchmal durch Hinzufügung von Gesichtszügen zu einem Selbstporträt ergänzte, wobei der untere Winkel zu einem Bart
wurde. Wieder andere Briefe an Alejandro enden mit einem nach
oben zeigenden Dreieck.

Da ihre Beziehung zu Alejandro von Fridas Eltern nicht gutgeheißen wurde, trafen sich die beiden nur heimlich, und Frida erfand
mancherlei Vorwände, wenn sie das Haus verlassen oder verspätet
aus der Schule nach Hause kommen wollte. Da ihre Mutter kontrol-
lierte, an wen sie schrieb, verfaßte sie ihre Briefe oft im Bett, oder sie
warf einige Zeilen aufs Papier, wenn sie gerade im Postamt war. Wenn
sie krank wurde, mußte sie ihre Schwester Cristina ins Vertrauen
ziehen, die nicht immer eine willige Helferin war, sobald es darum
ging, die Briefe an Alejandro weiterzuleiten. Damit Frida ihrerseits
seine Briefe empfangen konnte, bat sie ihn, mit Agustina Reyna, dem
Namen einer Klassenkameradin, zu unterschreiben.

Der pennälerhaft-alberne Ton der Briefe («Ich liebe dich, auch
wenn du mich nicht lieber magst als einen Floh») änderte sich um die
Jahreswende 1924/25. Fridas Liebe zu Alejandro wurde zusehends
bewußter und stärker; man spürt eine gewisse Melancholie und Unsi-
cherheit zwischen den Zeilen; ständig verlangte sie nach Bestätigung
seiner Gegenliebe. Zwar verlor sich nicht die mädchenhafte Launen-
haftigkeit, aber ihre Hoffnungen schienen sich auf früher ungeahnte
Pläne zu richten: sie wollte mit Alejandro in die Vereinigten Staaten
gehen, ihr Leben verändern, ihre Provinzwelt verlassen und in San
Francisco leben. Vielleicht wurde sie um diese Zeit Alejandros Geliebte. Einmal nannte sie sich «seine kleine Frau», und Alejandro erinnert
sich: «Frida war sexuell frühreif. Für sie war Sex eine selbstverständli-

che Art, sich am Leben zu erfreuen, einfach eine Lebensnotwendigkeit.»

Um die Reise in die Vereinigten Staaten bezahlen zu können, plante Frida ein Jahr lang zu arbeiten und zu sparen; aber auch ohne solche Wunschträume mußte sie Geld verdienen, um zu dem knappen Familieneinkommen beizutragen. Immerhin war die Arbeit, nach der Schule oder in den Ferien, weniger lästig, als sie es hätte sein können, weil Frida mit diesen Beschäftigungen auch größere Freiheiten zugestanden wurden. Oft schickte sie ihrer Mutter einige Zeilen, um ihr zu sagen, daß sie erst spät zurückkommen würde, weil sie dem Vater im Fotoatelier half oder eine andere Gelegenheitsarbeit angenommen hatte. Da das Fotostudio des Vaters mitten in Mexico City war, bot sich im Anschluß an die Arbeit hin und wieder die ersehnte Gelegenheit zu einem Rendezvous mit Alejandro.

Andere Arbeit, als ihrem Vater zu helfen, war damals nicht leicht zu finden. Eine kurze Zeit arbeitete Frida als Kassiererin in einer Apotheke, aber sie stellte sich nicht geschickt genug an: bei der allabendlichen Abrechnung war entweder zuviel oder zuwenig Geld in der Kasse, und es konnte geschehen, daß sie ihre Ohrringe als Pfand für eine fehlende Geldsumme in die Schublade legte. Später nahm sie das Angebot an, die Buchhaltung in einem Sägewerk für kümmerliche 60 Pesos monatlich zu verwalten.

Nach Alejandro Gómez Arias geschah es während dieser Zeit der Arbeitssuche, daß Frida in der Bibliothek des Kultusministeriums wegen eines Jobs vorsprach und daß eine dort arbeitende Angestellte die Gelegenheit ausnutzte, um das Mädchen zu verführen. Wahrscheinlich hat sie dieses Erlebnis gemeint, als sie später einmal einer Freundin berichtete, wie traumatisch für sie der erste homosexuelle Kontakt mit einer Lehrerin gewesen sei, zumal ihre Eltern die Liaison entdeckt und einen Riesenskandal daraus gemacht hätten.

Ein halbes Jahr verdiente sich Frida Geld mit langweiliger Arbeit in einer Fabrik. Ihr nächster Job war da schon interessanter, als sie nämlich eine bezahlte Lehre in einer Radierwerkstatt machte. Fernando Fernández war ein geschäftlich erfolgreicher Drucker und mit ihrem Vater befreundet. Er versuchte Frida das Zeichnen beizubringen, indem er sie Drucke des schwedischen Impressionisten Anders Zorn kopieren ließ. Er glaubte bei ihr eine deutliche Begabung festgestellt zu haben. Wenn man Alejandro glauben darf, so hat diese lobende Zuwendung auf Frida einen solchen Eindruck gemacht, daß sich eine kurze Affäre zwischen Fernández und seiner Schülerin entspann.

Mit achtzehn war Frida natürlich nicht mehr «die Kleine von der

Die achtzehnjährige Frida, 1926 fotografiert
von ihrem Vater.

Preparatoria»; sie war inzwischen erwachsen und attraktiv für Männer. Wen wundert es, daß auch sie sich zu Männern hingezogen fühlte? Das Mädchen, das drei Jahre zuvor mit Zöpfen und in der braven Tracht einer deutschen Schülerin die Preparatoria zum erstenmal betreten hatte, war nun eine moderne junge Frau, erfüllt von der hochgestimmten Lebhaftigkeit der zwanziger Jahre, mit wenig Sinn für konventionelle Moralvorstellungen und ohne Rücksicht auf die gerunzelten Stirnen ihrer Schulkameraden aus dem konservativen Lager.

Die neu gewonnene stolze Eigenständigkeit ihres Wesens läßt sich gut auf einer Fotoserie erkennen, die Guillermo Kahlo am 7. Februar 1926 aufgenommen hat. Ein sehr steifes Porträt zeigt Frida zunächst noch in einem Satinkleid aus früherer Zeit, wobei sie sehr sorgfältig ihr dünnes rechtes Bein hinter dem linken zu verbergen sucht. Die anderen Aufnahmen aber, die am selben Tag entstanden sind, zeigen Frida, die sich von ihrer konventionell gekleideten Familie durch ein ungewöhnliches Kostüm abhebt: Sie trägt einen dreiteiligen Herrenanzug, komplett mit Krawatte und Tüchlein in der Brusttasche. Auch in ihrer Haltung posiert sie wie ein Herr, die eine Hand in der Hosentasche, die andere auf dem Griff eines Spazierstocks ruhend. Auch wenn Frida diese Kostümierung als Scherz aufgefaßt haben mag, erkennt man doch, daß dies kein unschuldiges Kind mehr ist, das da in die Kamera blickt. Auf allen Fotos schaut sie den Betrachter mit einem beunruhigenden, gleichbleibenden Augenausdruck an, und in ihren Augen liest man deutlich genug jene Mischung aus Sinnlichkeit und dunkler Ironie, die auf so vielen ihrer Selbstporträts wiederkehren sollte.

4 Ein Unfall und seine Folgen

Auch aus räumlicher und zeitlicher Distanz durchzuckt einen heute noch der Schrecken, wenn man sich diesen Unfall vergegenwärtigt. Ein Trambahnzug fuhr in einen leichten hölzernen Omnibus und bewirkte damit einen tiefen Bruch in Fridas Lebensweg.

Solche Unfälle waren damals in Mexico City keineswegs selten. Davon zeugen zahlreiche Votivbilder, auf denen Verkehrsunfälle festgehalten sind. Omnibusse gab es noch nicht sehr lange in der Stadt, und sie hatten den Reiz des Neuen. Daher waren sie meistens überfüllt, während die Straßenbahnen oft fast leer fuhren. Genau wie im heutigen Mexico wurden die Busse mit Bravour gefahren, wie wenn das Bild der heiligen Jungfrau von Guadalupe, das an der Frontscheibe schaukelte, den Fahrer unbesiegbar gemacht hätte. Der Bus, in dem Frida damals fuhr, war noch ganz neu und sah mit seiner frisch leuchtenden Farbe besonders verwegen aus.

Der Unfall geschah am späten Nachmittag des 17. September 1925. Tags zuvor hatte man in Mexico die Jahresfeier der Befreiung von Spanien begangen. Es hatte ein wenig geregnet, und die mächtigen grauen Regierungsgebäude am Zócalo wirkten noch trister und strenger als gewöhnlich. Der Bus nach Coyoacán hinaus war voll, aber Alejandro und Frida fanden noch Sitze im hinteren Teil des Wagens. Als sie die Straßenecke zwischen der Cuahutemotzín- und der 5-de-Mayo-Straße erreicht hatten und in die Calzada de Tlalpan einbiegen wollten, konnte der Fahrer dem aus Xochimilco herannahenden Trambahnzug nicht mehr ausweichen. Zwar fuhr die Elektrische nicht schnell, sie kam nur unaufhaltsam näher, als ob sie keine Bremsen hätte, als ob sie sich die Vollendung des Unheils nicht nehmen lassen wollte. Frida erinnerte sich:

«Kurz nachdem wir in den Bus gestiegen waren, kam es zu dem Zusammenstoß. Vorher hatten wir in einem anderen Bus gesessen; aber weil ich einen kleinen Sonnenschirm vermißte, waren wir wieder ausgestiegen, und so kam es, daß wir in das Unglücksfahrzeug gerieten, in dem ich zum Krüppel werden sollte. Es passierte an der Ecke des San-Juan-Marktes, genau davor. Die Trambahn fuhr gar nicht schnell; aber unser Fahrer war ein nervöser junger Mann. Als die Bahn um die Kurve kam, wurde unser Fahrzeug erfaßt und gegen eine Hausmauer gedrückt.

Ich war wohl ein ganz gescheites Mädchen, aber ziemlich unpraktisch trotz aller Freiheit, die ich gewonnen hatte. Vielleicht begriff ich deshalb nicht gleich die Situation und wie schlimm die Verletzungen eigentlich waren, die ich erlitten hatte. Als erstes dachte ich an den kleinen bunten *balero*, den wir gekauft hatten und den ich bei mir trug. Ich wollte das hübsche Spielzeug in dem Durcheinander um mich her suchen und war mir noch nicht bewußt, daß ich viel schlimmere Unfallfolgen als diesen kleinen Verlust zu ertragen haben würde.

Übrigens ist es nicht wahr, daß man den Unfall spürt und daß man heult. Ich hatte keine Tränen. Wir wurden bei dem Zusammenprall nach vorne gestoßen, und eine eiserne Griffleiste durchbohrte mich wie der Torerodegen den Stier. Ein Mann sah, daß ich schrecklich blutete, und trug mich zu einem Billardtisch, wo ich lag, bis das Rote Kreuz kam.»

Als Alejandro den Unfallhergang erzählte, wurde seine Stimme ganz monoton und fast unhörbar leise, als ob er auf diese Weise vermeiden könnte, das Geschehen ein weiteres Mal nachzuerleben:

«Der elektrische Zug bestand aus zwei Wagen und kam ganz langsam auf unseren Bus zu, traf ihn in der Mitte und drückte ihn wie eine Schachtel zusammen. Der Bus hatte eine eigentümliche Elastizität, bog sich mehr und mehr, ohne gleich auseinanderzubrechen. Der Bus hatte lange hölzerne Bänke zu beiden Seiten. Ich weiß noch, wie in einem bestimmten Moment meine Knie gegen die der gegenübersitzenden Person stießen. Frida saß neben mir. Als der Bus seine höchste Biegsamkeit erreicht hatte, zersplitterte er in tausend Stücke, und noch immer kam die Trambahn nicht zum Stillstand, sondern begrub Leute und Trümmer unter sich.

Auch ich geriet unter die Bahn, Frida nicht; dafür brach eine Haltestange und durchbohrte Frida im Beckenbereich. Als ich wieder aufstehen konnte, kroch ich unter dem Wagen hervor. Ich hatte keine Verletzungen, nur einige Prellungen. Natürlich suchte ich als erstes nach Frida. Etwas Merkwürdiges war geschehen: sie war fast nackt; bei dem Zusammenstoß waren ihr die Kleider vom Leibe gerissen worden. Jemand im Bus, wahrscheinlich ein Anstreicher, hatte ein Paket mit Goldpulver bei sich gehabt, das aufgegangen war; und nun war das Gold über Fridas blutenden Körper gestäubt. Als die Leute sie so sahen, riefen sie: ‹*La bailarina, la bailarina.*› Mit dem Gold auf dem roten Körper hielten sie sie für eine Tänzerin.

Ich wollte sie hochheben – damals war ich noch ein kräftiger Junge –, aber da sah ich mit Entsetzen, daß eine Eisenstange in ihren Körper gedrungen war. Ein Mann neben mir sagte: ‹Wir müssen das rausziehen.› Er stemmte sein Knie gegen Frida und wiederholte: ‹Es muß raus!› Als er das Eisen herauszog, schrie Frida so laut, daß es sogar noch die Sirene der Ambulanz übertönte. Bevor das Rettungsfahrzeug eintraf, hatte ich Frida in das Schaufenster einer Billardstube getragen. Ich legte meinen Mantel über sie und dachte, daß sie sterben würde. Zwei oder drei Leute sind damals am Unfallort gestorben, andere starben später.»

Schließlich kam der Ambulanzwagen und brachte Frida zum Rotkreuzspital. Ihr Zustand war so schlimm, daß die Ärzte nicht mehr an Rettung glaubten; sie dachten, Frida würde ihnen auf dem Operationstisch unter den Händen sterben. Und auch nach der ersten Operation blieb es noch einen Monat lang ungewiß, ob sie überleben würde.

Das Mädchen, dessen Sturmschritt in den Schulkorridoren an einen Vogel im Flug erinnert hatte, das gewohnt war, bei fahrenden Bussen und Trambahnen auf- und abzuspringen, sie war nun zur Bewegungslosigkeit verurteilt und mußte in Gipsschalen und Streckverbänden liegen. «Es war ein seltsamer Unfall», sagte Frida. «Es schien gar nicht so viel Gewalt dabei im Spiel zu sein, und es geschah fast lautlos; dabei wurden alle davon betroffen, und mich hat es am schlimmsten erwischt.»

Ihr Rückgrat war an drei Stellen im Beckenbereich verletzt, ein Schlüsselbein und zwei Rippen gebrochen, am rechten Bein zählte man elf Brüche, ihr rechter Fuß war ausgerenkt und zerquetscht; ferner war ihre linke Schulter ausgekugelt, und das Schambein war dreifach gebrochen. Der stählerne Handgriff hatte ihren Unterleib förmlich aufgespießt. Das Eisen hatte sich in die linke Hüfte gebohrt und war bei der Vagina wieder ausgetreten. «Auf diese Weise habe ich meine Unschuld verloren», bemerkte sie dazu.

Das Krankenhaus war ein ehemaliges Frauenkloster. Die kahlen hohen Räume lagen immer im Dämmer. Als sich herausstellte, daß

Frida Überlebenschancen hatte, war die nächste Frage, ob sie auch wieder würde laufen können. Die Ärzte mußten sie zusammenstükken, «wie wenn man eine Fotomontage gemacht hätte», meinte ein alter Freund der Familie. Als Frida schließlich wieder zu Bewußtsein kam, wollte sie natürlich, daß ihre Familie sie besuchen sollte; aber beide Eltern hatten durch die Nachricht einen solchen Schock erlitten, daß sie zunächst unfähig waren, ihre Tochter aufzusuchen. «Meine Mutter brachte fast einen Monat lang kein Wort mehr heraus», erinnerte sich Frida, «und mein Vater war so verzweifelt und krank, daß ich ihn erst nach drei Wochen wiedersah. An Todesfälle war bei uns niemand gewöhnt.» Schwester Adriana wurde ohnmächtig, als sie von dem Unglück erfuhr. Von Fridas Familie kam allein die wegen ihres Ausbruchs noch immer nicht wieder aufgenommene Matilde. Sie hatte von dem Unfall in der Zeitung gelesen. Täglich saß sie an Fridas Bett. «Wir lagen in einem schrecklichen Stationssaal . . . Für fünfundzwanzig Patienten war nur eine einzige Krankenschwester da. Matilde half mir über die ersten Depressionen hinweg und versuchte mich durch allerlei lustige Erzählungen aufzuheitern. Meine Schwester war zwar dick und häßlich, aber sie hatte einen warmherzigen Humor. Den ganzen Saal konnte sie zum Lachen bringen. Wenn sie bei mir war, beschäftigte sie sich mit Stricken oder kümmerte sich mit der Krankenschwester um die Patienten.»

Einen ganzen Monat lang mußte Frida im Gips auf dem Rücken liegen. Um sie herum war ein Gerüst errichtet worden, das wie ein Sarkophag aussah.

Außer Matilde kamen die *cachuchas* und andere Freunde zu Besuch; aber abends, wenn Frida allein war, wurde sie von Todesgedanken gequält. Sie stellte sich vor, wie sie bereits hätte tot sein können oder vielleicht doch noch sterben müßte. Der Tod war für sie jetzt mit konkreten Erlebnissen verbunden: goldüberpuderte Röte auf nackter Haut, die Rufe, die das Geschrei ringsum übertönten: *«La bailarina, la bailarina!»* Mit einer grausam unbeteiligten Klarsicht, wie sie manchmal schockartig über einen kommt, sah sie vor sich, wie andere Verunglückte unter der Trambahn hervorkrochen, wie eine Frau davonlief und ihre Eingeweide mit den Händen festhielt. «In diesem Hospital tanzte nachts der Tod um mein Bett», sagte Frida zu Alejandro.

Sobald sie wieder schreiben konnte, sprudelte sie ihre Gefühle und Gedanken in Briefen an ihren Jugendfreund hervor, der selbst zu Hause mit schlimmeren Verletzungen lag, als der Ausdruck «einige Prellungen» vermuten lassen würde. Sie hielt ihn über den Fortgang ihrer Wiederherstellung auf dem laufenden und beschrieb alles mit der auch für ihre Malerei typischen Detailgenauigkeit, Phantasie und Gefühlsintensität. Hin und wieder gab es in diesen Briefen auch humorvolle Stellen; aber der traurige Grundton verlor sich nicht: «*No hay remedio* (Es ist nicht mehr wiedergutzumachen)», heißt es da oder: «Man muß halt damit leben; ich fange an, mich an das Leiden zu gewöhnen.» Vom Moment des Unfalls an wurden Schmerz und Tapferkeit die zentralen Themen ihres Lebens.

Dienstag, 13. Oktober, 1925

«Alex *de mi vida*, Du weißt mehr als alle anderen, wie mir in diesem grauenhaften Spital zumute ist, weil Du es Dir vorstellen kannst und weil Du die andern Jungen es Dir erzählt haben müssen. Jeder sagt mir, ich solle nicht so verzweifelt sein, aber sie ahnen nicht, was es für mich bedeutet, drei Monate im Bett zu liegen, und was mir fehlt, wenn ich nicht wie sonst auf den Straßen herumrennen kann. Aber was soll man machen; immerhin hat mich der ‹Kahle› [Fridas Wort für den Tod, das sie mit Totenschädel und gekreuzten Knochen illustrierte] noch nicht mitgenommen, nicht wahr?

Du kannst Dir nicht vorstellen, was ich mir um Dich Sorgen gemacht habe, da ich ja nicht wußte, wie es Dir ging. Nach meiner Operation waren Salas und Olmedo da, und es war eine Freude, sie wiederzusehen, besonders Olmedo. Ich fragte sie nach Dir, und sie haben mir erzählt, daß Du Schmerzen hast, aber nicht schlimm verletzt bist; und Du ahnst nicht, wie ich um Dich geweint habe, während mir gleichzeitig die eigenen Schmerzen die Tränen in die Augen treiben. Während der Behandlung sind meine Finger ganz kraftlos geworden, und wegen der Wundschmerzen muß ich dauernd schwitzen. Ich bin völlig durchbohrt worden, von der Hüfte schräg nach vorn; wegen so einem kleinen Stück Eisen bin ich nun ein Krüppel für den Rest meines Lebens, beinahe wäre ich sogar gestorben; aber das ist jetzt vorbei. Eine Wunde hat sich schon geschlossen, und der Arzt hat gesagt, daß die andere Wunde am Verheilen ist. Sie haben Dir sicher schon beschrieben, was mit mir los ist, nicht wahr? Es scheint jetzt nur noch eine Frage der Zeit zu sein, bis sich der Bruch am Schambein schließt und mein Ellenbogen wieder heil ist und die anderen kleinen Verletzungen, die ich am Fuß habe.

Was Besuche betrifft, so war eine richtige Menschenmenge hier und eine ganze Rauchwolke, sogar Chucho Ríos y Valles hat sich mehrmals telefonisch nach mir erkundigt. Er soll mal hier gewesen sein, aber gesehen habe ich ihn nicht. Fernández zahlt weiter, und es scheint, als ob ich jetzt noch begabter zum Zeichnen bin, denn er will mir künftig 60 Pesos wöchentlich geben, wenn ich wieder gesund bin! Wahrscheinlich nichts als leere Versprechungen, aber immerhin! Die Jungen, die in der Stadt wohnen, kommen fast jeden Tag. Auch Mr. Rouaix war bei mir und hat sogar geweint (natürlich der Vater, nicht etwa der Sohn, damit Du Dir keine falschen Vorstellungen machst), und Du kannst Dir denken, wer sonst noch alles hier war.

Aber ich würde manches darum geben, wenn ich statt all der Leute aus Coyoacán und statt der Haufen von alten Weibern, die auch hier waren, eines Tages Dich kommen sähe. Ich glaube, Alex, dann werde ich Dich einfach küssen, da hilft überhaupt nichts, denn inzwischen habe ich besser als je zuvor begriffen, wie sehr ich Dich liebe. Ich hänge mit ganzem Herzen an Dir und mag Dich für niemanden hergeben. Du siehst, daß auch das Leiden sein Gutes hat.

Außer daß ich mich körperlich ziemlich elend gefühlt habe, hat mir die Geschichte natürlich auch seelisch sehr zugesetzt, weil meine Mutter ziemlich krank geworden ist und mein Vater obendrein. Daß ich den Eltern diesen Schock verursacht habe, hat mich mehr geschmerzt als vierzig Wunden; stell Dir vor, meine arme kleine Mama war drei Tage wie verrückt und konnte vor Tränen nicht mehr aus den Augen sehen. Sie haben sie nur zweimal hergebracht, seitdem ich im Krankenhaus bin, und das sind jetzt fünfundzwanzig Tage, die mir unendlich lange geworden sind; und meinen Vater habe ich in der ganzen Zeit sogar nur einmal gesehen; ich möchte so schnell wie möglich wieder nach Hause, aber das geht erst, wenn die Entzündung ganz zurückgegangen ist, und alle Wunden müssen heil sein, damit es nicht zu einer Infektion kommt und ich dann doch noch sterben muß, nicht wahr? Jedenfalls wird es nicht mehr in dieser Woche sein, fürchte ich . . .

Ich werde die Stunden zählen, bis Du mich besuchen kommst, hier oder bei mir zu Hause; denn wenn ich Dich wiedersehe, werden mir die Monate im Bett schneller vergehen.

Also, denk dran, Alex, falls Du noch nicht kommen kannst, schreib mir bitte; Du machst dir keine Vorstellung, wie sehr Dein Brief dazu beigetragen hat, daß es mir besser geht; ich habe ihn, glaube ich, täglich zweimal gelesen, und er war jedesmal wieder wie neu für mich.

Ich muß Dir noch eine Menge erzählen, aber ich kann nicht mehr schreiben, weil ich noch ziemlich schwach bin, mein Kopf und meine Augen schmerzen, wenn ich viel lese und schreibe, aber ich werde es bald nachholen.

Noch was anderes, Bruderherz, ich habe einen wahnwitzigen Hunger . . . Ich darf nichts essen außer den wenigen widerlichen Sachen, von denen ich Dir schon erzählt habe; wenn Du kommst, bring doch bitte Schokoladenkuchen, Drops und so einen *balero* mit, wie wir ihn an dem bewußten Tag verloren haben.

Hoffentlich geht es Dir bald besser! Mich wollen sie noch vierzehn Tage hierbehalten! Sag mir, wie es Deiner hübschen kleinen Mutter und Deiner Schwester Alice geht.

Dein Kamerad ist so dünn wie ein Fädchen geworden. [Hier fügt Frida eine kleine Strichmännchenkarikatur von sich ein.] Friducha.

Wie mir das leid tut, daß ich das Sonnenschirmchen verloren habe. [Als Illustration ein weinendes Gesicht.] Morgen beginnt das Leben! . . .

ICH BETE DICH AN.»

Frida verließ das Rotkreuzhospital am 17. Oktober, genau einen Monat nach ihrem Unfall. Als sie zu Hause ankam, wußte sie, daß sie noch monatelang an das Haus gebunden sein würde, und dieser Gedanke setzte ihr noch mehr zu als die Angst vor den Schmerzen. Das Krankenhaus war nicht weit von der Preparatoria gelegen; Coyoacán dagegen war weit entfernt von der Stadtmitte, und sie konnte nicht damit rechnen, daß ihre Schulfreunde häufig die lange Fahrt machen würden. Vielleicht befürchtete sie auch, daß sich einige durch die seltsame Familienatmosphäre abhalten lassen würden, durch die Gereiztheit ihrer Mutter und das Schweigen ihres Vaters. «Das ist eines von den traurigeren Häusern, die ich kennengelernt habe», hat sie einmal von ihrem Elternhaus gesagt.

Dienstag, 20. Oktober, 1925

«Mein Alex, um ein Uhr am Samstag wurde ich entlassen. Salitas begegnete mir, als ich das Spital verließ, und muß Dir davon erzählt haben, wie ich nach Hause fuhr, nicht wahr? Sie haben mich ganz vorsichtig transportiert, trotzdem hatte ich wieder zwei Tage teuflische Entzündungsschmerzen; aber jetzt bin ich doch zufrieden, daß ich bei uns zu Hause und bei meiner Mutter bin; und jetzt erzähle ich Dir alles haarklein, was mit mir los ist, ohne das geringste Detail auszulassen. Nach Dr. Díaz Infante, der mich beim Roten Kreuz behandelt hat, bin ich nicht mehr in Lebensgefahr, und ich werde auch wieder einigermaßen gesund werden, aber wir haben schon den 20., und F. Luna [Fridas Deckname für die Menstruation] hat mich noch nicht besucht, und das ist schon schlimm. Der Arzt fürchtet, daß ich meinen Arm nicht mehr gerade machen kann; zwar ist das Gelenk in Ordnung, aber die Sehne ist völlig zusammengezogen und hindert mich an der Armbewegung nach vorn, und wenn der Arm überhaupt wieder streckbar werden soll, geht es nur sehr langsam, ich muß Massagen und heiße Bäder über mich ergehen lassen, das tut unvorstellbar weh, und bei jedem Ruck vergieße ich Bäche von Tränen, auch wenn man sagt, daß man sich von Weibertränen so wenig beeindrucken lassen darf wie vom Hinken eines Hundes; mein Fuß tut auch ziemlich weh, weil er, wie Du weißt, ziemlich kaputt ist, und ich habe elend stechende Schmerzen im ganzen Bein, und das macht mir natürlich Angst, wie Du Dir vorstellen kannst; aber die Ärzte sagen ja, daß der Knochen bald zusammenwachsen wird, wenn ich das Bein nur ruhig halte, und nach einiger Zeit kann ich wieder laufen...»

Montag, 26. Oktober, 1925

«Hör zu, Alex, sag mir doch bitte, an welchem Tag Du kommst, damit, falls mich zufällig zur gleichen Zeit eine Gruppe von Schwachköpfen besuchen will, ich sie gar nicht erst empfange; denn ich will doch unbedingt mit Dir sprechen, und das ist das Allerwichtigste... Alex, komm rasch, so schnell Du kannst, sei nicht gemein zu Deiner *chamaca*, die Dich so sehr liebt...»

Aber Alejandro kam nicht, jedenfalls nicht so oft, wie Frida gewünscht hätte. Vielleicht war ihm etwas von der Affäre mit Fernández zu Ohren gekommen. Was immer auch geschehen sein mag, Alejandro fühlte sich hintergangen und reagierte abweisend. Frida fürchtete seine Liebe zu verlieren und bat ihn mit wachsender Verzweiflung, zu ihr zu kommen und sie wieder zu besuchen.

5. November, 1925

«Alex – Du meinst vielleicht, ich schreibe Dir nicht, weil ich Dich vergessen hätte, aber das ist natürlich Unsinn. Als Du das letzte Mal bei mir warst, hast Du mir versprochen, bald wiederzukommen, an einem der nächsten Tage. Ich habe seither bloß auf diesen Tag gewartet, aber er ist immer noch nicht da... Wenn Du nicht kommst, liegt das vielleicht daran, daß Du mich überhaupt nicht mehr magst? Gib mir doch inzwischen wenigstens Nachricht, und laß Dich herzlich von Deiner kleinen Schwester grüßen, die Dich anbetet...»

Donnerstag, 26. November, 1925

«Mein geliebter Alex! Ich kann nicht alles erklären, was hier geschieht, denn stell Dir vor, meine Mutter hatte einen Anfall, und ich war allein bei ihr, weil Cristina ausgegangen war, und das blöde Dienstmädchen hat Dir gesagt, ich wäre nicht da. Du kannst Dir gar nicht vorstellen, was ich für eine Wut habe. Wie hatte ich gehofft, endlich wieder einmal mit Dir unter vier Augen sprechen zu können, nachdem wir schon so lange nicht mehr allein zusammen gewesen sind. Jetzt möchte ich dem verdammten Miststück von Hausmädchen alle Schimpfwörter an den Kopf werfen, die mir einfallen. Als ich davon hörte, habe ich mich auf den Balkon geschleppt und wollte nach Dir rufen; das Mädchen habe ich auf die Straße gejagt, um Dir nachzulaufen, aber sie hat Dich nicht mehr gefunden, und so blieb mir nur noch, vor Wut und Verzweiflung zu heulen . . .

Glaub mir doch, Alex, ich würde meine Seele verkaufen, damit Du nur kommst. Aber ich weiß, es hilft nichts, ich muß es aushalten, und mit all der Verzweiflung wird meine Genesung nur hinausgeschoben, nicht wahr? Ich bitte Dich, komm und rede mit mir wie früher, vergiß alles um der Liebe Deiner himmlischen Mutter willen, und Du mußt mir sagen, daß Du mich noch liebst, auch wenn es gar nicht wahr ist. (Die Feder schreibt nicht gut auf Tränen.)

Ich möchte Dir noch so viel sagen, Alex, aber jetzt habe ich bloß das Bedürfnis, mich auszuweinen [tränenverwischte Handschrift], und ich tröste mich immer damit, daß ich mir sage, Du wirst noch kommen . . . Jedenfalls verzeih mir; es lag wirklich nicht an mir, daß Du vergebens vor unserer Tür gestanden hast.

Schreib mir bald

Deine geliebte Friducha.»

Am 18. Dezember, drei Monate nach dem Unfall, konnte Frida wieder nach Mexico City hineinfahren. Am 26. Dezember schrieb sie: «Ich fange Montag wieder mit der Arbeit an, d. h. Montag in acht Tagen.» Nachdem Frida im Herbst 1925 ihre Abschlußprüfung verpaßt hatte, meldete sie sich nicht wieder für das neue Schuljahr an. Die Kosten für ihre Behandlung waren so hoch gewesen, daß ihre Familie Geld brauchte; und wahrscheinlich hat sie ihrem Vater im Studio geholfen und andere Gelegenheitsarbeiten angenommen.

Die Verstimmung in der Beziehung zu Alejandro hatte sich mittlerweile zu einem ernsten Bruch ausgewachsen. Aus dem folgenden Brief geht hervor, daß Alejandro seiner Freundin vorgeworfen haben muß, sie sei ein Flittchen. Zwar verteidigt sie sich und weist die Vorwürfe zurück; aber es spricht aus den Zeilen auch trotzige Selbstbehauptung:

54

«Alex, gestern fuhr ich in die Stadt und spazierte ein wenig herum. Natürlich bin ich zuerst zu Deiner Wohnung gegangen, ob das nun klug von mir war oder nicht. Ich lief hin, weil ich mir so recht wünschte, mit Dir sprechen zu können. Ich klingelte um zehn, aber Du warst nicht zu Hause, ich wartete bis Viertel nach eins in der Bibliothek und versuchte es dann am Nachmittag noch einmal; um vier Uhr herum warst Du immer noch nicht da. Ich weiß nicht, wo Du gewesen sein könntest. Ist Dein Onkel immer noch krank?

Ich bin an dem Tag viel mit Agustina Reyna zusammen gewesen; nach allem, was ich von ihr höre, will sie nicht mehr viel mit mir zu tun haben, weil Du zu ihr gesagt haben sollst, sie sei so schlimm oder gar noch schlimmer als ich, und sie empfindet das als eine böse Herabwürdigung. Ich kann sie ganz gut verstehen, und ich glaube, daß Dir ‹Sr. Olmedo› die Wahrheit gesagt hat, als er behauptete, ich wäre für all meine ehemaligen Freunde keinen Centavo mehr wert. Natürlich weiß ich, daß ich mehr als bloß einen Centavo wert bin; denn ich mag mich nun mal so, wie ich bin.

Reyna sagt, Du hättest ihr wiederholt von Dingen erzählt, über die ich allein mit Dir gesprochen habe; sie wußte Einzelheiten, die ich Reyna gegenüber nie erwähnt hätte, weil es keinen Grund dafür gibt, daß sie sie wissen müßte. Ich verstehe nicht, warum Du mit ihr davon sprechen mußtest. Es ist wohl wahr, daß jetzt niemand mehr mit mir befreundet sein will, weil ich meinen guten Ruf verloren habe; ich kann es nicht ändern. Jedenfalls will ich nur solche Leute zu Freunden haben, die mich nehmen, wie ich bin . . .»

Ihr Leben lang setzte Frida ihre Intelligenz, ihre Anziehungskraft, aber auch ihre Schmerzen ein, um diejenigen fest an sich zu binden, die sie liebte; die Briefe mit den Tränenspuren, in denen sie ihren *novio* zurückzugewinnen hoffte, zeigen das deutlich: «Nichts im Leben kann mich davon abhalten, mit Dir zu sprechen», schrieb sie am 27. Dezember 1925, «wenn ich auch nicht Deine *novia* sein kann, wirst Du doch immer der bleiben, an den ich mich in Gedanken wende, auch wenn Du nicht antwortest; denn ich liebe Dich jetzt, wo Du mich verläßt, noch mehr als zuvor.» Am 19. Februar 1926 schrieb sie, sie wäre bereit, jedes Opfer zu bringen, um ihm Gutes tun zu können, «auf diese Weise kann ich ein wenig mein Unrecht wiedergutmachen. Statt allem, was ich Dir nicht geben konnte oder nicht zu geben wußte, will ich Dir gehören, sobald Du nur willst; vielleicht kann Dir das als Beweis dienen, um mich ein wenig zu rechtfertigen.»

Fridas erstes *Selbstporträt* – eigentlich ihr erstes ernstzunehmendes Gemälde – war ein Geschenk für Alejandro. Sie fing damit im Spätsommer 1926 an, als sie erneut krank wurde und längere Zeit zu Hause liegen mußte. Ende September war das Selbstbildnis fast beendet; wie viele ihrer später gemalten Selbstporträts war auch dies erste als eine Gabe entstanden, durch die sie den Geliebten an sich zu binden hoffte.

Es ist ein düster-melancholisches Bild, auch wenn sie sich darin hübsch, zart und lebendig darstellt. Ihre rechte Hand hält sie ausgestreckt, wie wenn sie sie dem Betrachter zum Ergreifen hinhielte. Niemand, denkt man sofort, auch nicht der gekränkte Alejandro, konnte einem solchen Angebot widerstehen. Und vielleicht rührte dieses Geschenk tatsächlich Alejandros Herz, denn es dauerte nicht lange, bis er einwilligte, sich mit Frida wieder auszusöhnen. In späteren Briefen an ihn, als er zu einem Studienaufenthalt in Europa war, zeigte sich, wie stark sich Frida mit ihrem Selbstporträt identifizierte. Sie nannte es «Deinen Botticeli» [sic].

«Alex», schrieb sie am 29. März 1927, «Dein Botticeli ist auch sehr traurig geworden, aber ich habe ihr gesagt, daß sie ihre Seele bis zu Deiner Rückkehr in Schlaf hüllen soll, sie denkt aber trotzdem immer an Dich.»

Und am 15. Juli, als sie seine baldige Rückkehr erwartete, heißt es: «Du weißt gar nicht, wie schön es ist, auf Dich warten zu können, ganz heiter, wie auf dem Porträt, das Du von mir hast.» Das kleine Bild war wie ein zweites Selbst, ein Wesen, das die Gefühle der Künstlerin teilte und widerspiegelte; es war ein wenig verwandt mit jenem kleinen Mädchen, das in ihren Kinderträumen Fridas Freundin gewesen war. Auf der Rückseite des Bildes steht: *Frida Kahlo mit siebzehn, im September 1926, Coyoacán.* In Wirklichkeit war sie damals schon neunzehn Jahre alt. Mit etwas Abstand darunter – fast im Widerspruch zu der düsteren Atmosphäre des Bildes – steht auf deutsch «Heute ist immer noch», was wohl soviel heißen soll wie: Das Leben geht weiter.

5 Die gebrochene Säule

Von 1925 an war Fridas Leben ein aufreibender Kampf gegen ein unaufhaltsam schleichendes Siechtum. Ständig fühlte sie sich erschöpft, und dauernd hatte sie Schmerzen im Rückgrat und im rechten Bein. Wohl gab es Phasen, in denen sie sich einigermaßen wohlfühlte und ihr Hinken fast nicht auffiel; aber ihr Knochengerüst gab immer mehr nach. Olga Campos, die den Gesundheitszustand ihrer Freundin ihr Leben lang bis 1951 beobachtet hat, berichtet, daß Frida mindestens zweiunddreißig chirurgische Eingriffe ertragen mußte, die meisten davon an ihrer Wirbelsäule und am rechten Fuß, bis sie schließlich neunundzwanzig Jahre nach dem Unfall ihren Leiden erlag. «Es war wie ein lebenslanges Sterben», sagte der Schriftsteller Andrés Henestrosa, ein anderer guter Freund, der sie viele Jahre gekannt hat.

Wie aus Fridas Briefen an Alejandro vom September 1926 hervorgeht, geschah der erste Rückfall etwa ein Jahr nach ihrer Entlassung aus dem Krankenhaus. Ein Spezialarzt erklärte, daß drei Wirbel unregelmäßig säßen. Sie mußte mit verschiedenen Gipskorsetten für den Rücken und besonderen Stützkonstruktionen am rechten Fuß leben, wodurch sie wieder an das Haus gebunden war. Anscheinend hatten die Ärzte im Rotkreuzkrankenhaus vergessen, den Zustand von Fridas Wirbelsäule zu überprüfen, bevor sie sie als geheilt entließen. Wenn man Frida glauben darf, so hat sich im Spital «niemand um mich gekümmert, schlimmer noch, man hat es noch nicht einmal für nötig gehalten, eine Röntgenaufnahme zu machen». Fridas Briefe deuten an, daß die notwendige Behandlung unterblieb, weil die Familie den finanziellen Aufwand nicht leisten konnte.

Um ihren Körper nach der Kinderlähmung wieder fit zu machen, hatte Frida mit viel Selbstdisziplin Sport betrieben. Jetzt, nach dem Unfall, gehörte umgekehrt viel Selbstüberwindung dazu, sich möglichst wenig zu bewegen. So kam es, daß sich Frida fast zufällig der Beschäftigung zuwandte, die ihr weiteres Leben beherrschen sollte. «Da ich jung war», sagte sie, «nahm ich das Unglück nicht so tra-

gisch; ich spürte, daß ich genug Energie in mir hatte, statt des ange-
strebten Medizinstudiums etwas anderes zu beginnen. Und so habe
ich ohne große Umstände zu malen angefangen.»

Bis zu ihrer Lehre bei Fernández gab es keine Anzeichen dafür, daß
sie bereits als Schülerin eine besondere Neigung zur Kunst gehabt
hätte. Sie nahm nur teil an den obligatorischen, höchst akademischen
Kunstkursen, die an der Preparatoria gegeben wurden, einer in Zeichnen, der andere in Tonmodellieren; immerhin war damals ihr Lehrer
Fidencio L. Naba, der in Paris studiert und den Prix de Rome gewonnen hatte.

Eine Weile trug Frida sich mit dem Gedanken, ihr Geld einmal als
Zeichnerin von Illustrationen für wissenschaftliche Werke zu verdienen. Sie schaute sich Gewebsproben unter dem Mikroskop an und
übte zu Hause die Anfertigung solcher Zeichnungen; aber von diesen
geringfügigen Voraussetzungen abgesehen, können sich Fridas ehemalige Schulkameraden nur daran erinnern, daß sie ganz allgemein
an Kunst interessiert war, gerne bei den Wandmalereien zusah, eine
«künstlerische Ader» hatte und fortwährend irgendwelche phantasie-
vollen Linienornamente in ihre Hefte zeichnete.

Jedesmal, wenn Frida selbst über ihren Weg zur Kunst sprach –
und wie das für sie typisch ist, hat sie ganz verschiedene Versionen
erzählt –, vermied sie peinlichst den bekannten Mythos vom Künstler, der mit dem Bleistift in der Hand geboren wird, oder die bei vielen
Laien beliebte Idee, angeborene Genialität habe sie schon als Kind
unwiderstehlich vor die Staffelei getrieben. An Julien Levy, der 1938
ihre Ausstellung in New York vorbereitete, schrieb sie einmal:

«Vor 1926 hatte ich nie daran gedacht zu malen; als ich wegen eines
Autounfalls mit Gipsverbänden im Bett lag, war mir wahnsinnig
langweilig zumute, und ich wollte irgend etwas tun. Von meinem
Vater stibitzte ich mir einige Ölfarben, und meine Mutter ließ mir
eine Spezialstaffelei machen, damit ich im Liegen malen konnte.»

Für ihren Freund, den Kunsthistoriker Antonio Rodríguez schmückte
sie die Geschichte etwas aus:

«Mein Vater hatte jahrelang einen Malkasten mit Ölfarben in sei-
nem Foto-Atelier, dazu eine Palette und Borstenpinsel, die in einer
Vase in der Ecke standen. Manchmal malte er zum Zeitvertreib am
Fluß in Coyoacán nach der Natur. Er malte Landschaften und
Genreszenen; gelegentlich kopierte er auch Farbdrucke. Angeblich

soll ich es von Kindesbeinen an auf diesen Farbkasten abgesehen haben, ohne recht zu wissen, warum. Als ich nun so lange das Bett hüten mußte, nahm ich die Gelegenheit wahr und bat meinen Vater, mit seinen Utensilien malen zu dürfen. Er ‹lieh› mir den Malkasten wie ein Junge, dem seine Spielsachen für einen kleineren Bruder weggenommen werden. Meine Mutter ließ mir von einem Schreiner eine Staffelei machen, wenn man mit diesem Ausdruck einen Apparat bezeichnen kann, der an meinem Bett befestigt wurde, weil ich mit meinem Gipsverband nicht aufsitzen konnte. Auf diese Weise fing ich zu malen an.»

Wie es in ihrer Situation nahe lag, waren ihre ersten Sujets Porträts von Besuchern: zwei der *cachuchas* und zwei Mädchen aus Coyoacán, dazu Bildnisse von Familienangehörigen und von sich selbst. Drei dieser Porträts sind bloß noch in Fotografien überliefert, und eins, das Porträt von Jesús Ríos y Valles von 1927, war ihrer Meinung nach so schlecht, daß sie es zerstörte. Diese Malereien waren schon anspruchsvoll und vielversprechend, aber sie geben nur einen ersten Eindruck von der persönlichen Entwicklung, die noch kommen sollte. Die Bilder sind alle in dunklen, trüben Farben gehalten, die Zeichnung wirkt steif und noch ziemlich amateurhaft, die Raumverteilung läßt innere Logik vermissen. Die Mädchenfiguren auf den Porträts zeigen eine gewisse gestelzte Eleganz, und das Bildnis von Miguel N. Lira, den Frida auf dem Bild mit allerlei Symbolen der Literatur und Dichtkunst umgab, geriet ihr, wie sie selbst sagte, zu einer Art Ausschneidebogen. Einzelne Stellen sind jedoch schon so raffiniert, daß man es glauben möchte, wenn erzählt wird, Frida hätte stundenlang in kunsthistorischen Büchern studiert. Der Haupteinfluß auf ihre frühen Bilder kommt zweifellos aus der italienischen Renaissance, insbesondere von Botticelli. In einem Brief an Alejandro erwähnt sie einmal ihre Bewunderung für Bronzinos *Porträt der Eleonora di Toledo*, und etwas von der harten Grazie dieser königlichen Person, besonders ihrer Hände, kann man in Fridas *Selbstporträt* wiederfinden. Spürbar ist auch der Einfluß der manierierten linearen Eleganz der englischen Präraffaeliten und der sinnlich langgestreckten Gestalten Modiglianis. Höchst stilisierte Motive wie etwa spindeldünne Bäume und muschelförmige Wolken lassen die Anregung aus der mittelalterlichen Buchmalerei und aus Jugendstilillustrationen erkennen, und das spiralförmige Muster, in das auf ihrem ersten *Selbstporträt* das Meer übersetzt ist, erinnert an japanische Holzschnitte.

Alles in allem zeigt nur das erste Selbstbildnis Ansätze der später ausgeprägten künstlerischen Handschrift Fridas. Vielleicht läßt sich diese Intensität damit erklären, daß es sich um eine Liebesgabe handelte, gewissermaßen um einen Talisman, der die Beziehung der Künstlerin zu einem anderen Menschen beschwor.

Fridas Briefe an Alejandro aus der Zeit ihres Krankheitsrückfalls 1926/27 geben lebhaft Zeugnis von ihrer heranreifenden Persönlichkeit: Die Züge ihres Charakters gewinnen Kontur, Licht- und Schattenseiten ihres Wesens treten bereits deutlich hervor. Man ist betroffen von der Stärke ihres Lebenshungers, von ihrem Willen, das Leben nicht bloß zu ertragen, sondern auch Freude daran zu haben, selbst wenn sie noch so sehr unter Einsamkeit und Schmerzen zu leiden hatte. So schrieb sie am 10. Januar 1927 in einem Brief an Alejandro:

« . . . wo ich doch so oft davon geträumt hatte, einmal als Seemann an Forschungsreisen teilzunehmen! Unser Freund Patiño wird dazu sagen, es sei eine Ironie des Schicksals – ha! ha! ha! ha! (daß ich nicht lache!); aber es sind ja bloß siebzehn Jahre, die ich an diese Stadt gefesselt bin. Sicher kann ich später einmal sagen: ‹Ich gehe jetzt auf die Reise, ich kann mich jetzt nicht mit Dir unterhalten.› [Hier fügt Frida einen Takt mit sieben Musiknoten ein.] Aber China und Italien sind vorläufig nicht so wichtig. Es kommt mir nur darauf an, wann Du mich besuchst. Hoffentlich sehr, sehr bald! Zwar habe ich nichts Neues zu bieten, nur Küsse von derselben alten Frida.

Schau mal, ob du unter deinen Bekannten jemand kennst, der ein gutes Rezept zum Haarebleichen weiß – bitte nicht vergessen! Und du weißt ja: ich bin bei dir in Oaxaca,

Deine Frida.»

Alejandro ging nach Europa und wollte vier Monate ins Ausland, um zu reisen und Deutsch zu lernen. Angeblich soll ihn seine Familie weggeschickt haben, um die allzu enge Beziehung zu Frida abzukühlen. Da Alejandro wußte, wie quälend eine Verabschiedung für sie beide hätte werden müssen, fuhr er ab, ohne noch einmal persönlich auf Wiedersehen zu sagen. Statt dessen schrieb er an Frida, er müsse die Fahrt antreten, um anwesend zu sein, wenn seine Tante in Deutschland operiert würde. Später hat er zugegeben, daß er diese Operation nur erfand, um seine Reise Frida gegenüber zu rechtfertigen.

Fast jeder, der in Mexico von Fridas Unfall spricht, glaubt, es sei eine schicksalhafte Fügung gewesen: Sie sei nicht gestorben, weil es ihr eben bestimmt war, diesen Leidensweg durchzustehen. Auch Frida selbst glaubte, daß Leiden und Tod unausweichlich vorgezeichnet sind; und da wir alle die Last unseres Schicksals mit uns herumschleppen, müssen wir es so leicht wie möglich nehmen.

Später in ihrem Leben zog sie Skelette aus Karton mit ihren eigenen Kleidern an, ließ sich einen Totenschädel aus Zucker machen und schrieb ihm ihren Namen auf die Stirn. So machte sie sich lustig über *la pelona* (den Kahlen), ähnlich wie Katholiken sich über ihren Katholizismus lustig machen oder wie Juden Judenwitze erzählen, denn der Tod war ihr Begleiter, ihr Verwandter. Kokett forderte sie ihren Gegner heraus: «Ich necke den Tod und lache ihn aus, damit er mich nicht so leicht unterkriegt», sagte sie öfters.

Wohl malte Frida wiederholt den Tod, metaphorisch den eigenen und konkret den von anderen; aber den Unfall konnte sie nicht malen. Jahre später sagte sie einmal, daß sie es sich gewünscht, aber nie geschafft hätte; denn für sie war dieser Unfall viel zu eingreifend und als Geschehnis zu kompliziert, als daß sie ihn in ein einziges verständliches Gemälde hätte fassen können. Es gibt von diesem Sujet nur eine einzige undatierte Zeichnung in der Sammlung von Diego Riveras Schwiegersohn. Die grob hingefetzte Strichführung deutet darauf hin, wie sehr das Thema Frida aufwühlte, so daß sie ihre Hand kaum unter Kontrolle hatte: Zeit und Raum sind in einer Alptraumvision zergangen; man sieht zwei Fahrzeuge bei einem Zusammenstoß, Verletzte liegen verstreut auf dem Boden; das Elternhaus in Coyoacán wird zitiert, Frida selbst ist anscheinend zwiefach vertreten: einmal auf einer Bahre im Gipsverband liegend und ein zweites Mal durch einen großen Kinderkopf, der wie ein Zuschauer auf die Szene blickt, vielleicht an das verlorene Spielzeug denkend.

Zwar hat Frida also den Unfall nicht als Gemälde bearbeitet, aber der Unfall und seine Folgen brachte es mit sich, daß Frida als reife Malerin ihre Bewußtseinslage und ihre Lebensentdeckungen immer in Gestalt von Dingen umsetzen mußte, die gewaltsam ihrem Körper zugefügt wurden; ihr Gesicht ist stets wie zur Maske erstarrt, ihr Körper erscheint oft nackt und verletzt wie ihre Gefühle. In ihren Briefen an Alejandro folgte sie einem Zwang, ihre Leiden bis in alle Einzelheiten darzustellen. Genauso machte sie in ihren Bildern ihre Gefühlsleiden sichtbar, indem sie ihr Körperinneres nach außen kehrte, etwa das Herz über der Brust anordnete oder ihre gebrochene Wirbelsäule zeigte, als hätte die Malerin mit einem Röntgenblick ge-

Fridas Darstellung des für ihr ganzes Leben
folgenschweren Unfalls.

arbeitet oder mit dem Skalpell eines Chirurgen. Fridas Phantasie wanderte zwar nicht weit über ihren eigenen Bereich hinaus, aber sie schürfte dafür tief. Das Mädchen, das einmal Medizin hatte studieren wollen, wandte sich der Malerei als einer Art psychologischer Chirurgie zu. Wenn sie ihren geschundenen und blutbespritzten Körper malte, diente dies wohl dazu, ihr körperliches Wesen zu erkunden; es sprach daraus die narzißtische Beobachtungssucht, wie ihre Anatomie funktionierte – oder auch nicht funktionierte.

«Ich male mich, weil ich so oft allein bin», sagte Frida, «weil ich mich auch am besten kenne.» Die Notwendigkeit, mit sich selbst als einer Behinderten zurechtzukommen, brachte die Malerin wohl dazu, ihre innere Erfahrung von sich als eine Welt für sich wahrzunehmen, wie etwa bettlägerige Kinder anfangen in den Formen ihrer Glieder und in den Kissenfalten Berge und Täler zu entdecken. Auch wenn Frida Blumen oder Früchte malte, war ihr Blick wie durch diese Selbsterfahrung gefiltert. «Ich sehe aus wie viele Leute oder Dinge», äußerte sie einmal, und in ihren Bildern sehen tatsächlich viele Dinge aus wie sie selbst. «Seit jener Zeit», sagte sie mit Bezug auf den Unfall, «war ich darauf versessen, neu zu beginnen; ich wollte die Dinge nur so malen, wie ich sie mit meinen Augen sah, und sonst nichts . . . So kam es, daß, nachdem der Unfall meinen Lebensweg abgeknickt hatte, zuvor ungekannte Probleme mich an der Erfüllung der selbstverständlichsten Wünsche hinderten. Und was wäre natürlicher, als gerade das zu malen, was nicht mehr in Erfüllung gehen würde.»

Malen wurde für Frida ein Kampf ums Dasein und ein Teil ihrer Selbstfindung: In der Kunst wie im Leben diente ihr die theatralische Selbstdarstellung als ein Mittel, die erreichbare Welt im Griff zu behalten. Man kann fast sagen, sie erfand sich immer wieder neu, wenn sie einen Rückfall erlitt und dann wieder gesund wurde. Sie entwarf eine Persönlichkeit, die sich mehr in ihrer Vorstellung bewegte und auslebte, als auf ihren Beinen. «Frida ist die einzige Malerin, die sich selbst geboren hat», sagte Lola Alvarez Bravo, eine Fotografin, die mit der Künstlerin eng befreundet war. Alvarez Bravo erklärte das so: «In gewisser Weise ist Frida während des Unfalls tatsächlich gestorben, und seither spielte sich ein ständiger Kampf zwischen zwei Fridas ab, zwischen der einen gestorbenen und der lebendigen Frida. Nach dem Unfall geschah die Wiedergeburt; ihre Liebe zur Natur wurde erneuert, für Tiere, Farben, Früchte, für alles Schöne und Positive um sie her.»

Damals hat Frida allerdings die Verwandlung, die sie durch den Unfall erfuhr, ganz und gar nicht als Wiedergeburt erlebt, sondern als einen Vorgang beschleunigter Alterung. Der Unfall lag etwa ein Jahr zurück, als sie im September 1926 an Alejandro schrieb:

«Warum studierst Du so viel? Nach welchem Geheimnis suchst Du? Das Leben wird es Dich ohnehin bald lehren. Ich kenne es ja bereits ohne Lesen und Schreiben. Noch vor kurzem, es ist bloß ein paar Tage her, war ich noch ein Kind, das in einer Welt von Farben, von harten und berührbaren Dingen herumlief. Alles war geheimnisvoll, und irgend etwas war mir, wie mir schien, verborgen; wie im Spiel versuchte ich zu erraten, was es sein möchte. Aber wenn Du wüßtest, wie schrecklich es ist, plötzlich zu wissen – gleichsam als würde die Welt von einem Blitz erleuchtet. Jetzt lebe ich in einem schmerzvollen Planeten, durchsichtig wie Eis; aber es ist, wie wenn ich alles auf einmal innerhalb einer Sekunde gelernt hätte. Meine Freundinnen sind langsam zu Frauen herangereift, ich dagegen wurde alt in einem Nu, und heute ist alles mild und klar. Ich weiß, daß nichts dahinter liegt; wenn da etwas wäre, würde ich es jetzt erkennen . . .»

Was Frida beschreibt, ist die trostlose, unwirtliche Traumlandschaft, die in vielen ihrer Selbstporträts als Hintergrund dient, als äußerer Ausdruck ihrer inneren Verzweiflung. Aber sie ließ nur wenige Freunde an diesem «Planeten der Schmerzen» teilhaben. Auch ihrer Familie gegenüber mußte sie ihre Qualen verbergen; denn man nahm es ihr einfach nicht ab, daß sie so stark zu leiden hatte.

In der Öffentlichkeit zeigte sich Frida fröhlich und stark. Sie wollte sich mit Leuten umgeben und kehrte daher die vorteilhaften Stärken ihres Charakters heraus: Lebhaftigkeit, Witz und Großzügigkeit. Mit der Zeit wurde sie eine bekannte Persönlichkeit. Aurora Reyes erinnert sich, daß Frida nach ihrem Unfall und in der Zeit, als sich ihr Leiden verschlimmerte, dennoch stets Heiterkeit ausstrahlte: «Sie hielt mit nichts hinter dem Berg, besaß einen unglaublichen inneren Reichtum, und wenn man sie besuchte, um sie zu trösten, ging man selbst getröstet von ihr.»

«Als wir sie während ihrer Krankheit besuchten», erinnert sich ihre Schulfreundin Adelina Zendejas, «spielte sie mit uns, lachte, machte Späße und geistreiche Bemerkungen, übte scharfe Kritik, glänzte durch witzige Aussprüche und altkluge Meinungen. Wenn sie damals geweint hat, dann hat zumindest niemand davon erfahren.»

Niemand außer Alejandro. Nach dem Unfall waren die meisten Karikaturen in ihren Briefen Selbstdarstellungen mit Tränen.

Mit der Zeit wurde die Rolle der heroisch Leidenden ein unlösbarer Bestandteil von Fridas Persönlichkeit: Die Maske wurde ihr Gesicht. Und in dem Maße, wie die Dramatisierung der Schmerzen eine zentrale Stelle in ihrem Lebensgefühl einnahm, begann sie auch die schmerzlichen Vorgänge der Vergangenheit zu übertreiben, etwa, wenn sie später behauptete, sie hätte nicht einen, sondern drei Monate im Rotkreuzkrankenhaus liegen müssen. Sie kreierte von sich das Bild einer Persönlichkeit, die stark genug war, um die Schicksalsschläge zu bewältigen, eine Persönlichkeit, die auf diesem öden Planeten nicht nur überleben, sondern ihn womöglich verändern konnte.

Auch in ihren Bildern sind ihre Kraft und ihre Schmerzen stets gegenwärtig. Wenn Frida sich als verletzt und weinend darstellt, ist dies das Gegenstück zu der Litanei von geistigen und physischen Schmerzen in ihren Briefen: ein stets wiederholter Schrei nach Aufmerksamkeit. Doch selbst die schmerzvollsten Selbstbildnisse sind nie sentimental oder bloß selbstmitleidig; sie zeigen zugleich Würde und Entschiedenheit, mit der sie dem Unheil entgegentritt. Sichtbar wird dies an ihrer königlichen Haltung und an ihrer Miene, die kein Zucken verrät. Direktheit und Künstlichkeit, naive Einheitlichkeit und komplizierte Selbsterfindung gehen in Fridas Bildern eine seltene Verbindung ein und geben ihren Darstellungen von sich eine ungewöhnliche Eindringlichkeit und Strenge.

Unter allen Bildern Fridas wird das am deutlichsten an der *gebrochenen Säule*, einem Bild, das sie 1944, kurz nach einer Operation gemalt hat, als sie wieder einmal bewegungsgehindert war und wie 1927 in einem «Apparat» steckte. Dieses Bild gewinnt aus der Darstellung von Fridas entschiedenem Gleichmut, mit dem sie die erzwungene Bewegungslosigkeit erduldete, eine fast unerträgliche Spannung. Die Pein wird durch die Nägel sinnlich anschaulich, die in ihren nackten Körper geschlagen sind. Ein Riß, wie eine Erdbebenspalte, hat ihren Körper aufgebrochen, und die beiden Teile werden von dem orthopädischen Korsett zusammengehalten, das als Symbol der Unfreiheit der zur Unbeweglichkeit Verurteilten verstanden werden muß. Der geöffnete Körper weist auf chirurgische Eingriffe hin sowie auf Fridas Gefühl, daß sie ohne das Stahlkorsett buchstäblich auseinanderfallen würde. Im Innern des Körpers sehen wir eine gebrochene ionische Säule anstelle ihres kranken Rückgrats; auf diese Weise ist die lebendige Substanz durch eine bröckelnde Ruine ersetzt. Die sich nach oben verjüngende Säule ist grausam von unten her in die rote Höhlung von Fridas Leib gestoßen und reicht von den Lenden bis unter den Kopf, wo ein doppelt gerolltes Kapitell ihr Kinn stützt. Es gibt

Betrachter, die in der Säule einen Phallus zu erkennen glauben; demgemäß würde das Bild die Verbindung nahelegen, die Schmerz und Sexus in Fridas Bewußtsein eingegangen wären; aber die Säule erinnert auch an die Stahlstange, die ihre Vagina bei dem Unfall durchbohrt hatte. Ohne direkten Bezug zu dem Bild, jedoch thematisch verwandt, ist ein Tagebucheintrag, in dem es heißt: «Hoffen mit verhaltener Angst / die gebrochene Säule / und der unbegrenzte Blick / ohne auf dem unendlichen Weg weiterzugehen ... sie, die mein Leben bewegt, das aus Stahl geboren ist.»

Als Frida ihren Familienstammbaum darstellte, verwendete sie das Bild des Meeres als Hinweis auf die europäische Abstammung ihrer Großeltern väterlicherseits. In ihrem ersten Selbstporträt bedeutet das Meer die Kraft, die das Leben schenkt. In der *gebrochenen Säule* scheint das Meer die unermeßliche Hoffnung auf andere Lebensmöglichkeiten darzustellen; doch es ist so fern, und Frida ist so gebrochen, daß es jenseits aller Reichweite zu liegen scheint.

6 Diego – Der Froschkönig

Ende 1927, wenige Monate nach Alejandros Rückkehr aus Europa, war Frida soweit wiederhergestellt, daß sie ein fast normales Leben führen konnte. Zwar nahm sie ihre Studien nicht mehr auf, teils wegen der anhaltenden Schmerzen, teils, weil sie weiterhin malen wollte, aber sie hatte noch immer Umgang mit den ehemaligen Schulkameraden aus der Preparatoria. Die meisten von ihnen waren inzwischen Studenten an den Fakultäten der Universität, und statt mit Feuerwerkskörpern, Wassersäckchen und ähnlichen Pennälerspäßen beschäftigten sie sich jetzt mit Studentenversammlungen und Protestdemonstrationen.

Anfang 1928 wurde Frida in einen Freundeskreis eingeführt, der sich um den kommunistischen Exilkubaner Julio Antonio Mella gebildet hatte. Wie Alejandro war auch Mella Student an der juristischen Fakultät. Er tat sich politisch hervor als Herausgeber einer Studentenzeitung, des *Tren Blindado* (Panzerzug), sowie als Mitherausgeber von *El Liberador*, dem offiziellen Organ des Anti-Imperialistischen Bundes. Außerdem schrieb Mella für die kommunistische Zeitschrift *El Machete*. Für den weiteren Lebensweg Fridas war es vor allem von Bedeutung, daß die Fotografin Tina Modotti Mellas Geliebte wurde. Sie begleitete ihn auch, als er am 10. Januar 1929 durch die Kugel eines gedungenen Mörders starb, den die kubanische Regierung auf ihn angesetzt hatte.

Tina Modotti, eine in Italien geborene Amerikanerin, war 1923 aus Kalifornien nach Mexico gekommen, und zwar als Schülerin und Begleiterin des berühmten Meisterfotografen Edward Weston. Nach dessen Rückreise in die Vereinigten Staaten war sie in Mexico geblieben und wurde zunehmend in die kommunistische Politik verwickelt, vor allem wegen ihrer aufeinanderfolgenden Liebesbeziehungen zu dem Maler Xavier Guerrero und zu Mella. Sie war begabt, hübsch, stürmisch, empfindsam; sie strahlte eine vibrierende Kraft aus und vereinte in ihrem Wesen etwas höchst Irdisches mit einer Lebensart wie aus einer anderen Welt. Kein Wunder, daß sie in der mexikanischen Kunstwelt der zwanziger Jahre vergöttert wurde. Frida und Tina Modotti lernten sich kennen und wurden rasch Freundinnen, so daß die jüngere von beiden, die angehende Malerin, auf ganz natürliche Weise in das Boheme-Leben von Künstlern und linkspolitischen Literaten hineingezogen wurde, die die beliebte Fotografin umgaben.

Alejandros Welt war das ganz und gar nicht. Im Juni 1928 war es denn auch mit der Beziehung zu Frida vorbei. Sie endete damit, daß Alejandro sich in Fridas Freundin Esperanza Ordóñez verliebte. Frida machte ihm die Trennung nicht leicht; aber zwei oder drei Monate später kam sie durch die Modotti zur Kommunistischen Partei und lernte dort Diego Rivera kennen, auf den sie nun ihre Liebe lenkte.

Diego Rivera war damals einundvierzig Jahre alt und Mexicos berühmtester Künstler. Mit seinen Malereien hatte er bereits mehr Wände bedeckt als irgendein anderer. Er malte mit solcher Geläufigkeit und so überaus rasch, daß es scheinen mochte, er wäre von einer Urgewalt getrieben. «Ich bin nicht bloß ‹Künstler›», sagte er, «ich bin ein Wesen, das seine biologische Funktion erfüllt, wenn es Bilder malt, etwa so, wie ein Baum Blätter und Früchte tragen muß.» Tatsächlich war die Arbeit für ihn eine Art Narkotikum, und alles, was ihn am Arbeiten hinderte, machte ihn ungenießbar, ob es nun die schulmeisterliche Bevormundung durch irgendwelche Politiker war, oder ob ihm Krankheit und kleinliche Alltagsprobleme die Hände banden. Rivera arbeitete mitunter tagelang ohne Unterbrechung. Dann nahm er seine Mahlzeiten auf dem Gerüst ein und schlief sogar dort.

Beim Malen war er oft von Freunden und Zuschauern umgeben, die er mit allerlei erfundenen Geschichten unterhielt, zum Beispiel, wie er in der Russischen Revolution mitgekämpft hätte, oder wie er zu Diätzwecken Menschenfleisch äße, besonders zartes Mädchenfleisch als Tortilla; denn «es schmeckt wie zartestes Spanferkel», behauptete er.

Von solchen Faxen einmal abgesehen, hätte man wohl erwarten können, daß er bei der Geschwindigkeit seiner Produktion nur improvisierte; aber das Gegenteil war richtig: Er hatte eine vorzügliche Ausbildung genossen, ging bei seiner Arbeit sehr reflektiert vor und war ein echter Könner. Auf ihn traf tatsächlich zu, daß er seit seinem dritten Lebensjahr malte. Als sein Vater sah, daß keine Wand vor seinen Malversuchen sicher war, ließ er dem kleinen Diego ringsum im Kinderzimmer Wandtafeln anbringen, so daß der Kleine nach Herzenslust malen konnte.

Diego wurde 1887 in Guanajuanto als Sohn eines freidenkerischen

Meine Großeltern, meine Eltern und ich, 1936, ist Fridas originelle Darstellung ihres Stammbaums mit dem direkt zu dem kleinen Mädchen führenden Blutstrom ihrer deutschen und mexikanischen Vorfahren.

Das sechzehnjährige Schulmädchen, 1923.

Frida mit Isolda und Antonio Kahlo, den
Kindern ihrer Schwester Cristina.

Lehrers und einer frommen jungen Witwe geboren, die einen Süßwarenladen führte. Diego María de la Concepcíon Juan Nepomuceno Estanislao de la Rivera y Barrientos Acosta y Rodríguez hatte noch einen nach ihm geborenen Zwillingsbruder, der aber bereits mit zwei Jahren starb. 1892 ging Diegos Familie nach Mexico City, wo der Junge seine erste Schule besuchte. Mit zehn äußerte Diego den Wunsch, auf eine Kunstakademie gehen zu dürfen, und während er noch tagsüber seiner Grundschulausbildung nachging, nahm er abends an den anspruchsvollen Kursen der angesehenen San-Carlos-Akademie teil. Er gewann Preise und Stipendien, aber von 1902 an empfand er die akademische Ausbildung immer mehr als Beschränkung. So verließ er die Akademie und machte sich selbständig.

In jenen Tagen konnte ein angehender Künstler ohne Europaaufenthalt nichts werden, und mit einem Stipendium des Gouverneurs von Veracruz ausgestattet, ging Rivera 1907 zunächst für ein Jahr nach Spanien. Danach lebte er längere Zeit in Paris. Als er 1921 nach Mexico zurückkehrte, verließ er Angelina Beloff, eine ihm treu ergebene Russin, mit der er in eheähnlicher Gemeinschaft gelebt hatte; er ließ auch eine uneheliche Tochter von einer anderen Russin zurück und einen weitgestreuten Freundeskreis, vor allem natürlich aus der Welt der Künstlerboheme, z. B. Picasso, Gertrude Stein, Guillaume Apollinaire, Elie Faure, Ilja Ehrenburg und Diaghilew.

Als Frida Kahlo den berühmten Mann 1928 näher kennenlernte, lebte er gerade einmal allein. Im September 1927 war er als Delegationsmitglied der mexikanischen Arbeiter und Bauern in Rußland gewesen, um an der zehnten Jahresfeier der Oktoberrevolution teilzunehmen. Er wollte auch im Klubhaus der Roten Armee ein Wandbild malen; aber aus dem Projekt ist nie etwas geworden, weil immer irgendwelche bürokratischen Hindernisse im Wege standen. Im Mai 1928 wurde Rivera eiligst von der Kommunistischen Partei Mexicos zurückbeordert, angeblich um bei der Wahlkampagne für Vasconcelos mitzuarbeiten. Er selbst behauptete allerdings später, sie hätten ihn selber eigentlich als Präsidenten haben wollen.

Bei seiner Rückkehr im August war Riveras Ehe mit der hübschen Lupe Marín in die Brüche gegangen. Das Zusammenleben der beiden war ungestüm gewesen, geprägt von Leidenschaft und physischer Gewalt. In seiner Biographie beschreibt Rivera diese Frau als ein mit menschlicher Seele begabtes Tier: «Sie hatte Zähne wie ein Tier, ein richtiges Tigermaul und Hände wie Adlerkrallen; ihre Augen waren so grün und durchsichtig, daß man sich wunderte, wie sie überhaupt mit ihnen sehen konnte.» Nach Lupes Darstellung war der Grund der

Trennung Diegos Affäre mit Tina Modotti. Die Modotti hatte mit Lupe Modell gestanden für die herrlichen Akte auf Riveras Wandbild an der Nationalen Landwirtschaftsschule in Chapingo, und daraus hatte sich eine Liebesbeziehung ergeben. Dies war keineswegs Lupes einzige Erfahrung mit Diegos Seitensprüngen, und sie hatte sich im Erdulden geübt, war auch gelegentlich aus der Haut gefahren. Vor einer Gruppe entsetzter Gäste zerrte sie einmal eine Rivalin an den Haaren, zerriß Blätter mit Zeichnungen von Rivera und bearbeitete ihren Mann mit den Fäusten. Bei einer anderen Gelegenheit zertrümmerte sie Diegos Sammlung präkolumbischer Tonplastiken und servierte ihm eine Suppe, die sie aus den Scherben gekocht hatte. Aber daß sie mit einer Rivalin den schönsten Platz auf dem Chapingo-Wandgemälde teilen sollte, war Lupe zuviel. Und obwohl Riveras Affäre mit der Modotti bereits vorbei war, als er nach Rußland fuhr, war der Bruch nicht wieder zu kitten gewesen.

Wie wenn er die Leere in seinem Leben nach Lupes Fortgang ausfüllen müßte, hatte Diego nach seiner Rückkehr noch mehr Liebesabenteuer als zuvor. Zwar war er unbestreitbar häßlich, dennoch hatte er eine magnetische Wirkung auf Frauen. Sicher beruhte ein Teil seiner Anziehungskraft gerade auf seinem monströsen Äußeren. Seine Häßlichkeit war die beste Voraussetzung für die Zuneigung von Frauen, die gerne den Reiz auskosten, ihre Schönheit wie im Märchen als Kontrast zur ungebärdigen Häßlichkeit des Tieres zu erleben. Der gewichtigere Anteil seiner Ausstrahlung ging natürlich von seiner faszinierenden Persönlichkeit aus. Er war eine Art Froschkönig, ein ungewöhnlicher Mann, randvoll mit blitzendem Humor, mit Lebenskraft und Charme. Diego konnte sehr zärtlich sein und war von zutiefst sinnlichem Wesen. Das Anziehendste an ihm war wohl seine Berühmtheit, denn Berühmtheit scheint einen unwiderstehlichen Reiz für manche Frauen zu haben; sie sollen übrigens viel mehr hinter ihm her gewesen sein als er hinter ihnen. Dies traf besonders auf gewisse junge Amerikanerinnen zu, die es für eine Bildungslücke hielten, wenn sie außer dem Besuch der Pyramide von Tetihuacán nicht auch ein Schäferstündchen bei Diego Rivera absolvierten.

Ob aus Mexico oder anderswoher stammend, Frauen mochten gerne mit diesem Mann zusammen sein, weil auch er gerne mit ihnen Umgang pflegte. Seiner Meinung nach waren Frauen den Männern in vieler Hinsicht überlegen, einfach sensibler, friedlicher, zivilisierter. 1931 gab er dieser Ansicht Ausdruck in einem Interview mit einem New Yorker Reporter. Mit träumerischer Stimme, blinzelnden Augen und seine breiten Lippen zu einem buddha-artigen Lächeln breitgezogen, sagte er: «Männer sind ihrer Natur nach Wilde, auch heute noch. Aus der Geschichte können wir lernen, daß die ersten Fortschritte der menschlichen Kultur von Frauen gemacht worden sind. Männer wollten gewalttätig bleiben, kämpfen und jagen, während die Frauen zu Hause blieben und die Künste pflegten. Sie entwickelten das Handwerk, beobachteten als erste die Sterne, sie brachten Poesie und Kunst ins Leben. Man zeige mir irgendeine Erfindung der Männer, die nicht dem Bedürfnis entsprungen wäre, den Frauen zu dienen.»

Vielleicht waren es Riveras Jahre in Europa, die sein Verhältnis zum anderen Geschlecht so völlig verschieden werden ließen von dem des normalen *macho*. Jedenfalls plauderte er gerne mit Frauen, schätzte ihre Gedanken, und eine derartige Haltung war in jenen Tagen in Mexico, wie auch überall sonst in der Welt, eine seltene Freude für Frauen.

Natürlich erfreuten ihn auch die Reize des weiblichen Körpers. Er hatte eine leidenschaftliche Sehnsucht nach Schönheit, einen unmäßigen Appetit nach visuellem Vergnügen, und man erzählt, daß bei Diego Modell zu stehen nicht nur körperliche Hingabe bedeutete, sondern zugleich Hingabe an seine Augen. Wir wissen nicht, was Frida damals von Diegos Ruf als Weiberheld hielt. Vielleicht reizten sie die Gerüchte, die sich um ihn rankten; vielleicht verfiel sie auch der uralten Selbsttäuschung und hoffte, sie wäre die einzige, die seine Liebe fassen und festhalten würde: «Mich wird er auf ganz besondere Weise lieben.» Nun, die Liebe führte die beiden tatsächlich auf ganz besondere Weise zusammen, wenn es auch nicht ohne Kämpfe abging.

Nach allem, was wir wissen, begegneten sich Frida und Diego zum ersten Mal bei einer Gesellschaft in Tina Modottis Haus. Diese wöchentlichen Treffen waren bereits 1923, noch unter Westons Ägide, organisiert worden; indem Tina sie fortführte, trug sie viel dazu bei, daß die mexikanische Künstler- und Bohemewelt ein Forum fand, wo die jeweils jüngsten Ideen über Kunst und Revolution ausgetauscht wurden. Die Unterhaltung in diesem Rahmen war, gelinde gesagt, ausgelassen, belebt von Gesang, Tanz und geistreichen Gesprächen. Dazu gab es Speis und Trank, wie es die Gastgeberin und ihre Gäste gerade aufbieten konnten. 1954 erinnerte sich Frida: «Die Begegnung fand zu einer Zeit statt, als alle Leute mit Pistolen bewaffnet herumliefen; wenn es ihnen Spaß machte, schossen sie einfach die Straßenlaternen der Avenida Madero aus und zogen sich dadurch natürlich Ärger zu. Nachts zerschossen sie sie der Reihe nach, oder sie ballerten aus Jux in der Gegend herum. So schoß auch Diego einmal auf das Grammophon bei einer von Tinas Parties. Damals fing ich an, mich für ihn zu interessieren, obwohl er mir zugleich Angst machte.»

Diese amüsante Geschichte ist eine von vielen Versionen, in denen die erste Begegnung von Frida mit Diego kolportiert wird. Es scheint so viele Varianten zu geben wie Erzähler, und auch Frida erzählte die Begebenheit zu verschiedenen Zeiten ihres Lebens jeweils anders. Die «offizielle» Version lautet so, daß Frida nach ihrer Wiederherstellung Freunden ihre neu gemalten Bilder zeigte, unter ihnen auch dem Maler José Clemente Orozco, der die kleinen Gemälde so gerne mochte, daß er Frida in die Arme schloß. So nahm sie Arbeiten auch zu einem Mann mit, den sie zuvor nur vom Sehen her kannte:

«Sobald sie mich wieder auf die Straße hinaus ließen, klemmte ich mir meine Bilder unter den Arm und machte mich auf den Weg zu Diego Rivera, der damals gerade im Erziehungsministerium an Wandmalereien arbeitete. Ich kannte ihn noch nicht persönlich, aber ich bewunderte ihn über alle Maßen. Ich war so kühn, ihn von seinem Gerüst herunterzubitten und ihn über meine Bilder um seine Meinung zu fragen. Ohne große Umschweife rief ich: ‹Diego, komm doch mal runter!›, und wie es seine bescheidene und liebenswürdige Art nun einmal ist, kam er auch. ‹Also, ich bin nicht zum Flirten hergekommen, habe ich gesagt, ‹auch wenn du als Charmeur bekannt bist. Ich will dir meine Bilder zeigen. Falls du sie interessant findest, sag's mir; wenn nicht, sag's mir auch, dann werde ich eben etwas anderes arbeiten, um meine Familie damit zu unterstützen.› Er schaute sich die Sachen eine Weile an und sagte dann: ‹Zunächst einmal das Selbstporträt, das gefällt mir, das ist originell. Die anderen drei Bilder scheinen mir von Sachen beeinflußt, die du irgendwo gesehen haben mußt. Jetzt geh nach Hause und mal noch ein Bild. Am nächsten Sonntag komme ich und werde dir sagen, was ich davon halte.› Das tat er denn auch, und sein Urteil war, daß ich Talent hätte.»

Diegos Darstellung der Begegnung, wie er sie in seiner Autobiographie wiedergibt, ist ein Beispiel für sein ungewöhnlich gutes Gedächtnis. Er war ja ein großer Geschichtenerzähler, und wenn auch einiges, was er berichtet, schmückendes Beiwerk sein mag, so erhalten wir doch ein eindrucksvolles Bild von Diegos anhaltender Faszination für Frida:

«Kurz bevor ich nach Cuernavaca ging, geschah eines der glücklichsten Ereignisse meines Lebens. Ich war bei der Arbeit an einem der obersten Fresken im Erziehungsministerium, als ich ein Mädchen zu mir heraufrufen hörte: ‹Diego, komm doch bitte mal runter, ich habe was Wichtiges mit dir zu besprechen.›

Ich drehte mich um und schaute vom Gerüst herunter. Unten stand ein etwa achtzehnjähriges Mädchen. Sie war zart gebaut und von gut artikuliertem Wuchs, hatte feine Gesichtszüge, trug die Haare lang, und ihre Augenbrauen waren über der Nasenwurzel zusammengewachsen. Die Brauen sahen aus wie Amselflügel und bildeten gewissermaßen den Rahmen für ihre ungewöhnlichen braunen Augen.

Als ich hinuntergeklettert war, sagte sie: ‹Ich bin nicht zum Spaß hergekommen. Ich muß sehen, wie ich meinen Lebensunterhalt verdiene. Nun habe ich ein paar Bilder gemalt und wollte dich bitten, sie mal vom professionellen Standpunkt zu begutachten. Ich wünsche mir eine unverblümte Kritik, weil ich es mir nicht leisten kann, einfach bloß aus persönlicher Eitelkeit weiterzumalen. Ich möchte von dir wissen, ob es sich lohnt, daß ich weitermale. Ich habe drei Bilder dabei; bitte, schau sie dir an.›

‹Gut›, sagte ich und folgte ihr zu einer Kammer im Treppenhaus, wo sie die Bilder an die Wand gelehnt hatte. Sie drehte eines nach dem anderen herum, damit ich es sehen konnte. Es waren drei Porträts von Frauen, und ich war sofort beeindruckt. Die Arbeiten zeigten eine beachtliche Ausdrucksfähigkeit, genaue Charakterdarstellung und strengen Realismus. Da war nichts von den Tricks, mit denen ehrgeizige Anfänger oft fehlende Originalität übertünchen, sondern die Bilder wirkten durch ihre grundsätzliche Wahrhaftigkeit. Sie vermittelten den Eindruck von lebendiger Sinnlichkeit, zugleich auch von mitleidloser Wahrnehmungsfähigkeit und Beobachtungsgabe. Für mich bestand gar keine Frage, daß dieses Mädchen bereits eine eigene und selbständige Künstlerpersönlichkeit vorstellte.

Sie muß mir meine Begeisterung vom Gesicht abgelesen haben; denn bevor ich noch etwas sagen konnte, ermahnte sie mich nochmals in barsch abweisendem Ton: ‹Ich will keine Komplimente von dir hören, sondern die Kritik eines ernsthaften Menschen. Ich bin weder Sonntagsmaler noch Kunstliebhaber, ich bin bloß ein Mädchen, das sich seinen Lebensunterhalt verdienen muß.›

Da ich tief beeindruckt und voller Bewunderung für das Mädchen war, fiel es mir schwer, sie nicht zu loben; aber ich konnte ja mit meiner Meinung nicht völlig hinter dem Berg halten. Ihr Benehmen war mir allerdings rätselhaft: Warum, fragte ich sie, mißtraute sie meinem Urteil? War sie denn nicht gerade deshalb zu mir gekommen?

‹Das Problem ist›, gab sie mir zur Antwort, «daß mir einige Leute, die dich gut kennen, geraten haben, mich nicht allzusehr darauf zu verlassen, was du sagst. Sie behaupten, du würdest einem Mädchen nichts als nur Nettigkeiten sagen, wenn sie kein ausgemachtes Scheusal ist. Also noch mal: Ich möchte nur wissen, ob ich weitermachen soll oder etwas anderes anfangen muß.›

‹Meiner Meinung nach›, sagte ich ebenso kurz, ‹mußt du unbedingt weitermachen, auch wenn es dir noch so schwerfällt.› ‹Dann will ich deinem Rat folgen. Nun möchte ich dich noch um eine weitere Gefälligkeit bitten: Ich habe noch mehr gemalt und würde dir die Bilder gerne zeigen. Du arbeitest doch nicht am Sonntag. Könntest du mich nicht am Wochenende bei uns zu Hause besuchen? Ich wohne in Coyoacán, Avenida Londres 126. Ich heiße Frida Kahlo.›

Bei diesem Namen fiel mir sofort mein Freund Lombardo Toledano ein, der mir einmal als Direktor der Preparatoria sein Leid über die Unerziehbarkeit eines Mädchens dieses Namens geklagt hatte. Sie sei die Anführerin einer Bande jugendlicher Krimineller gewesen, die in der Schule ein derartiges Chaos hervorgerufen hatten, daß er darüber am liebsten den Hut genommen hätte. Einmal war ich zufällig in seinem Dienstzimmer, als er sie mir zeigte; denn er hatte sie gerade zu sich bestellt, um ihr wieder einmal einen Verweis zu erteilen. In meiner Erinnerung tauchte noch ein anderes Bild auf, und zwar das jener zwölfjährigen Schülerin, die sich damals von Lupe nicht hatte beeindrucken lassen. Das war sieben Jahre vorher gewesen, als ich noch in der Preparatoria malte. Deshalb fuhr es mir heraus: ‹Also, du bist das?!›

Sie fiel mir sofort ins Wort und legte mir fast die Hand auf den Mund, damit ich nicht weiterreden sollte. Aber ihre Augen bekamen einen dämonischen Glanz, und sie sagte herausfordernd: ‹Ja, und wenn schon?! Ich war das Mädchen in der Aula; aber das ist längst vorbei. Willst du trotzdem noch am Sonntag kommen?›

Beinahe wäre mir ein ‹Jetzt erst recht› herausgerutscht; aber ich wollte meine Aufregung nicht zeigen, damit sie es sich nicht etwa noch überlegte, und so sagte ich einfach: ‹Ja.› Sie ließ sich nicht von mir beim Tragen ihrer Bilder helfen und ging mit den unter ihrem Arm baumelnden Leinwänden davon.

Prompt am folgenden Sonntag war ich in Coyoacán und suchte nach der Nummer 126 in der Avenida Londres. Als ich an die Tür klopfte, hörte ich jemanden über mir die Internationale pfeifen. Beim Hinaufschauen entdeckte ich Frida in Overalls auf einem Baum, von dem sie gerade heruntergeklettert kam. Sie lachte fröhlich, nahm mich bei der Hand und führte mich ins Haus, wo ich übrigens niemandem begegnete, und dann in ihr Zimmer. Dort stellte sie mir alle ihre Bilder hin. Sie erfüllten mich mit einer wunderbaren Freude ebenso wie der Raum mit der temperamentvollen Gegenwart dieses Mädchens.

Es war mir wohl damals noch nicht bewußt; aber Frida war von diesem Moment an der Pol in meinem Leben, um den sich alles drehte. Und das hat sich bis zu ihrem Tode, siebenundzwanzig Jahre später, nicht geändert.

Ein paar Tage nach diesem Besuch im Hause Kahlo küßte ich sie zum ersten Mal. Als ich meine Arbeit im Erziehungsministerium beendet hatte, begann ich ernstlich um sie zu werben. Obwohl sie erst achtzehn Jahre und ich mehr als doppelt so alt war, fanden wir beide nichts Komisches an dieser Beziehung. Auch die Familie schien der sich anbahnenden Verbindung nichts in den Weg legen zu wollen.

Eines Tages nahm mich ihr Vater, Don Guillermo Kahlo, der ein hervorragender Fotograf war, zu einem vertraulichen Gespräch beiseite und fragte: ‹Ich habe den Eindruck, Sie interessieren sich für meine Tochter, nicht wahr?›

‹Das kann man wohl sagen›, antwortete ich, ‹sonst würde ich nicht so oft den weiten Weg nach Coyoacán herauskommen.›

‹Wissen Sie, daß sie ein Satansbraten ist?› fragte er weiter.

‹Ist mir klar›, nickte ich.

‹Also gut, ich habe Sie gewarnt›, beschloß er dieses Gespräch.»

7 Der Elefant und die Taube

Wie immer es auch in Wirklichkeit gewesen sein mag, die Beziehung zwischen Frida und Diego hat sich jedenfalls nach ihrer ersten Begegnung stürmisch entwickelt. Rivera arbeitete nicht mehr den ganzen Sonntag wie früher, damit er nachmittags mit Frida in Coyoacán zusammen sein konnte, und Frida war immer häufiger bei dem Maler auf dem Gerüst und schaute ihm bei der Arbeit zu. Obwohl Lupe von Diego getrennt lebte, war sie nichtsdestoweniger eifersüchtig:

«Wenn ich zum Erziehungsministerium ging, um ihm seinen Lunchkorb hinzustellen, war ich jedesmal über die Vertrautheit empört, mit der ihn ein unverschämtes Mädchen anredete ... Sie nannte ihn *mi cuatado* (mein Kumpel) ... Dieses Mädchen war Frida Kahlo. Ich war, offen gestanden, eifersüchtig, aber ich nahm die Sache dennoch nicht so ernst, weil Diego in Liebesdingen wie eine Wetterfahne war ... Eines Tages sagte er: ‹Wir wollen mal zu Frida nach Hause ...› Ich ging mit, und ich fand es geschmacklos, wie diese angebliche Jugendliche Tequila wie ein Straßenmusikant hinuntergurgelte.»

Kein Wunder, daß Lupe Frida abstoßend fand; aber Diegos Zuneigung wurde immer stärker. Fridas Offenheit entwaffnete ihn. Die seltsame Mischung aus Unerfahrenheit und unverhohlener Sinnlichkeit reizte ihn. Ihre Neigung zu Ulk und Spott kam seiner Freude an jungenhaften Streichen entgegen. So erinnerte er sich besonders gerne an eine lustige Episode während eines Spaziergangs mit Frida in Coyoacán. Die beiden waren überrascht und fühlten sich gestört, als plötzlich die Lichter der Straßenbeleuchtung angingen. «Ich folgte einem Impuls und beugte mich zu ihr, um sie zu küssen, und sowie unsere Lippen sich berührten, erlosch die Laterne, bei der wir gerade standen, und sie ging prompt wieder an, sobald wir uns vom Kuß trennten. Wir küßten uns immer wieder unter den anderen Lampen mit derselben elektrisierenden Wirkung.»

Ein weiterer Reiz lag für Diego in Fridas unkonventionellem und ungeduldig drängendem Wesen. Wie er selbst konnte auch Frida sich sehr rasch langweilen. «Ihn können nur zwei Dinge aus der Fassung bringen», schrieb Frida einmal über Rivera, «das eine ist, wenn er Zeit verliert, die er hätte für seine Arbeit nutzen können, das andere ist – Dummheit. Er hat oft gesagt, daß er lieber viele intelligente Feinde hätte als einen dummen Freund.» Frida und Diego langweilten sich nie, wenn sie zusammen waren. Beide waren glücklich über einen Partner, der die Welt auch mit Ironie, Heiterkeit und schwarzem Humor betrachtete; beide hielten nichts von bürgerlichen Moralvorstellungen; beide philosophierten gerne über dialektischen Materialismus und über sozialen Realismus, wobei der «Realismus» für sie allerdings mit Elementen der Phantasie durchsetzt war; beide wußten Brücken aus dem Bereich des Banalen in das Reich des Wunderbaren zu bauen; beide schätzten Unfug und Phantasie, so sehr sie andererseits eine illusionslose Haltung zum Leben zu kultivieren suchten. Als sie sich schon besser kannten, beklagte sich Rivera manchmal: «Das Problem mit Frida ist, daß sie zu realistisch ist. Sie kennt keine Illusionen.» Und umgekehrt vermißte Frida an Rivera oft die gefühlvolle Seite; aber wenn er wirklich sentimental gewesen wäre, hätte sie ihn behandelt wie das Salz die Auster – ein einziger von Fridas sarkastisch durchbohrenden Blicken hätte genügt, einen sentimentalen Mann zu vernichten.

Als Frida Diego zu Anfang auf dem Gerüst besuchte, soll sie nach Lupes Bericht geschminkt gewesen sein. Sie sei in einem Backfischkleid mit großem Decolleté erschienen, die Haare nach Art der Chinesinnen aufgesteckt. Das mag sein; aber wenig später nahm sie schon als Mitglied des Bundes junger Kommunisten an Arbeiterversammlungen und heimlichen Sitzungen teil und hielt auch Reden. «Da trug sie keine weißen Blusen mehr», erinnerte sich Alejandro etwas wehmütig. «Statt dessen erschien sie jetzt in schwarzen und roten Hemden mit einer Emailleanstecknadel, die Hammer und Sichel darstellte.» Sie scherte sich wenig um kokettes Auftreten, trug häufig Drillichhosen und eine flickenbesetzte Lederjacke, erschien als Arbeiter unter Arbeitern. Vielleicht wollte sie damit vor allem Diego gefallen, der, als sie sich kennenlernten, viel Zeit und Energie für die Arbeit in der Kommunistischen Partei Mexicos aufwendete. Er war Abgeordneter der Bauern-Partei, Generalsekretär des Anti-Imperialistischen Bundes und Mitherausgeber des *El Liberador*.

1928 malte er Frida als militante Kommunistin. Es handelt sich um das Wandgemälde *Die Erhebung* aus der Freskenserie *Ballade von der*

Proletarischen Revolution, die im dritten Stock des Erziehungsministeriums die Wände schmückt. Neben Tina Modotti, Julio Antonio Mella, Siqueiros und anderen glühenden Anhängern des Kommunismus sieht man Frida in jungenhafter Pose, mit kurzgeschnittenem Haar, den drahtigen Körper in einem Arbeiterhemd mit dem roten Stern. Mit dem Eifer dessen, der der gerechten Sache dient, gibt sie Gewehre und Bajonette aus – eine politische Volksheldin, und somit auch die rechte Gefährtin für einen kommunistischen Führer wie Rivera. Während sie ihm für dieses Porträt Modell stand, soll er einmal gesagt haben: «Du hast ein Hundegesicht.» Weit davon entfernt, sich durch solche Äußerung gekränkt zu fühlen, gab sie ihm bloß zurück: «Und du siehst aus wie ein Frosch.»

Während Rivera um sie warb, gewann Frida an Selbstvertrauen und begann mit neuem Eifer zu malen. Diego war der größte Maler der Welt für sie, und wenn er an ihren Arbeiten Gefallen fand, dann mußte es sich ja lohnen. «Ich malte Dinge, die Diego mochte; ich spürte, wie sie ihm gefielen und wie sie seine Liebe zu mir beflügelten.» Ursprünglich hätte Frida auch gerne Fresken gemalt, aber als Diego ihre Bilder sah, sagte er: «Du mußt deine eigene Ausdrucksform finden!»

Das *Bildnis der Cristina Kahlo* von 1928 folgt noch in seiner Form den ersten Porträts: harte und ein wenig hölzern steife Linien umreißen die Dinge, ein kleiner, stilisierter Baum im Hintergrund kontrastiert mit einem großen Ast im Vordergrund, wodurch der Raum in einer naiven und ansatzweisen Form beschrieben wird. Später in demselben Jahr, bei dem *Bildnis von Agustín M. Olmedo*, setzte Frida ihren ehemaligen Schulfreund gegen einen blauen Hintergrund, der wie bei vielen von Riveras Porträthintergründen durch keinerlei Motive unterbrochen wurde.

In ganz anderer Weise zeigte sich Riveras Einfluß bei dem Bild der beiden Indiomädchen *Herminia und Salvadora* (1928), die Frida gerne mochte. Hier zeigt sich zum ersten Mal Fridas Hinwendung zu den einheimischen Traditionen Mexicos und zur indianischen Kultur. Die Form des Hintergrundes mit olivgrünen Blättern und zwei Orangen war, wie auch die Wahl des indianischen Sujets, von Diego entlehnt, der oft Dschungelblattwerk in einer naiven, jedes Blatt einzeln darstellenden Weise malte. Frida imitierte auch Diegos Art, die Figuren in großflächige, vereinfachte Formen zu gliedern und sie in stark leuchtenden Farben anzulegen. Bei Rivera hatte sich diese Malweise aus einer Überlagerung seines europäischen Kunstwissens mit der Formensprache der populären mexikanischen und der präkolumbischen Kunst ergeben. Im Vergleich zu späteren Arbeiten malte Frida während dieser Zeit ziemlich große Formate und ließ Zeichnung, Struktur und Körpermodellierung zugunsten der Farbigkeit zurücktreten. Oft sieht es so aus, als habe sie eine von Diegos Figuren aus seinen Wandmalereien herausgelöst und mitten auf ihre Leinwand übertragen.

In der Zeichnung blieb Frida stets naiver als Diego. In den frühen Werken war die Verwendung einer primitiv-folklorehaften Zeichnung noch eine Art Tarnung für die mangelnde Erfahrung und Geschicklichkeit; später aber wählte Frida ganz bewußt die formale Naivität und verwendete sie zusammen mit der mexikanischen Farbskala als die ihr gemäßen Stilmittel.

Fridas künstlerischer Ansatz war sehr verschieden von dem ihres Lebensgefährten. Sie vermied alle Theorie und das Summarisch-Generalisierende; statt dessen wendete sie sich dem Besonderen zu, konzentrierte sich auf Einzelheiten in den Gesichtern oder in der Kleidung und versuchte ein jeweils individuelles Leben zu erfassen; später beschäftigten ihre Bildgegenstände sich zunehmend mit dem Innenleben der Dinge, etwa mit dem Inneren von Früchten und Blumen, mit den Organen, die unter offenen Wunden sichtbar werden, oder mit den Gefühlen, die hinter stoischen Gesichtern verborgen sind. Rivera dagegen erfaßte die Weite der sichtbaren Welt eher von einer höheren, abstrakten Warte aus; er bevölkerte seine Fresken mit Personen aus allen Bereichen der Gesellschaft und mit dem Gesamtschauspiel der Geschichte. Frida suchte ihre Bildinhalte in einer kleinen Welt, aus dem ihr nächstliegenden Umfeld: Freunde, Tiere, Stilleben und vor allem sie selber. Alle diese Sujets dienten dazu, ihre Seelenzustände anschaulich zu machen, Freude und Leid, die sie selbst erfahren hatte. Fridas Bilder haben die Direktheit von erlebter Erfahrung, weil sie aufs innigste mit den Ereignissen ihres Lebens verbunden waren.

Dieses Gefühl von Intensität und Unmittelbarkeit spricht selbst aus einem Gemälde wie *Der Omnibus* von 1929. Frida griff hier – wenn auch im kleinen Format ihrer Leinwand – ein soziales Thema auf, wie wir es aus den riesigen Wandbildern Riveras kennen: Archetypen der mexikanischen Gesellschaft sitzen nebeneinander auf einer Bank in einem jener wackeligen Busse der zwanziger Jahre. Die Hauptfigur in der Mitte ist eine madonnenartige, barfüßige Indiofrau, die einem Kind die Brust gibt, das sie in ihrem gelben *rebozo* eingewickelt trägt. Neben ihr hockt ein kleiner Junge, der die draußen vorbeigleitende Welt durchs Fenster beobachtet. Links sitzen zwei Personen aus der arbeitenden Bevölkerung, ein Mann mit Schirmmütze und blauer

Arbeitskleidung, der einen Schraubenschlüssel in der Hand hält, und eine dicklich mütterliche Frau aus der mittleren Unterschicht mit einem strohgeflochtenen Einkaufskorb. In symmetrischem Kontrast zu den beiden haben auf der rechten Seite zwei Angehörige großbürgerlicher Kreise Platz genommen, ein älterer Herr, der sich an seinen blauen Augen und an seiner prallen Geldbörse leicht als «Gringo» erkennen läßt, und eine hübsche junge Dame, der ein modischer Schal und ein nettes kleines Taschenbuch als Embleme zugeordnet sind. Durch die Anordnung wird die Mitte der Komposition mit der Indiofrau stark hervorgehoben. Im übrigen ist *Der Omnibus* eine mexikanische Version von Daumiers *Eisenbahnabteil 3. Klasse* mit dem geringfügigen Unterschied, daß die Figuren bei Frida, wohl unter marxistischem Einfluß, nach sozialer Schichtung gegliedert sind, während in Daumiers realistischer Schilderung des öffentlichen Transportwesens alle Leute zu den ärmeren Schichten gehören, vom Mann mit Zylinderhut bis zum kleinen Jungen, von der Frau mit dem Marktkorb bis zur säugenden Mutter.

Auch wenn die Idee, soziale Hierarchie darzustellen, auf Riveras Vorbild zurückgeht, so ist doch der Humor, mit dem Frida die verschiedenen Schichten abbildet, ganz typisch für sie. Zweifellos hatte sie ein waches soziales Gewissen; aber sie reagierte unbestechlich auf alles Lächerliche, selbst wenn es sich dabei um politische Tiraden ihres zur Theorie neigenden Gefährten handelte. Man kann sich des Eindrucks nicht erwehren, daß sie sich auch in *Der Omnibus* ein wenig über den Betrachter (oder gar über Rivera?) lustig macht. Einige Details legen den Gedanken nahe: Die kleine Bar im Hintergrund heißt «La Risa» (Das Lachen), und der Proletarier trägt über dem blauen Hemd einen weißen Kragen mit einem Binder, vielleicht eine Anspielung auf die Arbeiter, die einmal die Erde erben und in der besten aller marxistischer Welten leben sollen.

Das zweite *Selbstporträt* Fridas von 1929 zeigt im Vergleich zum ersten von 1926 ganz neue Wesenszüge. Wir sehen darauf ein zeitgenössisch modernes Mädchen mit rosigen Wangen, umgeben von Vorhängen. Diese Vorhänge dürfen wir wohl deuten als ein Mittel aus der Trickkiste der naiven Porträtmaler der Kolonialzeit; man konnte sich damit ersparen, die dargestellte Person überzeugend mit dem umgebenden Raum in Zusammenhang zu bringen. Auf dem Bild sieht Frida unberührt aus, in beiden Bedeutungen des Wortes. Mit starrem Blick, die Augen eindringlich auf den Betrachter gerichtet, schaut sie uns entgegen, gewissermaßen ohne mit der Wimper zu zucken. Jemand, der sie damals kannte, nannte ihren Blick «strahlend wie der eines Adlers». Sie war so stolz, daß sie Diego einfach von seinem Gerüst herunterkommandierte; aber sie war zugleich auch so charmant, daß er mit Bereitwilligkeit ihren Wunsch erfüllte. Hinzu kommt, daß Frida erst kurz zuvor dem Bund junger Kommunisten beigetreten war und sich als jemand aus dem Volk darstellen wollte, vor allem aber, daß sie mehr als zuvor ihre mexikanische Abkunft herauszustellen versuchte. Ihre spitzengeschmückte Bluse ist typisch für die billigen Kleider, wie sie an den Marktständen in Mexico verkauft wurden, und ihr Schmuck macht die Identität der Malerin als Mestizin ganz deutlich: Sie trägt auf dem Bild eine Halskette aus präkolumbischen Jadeperlen und Ohrringe im Kolonialstil.

Als Frida Jesús Ríos y Valles besuchte und ihm von ihrer Verbindung mit Diego erzählte, sagte er spontan: «Heirate ihn, denn dann wirst du die Frau eines Genies sein!» Andere Freunde waren erstaunt darüber, daß Frida ihren Alejandro wegen eines so häßlichen Menschen wie Rivera verlassen wollte, nur ihr Freund Baltasar Dromundo verstand sie. In seinem Buch über die Preparatoria schrieb er: «Als sie sich in Rivera verliebte, war ihre Beziehung zu Alejandro abgeklungen. Diego zog sie durch seinen Ruhm an. Wo Alejandro sie mit Blumen überschüttete, hätte Diego sie einfach ergriffen und geküßt.»

Wir wissen nicht, was Guillermo Kahlo von den Aussichten hielt, Schwiegervater des berühmt-berüchtigten Diego Rivera zu werden. Da er aber offensichtlich nicht mehr imstande war, seiner Familie einen gesicherten Lebensunterhalt zu schaffen und vor allem Fridas medizinische Behandlungskosten zu bezahlen, deren Ende auf Jahre hinaus nicht abzusehen war, konnte ihm Diegos Werbung um Frida nur recht sein. Seit ihrem Unfall war die Hoffnung der Eltern geschwunden, ihre Tochter könnte eines Tages erfolgreich einen Beruf ausüben und den Haushalt bestreiten helfen. Wenn Frida also Rivera heiratete, der immerhin als reich und großzügig bekannt war, so konnte man erwarten, daß er nicht nur Frida ernähren, sondern auch ihre Familie unterstützen würde. Und darin wurde Guillermo Kahlo nicht enttäuscht. Kurz nachdem er Frida geheiratet hatte, übernahm Diego die Hypothek auf das Haus in Coyoacán, das die Kahlos sonst nicht mehr hätten halten können, und er gestattete seinen Schwiegereltern, weiter darin zu wohnen. Später kaufte er noch für Fridas verheiratete Schwester Cristina ein Haus in der nahe gelegenen Aguaya-Straße. Ironischerweise war es gerade die Mutter, die ja von den Töchtern stets als geschäftstüchtig und geizig bezeichnet worden war, die sich am meisten gegen Fridas Verlobung mit einem häßlichen, zweiundvierzigjährigen Kommunisten und Ungläubigen wehrte, auch wenn er noch so reich sein mochte. Sie bat Alejandro um Hilfe, die geplante Ehe mit allen Mitteln zu verhindern; aber die Trauung war beschlossene Sache und fand am 21. August 1929 statt. Bei Frida heißt es darüber:

«Mit siebzehn verliebte ich mich in Diego, und meine Eltern waren nicht entzückt davon, weil er als Kommunist bekannt war und weil er nach ihren Worten wie ein vollgefressener Breughel aussah. Es wäre, sagten sie, wie die Hochzeit zwischen einem Elefanten und einer Taube.

Trotzdem habe ich alles im Hof in Coyoacán vorbereitet, so daß wir am 21. August 1929 die Ehe schließen konnten. Ich lieh mir Rock, Bluse und *rebozo* von unserem Dienstmädchen. Ich versteckte den geschienten Fuß, so gut es ging, und wir wurden Mann und Frau.

Niemand kam mit zur Trauung außer meinem Vater, der Diego noch einmal vorhielt: ‹Bedenke gut, daß meine Tochter krank ist und ihr Leben lang krank sein wird; sie ist intelligent, aber nicht hübsch. Jetzt kannst du es dir noch überlegen. Wenn du sie trotzdem heiraten willst, hast du meinen Segen.›»

Die standesamtliche Trauung fand im alten Rathaus statt und wurde vom Bürgermeister vollzogen, der laut Diego ein bekannter Pulque-Händler war. Drei Trauzeugen waren zugegen: ein Friseur, ein homöopathischer Arzt und der Richter Mondragón von Coyoacán. Rivera erinnerte sich später, daß sein Schwiegervater die Sache nicht so recht ernst nahm. Mitten während der Trauungszeremonie sei Guillermo Kahlo aufgestanden und hätte gefragt: «Meine Herren, ist das nicht ein bißchen zuviel Theater, was wir hier machen?»

Am 23. August berichtete die Zeitung *La Prensa* in Mexico City:

«Diego Rivera hat geheiratet – Letzten Mittwoch hat der vieldiskutierte Maler in der Nachbarstadt Coyoacán die Ehe mit Frl. Frida Kahlo geschlossen. Sie war eine seiner Schülerinnen. Wie aus dem Bild ersichtlich, erschien die Braut in ganz einfacher Straßenkleidung, und der Maler Rivera trug nach amerikanischer Weise keine Weste. Die Trauzeremonie war ganz schlicht und wurde in aller Bescheidenheit, ohne Aufsehen und Pomp, jedoch in herzlicher Atmosphäre vollzogen. Danach nahm das Paar die Glückwünsche von wenigen vertrauten Freunden entgegen.»

Hochzeitsbild von Frida und Diego Rivera,
21. August 1929.

Ein reizend kunstloses Foto von den Brautleuten begleitete den Zeitungsartikel. Neben ihrem mächtigen Mann wirkt Frida ganz winzig. Mit der ihr eigenen Festigkeit schaut sie in die Kamera. Auch bei dieser Gelegenheit macht sie kein Zugeständnis an die bei solcher Feierlichkeit üblichen Formen, denn in der rechten Hand hält sie eine Zigarette! Man kann sie sich gut auch Tequila trinkend vorstellen, so wie Lupe Marín sie beschrieben hat.

Lupe gab sich den Anschein, als ob ihr Diegos Liebesgeschichten nichts mehr ausmachen könnten. Sie deutete an, daß sie großzügig genug wäre, um auch zu seiner Hochzeit zu kommen. Arglos lud Frida sie zu der Feier ein, die sie nach der Trauung für einige Freunde und Verwandte gab. Lupe kam, ließ sich nichts merken und war offensichtlich guter Dinge. Doch mitten während des Festes ging sie plötzlich auf Frida zu, hob ihr den Rock hoch und rief in die Gesellschaft: «Seht ihr diese beiden Stöcke? Mit so was muß Diego jetzt vorliebnehmen, wo er mal meine Beine gehabt hat!» Damit verließ sie im Gefühl ihres Triumphs die Runde.

Fridas Darstellung der Hochzeitsfeier erwähnt Lupes Affront mit keinem Wort. Bei ihr heißt es: «An jenem Tag gab man für uns eine Party in Roberto Montenegros Haus. Diego betrank sich dermaßen mit Tequila, daß er seine Pistole zog. Er brach sogar jemandem den Finger. Das Ganze endete mit einem Streit zwischen uns, und ich verließ weinend die Gesellschaft und lief nach Hause. Einige Tage danach kam Diego, um mich abzuholen und in das Haus an der Reforma 104 mitzunehmen.»

In Andrés Henestrosas Erinnerung wiederum fand die Party auf dem Dach von Tina Modottis Haus statt. «Es hing Unterwäsche zum Trocknen auf dem Dach, und das gab einen guten Hintergrund für eine Hochzeitsfeier ab.»

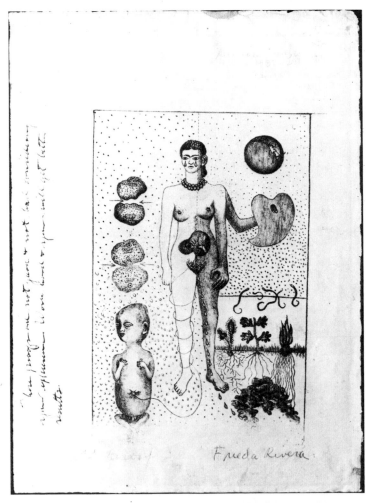

Frida und die Fehlgeburt. In einer Lithographie verarbeitete die Malerin
1932 die Trauer über ihre Kinderlosigkeit.

In *Ich und meine Puppe*
stellte Frida 1937
bewegend die Trauer
über ihre Kinder-
losigkeit dar.

Ein weiteres *Selbstbildnis*
schuf die Malerin 1946 in
einer Bleistiftzeichnung,
aus der die große Einsam-
keit der Künstlerin sprich

8 Jung vermählt – Die Tehuana-Frida

Das jungvermählte Paar wohnte zunächst in einem großartigen Haus, das noch in der Zeit des Diktators Díaz gebaut worden war: Nr. 104 an dem eleganten Paseo de la Reforma. Um seine Leidenschaft für alles Einheimische und seinen Widerspruchsgeist zu demonstrieren, hatte Diego am Eingang zu dem in neugotischem Stil erbauten Haus präkolumbische Plastiken aufgestellt. Frida erinnerte sich an diese erste eigene Wohnung: «Als Einrichtung hatten wir ein schmales Bett, einen langen schwarzen Tisch, Eßzimmermöbel, die ein Geschenk von Frances Toor waren, und einen gelben Küchentisch, den mir meine Mutter mitgegeben hatte. Wir schoben ihn in eine Ecke und stellten unsere archäologischen Sammelstücke darauf. Unser Dienstmädchen hieß Margarita Dupuy. Sie wohnte bei uns. Außerdem waren ständig mehrere Gäste in unserem Haus, Siqueiros mit seiner Frau, Blanca Luz Bloom und zwei weitere Kommunisten. So hausten wir alle zusammen, unter dem Tisch, in Ecken und in den Schlafzimmern.»

Das Leben in der marxistischen Großfamilie hielt nicht lange an, denn Diego, damals noch Generalsekretär der Kommunistischen Partei Mexicos, wurde von stalinistischen Scharfmachern angegriffen. Er bot nicht wenig Angriffspunkte, z. B. seine Freundschaft mit einem Mitglied der amtierenden Regierung; auch die Aufträge, die Rivera von der reaktionären Regierung erhielt, waren der Partei ein Dorn im Auge. Man betrachtete diese Aufträge als eine Art Bestechung. Wenn die Regierung von einem berühmten Maler Hammer und Sichel auf die staatlichen Gebäude malen ließ, mußte sie ja in der öffentlichen Meinung liberal und tolerant erscheinen. Diego wurde auch getadelt, weil er über gewisse Fragen nicht einer Meinung mit anderen Parteiführern war, z. B. hinsichtlich der Gründung rein kommunistischer Gewerkschaften oder in bezug auf die Wahrscheinlichkeit, daß kapitalistische Länder Rußland angreifen würden. Wenn Rivera mit anderen Linksgruppen oder mit Einzelpersönlichkeiten außerhalb der alleinseligmachenden Kommunistischen Partei Beziehungen pflegte – und der kontaktfreudige Maler freundete sich an, mit wem er wollte –, dann wurde er als Rechtsabweichler beschimpft. Außerdem war auf den großen Freskomaler nie so recht Verlaß gewesen, wenn er seine Parteifunktionen ausüben sollte; entweder kam er zu spät zu Versammlungen, oder er pflegte, wenn er endlich kam, alles mit seiner Ausstrahlung zu dominieren. Als für Diego der geeignete Moment gekommen schien, präsidierte er über die Sitzung, bei der er aus der Partei ausgeschlossen wurde. Das war am 3. Oktober 1929.

Baltasar Dromundo beschreibt die Szene folgendermaßen: «Diego traf ein und setzte sich wie üblich auf den Stuhl des Vorsitzenden. Vor sich auf den Tisch legte er eine große Pistole und deckte ein Taschentuch darüber. Dann begann er: ‹Ich, Diego Rivera, Generalsekretär der Kommunistischen Partei Mexicos, klage den Maler Diego Rivera an, mit der kleinbürgerlichen mexikanischen Regierung zu kollaborieren. Er hat den Auftrag angenommen, das Treppenhaus im Nationalpalast auszumalen. Dies widerspricht den Interessen des Komintern. Deshalb muß der Maler Diego Rivera vom Generalsekretär Diego Rivera aus der Kommunistischen Partei ausgestoßen werden.› Nach diesen Worten stand er auf, zog das Tuch weg, nahm die Pistole und zerbrach sie. Sie war aus Ton.»

Rivera blieb dennoch seiner Überzeugung nach Kommunist; die marxistischen Ideen waren auch künftig inhaltlicher Kern seiner Malerei, zumal jener Wandbilder, derentwegen er bestraft worden war. Politisches Handeln war stets ein wichtiger Teil seiner Existenz gewesen, fast so lebensnotwendig wie Essen, Schlafen und Malen. Jetzt wurde er plötzlich zum politischen Außenseiter. Die kommunistische Parteipresse verunglimpfte ihn, einige seiner ehemaligen Genossen brachen jeglichen Kontakt mit ihm ab, z. B. Tina Modotti, die er noch wenige Monate zuvor in einer Gerichtsverhandlung verteidigt hatte, weil sie fälschlicherweise der Komplizenschaft bei dem Mord an Julio Antonio Mella bezichtigt worden war. Auch für die Modotti stand die Parteiloyalität höher als die Freundschaft. An Edward Weston schrieb sie: «Ich glaube, daß er mit dem Fortgang aus der Partei sich selbst mehr schadet als der Partei. Er wird in aller Augen zum Verräter; und ich brauche gar nicht hinzuzufügen, daß auch ich so denke. Von nun an wird es zwischen uns nur noch rein geschäftliche Kontakte wegen meiner fotografischen Arbeiten geben.» Diego sagte später über diese Zeit: «Ich hatte meine Heimat verloren; denn meine Heimat war stets die Partei gewesen.»

Rivera nahm seine Zuflucht zur Arbeit und schaffte noch mehr als zuvor. Im selben Monat, als er Frida heiratete, wurde er zum Direktor der Akademie von San Carlos ernannt, der Kunstschule, die er als

Junge besucht hatte. Nun machte er sich daran, den Lehrplan und die Befugnisse an der Akademie neu zu ordnen. Unter seiner Leitung wurden die Studiengänge an der Hochschule viel stärker als früher auf die Praxis hin orientiert; statt esoterischer Theorie pflegte man wieder die handwerklichen Fertigkeiten und den Umgang mit dem Material.

Frida malte während der ersten Ehemonate nicht viel. Mit Diego verheiratet zu sein war eine Ganztagsaufgabe. Als er im September vor Erschöpfung krank wurde, übernahm sie seine Pflege. Gewissenhaft hielt sie die ärztlichen Verordnungen ein, um seinen Kollaps zu kurieren, und es war nicht immer leicht, Diego zum Befolgen der Vorschriften zu bewegen. Nachdem er seine Gesundheit wiedererlangt hatte, richtete sie ihn moralisch auf, als das absurde und erniedrigende Parteiausschlußverfahren gegen ihn veranstaltet wurde. Solidarisch mit ihm verließ sie sofort die Partei.

Diego leistete ein geradezu übermenschliches Arbeitspensum. Einmal blieb er bei einem Arbeitstag rund um die Uhr auf dem Gerüst, schlief schließlich doch ein und fiel herunter. Dieses Vorbild reizte Frida nicht gerade zum eigenen Schaffen. Sie hatte viel mehr von Diego, wenn sie bei ihm auf dem Gerüst saß und zuschaute. Dort genügte es ihr, ihrem Mann die Rolle des Genies zu überlassen und selbst nur die junge Frau des großen Meisters zu spielen. Es ist schon merkwürdig, daß sie ausgerechnet von Lupe lernen mußte, wie sie Diegos Liebhabereien gerecht werden konnte. Eines Tages tauchte Lupe bei ihr auf, schaute sich gründlich im Hause um und schleifte Frida sofort auf den Markt, um Töpfe, Pfannen und andere Utensilien zu besorgen; dann zeigte sie der jungen Frau, wie man Diegos Lieblingsspeisen zu kochen hatte. Zum Dank malte Frida Lupes Porträt. Von Lupe lernte Frida auch, wie Diego sich den Korb mit dem Mittagessen wünschte: mit Blumen geschmückt und bedeckt mit einem Tüchlein, auf dem liebevolle Sätze gestickt waren, z. B. Ich bete Dich an. So machten es auch die mexikanischen Landarbeiterinnen, wenn sie ihren Männern das Essen aufs Feld brachten.

Diego fühlte sich zwar außerhalb der Partei «heimatlos», wie er sagte; aber er blieb unverbesserlich und nahm im Dezember 1929 einen Auftrag des amerikanischen Gesandten, Dwight W. Morrow, an, ein Wandgemälde im Cortés-Palast in Cuernavaca zu malen. Die Details wurden bei einem Essen ausgehandelt. Wäre nicht der große persönliche Charme der beiden Paare gewesen, der alle politischen Gegensätze überwog, so hätte die Begegnung nicht absurder ausfallen können: Hier war also ein amerikanischer Kapitalist, jemand, der 1928 bei der damaligen mexikanischen Regierung für amerikanische

Investitoren Vorrechte bei der Ausbeutung mexikanischer Bodenschätze durchgesetzt hatte; und dieser Kapitalist gab einem bekannten Kommunisten den Auftrag, ein Wandbild mit anti-imperialisti-
schem Inhalt zu malen, denn das Fresko führte die Brutalität der
spanischen Eroberung und die Heldentaten der mexikanischen Revolution vor Augen, mit Zapata als Befreier, wie er ein weißes Pferd am
Zügel führt. Und dort saß Diego Rivera, ein überzeugter Marxist,
auch wenn er erst kürzlich aus der Partei verstoßen worden war, der
solch einen Auftrag annahm, derselbe Diego, der noch wenige Monate
zuvor als Mitglied des Anti-Imperialistischen Bundes die Einflußnah-
me von Wall Street auf Lateinamerika gebrandmarkt hatte, derselbe
Rivera, der als Mitglied des Arbeiter- und Bauernblocks einer Kommission vorgestanden hatte, die sich um Amnestierung führender
Kommunisten bemühte, Kommunisten, die inhaftiert waren, weil sie
in einer wilden Demonstration eben jenen amerikanischen Gesandten
Morrow verunglimpft hatten.

Rivera nahm nicht nur den Auftrag an, sondern er lehnte auch
keineswegs die weiteren Gesten des guten Willens ab, durch die der
Gesandte ihm seine Freundschaft erwies. Ende Dezember rief die
diplomatische Pflicht die Morrows nach London, und sie überließen
ihr herrlich weiträumiges Wochenendhaus in Cuernavaca Diego und
seiner jungen Frau für fast den gesamten Zeitraum, der für die Vollendung des Wandbildes notwendig war. Dort also verbrachten Diego
und Frida ihre Flitterwochen, im milden Klima, in der sanften Atmosphäre der hübschen Stadt, die am Ausläufer eines Berges etwa 50
Kilometer von Mexico City liegt. Während Diego an seinem Auftrag
arbeitete, durchstreifte Frida die Gartenterrassen und spazierte zwischen Springbrunnen, Oleanderbüschen und Bananenstauden umher. Von einem kleinen Aussichtsturm aus bot sich ihr nordwärts der
Blick auf das Dorf Tres Marías und auf die Berge, die das Hochplateau von Mexico City von dem warmen, fruchtbaren Morelostal trennen; im Süden schaute sie auf den Turm der Kathedrale hinüber, und
im Osten ragten die schneebedeckten Vulkankegel von Popocatepetl
und Iztaccihuatl empor.

Wenn Frida nicht im Hause blieb, war sie meist im Palast und sah
Diego beim Malen zu. Er schätzte ihre Kritik, denn sie erkannte sehr
rasch alles Falsche und Aufgesetzte, in der Kunst genauso wie bei
Menschen. Im Laufe der Zeit wurde Diego immer abhängiger von
ihrem Urteil. Dabei ging sie stets taktvoll vor, machte ihre Anmerkun-
gen nur zögernd oder verpackte ihre Einwände in Form von Fragen.
Natürlich kam es auch vor, daß Rivera von ihren Kommentaren irri-

tiert wurde; aber er nahm sie dennoch ernst und überarbeitete nicht selten die kritisierten Stellen in seinen Bildern. Rivera erzählte zum Beispiel gerne, wie entsetzt Frida war, als sie die Darstellung Zapatas mit einem weißen Pferd zum ersten Mal sah, denn Zapatas Pferd war in Wirklichkeit ein Rappe gewesen. Diego hielt ihr entgegen, daß er für die Leute die Dinge «schön» malen müsse. Deshalb ließ er sich auch nicht beirren, und Zapatas Pferd blieb weiß. Aber da Frida auch die schweren Beine und Hufe des Pferdes kritisierte, reichte ihr Diego seine Skizze und ließ sie die Beine so zeichnen, wie sie es für richtig hielt. «Ich mußte», schloß er schmunzelnd, «Zapatas Pferd nach Fridas Wünschen korrigieren.»

Von der entspannt sinnlichen Atmosphäre von Flitterwochen war bei dem Paar nichts zu merken. Der Kunsthistoriker Luis Cardosa y Aragón besuchte die beiden während jener Zeit und beschrieb seine Tage in Cuernavaca als ein Marathonabenteuer, bei dem er fast nie zur Ruhe kam. Diego stand immer früh auf, um zu seiner Arbeit zu gehen. Frida und der Gast schliefen lange und nahmen sich dann Zeit für ein ausgiebiges Frühstück. Danach unternahmen sie zusammen Ausflüge zu nahe gelegenen Orten: etwa nach Taxco, Iguala, Tepoztlán, Cuautla. Abends holten sie Rivera ab, der regelmäßig die letzten Sonnenstrahlen für seine Arbeit ausnutzte oder sogar noch beim trüben Licht einer Lampe weitermalte. Trotz seines langen Arbeitstages war er jedesmal voll Unternehmungslust und zu allem aufgelegt, was Abend und Nacht an Unterhaltung noch zu bieten hatten. Gewöhnlich suchten sie sich ein hübsches Restaurant aus, wo sofort eine Flasche Tequila bestellt wurde. Beim ersten Glas fing Diego mit seinen Geschichten an, und während er sie fort- und fortspann und die Episoden immer abenteuerlicher wurden, war, ehe man es sich versah, die Flasche leer. Wenn er einmal angefangen hatte, konnte man Diegos Redefluß nicht mehr Einhalt gebieten, und sein Unterhaltungsdrang ließ auch nicht nach, wenn die drei schon längst wieder zu Hause angekommen waren. Zu weit vorgerückter Stunde zog sich Frida zum Schlafen zurück und überließ ihren müden und nichtsdestoweniger faszinierten Gast ihrem Mann, den dieser im Spaß «das Ungeheuer» nannte. Eine Woche hielt Cardosa diesen Rhythmus durch, dann floh er. Aber die Erinnerung an diese Tage blieb bei ihm lebendig. «Frida», so schrieb er, «war Grazie, Energie und Talent in einem, ein Wesen, das meine Vorstellungskraft und meine Begeisterungsfähigkeit ungemein bewegt hat. Diego und Frida sind für mich seither ein Teil der geistigen Landschaft von Mexico, ebenso wie Popocatepetl und Iztaccihuatl zum geografischen Bild gehören.»

Während der Monate in Cuernavaca hat Frida wahrscheinlich zum ersten Mal wieder gemalt. Auf diese Zeit geht wohl das verlorengegangene Bild von einer Indiofrau als Halbakt vor tropischem Blattwerk zurück; auch das Porträt von Lupe Marín und mehrere Bilder von Indiokindern mögen damals entstanden sein. Vermutlich malte Frida ihr drittes *Selbstporträt* während des Cuernavaca-Aufenthalts. Wenn man es mit dem zweiten Selbstbildnis vergleicht, entdeckt man einige scheinbar geringfügige Veränderungen, die darauf hindeuten, wie Frida inzwischen zur Frau herangereift ist. Sie schaut nicht mehr mit der unbeirrbaren Direktheit eines Kindes geradeaus, sondern ihr Gesicht ist ein wenig zur Seite gedreht, und in ihren Augen liest man eine gewisse Trauer. Der Mund wirkt melancholisch. Wenn auch die Linien der Gesichtszüge nur um Bruchteile von Millimetern versetzt sind, so können doch die unscheinbarsten Krümmungen und Schatten bereits einen Gesichtsausdruck völlig verändern.

Jahre später hat Frida einer Freundin anvertraut, was wohl damals diese Veränderung herbeigeführt hat: «Wir konnten kein Kind bekommen, und ich habe oft untröstlich geweint. Jede Ablenkung war mir recht: Kochen, Staubwischen, Malen oder bei Diegos Arbeit Zuschauen. Und er war ja immer so froh, wenn ich ihm im blumengeschmückten Korb das Mittagessen brachte.» Nach einer Schwangerschaft hatte Frida im dritten Monat eine Fehlgeburt, weil das Kind ganz unmöglich lag. 1930 machte Frida eine Zeichnung von sich und Rivera, wo sie ihn als Baby in ihrem Leib wie mit Röntgenstrahlen sichtbar abbildete, den Kopf nach oben und die Füße nach unten. Ein anderes seltsames und wahrscheinlich unvollendetes Bild bezieht sich wohl ebenfalls auf die Fehlgeburt. Das Gemälde heißt *Frida und der Kaiserschnitt.* Diese Operation wurde zwar bei ihr nicht vorgenommen, aber sie erwähnt die Möglichkeit in einem Brief von 1932. Ein Arzt hatte ihr zu ihrer Beruhigung mitgeteilt, daß sie trotz der Unfallfolgen ein Kind haben könnte, wenn es durch Kaiserschnitt entbunden würde.

Abgesehen von dem Kummer über die Schwangerschaftsunterbrechung gab es im ersten Ehejahr zweifellos auch andere Sorgen für Frida. Angeblich soll Rivera 1930 eine Affäre mit seiner jungen Assistentin Ione Robinson gehabt haben. Jedenfalls hat Frida damals wohl erkennen müssen, daß die Betrübnisse ihrer Kindheit auch in ihrem Erwachsenendasein nicht nachließen, sondern eher noch schlimmer wurden. Frida sagte von sich: «Ich bin in meinem Leben von zwei großen Unfällen betroffen worden. Der eine geschah, als ich von einer Straßenbahn überfahren wurde, der andere ist Diego.»

Ihre Ehe war für die zeitgenössischen Beobachter eine exotische Verbindung. Was sich zwischen Frida und Diego an Liebe, Streit, Leiden und Trennung abspielte, wurde nicht nach kleinlichen Moralregeln gemessen. Wie Halbgötter oder Heilige nannte man nur ihre Vornamen, wenn man von ihnen sprach; sie gehörten zum mexikanischen Nationalbesitz. Aber diejenigen, die sie am besten kannten, geben die widersprüchlichsten Kommentare über diese Ehe. Die Beobachtungen der Freunde hängen natürlich davon ab, zu welchem Zeitpunkt sie das Paar kannten, obwohl man sagen kann, daß fast alles, was in einer Ehe unterschwellig gegeben ist, von Anfang an da ist, daß alle Eigenschaften und Widersprüche in einer Art von psychologischem Medium latent bereitliegen, um im gegebenen Augenblick an die Oberfläche zu kommen und sich kaleidoskopartig auf immer neue Art zu verbinden und wieder zu trennen.

So erklärt sich, daß die einen sagen, Frida habe Diego von Anfang an wie besessen geliebt, andere wiederum behaupten, ihre Liebe sei erst im Laufe der Zeit gewachsen, Frida habe ihren Mann manchmal sogar gehaßt und sich von ihm zu befreien versucht. Ganz bestimmt war Frida einerseits von Diegos unerschöpflicher Vorstellungskraft gebannt, andererseits von seinen endlosen Geschichtenspinnereien gelangweilt. Als Ehemann war er nicht treu; daran besteht kein Zweifel. Perioden der Niedergeschlagenheit über Diegos Untreue wechselten bei Frida mit Zeiten, in denen sie behauptete, sie könne sich über die Affären nicht aufregen, und in denen sie nur noch belustigt seinen amourösen Abenteuern zuschaute. Fast alle Beobachter erzählen, daß Frida für Diego eine Art Mutterfigur wurde, auch wenn das Vater-Tochter-Verhältnis aus den Anfangsjahren zwischen den beiden lebendig blieb. Wer wollte angesichts so vieler Facetten entscheiden, wo die Wahrheit liegt? Jedenfalls nicht bequem greifbar an der Oberfläche, und jeder Versuch der Interpretation muß auch die vielfachen Widersprüche mit einbeziehen.

Immerhin darf man annehmen, daß Frida Diego liebte, auch wenn sie ihn manchmal nicht ausstehen konnte, und daß sich ihr Leben im Grunde darum drehte, ihrem Mann eine gute Gefährtin zu sein. Dies hieß aber nicht, daß sie sich in den Schatten stellen ließ. Rivera bewunderte starke und unabhängige Frauen, und er erwartete von Frida, daß sie ihre eigenen Gedanken entwickelte, eigene Freunde und ihren eigenen Tätigkeitsbereich hatte. In ihrer Malerei ermutigte er sie zur Entfaltung eines eigenen Stils. Das Haus, das Diego für sich und seine Frau bauen ließ, bestand in Wirklichkeit aus zwei getrennten, nur durch eine Brücke miteinander verbundenen Häusern. Es gefiel ihm auch, daß Frida ihren Mädchennamen beibehielt und versuchte, ihren eigenen Lebensunterhalt zu verdienen, um wirtschaftlich unabhängig von ihm zu sein. Und wenn Rivera ihr auch nicht als Kavalier die Wagentür öffnete, so öffnete er ihr dafür doch Welten: Er war der große Maestro, und sie wählte die Rolle seiner ihn bewundernden *compañera*. Diese Rolle brachte eine ganze Palette von Farben in ihr Leben, die von betäubender Leuchtkraft bis zu trauriger Düsternis reichte. Bunt ging es zu in diesem Leben, aber nie langweilig. Bertram D. Wolfe schrieb in seiner Rivera-Biographie:

«Wie bei zwei so starken Charakteren nicht anders zu erwarten, waren sie beide sehr stark innengeleitet, beide eigensinnig impulsiv und höchst empfindlich, und ihr Zusammenleben gestaltete sich stürmisch. Frida ordnete ihren Eigensinn dem seinen unter, sonst wäre ein Leben mit Diego überhaupt nicht möglich gewesen. Sie bewunderte seine phantastischen Einfälle, durchschaute seine Ausflüchte, lachte mit über seine Abenteuer. Sie schaute zu ihm auf und machte sich zugleich über ihn lustig, wenn er seine endlosen Geschichten erzählte. Sie vergab ihm seine Affären mit anderen Frauen, seine verletzenden Täuschungsmanöver, seine Grausamkeiten. Trotz aller Streiterei, Roheit, böswilligen Handlungsweise, ja sogar trotz der zeitweiligen Scheidung blieben sie in ihrem Wesen aufeinander bezogen. Für den Maler, der es liebte, sein Leben als eine Folge legendenträchtiger Episoden zu dramatisieren, kam Frida sofort nach seiner Malerei. Für sie dagegen nahm er den ersten Platz ein, sogar noch vor ihrer Kunst. Sie war davon überzeugt, daß ein Mensch von solch großer Begabung ein entsprechendes Maß an Nachsicht verlangen durfte. Jedenfalls hat sie mir einmal mit einem bedauernden Lachen erklärt, daß er nun mal so sei und daß sie ihn so liebe. ‹Ich kann ihn nicht als jemanden lieben, der er gar nicht ist.›»

Frida sorgte dafür, daß sie eine tragende Säule in Riveras Existenz wurde. Raffiniert und klarsichtig erkannte sie, wo Diego seine schwachen Stellen hatte, wo er ihrer Hilfe bedurfte, und sie verstärkte die Bindungen zu ihm in diesen Bereichen. In seiner Selbstbiographie nannte Diego Frida «den wichtigsten Faktor meines Lebens», wobei man nicht vergessen sollte, daß der Titel *Meine Kunst, mein Leben* eindeutig der Kunst den Vorrang gibt.

Diegos Briefe an seine Frau, die im Frida-Kahlo-Museum ausgestellt sind, lassen ein Maß an besorgter Zuwendung erkennen, wie man es bei einem sonst so gedankenlosen Menschen nicht vermuten würde, bei jemand, der mit brutaler Einseitigkeit völlig von seiner Arbeit aufgesaugt wurde. Wiederholt setzt er ans Ende seiner Briefe eine Zeichnung von seinen breiten Lippen unter Angabe der Millionen von Küssen, die sie spenden wollten. Typische Briefanfänge waren etwa «Kind meiner Augen, ich sende dir Tausende von Küssen...» oder «An mein wunderschönes kleines Mädchen...» Solche Zeilen wurden oft von charmanten Gesten begleitet, nicht selten mit der Absicht, wie die Briefe selbst, Diegos Abwesenheit oder mangelnde Aufmerksamkeit zu entschuldigen; zum Beispiel, als er eine Nacht lang Touristinnen in der City unterhalten hatte und erst am frühen Morgen mit einer Wagenladung voll Blumen nach Coyoacán zurückkehrte.

Obgleich sie sich ihre liebevollen Gefühle füreinander in Worten und Gesten mitteilten, ließen sie ihre Empfindungen nach außen nicht so deutlich werden. Mariana Morillo Safa erinnert sich, wie ihre Freundin Frida täglich auf Diegos Heimkehr reagierte. Sie blieb ganz still, und wenn sie ihn an der Haustür hörte, flüsterte sie: «Jetzt kommt Diego!» Er hauchte dann einen Kuß auf ihre Lippen und fragte etwa: «Wie geht es meiner Fridita, meinem Seelchen?», als ob er zu einem Kind spräche. «Sie betete ihn an», meinte Mariana, «und er behandelte sie wie ein Herzchen.»

Einige Beobachter des Paares haben den Eindruck gewonnen, daß die liebenswürdigen Kosenamen, die sie sich gegenseitig gaben – Frosch-Unke und kleine Fisita – zu einem Rätselspiel gehörten, auf gewisse Weise die Probleme in ihrem Zusammenleben überzuckerten. Gleichzeitig hingen die Ausdrücke wohl auch mit der Betonung der mexikanischen Mentalität zusammen, denn Verkleinerungsformen sind im Gegensatz zum kastilischen Spanisch typisch für die mexikanische Sprache.

Die Betonung des Mexikanischen war schon in Fridas Selbstbildnis von 1929 an der mexikanischen Tracht ablesbar, in der sie sich damals malte. «In einer anderen Phase meines Lebens zog ich mich wie ein Junge an, ließ mir die Haare kurz schneiden und trug Männerkleidung, Hosen, Stiefel und eine Lederjacke», erzählte Frida einmal, «aber als ich Diego besuchte, warf ich mich in Tehuanatracht.» Offenbar war es nicht bloß die Verachtung bürgerlicher Formen, als Frida für ihre Trauung die Kleider eines Indiomädchens auslieh. Frida suchte nach einer neuen Identität, und sie tat dies mit dem Ernst einer Nonne, die den Schleier nimmt. Auch als sie noch ein Kind war, bedeuteten Kleider für sie so etwas wie eine Sprache, über die man sich anderen verständlich machen kann. Und seit sie verheiratet war, gewannen die Wechselwirkungen zwischen Kleidung und Selbstbildnis, zwischen dem Stil ihres persönlichen Auftretens und dem ihrer Gemälde immer mehr an Bedeutung.

Die Tracht, die ihr am besten gefiel, war die Kleidung der Frauen vom Isthmus von Tehuantepec, und sicher hat zu dieser Vorliebe auch die Fama beigetragen, nach der die Frauen dieser Region besonders stattlich, hübsch, sinnlich, intelligent, tapfer und stark sein sollen. Es heißt übrigens, daß dort noch matriarchalische Verhältnisse herrschen, weil die Frauen den Markt organisieren, die Gemeindefinanzen regeln und überhaupt die Männer beherrschen. Das Tehuantepec-Kostüm ist wunderhübsch. Es besteht aus einer gestickten Bluse und einem langen Rock, meist aus rotem oder purpurfarbenem Samt mit weißen Baumwollrüschen am Saum. Zu den Accessoires gehören lange Ketten und Halsschmuck aus Goldmünzen, die die hart erarbeitete Mitgift eines Mädchens darstellen, und zu besonderen Anlässen tragen die Frauen einen kunstvollen Kopfschmuck mit gestärkten und gefältelten Spitzen, die ein wenig an eine Halskrause aus elisabethanischer Zeit erinnern.

Manchmal wählte Frida Trachten aus anderen Zeiten und aus anderen Regionen, mitunter mischte sie auch Trachten zu sorgfältig ausgedachten Kombinationen. So trug sie zum Beispiel *huaraches* (Indiosandalen) oder kurze Lederstiefel, wie sie zu Beginn des Jahrhunderts in den Provinzen und bei den *soldaderas* üblich waren, die zusammen mit ihren Männern in der Mexikanischen Revolution kämpften; gelegentlich, etwa als sie für die Fotografin Imogen Cunningham posierte, legte sie sich ihren *rebozo* nach Art der *soldaderas* um die Schultern. Bei einem anderen Anlaß trug sie einen kostbar bestickten spanischen Seidenschal mit Fransensaum. Nach altem Brauch hatte sie stets mehrere Petticoats unter ihrem langen Trachtenrock, deren Säume sie eigenhändig mit derben volkstümlichen Sprüchen bestickt hatte. Ihr Gang bekam durch diese Kleidung wippenden Schwung und eine eigentümliche Grazie.

Indem sie ihr Kostüm aus der ihr zu Gebote stehenden Palette von Möglichkeiten stets neu zusammenstellte, gelang es ihr, täglich ein neues Bild von sich zu kreieren, so wie sie sich der Umwelt zeigen wollte. Freundinnen, die ihr beim Ritual des Anziehens zuschauten, können sich noch erinnern, wieviel Zeit und Sorgfalt sie darauf verwandte und wie alles zusammenstimmen mußte. Nicht selten hämmerte sie sich noch eine Anstecknadel zurecht, bevor sie eine bestimmte Bluse anzog, nähte hier ein Stück Spitzen an oder machte dort noch ein Bändchen fest. Für sie war es ein ernstes Problem, zu entscheiden, welcher Gürtel zu welchem Rock passen würde. «Geht das denn?» fragte sie die Anwesenden. «Ist das auch wirklich gut?» Die Malerin Lucile Blanch meinte dazu: «Für Frida war die Kleidung eine wichtige ästhetische Frage. Beim Anziehen schuf sie ein Bild mit Farben und Formen.»

Passend zu den exotischen Kostümen arrangierte Frida ihr Haar auf vielerlei Weise, manchmal nach Art einer bestimmten mexikanischen Region, manchmal frei nach ihrer Erfindung. Um die Haare aufzustecken, kämmte sie sie gewöhnlich so straff an den Schläfen hoch, daß es sichtlich weh tat. Sie flocht leuchtend farbige Bänder in ihr Haar und schmückte es mit Schleifen, Spangen, Kämmchen oder mit frischen Bougainvilleablüten. Als Frida später immer mehr auf Hilfe angewiesen war, bat sie oft die gerade Anwesenden, ob Freundin, Nichte oder Schwester: «Ach, kämme mir doch die Haare, steck sie mir auf.»

Edler Schmuck spielte bei ihr ebenfalls eine wichtige Rolle. Vom ersten Tag ihrer Ehe an hatte Rivera sie mit Schmuckstücken überhäuft. Sie trug alles, angefangen von billigen Glasperlen bis zu schweren präkolumbischen Jadehalsbändern, von zierlich gearbeiteten Ohrgehängen aus der Kolonialzeit bis zu den Ohrringen in Form von Händen, die sie 1939 als Geschenk von Picasso erhielt. An ihren Händen sah man in häufigem Wechsel Ringe der verschiedensten Stile und Herkunft. Viele davon erhielt Frida als Geschenk, und in ihrer impulsiven Großzügigkeit verschenkte auch sie sie wieder an andere.

Wenn Frida sich in der Tehuanatracht zeigte, so geschah dies – bei aller Lust an theatralischer Selbstdarstellung – vor allem, weil sie Diego gefallen wollte; denn Diego bewunderte den Tehuanastil; er reiste öfters zum Golf von Tehuantepec, um dort die Leute bei ihrer Arbeit und ihren Freizeitvergnügungen zu malen, und es wird auch erzählt, daß er unter den Schönen dort eine Freundin gehabt habe.

In Riveras Adern hatte sich spanisch-indianisches mit portugiesisch-jüdischem Blut gemischt; manchmal behauptete er sogar, er habe dazu noch holländische, italienische, russische und chinesische Vorfahren gehabt. Ihm war es von Anfang an wichtig, Fridas indianisches Erbe besonders herauszustellen. Er rühmte sie als unverbildet und ursprünglich: «Sie ist jemand mit Gedanken und Gefühlen, die nicht durch die bürgerliche Erziehung eingeschnürt worden sind. Nicht durch Überreizung abgestumpft, können ihre Sinne noch tief empfinden. Frida haßt alles Formalistisch-Mechanische und hat sich dadurch die flexible Kraft bewahrt, mit der urwüchsige Wesen die starken und vielfältigen Erfahrungen des Lebens ringsumher bewältigen.»

In Wirklichkeit war Frida natürlich ein Stadtkind, ein Mädchen, das in einem bürgerlichen Milieu heranwuchs und später in einer gehobenen Künstlerwelt zu Hause war. Sie hatte in ihrer Entwicklung wahrhaftig nichts vom einfachen Leben der mexikanischen Indios an sich erfahren. Sehr viel wahrscheinlicher ist wohl die Annahme, daß für Frida wie für andere junge Frauen in ihrem Kreis die mexikanischen Kostüme und ländlichen Trachten eine Mode waren. Es ist ja eine weitverbreitete Vorstellung, daß die Menschen auf dem Lande, hier also die Indios, durch ihre tiefe, erdverbundene Sinnlichkeit den realitätsfernen und überfeinerten «Stadtpflanzen» überlegen seien. So konnte man vielleicht, indem man wenigstens die Trachten der Eingeborenen anzog, der Natur wieder zu ihrem Recht verhelfen. Zugleich waren die Trachten für Frida eine Art von Maskierung, durch die sie den Zwängen der bürgerlichen Erziehung entkommen konnte. Und schließlich steckte dahinter auch eine politische Tendenz: Die Pflege der einheimischen Trachten war eine weitere Art, die kulturelle Unabhängigkeit zur Schau zu stellen. Rivera setzte Fridas Trachtenstil ganz bewußt in diesem Sinne ein. «Die klassisch mexikanische Kleidung», so sagte er, «ist von einfachen Leuten für einfache Leute gemacht worden. Mexikanerinnen, die sie nicht anziehen wollen, gehören nicht zu diesem Volk, sondern sind geistig und gefühlsmäßig von einer fremden Klasse abhängig, der sie gerne angehören möchten, nämlich der mächtigen amerikanischen und französischen Bürokratie.»

So ergänzten sich Frida und Diego, indem sie wechselweise als Schauspieler in den dramatischen Szenen ihres Lebens auftraten. Die Tehuanatracht diente Frida gleichermaßen dazu, die Legende ihres Lebens auszuschmücken und für Diego die richtige Partnerin abzugeben. Als zartes, hübsches und extrovertiertes Persönchen war sie die notwendige schmückende Ergänzung für ihren riesigen, häßlichen Gemahl – gewissermaßen die Pfauenfeder an seinem Stetson-Hut. Doch während sie froh die Rolle des Indiomädchens für Diego spielte, hatte die Künstlichkeit bei ihr doch eine tiefere Bedeutung. Sie verwandelte ihre Persönlichkeit nicht bloß, um Diegos Idealvorstellung zu entsprechen. Sie erfand vielmehr einen höchst originellen, persönlichen Stil, um das Wesen richtig ins Spiel zu bringen, das tatsächlich in ihr steckte und das auch von Diego bewundert wurde. Ihre Persönlichkeit trat im Laufe der Zeit so lebendig hervor, daß schließlich viele – um im Bild zu bleiben – die Pfauenfeder für reizvoller und überzeugender hielten als den Hut, zu dem sie gehörte.

Fridas Kostüme waren immer etwas, das Kontakte herstellte. Mit den Jahren wurden sie geradezu ein Gegenmittel gegen die Isolation. Auch zum Ende ihres Lebens hin, als sie sehr krank war und nur selten Besuch empfing, zog sie sich jeden Tag an, wie wenn sie zu einer Fiesta gehen wollte. So wie Fridas Selbstbildnisse Zeugnis von ihrer Existenz ablegten, taten die Kostüme das Ihre, um der zerbrechlichen, oft ans Bett gefesselten Frau das Gefühl zu geben, präsent zu sein und wahrgenommen zu werden. Beide Formen des Daseins waren sowohl Maske wie auch Haltegerüst, beide lenkten sowohl sie selbst als auch die Zuschauer von ihren inneren Schmerzen ab. Frida wollte gefallen, zugleich auch die Narben und ihr Hinken verbergen, wie sie selbst sagte. Die kostbare Verpackung war ein Versuch, die Mängel ihres Körpers auszugleichen, dem Gefühl der Gebrochenheit, der inneren Auflösung und Sterblichkeit entgegenzuwirken.

Je mehr ihre Gesundheit sie verließ, desto bunter und komplizierter wurden die Bänder, Blumen, der Schmuck und die Schärpen. In gewisser Weise war Frida wie eine mexikanische *piñata* – ein zartwandiges, mit allerlei Faltungen und Wellenmustern geschmücktes Gefäß, das mit Süßigkeiten und mancherlei Überraschungen gefüllt, aber dazu bestimmt ist, irgendwann bei einem Fest zertrümmert zu werden. Genau wie die Kinder mit verbundenen Augen versuchen, die *piñata* mit einem Besenstiel zu treffen, so teilte das Leben Frida einen Schlag nach dem anderen aus. Während die *piñata* unter den Schlägen hin- und herschwingt und sich um sich selber dreht, wirkt ihre Schönheit um so stärker, je mehr man sich vergegenwärtigt, daß sie bald zerstört sein wird. In gleicher Weise war Fridas Putz geradezu rührend anzusehen: durch ihn bezeugte sie ihre Lebenslust, und zugleich war er ein Signal ihres Bewußtseins von der unaufhaltsamen Vergänglichkeit und vom Tod.

9 Im Land der Gringos

1924 war es mit der Begeisterung der Mexikaner für Wandmalerei plötzlich vorüber. Im August des Jahres wurde durch Erlaß des Präsidenten die Freskenmalerei im Lande eingestellt, und die Maler mußten sich nach anderweitigen Aufträgen umsehen. Nur Rivera wurde von der Maßnahme nicht betroffen. Zwar stand auch sein Werk im Kreuzfeuer öffentlicher Kritik, und einige seiner Bilder fielen sogar mutwilligen Zerstörungen zum Opfer; aber Rivera hatte eine gute Verbindung zum Kultusminister, der diesen Maler «den Philosophen mit dem Pinsel» genannt hatte. So blieb Rivera vorerst auf der Budgetliste der Regierung, und 1929 erhielt er sogar noch den Auftrag für die Fresken im Nationalpalast, was zu seinem bereits erwähnten Ausschluß aus der Kommunistischen Partei Mexicos führte. Die Periode von 1929 bis 1934 war von politischer Unterdrückung gekennzeichnet: Kommunisten wurden häufig inhaftiert, deportiert, ermordet, oder sie «verschwanden» ganz einfach, ohne daß man je wieder etwas von ihnen gehört hätte. Die antikommunistische Hysterie führte 1930/ 31 zur Gründung der faschistischen Organisation der «Goldhemden».

Auch wenn Rivera mutig und geschickt die schwierige Zeit zu meistern wußte und immer neue Aufträge bekam, so konnte er doch nie ganz sicher sein, daß nicht eines schönen Tages ein Regierungsbeamter im dunklen Anzug unter seinem Gerüst stehen und ihn endgültig wegschicken würde. Immerhin war seine Darstellung der mexikanischen Welt unverkennbar marxistisch geprägt, auch wenn er von den Kommunisten beschimpft wurde, die ihn einen Maler für die oberen Zehntausend und einen Handlanger der Regierung nannten; umgekehrt wiederum galt er in rechtsgerichteten Kreisen als Sprachrohr der Revolution. So war es für Rivera nun sicher der richtige Zeitpunkt, als er das Land verließ, um in den Vereinigten Staaten als Lehrer für die Technik der Freskomalerei zu wirken.

Bereits seit geraumer Zeit hatte sich der Ruf der mexikanischen Wandmalerei in den Vereinigten Staaten verbreitet, und besonders Rivera war zu einer geradezu legendären Figur geworden. Niemand unter den Persönlichkeiten, die ihn eingeladen hatten, schien sich daran zu stoßen, daß er Kommunist war und daß seine Gemälde reichlich oft Hammer, Sichel und rote Sterne zeigten. Ja, sie enthielten auch manches keineswegs schmeichelhafte Porträt von Henry Ford, John D. Rockefeller, J. P. Morgan und anderen Wirtschaftsbossen. Ganz ähnlich wie die reaktionäre mexikanische Regierung versuchten die großen kapitalistischen Herren der Vereinigten Staaten ihre Liberalität dadurch zu beweisen, daß sie einem Maler wie Rivera Aufträge gaben. Wer Riveras marxistische Botschaft zu finanzieren bereit war, dem konnte nicht der schnöde Privatgewinn, sondern nur das öffentliche Wohl am Herzen liegen. Mit der Annahme der Aufträge handelte sich Rivera zwar erneute Beschimpfungen durch die Kommunistische Partei ein; andererseits gestattete ihm die Förderung durch finanzkräftige Kreise, dem Industrieproletariat in aller Öffentlichkeit ein Denkmal zu setzen.

Ganz wichtig für Rivera war aber auch die Tatsache, daß diese kapitalistisch beherrschte Nation mit ihrer technischen Erfindungskraft und industriellen Entwicklung in der ganzen Welt an vorderster Stelle stand; und der Mann, den man den «Lenin von Mexico» nannte, war sowohl von der Schönheit der Technik begeistert als auch von der revolutionären Sprengkraft, die in ihr steckte.

In der zweiten Novemberwoche 1930 reisten Diego und Frida nach San Francisco. Bei der Ankunft hatte der Meister bereits zwei nicht unbedeutende Aufträge in der Tasche: er sollte Fresken malen, sowohl im Klubsaal der Börse wie auch in der California School of Fine Arts, die später in San Francisco Art Institute umbenannt wurde. Die Vermittlung dieser Aufträge verdankte Diego dem Bildhauer Ralph Stackpole, den er von seinem Paris-Aufenthalt her kannte. Außerdem hatte sich William Gerstle für ihn eingesetzt, der damals Präsident der Kunstkommission der Stadt war.

In seinen Memoiren erinnerte sich Diego an den Tag, als die Einladung bei den Riveras eintraf. Frida träumte, daß sie ihrer Familie zum Abschied winkte, weil sie in die «Weltstadt» aufbrach, wie sie San Francisco nannte. Auf der Reise überraschte sie ihren Mann mit einem Geschenk. Es war ein später verlorengegangenes Selbstporträt. «Der Hintergrund war eine ungewöhnliche Großstadtlandschaft. Als wir dann in San Francisco eintrafen, erschrak ich fast wegen der unvermuteten Übereinstimmung der Wirklichkeit mit Fridas imaginärer Stadt, in die wir doch gerade zum ersten Mal kamen.»

Die Riveras wohnten zunächst in Ralph Stackpoles großem Studio in der Montgomery Street 716. Es lag in einem alten Künstlerviertel.

Dort lernten sie sehr bald Lucile Blanch kennen, die sich mit Frida anfreundete. Lucile war mit ihrem Mann, dem Maler Arnold Blanch, nach San Francisco gekommen, weil er dort einen Lehrauftrag erhalten hatte. Das Ehepaar Blanch wohnte zwei Stockwerke unter den Riveras. «Da sie kein Telefon hatten, benutzten sie unseres», erinnerte sich Lucile Blanch. «Frida trat damals noch gar nicht als Künstlerin auf» und war viel zu schüchtern, als daß sie ihren neuen Bekannten ihre Bilder zu zeigen gewagt hätte. «Wir beide waren Malerinnen; aber wir sprachen nicht über Kunst. Im Umgang miteinander benahmen wir uns eher wie zwei alberne Mädchen. Frida sprühte von witzigen Einfällen, machte sich über jeden und alles lustig und lachte über die Dinge mit teils freundlichem, teils boshaftem Spott. Wenn sie Angeberei witterte, konnte sie äußerst kritisch sein, und nicht wenige Leute wurden deshalb von ihr aufs Korn genommen.»

Die Riveras gingen oft zu Entdeckungsausflügen durch San Francisco mit seinen abwechslungsreichen Hügeln, den schönen Brücken, dem malerischen Stadtbild am Wasser und den von Industrie beherrschten Vorstädten. Zusammen besuchten sie auch Obstplantagen in der Umgebung, Bohrtürme, Goldminen und überhaupt das herrliche Land mit seinen typischen Farbtönen zwischen Orangeocker und gebrannter Siena. Rivera nahm nicht nur die reizvollen Dinge in sich auf, er machte auch Skizzen von den hungernden Arbeitslosen, die mit bitteren und verzweifelten Gesichtern in Warteschlangen nach Brot anstanden, und er zeichnete die eleganten Häuser der Reichen am Russian Hill, wo Herren in feinen Anzügen und Damen in modisch weichen Kleidern und frechen kleinen Hütchen aus glänzenden Limousinen stiegen.

In seinem Wunsch, das amerikanische Volk von möglichst vielen Seiten kennenzulernen, besuchte Diego mit Frida das traditionelle Fußballendspiel in Stanford, California. Von einem Reporter nach seinem Eindruck gefragt, sagte er, ihm sei aufgefallen, daß das Spiel so gar nichts von der Tragik des Stierkampfes hätte, sondern einfach fröhlich sei. «Ihre Art des Fußballs ist wirklich prachtvoll, aufregend und schön... ein großes, lebendes Bild, spontane, unbewußte Kunst... Es ist Kunst für die Massen, eine neue Form der Kunst überhaupt.» Was Frida über den amerikanischen Fußball dachte, wissen wir nicht; sie wurde gar nicht gefragt. Mit ihren dreiundzwanzig Jahren hatte sie noch nicht die extrovertierte Persönlichkeit entwickelt, durch die sie später in jeder Gesellschaft mindestens so anziehend wurde wie ihr berühmter Mann. Damals bemerkten die Reporter sie kaum und erwähnten Riveras Frau nur gelegentlich wegen ihrer Jugend und Niedlichkeit.

Vorerst war Rivera noch mit den Vorbereitungen für die Wandbilder beschäftigt. Auf der Suche nach geeigneten Modellen war er mit der Tennismeisterin Helen Wills bekannt geworden, für die er sich ganz besonders begeisterte. Es erregte in San Francisco einiges Befremden, daß Rivera ausgerechnet diese Frau zur allegorischen Figur von Kalifornien erklärte, und es wird auch berichtet, die Wills hätte für den weiblichen Akt im Deckengemälde der Börse Modell gestanden. Jahre danach erzählte Frida einer Freundin, Rivera habe die Wills für seine Studien zu Tennisplätzen begleitet, sie beim Spiel skizziert, und er sei manchmal tagelang ausgeblieben. Unterdessen ging Frida auf selbständige Streifzüge durch die Stadt und fuhr mit der Trambahn die steilen Hügel hinauf und hinunter. Sie lernte fleißig Englisch, besuchte Museen, stöberte im Chinesenviertel nach Seidenstoffen, um daraus ihre langen Röcke zu schneidern. «Die Stadt und die Bucht sind überwältigend schön», schrieb sie an ihre Jugendfreundin Isabel Campos, «ganz besonders aufregend ist aber das Chinesenviertel. Die Chinesen sind so enorm sympathisch. Nie im Leben habe ich so hübsche Kinder gesehen. Ja, sie sind wirklich ungewöhnlich. Am liebsten würde ich eins stehlen, um es dir zeigen zu können ... Es war schon vernünftig, hierher zu kommen, denn die neuen Seherlebnisse haben meinen Blick erweitert. Ich habe ungeheuer viel Neues und Schönes in mich aufgenommen.»

«Wir wurden bei Empfängen und Cocktailparties gefeiert», erinnerte sich Rivera, «und ich hielt Vorlesungen.» In der Tat bekam Rivera mehr Einladungen zu Vorträgen und Lehrveranstaltungen, als er je hätte halten können. Da es nicht weit her war mit seinem Englisch, sprach er bei Vorlesungen Französisch, das er fließend beherrschte. Als Übersetzerin stand ihm Emily Joseph bei. Sie war die Frau des Malers Sidney Joseph und arbeitete als Kunstredakteurin am *San Francisco Chronicle*. Riveras Ausführungen über Kunst und sozialen Fortschritt fanden gerade in den Jahren der großen Wirtschaftskrise ein weit gestreutes und aufgeschlossenes Publikum. Das malerische Werk des Meisters wurde vielen neuen Betrachtern zugänglich gemacht: Zahlreiche Galerien stellten seine Arbeiten aus, und der California Palace of the Legion of Honor widmete Rivera im Dezember eine große Einzelausstellung.

Als Diego dann die Vorbereitungen für die Fresken abgeschlossen hatte, stürzte er sich kopfüber in die Arbeit. Um ihn herum war ein Stab von Assistenten geschart, die teilweise bezahlt, teilweise unent-

geltlich Hilfsdienste leisteten. Sie waren aus aller Welt zusammenge-
kommen, um bei dem legendären Maestro zu lernen. Wohl der treueste und verläßlichste seiner Helfer war Andrés Sánchez Flores, ein
junger Mexikaner, der für Rivera viele Jahre lang als Chemiker arbeitete. Er war nicht nur Fachmann beim Erproben, Mahlen und Mi-
schen der für die Fresken geeigneten Pigmente, er diente Diego und
Frida auch als Chauffeur, denn keiner von beiden konnte damals
fahren.

Sehr wichtig war für Rivera auch der Helfer, den er mit der sachge-
rechten Grundierung der Wandbilder betraute. Es war der Künstler
Clifford Wight, ein gutaussehender Mann von wuchtiger Größe, der,
bevor er nach Mexico reiste, um bei Rivera zu arbeiten, in der beritte-
nen Polizei Kanadas gedient hatte. Ein weiterer Gehilfe war der ex-
zentrische Maler Lord John Hastings, ein Engländer von radikaler
Gesinnung. Er hatte sich von Tahiti aus auf die Reise nach Mexico
begeben, um bei Rivera zu studieren, und war durch reinen Zufall in
San Francisco auf den Meister getroffen. Auch der Künstler und
Schauspieler Matthew Barnes gehörte zu der Helferschar und sorgte
durch sein lustiges Wesen für Heiterkeit in der Runde. Außer denen,
die ständig im Team mitarbeiteten, gab es nicht wenige, die nur eine
Gastrolle spielten, sich eine Weile aktiv beteiligten und dann wieder
anderen Aufgaben nachgingen. Frida kam mit all diesen Leuten und
ihren Frauen zusammen, war aber mit niemandem unter ihnen besonders befreundet. Da sie schüchtern war und sich in der fremden Umgebung unsicher fühlte, wirkte sie auf neue Bekannte eher abweisend.
Mit Gringos wollte sie schon gar nichts zu tun haben. «Gringo-Leute
kann ich nicht ausstehen», schrieb sie, «sie sind langweilig und haben
Gesichter wie ungebackene Brötchen, besonders die alten Frauen.»

Natürlich war Diego nicht immer bloß an der Arbeit. Sein Appetit
nach neuen Erlebnissen und Empfindungen war unersättlich; erlesene
Gaumenfreuden und gute Unterhaltung hatten es ihm besonders angetan. Kein Wunder also, daß Frida durch das kommunikative Wesen
und die vielseitigen Bekanntschaften ihres Mannes immer neue Leute
kennenlernte. So begegnete sie auch wieder dem Kunstsammler Albert M. Bender, der bei einem Besuch in Mexico mehrere Bilder von
Rivera erworben hatte. Bender kannte die richtigen Leute und hatte
einflußreiche Verbindungen. Ihm war es letztlich zu verdanken, daß
Rivera überhaupt ein Visum für die Vereinigten Staaten erhalten hatte, das ihm als einem bekannten Kommunisten ohne Protektion nicht
erteilt worden wäre. Zusammen mit Stackpole war Bender unermüdlich auf der Suche nach neuen Käufern für Riveras Bilder.

In San Francisco begegnete Frida auch zum ersten Mal dem Fotografen Edward Weston persönlich. Sie muß neugierig auf ihn gewesen sein, denn Tina Modotti hatte mit Sicherheit von ihm gesprochen. Auch schätzte Rivera seine Fotos sehr. Weston sah wie ein stiller Gelehrter aus, hinter seinem ruhigen Äußeren verbarg sich jedoch ein wahrer Vulkan an Sinnenfreude und Lebenslust. Er machte die Bekanntschaft der Riveras am 4. Dezember 1930 und schrieb in sein Tagebuch: «Habe Diego getroffen! Ich stand hinter einem Steinblock und trat hervor, als er die Treppe zu Ralphs Arbeitshof am Jessop-Platz heruntergepoltert kam – er umarmte mich und hob mich einfach hoch. Ich machte Aufnahmen von Diego, auch von seiner neuen Frau – Frieda –: sie ist völlig anders als Lupe, winzig – ein Püppchen neben Diego, aber nur, was die Größe betrifft; denn sie ist eine starke Persönlichkeit und recht hübsch, hat wenig vom deutschen Blut ihres Vaters. Sie trägt mexikanische Kleidung, sogar *huaraches*, und wenn sie in dieser Tracht durch die Straßen von San Francisco geht, erregt sie kein geringes Aufsehen. Die Leute bleiben stehen und schauen ihr nach. Wir aßen zusammen in einem kleinen italienischen Restaurant, wo sich häufig Künstler treffen, sprachen von der schönen Zeit in Mexico und wollen uns bald wieder im Carmel treffen.»

In San Francisco knüpfte Frida auch die langjährige freundschaftliche Beziehung zu dem Arzt Leo Eloesser an, der sich auf Knochenchirurgie spezialisiert hatte. Während ihres ganzen restlichen Lebens verließ sie sich auf sein Urteil, mehr als auf das irgendeines anderen Arztes, und ihre Briefe an ihn sind voll von Fragen über ihre diversen Leiden. 1930 untersuchte er sie zum ersten Mal und diagnostizierte eine angeborene Rückgratverkrümmung und eine fehlende Bandscheibe. Außerdem drehte sich ihr rechter Fuß immer weiter nach außen, so daß die Sehne überdehnt und das Gehen für sie immer beschwerlicher wurde.

Dr. Eloesser war damals neunundvierzig Jahre alt. Als Chefarzt des San Francisco General Hospital versah er zugleich eine Professur für chirurgische Medizin an der Stanford University. Aber die Anforderungen seines aufreibenden Berufes hielten ihn nicht davon ab, Zeit für Leute zu haben, die er mochte. Andererseits war auch er, der kleine dunkelhaarige Herr mit dem Schnurrbart und den eindringlich intelligenten Augen bei jedermann beliebt. In den folgenden Jahren drängte ihn sein ausgeprägtes soziales Gewissen zu humanitären Hilfsunternehmungen in Rußland, Südamerika und in China. 1938 tat er als Arzt Dienst in der Republikanischen Armee in Spanien. Als er sich 1952 in den «Ruhestand» zurückzog, befaßte er sich bis zu seinem Tode im Jahre 1976 auf einer entlegenen *ranchería* in Mexico mit Gemeinschaftsmedizin.

Als eine Geste der Freundschaft und Dankbarkeit, vielleicht auch als eine Form der Bezahlung für die medizinische Behandlung, malte Frida ein Bildnis des Arztes. Die Widmung lautet: «Für Dr. Eloesser mit allen guten Wünschen, Frida Kahlo, San Francisco, California, 1931.»

«Vielleicht sind einige Bemerkungen zu dem Gemälde nicht fehl am Platz», schrieb Dr. Eloesser am 10. Januar 1968, als das San Francisco General Hospital der medizinischen Fakultät dieses Bild als Stiftung übermachte. «Frida Kahlo de Rivera malte es bei mir zu Hause während des ersten Aufenthalts der Riveras in San Francisco . . . Es ist eine ihrer ganz, ganz frühen Arbeiten. Das Bild ist überwiegend in Grautönen und Schwarz gehalten und stellt mich dar, wie ich neben dem Modell eines Segelschiffes stehe. Frida hatte keine Ahnung von Segelschiffen. Sie fragte Diego, wie die Segel angeordnet sein müßten, aber er konnte oder wollte ihr keine Auskunft geben, sondern sagte bloß, sie solle die Segel ruhig so malen, wie sie dachte, daß sie richtig seien; und das hat sie denn auch getan!»

Während des halbjährigen Aufenthaltes in San Francisco malte Frida noch einige weitere Porträts von Freundinnen und Bekannten, und wie immer läßt sich an den Bildern ablesen, wie sich die persönliche Beziehung zwischen der Künstlerin und dem jeweiligen Auftraggeber gestaltet hatte: Da ist zum Beispiel das *Porträt der Eva Frederick*, einer schwarzen Amerikanerin. Zwar wissen wir über den Zusammenhang nichts als den Namen der Frau, aber es läßt sich unschwer aus dem Bildnis erkennen, daß Frida große Sympathie für die offenbar herzliche und intelligente Person empfunden haben muß. Umgekehrt spricht aus dem *Porträt der Mrs. Jean Wight* vom Januar 1931 ein geringes Interesse an der abgebildeten Person. Es ist ein ziemlich konventionelles und weichliches Gemälde. Die Frau von Riveras Hauptassistenten ist darauf vor einem Fenster mit Ausblick auf die Stadt dargestellt.

Mitte Februar, innerhalb eines knappen Monats, hatte Diego sein allegorisches Gemälde über Kalifornien zu Ende geführt, und dies war nur möglich gewesen, indem er sich und seine Helfer bis zur Erschöpfung angestrengt hatte. Zur Erholung fuhr Rivera mit seiner Frau nach Atherton aufs Land. Sie fanden gastfreundliche Aufnahme im Hause der Mrs. Sigmund Stern, die als Kunstsammlerin bekannt war. Zunächst sollten es bloß zehn Tage zum Ausruhen sein; dann wurde aber aus dem Besuch ein sechswöchiger Aufenthalt, weil Diego ein – wie er es nannte – «pastorales» Wandbild in Mrs. Sterns Speisezimmer malte.

Vermutlich hat Frida während dieser Wochen Luther Burbank kennengelernt und dann das Porträt des berühmten Pflanzenzüchters gemalt, der durch seine ungewöhnlichen Gemüse- und Früchtekreuzungen bekannt geworden war. Frida stellte Burbank selbst als eine Kreuzung – halb Mensch, halb Baum – dar. In diesem Bild lassen sich die ersten Anzeichen dafür erkennen, daß sich die Kunst der Frida Kahlo von der einfachen Abbildung der äußeren Wirklichkeit abkehren und in Richtung auf den phantastischen Realismus entwikkeln sollte. Was dazu den Anstoß gab, können wir nicht sagen. Vielleicht hatte Frida in San Francisco surrealistische Kunst kennengelernt; vielleicht hatte sie sich aus persönlichen Gründen an die frei assoziierenden Züge in Riveras mexikanischen Wandbildern erinnert, etwa an das Fresko in Chapingo; vielleicht sind ihr auch die naiven Darstellungen aus der mexikanischen Volkskunst in den Sinn gekommen, die ja auch nicht auf die fotografische Abbildung der Wirklichkeit Rücksicht nehmen. Jedenfalls weist dieses Porträt mit seiner Mischung aus Vorstellungskraft, Witz und miniaturhaftem Detail, mit seinem knallblauen Himmel und den nackten grünen Hügeln im Hintergrund, auf denen nur Burbanks zwei Fruchtbäume stehen, auf spätere Werke Fridas voraus, die ganz eindeutig dem phantastischen Realismus zuzuordnen sind, z. B. auf ein Bild wie *Meine Großeltern, meine Eltern und ich.*

Am 23. April kehrten die Riveras nach San Francisco zurück, und Diego machte sich endlich daran, einen Auftrag William Gerstles auszuführen. Er sollte ein Wandgemälde für die California School of Fine Arts schaffen. Zur selben Zeit fing seine Frau mit dem Bild *Frida und Diego Rivera* an. Es wurde eine Art Hochzeitsbild aus der Erinnerung. Wie bei den Porträts von Jean Wight und Eva Frederick sieht man darauf ein Spruchband mit einer Inschrift. Beide Riveras gebrauchen dieses Bildelement, das sie aus der mexikanischen Malerei der Kolonialzeit entlehnt haben. Der Text ist im Ton so gewählt, wie das Bildnis der Malweise nach naiv und volkstümlich gehalten ist: «Hier sieht man uns, mich, Frida Kahlo, mit meinem geliebten Ehemann Diego Rivera. Ich habe dieses Bildnis in der wunderschönen Stadt San Francisco in Kalifornien für unseren Freund Mr. Albert Bender gemalt, und dies war im Monat April des Jahres 1931.»

In dem Doppelporträt zeigte sie sich und Diego, wie die Leute sie damals in San Francisco kennenlernten, als jungvermähltes Paar. Diego sieht gewaltig aus neben seiner Braut. Er war etwas über

1.80 m groß und wog 1931 mehr als 130 Kilo, während Frida mit ihren 44 Kilo kaum 1.60 m groß war. Rivera ist in der Pose des großen Künstlers dargestellt, der Palette und Pinsel hält, und Frida in ihrer Lieblingsrolle als die kleine Frau, die den großen Meister bewundert. Das Bild greift eine für die mexikanische Gesellschaft typische Struktur auf: die Frau, die bewußt die unterwürfige Rolle spielt, in Wirklichkeit aber den Haushalt bewältigt und ihren Mann schlau und zartfühlend umgarnt und beherrscht.

Frida wußte von Anfang an, daß man Diego nicht «besitzen» konnte, daß seine Kunst alles andere an einen untergeordneten Platz verwies. Auch wenn er Frida liebte, war er doch im Herzen viel allgemeiner der Schönheit ergeben; seine Begeisterung galt der mexikanischen Nation, dem Marxismus, den «einfachen» Leuten, den Frauen, dem Leben und Wachstum in der Natur, der Mutter Erde. «Diego steht außerhalb aller begrenzten und klar definierten persönlichen Beziehungen», schrieb Frida. «Er hat nicht Freunde um sich, sondern Verbündete. Wohl ist er großer Zuwendung fähig, aber er verliert sich nie an andere.» Frida hoffte ihm der beste aller Bundesgenossen zu sein.

Wie man das wurde, lernte sie ganz allmählich, auch hier in San Francisco. Um Diego mit dem zarten Griff halten zu können, wie das Hochzeitsbild ihn zeigt, mußte man unterhaltsam sein. Als die Riveras wieder einmal bei einer Dinnerparty mit zahlreichen Prominenten der Kunstwelt eingeladen waren, beobachtete Frida eine junge Dame, die neben Diego saß und ihn becircte, bis er strahlte. Frida schaute sich das eine Weile an und nippte an ihrem Wein, dann ging sie zum Gegenangriff über. Ganz sachte begann sie, mexikanische Balladen zu singen und durch Gesten zu untermalen. Der Wein tat seine Wirkung, und sie wurde immer kühner, bis schließlich alle am Tisch nur ihr zuhörten und auch Diegos Augen liebevoll und amüsiert auf ihr ruhten: Sie hatte den Sieg davongetragen.

Am 8. Juni 1931, fünf Tage nachdem das Fresko in der Kunstakademie beendet war, flogen die Riveras zurück nach Mexico, denn Präsident Ortiz Rubio drängte auf Fertigstellung des begonnenen Wandgemäldes im Treppenhaus des Nationalpalastes. Vorerst wohnte das Ehepaar im blauen Haus in Coyoacán. Mit dem Geld, das der Maler bei den amerikanischen Kunstförderern verdient hatte, konnte er es sich jetzt leisten, das Doppelhaus im Stadtviertel San Angel in Auftrag zu geben. In diese Zeit fiel auch ein Zusammentreffen der Riveras mit dem russischen Filmregisseur Sergej Eisenstein, der damals in Mexico an seinem großen Filmepos *Que viva Mexico!* arbeitete. Das

Ereignis wird durch eine Aufnahme belegt, die 1931 im Innenhof des blauen Hauses gemacht worden ist.

Lange sollten die Riveras allerdings nicht in Mexico bleiben. Im Juli kam Frances Flynn Paine aus New York angereist. Sie war Kunsthändlerin, beriet die Rockefellers in Kunstfragen und wirkte als Direktorialmitglied in der «Mexican Arts Association». Mrs. Paine überbrachte Diego die Einladung zu einer großen Retrospektive seines Werkes im Museum of Modern Art in New York. Dieses Museum war damals noch ganz jung, aber bereits so bedeutend, daß Rivera die mit einer solchen Ausstellung verbundene Ehrung nicht ausschlagen konnte. Immerhin sollte es die zweite Einzelausstellung nach Matisse (!) werden und die vierzehnte überhaupt.

So ließ Rivera die Wandgemälde im Nationalpalast ein zweites Mal im Stich und begab sich mit Frida, Mrs. Paine und dem getreuen Gehilfen Ramón Alva an Bord des Dampfers *Morro Castle* auf die Reise nach New York. Im Morgengrauen eines Tages mitten im November näherte sich das Schiff den Kaimauern, und Rivera schwenkte begeistert seinen Hut, als er die Menge von Freunden und Neugierigen erkannte, die sich zu seinem Empfang dort eingefunden hatten. An der Landungsbrücke wartete der Präsident des Museum of Modern Art, der freundliche, weißhaarige Mr. A. C. Goodyear. Ferner waren die beiden Direktoren des Museums gekommen, die Rivera bereits 1928 in Moskau kennengelernt hatte, der brillante Alfred H. Barr, Jr., und Jere Abbot. Auch von Clifford Wight und anderen Mitgliedern der Helferschar aus San Francisco wurden die Riveras begrüßt. Damals stand Frida noch ganz im Schatten ihres bedeutenden Mannes, und es sollten noch Jahre vergehen, ehe aus dem netten Bekannten Goodyear ein guter Freund für sie wurde, und auch Barr kam erst ein Jahrzehnt später in Fridas Studio nach Coyoacán, wo er dann freilich zu ihren Bewunderern gehörte.

Die Riveras bezogen ein Hotelapartment im Barbizon-Plaza an der Ecke Sixth Avenue und Central Park South. Nachdem sie dort ihr Gepäck deponiert hatten, begaben sie sich sofort zum Museum of Modern Arts, das damals noch im Heckscher Building, Ecke Fifth Avenue und 57th Street untergebracht war. Sie prüften die zur Verfügung stehenden Räume, in denen Riveras Bilder gezeigt werden sollten, und das Atelier, das für Diego in einem der oberen Stockwerke eingerichtet worden war. Hier begann für den Maler wieder ein Wettlauf mit der Zeit, denn es verblieb ihm wenig mehr als ein Monat, um die Ausstellung vorzubereiten. Sie sollte 143 Gemälde, Aquarelle und Zeichnungen umfassen, dazu noch sieben transportable Freskotafeln, von denen drei völlig neue Kompositionen waren, die Rivera aufgrund seiner Eindrücke und Erfahrungen in Manhattan schuf.

Obwohl der Meister rund um die Uhr arbeitete und nur gelegentlich bei einem Glas Milch eine Pause einlegte, fand er doch andererseits noch Zeit, den Salonlöwen zu spielen. Bei zahlreichen Parties und Empfängen waren die Riveras vielbeachtete Gäste. Durch Vermittlung der einflußreichen Mrs. Paine machte das Ehepaar die Bekanntschaft der wichtigsten New Yorker Persönlichkeiten aus der Kunstwelt und Finanzaristokratie. Auf diese Weise freundeten sie sich auch mit Mrs. John D. Rockefeller, geb. Aldrich, an, die viel zur Förderung Riveras tat. Einmal bat sie ihn, an einer Wand ihres Speisezimmers eine kleine Version der sehr bekannt gewordenen *Nacht der Reichen* zu malen. Es handelt sich um jenes Fresko im mexikanischen Erziehungsministerium, auf dem John D. Rockefeller, J. P. Morgan und Henry Ford dargestellt sind, wie sie Fernschreiberausdrucke mit Aktienkursen als Nahrung verschlingen. Rivera lehnte ab, obgleich er die Idee ganz reizvoll fand; aber es war ihm wohl bewußt, daß er durch die Ausführung eines solchen Auftrags seine politische Überzeugung herabgewürdigt hätte. Immerhin scheint Rivera seine eigenen Nächte der Reichen durchaus genossen zu haben. Es gibt ein recht lustiges Foto von ihm, wie er an einem feierlichen Bankett im supervornehmen University Club teilnimmt. Fast ist er darauf nicht mehr von den Gastgebern zu unterscheiden – dick, mit beginnender Glatze, vorschriftsmäßig gekleidet, genießt er ganz offensichtlich die reichlich gebotenen Tafelfreuden.

Kurz nach ihrer Ankunft in Manhattan lernten die Riveras bei einem Essen auch Lucienne und Suzanne Bloch, die Töchter des Schweizer Komponisten Ernest Bloch, kennen. Lucienne nahm Diego sofort ganz für sich in Beschlag und unterhielt sich sehr lange mit ihm. «Ich war vor allem von Diegos Idee überrascht», erinnert sie sich, «daß er Maschinen für etwas Herrliches hielt, während alle anderen Künstler ringsumher die Erzeugnisse der Technik abscheulich fanden.» Lucienne gab Diego zu verstehen, daß sie eingeladen war, die Abteilung für Plastik in der Frank-Lloyd-Wright-Schule in Taliesen zu übernehmen. «Wright ist ein Lakai der Kapitalisten», soll Diego gesagt haben, «weil er glaubt, daß man die Bedürfnisse des Volkes ummodeln kann.» Lucienne war so in ihr Gespräch mit Rivera vertieft, daß sie keine Augen mehr für die anderen Gäste hatte, ausgenommen «daß mein Blick hin und wieder auf diese Frida Rivera fiel mit ihrer einen durchgehenden Augenbraue quer über die Stirn und ihrem auffallend schönen Schmuck. Sie schaute mich nicht gerade liebenswürdig an. Nach dem Essen kam Frida zu mir herüber, sah mir scharf in die Augen und zischte: ‹Ich kann Sie nicht ausstehen!›, was mir einen ziemlichen Eindruck machte. Das war meine erste Begegnung mit dieser Frau, und sie gefiel mir sofort. Während des ganzen Essens hatte sie geglaubt, ich wollte bloß mit Rivera flirten.» Am folgenden Tag schon kam Lucienne zu Riveras Studio und begann als Assistentin zu arbeiten. Nachdem Frida begriffen hatte, daß Lucienne nicht ihren Mann verführen wollte, sondern bloß seine Großzügigkeit und die barocke Ausstrahlungskraft seiner Persönlichkeit schätzte, wurden die beiden Frauen gute Freundinnen. Frida wurde einige Jahre später sogar Patin von Luciennes Sohn, nachdem diese Stephen Dimitroff, einen von Riveras Assistenten, geheiratet hatte.

Fridas Eindrücke von New York City findet man in einem ihrer Briefe an Dr. Eloesser:

«Diese Oberschichtgesellschaft stößt mich ab, und ich habe eine ziemliche Wut auf all diese reichen Menschen hier, wo ich doch Tausende von Leuten im größten Elend gesehen habe, die nicht das Nötigste zum Essen und Schlafen haben. Das hat mich am meisten beeindruckt, und es ist so erschreckend zuzusehen, wie die Reichen hier Tag und Nacht ihre Parties feiern, während Abertausende vor Hunger sterben . . .

Obwohl ich die technische und industrielle Entwicklung in den Vereinigten Staaten durchaus bewundere, finde ich andererseits, daß den Amerikanern jegliche Empfindsamkeit und guter Geschmack abgehen.

Sie leben in einem riesigen schmutzigen und ungemütlichen Hühnerpferch. Die Häuser sehen wie Backöfen aus, und der ganze Komfort, von dem sie dauernd reden, ist bloß ein Märchen. Ich weiß nicht, ob ich mich täusche, aber ich sage ja bloß, was ich empfinde.»

Mit ihren abweisenden Gefühlen gegen die Gringo-Gesellschaft hielt sie sich eng an der Seite Riveras, als am 22. Dezember 1931 die Eröffnung seiner Ausstellung gefeiert wurde. Auch die Anwesenheit ihrer Freundinnen Lucienne Bloch und Anita Brenner half ihr nicht über ihre Schüchternheit hinweg. Die Vernissage war ein bedeutendes gesellschaftliches Ereignis, fast eine Versammlung der Elite Manhattans. Unter den Anwesenden waren John D. und Abby Rockefeller, Kunstauguren wie Frank Crowninshield, und natürlich der gesamte Museumsstab. Es war schon ein seltsamer Kontrast zwischen den fröhlich trinkenden und plaudernden Ausstellungsbesuchern mit ihrem gesellschaftlichen Glanz und ihrem Aufgebot von Haute Couture einerseits und Riveras volksnaher Bildwelt aus Mexico andererseits, besonders den erst kurz zuvor vollendeten Freskotafeln mit Riveras marxistischen Historienbildern. Landarbeiterführer Zapata, die Befreiung des Peon, Plantagenbesitzer, die ihre mit der Zuckerrohrernte beschäftigten Arbeiter mißhandeln.

In ähnlich scharfem Kontrast zu den anwesenden Kunstmäzenen in ihren schwarzen Anzügen und vornehm dezenten Roben befand sich Frida, die mit ihrem olivfarbenen, dunklen Teint und der bunten Tehuanatracht äußerst exotisch wirkte, wie sie da ganz still im Schutz ihres mächtigen und redegewaltigen Ehegemahls verharrte.

Riveras Ausstellung wurde nicht bloß von der Kritik einhellig gelobt; sie stieß auch auf das stärkste öffentliche Interesse, wie es keine andere Ausstellung des Museums bislang gefunden hatte. Als am 27. Januar 1932 die Pforten der Ausstellung geschlossen wurden, lag die Zahl der Besucher fast bei 60 000. Henry McBride, der einflußreichste New Yorker Kritiker hatte den Künstler in der *New York Sun* als den Mann bezeichnet, «über den diesseits des Atlantiks am meisten gesprochen wird».

Der Erfolg von Riveras Ausstellung machte auch für Frida das Leben in New York unterhaltsamer. Sie begegnete vielen Menschen, machte sich mit ihren neuen Freundinnen an die Entdeckung von Manhattan, genoß ausgedehnte Unterhaltungen beim Lunch und besuchte Kinovorstellungen, mit Vorliebe Horrorfilme und die unverwüstlichen Lacherfolge von Komikern wie den Marx Brothers oder Dick und Doof.

Als sich der Aufenthalt der Riveras in Manhattan seinem Ende näherte, war Frida nicht mehr die scheue, zurückhaltende kleine Person wie bei ihrer Ankunft. Und obwohl sie noch immer etliches am Land der Gringos auszusetzen hatte, nahm sie doch aktiv teil an dem anregenden Leben dort. So reisten die Riveras am 31. März zusammen mit vielen kulturhungrigen New Yorkern nach Philadelphia, um an der Premiere des mexikanischen Balletts *H. P.* teilzunehmen. Das Ballett mit der Musik von Carlos Chávez wurde von Leopold Stokowski geleitet. Die Szenenbilder hatte Rivera geschaffen. In einem Brief an Dr. Eloesser schrieb Frida ihre Eindrücke über diese Vorstellung nieder: «Was das Ballett von Carlos Chávez und Diego betrifft, so war es eine *porquería* (Schweinerei) mit einem großen P, nicht etwa wegen der Musik und den Dekorationen, sondern wegen der Choreographie; denn man führte uns einen Haufen langweiliger Blondinen

vor, die so taten, als ob sie Indios von Tehuantepec wären, und als sie
dann einen Zandunga tanzen sollten, sah es aus, als wenn sie statt
Blut nur Blei in den Gliedern hätten. Alles in allem also eine totale
cochinada (Sauerei).»

Für Diego Rivera war Detroit das Herz der amerikanischen Industrie und das Zentrum des amerikanischen Proletariats. Er war daher hoch erfreut, als ihm vom Detroit Institute of Arts durch dessen Direktor, William Valentiner, angetragen wurde, Wandbilder zum Thema der modernen Industrie zu malen. Die Kunstkommission der Stadt Detroit unter Vorsitz von Edsel Ford hatte diesem Vorschlag zugestimmt, und Ford stiftete auch zehntausend Dollar für die geplanten Fresken, die die Industrie der Autostadt glorifizieren sollten, mit Schwerpunkt – versteht sich – auf den Leistungen der Ford Motor Company. Nachdem der Vertrag mit Rivera geschlossen war, schickte der berühmte Maler im April 1932 seine Helfer zur Vorbereitung der Wände und des Gipsgrundes. Er selbst reiste am 21. April an. Um die Mittagszeit trafen die Riveras mit dem Zug ein. Diego war davon überzeugt, daß diese Stadt der richtige Ort für ihn war, um «die große Saga vom Stahl und von den Maschinen» zu schaffen.

Am Bahnhof wurden die Riveras von einem Empfangskomitee begrüßt. In der Gruppe befanden sich Direktor Valentiner, der mexikanische Vizekonsul, etwa zwanzig Mitglieder des mexikanischen Kulturvereins, Diegos Helfer und deren Frauen sowie natürlich die Presse. Die *Detroit News* schildert Fridas Garderobe bei der Ankunft: Sie trug ein Kleid aus schwarzer Brokatseide, einen langen, dunkelgrünen bestickten Seidenschal, Sandaletten mit hohen dünnen Absätzen, schwere dunkle Bernsteinperlen, eine Jadehalskette und aus Jade geschnittene Ohrgehänge. Mit seinem unbeholfenen Englisch stellte Diego seine Frau vor: «Er heißt Carmen.» Den Namen Frida wollte er nicht mehr gebrauchen, weil er durch dessen Herkunft an die in Deutschland hereinbrechende Naziherrschaft erinnert wurde. Ein Pressefotograf bat Frida, für ein Foto zu posieren und zu winken. «Sie hob die Hand mit einem Schlenker und beendete die Bewegung mit einem blitzartigen komischen Gruß», dann kam sie rasch die Stufen zum Bahnsteig herunter, umarmte ihre Freunde, drückte Clifford Wight eine Ukulele in die Hand, und als ein Reporter sie fragte, ob auch sie Malerin sei, antwortete sie in fließendem Englisch: «Ja, natürlich, die größte der Welt.»

Die Riveras fuhren sofort zu ihrem Hotel, wo sie ein kleines Apartment bezogen. Das Wardell ist ein klobiger Riesenbau direkt gegenüber dem Detroit Institute of Arts. Auf seinem Briefkopf warb das Hotel mit dem Slogan: «Dies ist der Platz in Detroit, wo man sich wirklich zu Hause fühlt.» Welche Wirklichkeit sich hinter diesem Satz verbarg, ging den Riveras nach wenigen Wochen auf: In diesem Hotel waren nämlich keine Juden zugelassen. «Aber Frida und ich sind doch von jüdischer Abstammung!» brüllte Diego. «Da müssen wir ja schleunigst auszuziehen.» Die Hotelverwaltung fürchtete natürlich für ihr Geschäft und suchte die prominenten Gäste zu beschwichtigen. So sei es doch nicht gemeint. Sie stellten sogar Preisvergünstigungen in Aussicht, aber Diego blieb unerbittlich: «Sie können meinetwegen die Miete senken, soviel Sie wollen. Ich bleibe hier nicht länger, wenn Sie weiterhin das Judenverbot aufrechterhalten.» Um nicht die Kundschaft zu verlieren, entschloß sich das Hotelmanagement, Diegos Wunsch nachzukommen, und gewährte den Riveras obendrein eine erhebliche Mietermäßigung. Wir wissen allerdings nicht, ob die Aufhebung des Verbots auch andauerte, nachdem die Riveras das Hotel wieder verlassen hatten.

Bald nach dem Einzug im Wardell-Hotel wurde das Malerehepaar Edsel Ford und den anderen Mitgliedern der Detroiter Kunstkommission vorgestellt; auch begann Rivera alsbald mit seinen Studien und den Vorarbeiten, um seine Bildentwürfe so rasch wie möglich unterbreiten zu können. Wiederholt nahm Diego zusammen mit Frida an Führungen durch die Fordwerke und durch andere Fabriken teil, wobei der Maler unermüdlich skizzierte: Maschinen, Fließbänder und Laboratorien. Am 23. Mai war es soweit. Die Kunstkommission billigte die Entwürfe für zwei große Freskotafeln für die Nord- und Südwand des begrünten Innenhofs im Institute of Arts. Rivera meinte aber, daß für dieses große Thema zwei Tafeln nicht ausreichen würden. Er erbat sich daher die Genehmigung, alle siebenundzwanzig Felder der Hofinnenwände ausmalen zu dürfen. Es bedurfte keiner langen Beratung, bis die Kommission diesem Vorschlag begeistert zustimmte. So machte sich Diego daran, weitere Skizzen zu schaffen, die in einer «herrlichen Symphonie» Henry Fords industrielles Imperium darstellten. In diesen Bildern vereinte Rivera seine Bewunderung für Henry Ford mit der marxistischen Botschaft, die dem großen Maler so sehr am Herzen lag.

Wie in New York wurden die Riveras auch in Detroit von den

wohlhabenden Kulturträgern gefeiert und von den wichtigen Leuten eingeladen. Freilich herrschte in dieser Stadt ein völlig anderes gesellschaftliches Klima. In dem weltoffenen Manhattan war Fridas mexikanische Kleidung als exotisch und pittoresk durchaus angenehm aufgefallen. Dieselbe Tracht wirkte hier in der Autostadt bloß unangebracht und ein wenig absurd. Auf die engstirnige Vornehmtuerei der feinen Damen reagierte Frida mit ungenierter Provokation und legte es darauf an, die Großbürger zu brüskieren. Als sie bei Henry Fords Schwester eingeladen war, sprach sie voll Begeisterung über den Kommunismus; in einem streng katholischen Haus äußerte sie sarkastische Ansichten über die Kirche, die sie in Mexico als eine reaktionäre Kraft im Staat erfahren hatte. Bei ihrer Heimkehr von irgendwelchen Lunch- und Teaparties machte sich Frida manchmal Luft und erzählte, wie sie die Damen mit Fäkalausdrücken schockiert und dabei so getan hätte, als ob sie als Ausländerin die Bedeutung ihrer Worte nicht richtig verstand. Sie lachte im nachhinein vor Vergnügen, wie sie «die alten Schachteln» zum besten gehalten hatte, und als die Riveras einmal von einer Einladung bei Henry Ford zurückkamen, wollte sich Diego vor Lachen ausschütten, weil Frida den Autoboß gefragt hatte, ob er Jude sei, obwohl sie doch genau wie jeder andere in Detroit wußte, daß er ein ausgesprochener Antisemit war.

«Die Stadt wirkt auf mich wie ein armseliges Dorf», schrieb Frida an Dr. Eloesser am 26. Mai. «Ich kann diesen Ort nicht ausstehen, aber ich bin froh, daß Diego so gut mit der Arbeit vorankommt. Er hat eine Menge Material und neue Anregungen für seine Fresken gefunden, die er im Museumshof malt. Er ist ganz verzaubert von den Fabriken, Maschinen usw. – fast wie ein Kind mit einem neuen Spielzeug. Alles, was mit der industriellen Fertigung in Detroit zu tun hat, ist wirklich interessant; alles andere aber ist, wie überall in den Staaten, häßlich und dumm.» Mit Mexico war da nichts zu vergleichen. In Mexico, meinte Frida, war alles heiterer, durch kräftige Kontraste belebt. Selbst die ärmsten Hütten wurden mit einer gewissen Freude an Schönheit und Ordnung gepflegt, während die tristen Häuser in Detroit bloß dreckig und verwahrlost wirkten.

Auch mit der amerikanischen Ernährungsweise konnte sich Frida nicht anfreunden. Das weichliche und schwach gewürzte amerikanische Essen gefiel ihr gar nicht. Nur drei Dinge konnten sie locken: Malzmilch, Apfelmus und amerikanischer Käse. Außerdem konsumierte sie Unmengen von Süßigkeiten – Lutscher, Karamelbonbons und Nougatstücke, die sie an *cajeta* erinnerten, eine mexikanische Spezialität aus karamelisierter Ziegenmilch. Auch später, nachdem sie einige Kolonialwarenläden entdeckt hatte, die den Bedarf der Mexikaner in Detroit deckten, als sie somit wieder richtige mexikanische Kost zubereiten konnte, hatte sie noch große Schwierigkeiten, mit dem ungewohnten Elektroherd umzugehen, der immer neue Tücken bereitzuhalten schien.

Es ging gegen Fridas soziales Gewissen, mitten in der Depression in vornehmen Häusern eingeladen zu werden und dort an üppigen Gelagen teilzunehmen. Rivera dagegen, dem solche Widersprüche nicht das geringste ausmachten, empfand dabei keinerlei Unbehagen. Manchmal hielt ihm Frida vor, daß er als Kommunist sich nicht scheue, ein Dinner-Jackett wie ein Kapitalist zu tragen. Aber Diego fand nichts dabei. «Ein Kommunist», so meinte er, «kann gar nicht gut genug angezogen sein.» Auch war Diego stolz auf die Aufmerksamkeit, die seiner Frau in der vornehmen Gesellschaft zuteil wurde. Er erinnerte sich genausogern an Fridas sarkastische Bemerkungen wie an ihren Erfolg bei einem Volksfest, das der alte Ford veranstaltet hatte: «In ihrem mexikanischen Kostüm sah Frida reizend aus, und sie wurde bald zum Mittelpunkt des Festes. Ford ließ es sich nicht nehmen, mehrmals mit ihr zu tanzen.»

In Diegos Darstellung jenes Abends endete das Fest damit, daß Henry Ford ihn und Frida hinausbegleitete, wo ein neuer Lincoln mit einem Chauffeur bereit stand. «Ford sagte zu Frida, daß der Chauffeur bereits bezahlt sei und mit dem Wagen für die Dauer ihres Aufenthalts in Detroit zu ihrer Verfügung stünde. Ich empfand das Angebot für uns beide als peinlich und erklärte dem Hausherrn, daß weder Frida noch ich ein derart üppiges Geschenk annehmen könnten. Ich sagte, daß dieses Auto viel zu luxuriös für das Leben sei, aus dem wir kämen, und Ford zeigte freundliches Verständnis für meine Ablehnung. Ohne mein Wissen veranlaßte er aber seinen Sohn Edsel, einen kleinen Fordwagen speziell für Frida herrichten zu lassen, den er ihr kurze Zeit später schenkte.»

Frida wiederum erzählte die Episode später etwas anders: «Als wir nach Detroit kamen, machte Henry Ford meine Bekanntschaft und gab für seine Belegschaft ein Fest. Obwohl ich kaum laufen konnte, ließ ich mir den Fuß so schienen, daß ich sogar in der Lage war, mit Ford zu tanzen. Am darauffolgenden Tag fragte er mich, ob er Diego um Erlaubnis bitten dürfe, mir einen Wagen zu schenken. Diego hatte nichts dagegen einzuwenden, und wir kehrten mit diesem Auto nach Mexico zurück. Der Wagen entpuppte sich als ein wahrer Segen für Diego. Er tauschte ihn nämlich gegen einen Lieferwagen aus, der ihm sehr nützlich wurde. Später tauschte er auch noch diesen Lieferwagen gegen einen anderen aus, der ‹Frosch› hieß, und gegen einen Opel.»

In Wirklichkeit nahm Rivera den Wagen nicht ohne Gegenleistung an. Er bezahlte ihn durch ein Porträt von Edsel Ford. Im nachhinein fühlte sich Diego sogar übervorteilt, denn was Sánchez Flores seinem Meister nach Hause brachte, war keineswegs das neueste Lincoln-Modell, mit dem Rivera gerechnet hatte, sondern eine einfache viertürige Limousine, die bei weitem nicht den Preis des Porträts wettmachte. «Ich werde dieses verdammte Ding nie fahren», kommentierte Diego die Errungenschaft, was sowieso eine leere Drohung war, da er nie die Fahrprüfung ablegte.

Fridas besonderes Mißfallen an Detroit und an der Gesellschaft dieser Stadt mag einiges mit ihrem körperlichen Befinden in jener Zeit zu tun gehabt haben. Als sie am 26. Mai an Dr. Eloesser schrieb, war sie im zweiten Monat schwanger. Obwohl ihre «Konsultation» recht sachlich-nüchtern klingt, zeigt doch der ausführliche Briefanfang und das sorgfältige Eingehen auf alle alternativen Möglichkeiten, wo ihre Ängste und Hoffnungen damals lagen:

«. . . ich muß Ihnen zunächst sagen, daß ich bei Dr. Pratt war, weil Sie ihn den Hastings* empfohlen hatten. Das erste Mal ging ich hin wegen meines Fußes. Der Zeh ist nämlich, seit Sie ihn vor zwei Jahren untersucht haben, erheblich schlimmer geworden. Ich mache mir darüber aber nicht mehr so viele Gedanken, weil ich inzwischen weiß, daß der Schaden ohnehin nicht mehr geheilt werden kann und es keinen Zweck hat, darüber zu weinen. Im Ford Hospital, wo Dr. Pratt arbeitet, wurde ich von irgendeinem Arzt untersucht, der ein ‹trophisches Geschwür› feststellte. Was ist denn das? Ich war völlig sprachlos, als ich erfuhr, daß ich so etwas an meinem Bein habe. Die wichtigste Frage, die ich erst einmal mit Ihnen besprechen möchte, bevor ich irgend jemand sonst frage, bezieht sich darauf, daß ich im zweiten Monat schwanger bin. Deshalb habe ich Dr. Pratt erneut konsultiert. Er sagte mir, daß er meinen Allgemeinzustand kennt, weil er mit Ihnen in New Orleans darüber gesprochen hätte, und daß ich ihm nicht mehr vom Unfall und von den angeborenen Mängeln zu berichten brauche usw. usw. Jedenfalls denke ich, daß bei meinem Gesundheitszustand eine Schwangerschaftsunterbrechung eine sinnvolle Lösung wäre. Ich sagte ihm das, und er gab mir eine kräftige Dosis Chinin und eine ordentliche Portion Rizinusöl. Das löste bei mir aber

---

* Die Hastings gehörten zum Bekanntenkreis der Riveras in San Francisco, und Frida malte auch ein Porträt der aus Italien gebürtigen Lady Cristina Hastings.

In *Henry-Ford-Hospital* stellte Frida 1932 das traumatische Erlebnis einer
Fehlgeburt dar, die sie bei ihrem Aufenthalt in Detroit erlitt.

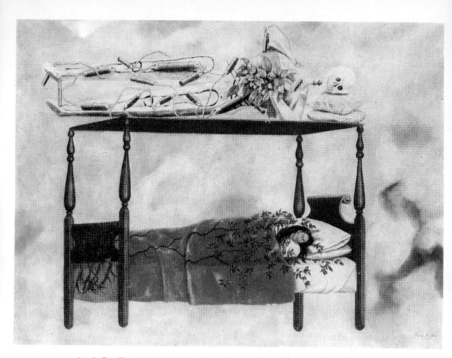

Auch *Der Traum* ist eine Selbstdarstellung, die 1940 entstand, als Frida sich viel
mit dem Tod beschäftigte.

nur eine leichte Blutung aus, und fünf oder sechs Tage kam noch etwas Blut, wenn auch nicht viel; jedenfalls dachte ich, daß das Ei abgegangen wäre, und ich ließ mich wieder von Dr. Pratt untersuchen. Er stellte dabei mit absoluter Sicherheit fest, daß ich noch immer schwanger bin. Statt eine operative Abtreibung vornehmen zu lassen, sollte ich seiner Meinung nach das Kind ruhig bekommen; er glaubt, auch unter Berücksichtigung meines kritischen Zustands könnte ich das Kind ohne große Schwierigkeiten durch Kaiserschnittentbindung zur Welt bringen. Er sagt, er wolle sich um alles kümmern, wenn wir die restlichen sieben Monate der Schwangerschaft in Detroit blieben. Ich bitte Sie nun, mir Ihre Meinung zu dem Problem in aller Offenheit zu sagen, da ich mir selbst keinen Rat mehr weiß. Natürlich werde ich mich genau danach richten, was Sie für meine Gesundheit als richtig ansehen, und auch Diego legt großen Wert darauf, daß ich Ihren Rat befolge. Halten Sie es für gefährlicher, die Schwangerschaft abzubrechen oder das Kind auszutragen? Vor zwei Jahren hatte ich unter ganz ähnlichen Verhältnissen einen Abort im dritten Monat. Diesmal bin ich erst im zweiten Monat, und ich denke, es müßte leichter sein. Ich kann mir nicht vorstellen, warum Dr. Pratt meint, ich müßte das Kind zur Welt bringen. Sie kennen doch mein Befinden besser als jeder andere. Erstens glaube ich nicht, daß das Kind bei dieser erblichen Belastung [vermutlich eine Anspielung auf die Epilepsie ihres Vaters] wirklich gesund sein wird. Zweitens bin ich nicht kräftig genug, und die Schwangerschaft wird mich noch mehr erschöpfen. Darüber hinaus lebe ich in einer höchst schwierigen Lage, weil ich nicht genau weiß, wie lange Diego benötigen wird, um seine Fresken zu beenden. Falls er, wie ich annehme, im September fertig ist, muß ich drei Monate vor der Entbindung nach Mexico zurück, denn das Kind käme erst im Dezember zur Welt. Falls Diego aber länger braucht, warte ich natürlich, bis das Kind hier geboren wird. Dann würden aber hinterher schreckliche Schwierigkeiten dadurch entstehen, daß wir mit dem neugeborenen Kind die Reise antreten müßten. Hier ist niemand von meiner Familie anwesend, der mir während und nach der Schwangerschaft helfen könnte; denn der liebe arme Diego, so sehr er mir zu helfen wünscht, schafft es doch nicht, weil er sich ja um seine Arbeit und tausend andere Dinge kümmern muß. Auf ihn kann ich in keinem Falle zählen. Das einzige, was ich tun könnte, wäre, im August oder September nach Mexico zu reisen, um dort das Kind zu bekommen. Nun glaube ich aber auch nicht, daß Diego sehr an einem Kind interessiert ist, denn er lebt ganz und gar für seine Arbeit, und damit hat er wohl auch recht. Kinder kämen für ihn erst an vierter Stelle. Und ich weiß auch nicht, ob es für mich selbst gut wäre, ein Kind zu bekommen, denn Diego ist stets auf Reisen, und um nichts in der Welt würde ich ihn alleine reisen lassen, während ich zu Hause in Mexico säße. Das könnte nur allen möglichen Ärger bringen, nicht wahr?! Aber wenn Sie wie Dr. Pratt wirklich meinen, daß es meine Gesundheit erfordert, das Kind auszutragen, werden sich die ganzen Probleme ja wohl lösen lassen. Deshalb bitte ich Sie ganz besonders um Ihre Meinung in der Frage, weil Sie besser als jeder andere über meine Verhältnisse Bescheid wissen. Falls aber ein Schwangerschaftsabbruch richtig wäre, möchte ich Sie bitten, Dr. Pratt zu schreiben, da er ja die Hintergründe nicht so genau kennt. Vielleicht hat er Angst, weil die Operation verboten ist; aber wenn man zu lange zögert, ist es zu spät, und der Eingriff kann nicht mehr vorgenommen werden.

Bitte sagen Sie mir, was Sie davon halten und was das beste für meine Gesundheit ist, denn das ist es, was Diego am meisten interessiert, weil er mich liebt, und ich will alles tun, um es ihm recht zu machen. Ich habe keinen Appetit und bringe täglich bloß mit Mühe zwei Gläser Sahne, etwas Fleisch und Gemüse herunter. Von der lästigen Schwangerschaft habe ich einen ständigen Brechreiz, und ich habe es wirklich bald satt. Ich bin vor allem immer gleich erschöpft, mein Rückgrat tut mir weh, und die Geschichte mit meinem Fuß führt dazu, daß ich nicht genügend Bewegung bekomme und als Folge davon meine Verdauung nicht funktioniert. Trotzdem will ich ja alles tun und bin keineswegs so lebensunlustig, wie man es manchmal in russischen Romanen liest. Ich durchschaue meine Situation ganz klar, und ich bin auch einigermaßen glücklich, vor allem, weil ich Diego, meine Mutter und meinen Vater habe, die ich alle sehr liebe. Ich muß dankbar sein und keine Wunder vom Leben erwarten oder auch nur etwas, was von ferne wie ein Wunder aussähe. Da ich Sie unter meinen Freunden am meisten schätze, wage ich es überhaupt, Sie mit diesen dummen Geschichten zu belästigen. Ich bitte darum um Verzeihung, und wenn Sie diesen Brief beantworten, sagen Sie uns doch, wie es Ihnen geht! Mit herzlichen Grüßen von Diego und von mir. Ich umarme Sie,

Frida

Falls Sie meinen, ich sollte den Eingriff sofort machen lassen, wäre ich Ihnen dankbar, wenn Sie es mir in einem Telegramm in verschlüsselter Form mitteilen würden, damit Sie sich nicht irgendwie kompromittieren. Tausend Dank und alles Gute. F.»

Als Dr. Eloesser auf den Brief geantwortet und eine Mitteilung an Dr. Pratt beigefügt hatte, war Frida bereits fest entschlossen, den Schwangerschaftsabbruch nicht vornehmen zu lassen. Aller vernünftigen Erwartung zum Trotz hoffte sie, daß Dr. Pratt recht hatte. Weder Diegos Sorge um ihre Gesundheit noch die Tatsache, daß er gar kein Kind wollte, konnte sie von ihrem Entschluß abbringen, nachdem sie ihn einmal gefaßt hatte. Aber es gelang Rivera auch nicht, Frida dazu zu bringen, auf den Doktor zu hören und mit viel Ruhe in ihrem Apartment zu bleiben. Sie war einsam, krank und gelangweilt, während er täglich mit Begeisterung an die Arbeit ging und nicht die geringste Lust verspürte, zu Hause zu bleiben und sich um seine Frau zu kümmern. Daher bat Diego Lucienne Bloch, als sie im Juni nach Detroit kam, bei ihnen zu wohnen. Diego erhoffte sich, daß Lucienne Frida wieder zum Malen bringen würde, aber Frida hatte damals anderes im Sinn: Sie nahm Fahrstunden.

Lucienne zog also in das Hotelapartment bei den Riveras ein und schlief auf einem Faltbett, das sie in der Frühe wegräumte, bevor ihre Gastgeber aufstanden, damit diese sich durch ihre Gegenwart nicht eingeengt fühlten. Während Diegos Abwesenheit arbeitete Frida etwas planlos an Skizzen und Bildern im Wohnzimmer, während Lucienne sich am Eßzimmertisch beschäftigte. Sie entwarf damals Figurinen für eine holländische Glasfabrik.

Ende Juni wurde es bei der Sommerhitze in dem kleinen Apartment immer atembeklemmender. Frida hatte mehrfach kleine Blutungen, Schmerzen in der Gebärmutter und Schwindelanfälle. Trotzdem konnte nichts ihren Optimismus erschüttern. Lucienne erinnert sich: «Sie hoffte einfach, daß mit ihrer Schwangerschaft alles normal verlaufen würde. Ich fragte sie, ob sie schon beim Arzt gewesen wäre, und sie antwortete, natürlich hätte sie einen Arzt, der würde ihr aber bloß lauter Vorschriften machen, ‹und das ist doch alles Blödsinn›. Jedenfalls ist Frida nicht zu den notwendigen Kontrollen gegangen.»

Am 4. Juli verlor Frida ihr Kind.

In Luciennes Tagebuch heißt es darüber: «Sonntag abend war Frida ganz blau im Gesicht und hatte starke Blutungen. Sie legte sich hin, und der Arzt kam und sagte wie gewöhnlich, daß es nicht weiter schlimm wäre und daß sie nur Bettruhe einhalten müsse. Nachts wurde ich durch verzweifelte Schreie geweckt, dachte aber, Diego würde mich schon holen, wenn er mich brauchte, und ich dämmerte eine Weile weiter vor mich hin. Ab und zu versank ich in kurze Alpträume. Um fünf Uhr stürzte Diego plötzlich herein. Er war ganz bleich und zerzaust und bat mich, schnellstens den Arzt zu rufen. Der kam um sechs Uhr mit einem Krankenwagen und holte sie ab, als sie bereits in den Wehen lag. An ihrem Platz im Bett war eine große Blutlache, und auch während des Transportes verlor sie noch Blut. Sie sah so winzig aus, wie eine Zwölfjährige, und ihre Zöpfe waren ganz naß von Tränen.»

Der Arzt brachte sie in das Henry-Ford-Hospital, und Lucienne und Diego fuhren in einem Taxi hinterher. Als die Krankenwärter Frida durch einen Korridor mit Betonwänden im Untergeschoß des Krankenhauses karrten, schaute sie zwischen den wiederkehrenden Wehen auf, und ihr Blick fiel auf ein Gewirr verschiedenfarbiger Rohre, die offen unter der Decke verlegt waren. «Schau mal, Diego», rief sie, «wie wunderschön!»

Die dreizehn Tage im Krankenhaus waren hart für Frida. Nebenan im Zimmer lag ein Mann im Sterben. Sie wäre am liebsten davongelaufen, aber sie war viel zu schwach, um sich selbständig fortzubewegen. Auch setzte ihr die Hitze sehr zu. Ihre Blutungen hörten nicht auf, und sie mußte immerzu weinen, weil sie daran dachte, daß sie nie ein Kind bekommen würde, auch weil sie nicht wußte, was wirklich mit ihr los war, warum sich das Kind nicht in ihr entwickeln konnte und in ihrer Gebärmutter «zerfallen» war. Sie wünschte sich den Tod herbei. Rivera war von ihrem Leid völlig niedergeschlagen und entsetzt. Er fürchtete das Schlimmste. Als Fridas Rückenmark punktiert wurde, war er überzeugt, daß sie an Meningitis litte.

Trotz alledem konnte Frida bereits fünf Tage nach ihrer Fehlgeburt einen Bleistift zur Hand nehmen. Sie zeichnete ein *Selbstbildnis* als Halbfigur. Darauf trägt sie einen Kimono und ein Haarnetz, und ihr Gesicht ist tränenverschwollen. Aber selbst im größten Elend gab es Dinge für sie, die sie zum Lachen reizen konnten. In einer parodistischen Anwandlung hatte Lucienne ein Kondolenztelegramm entworfen und mit Mrs. Henry Ford unterzeichnet. Als sie es Frida zeigte, mußte die Patientin so heftig lachen, daß alles, was sich noch in ihrer Gebärmutter festgesetzt hatte, ausgestoßen wurde und erneut eine heftige Blutung einsetzte.

Frida hatte den Wunsch, das Kind, das sie verloren hatte, so zu zeichnen, wie es im Augenblick der Fehlgeburt gewesen war. Schon am zweiten Tag im Hospital bat sie einen Arzt um ein Buch mit Illustrationen über dieses Thema. Der wollte aber nichts davon wissen, angeblich, weil Patienten durch Abbildungen aus medizinischen Büchern unnötig aufgeregt würden. Frida war wütend über diese Bevormundung, und Diego versuchte, den Arzt umzustimmen: «Sie haben es doch nicht mit einer gewöhnlichen Patientin zu tun! Frida wird etwas daraus machen. Es soll ein Kunstwerk werden.» Schließlich brachte ihr Diego ein medizinisches Nachschlagewerk mit, und am 10. Juni fertigte sie eine sorgfältige Bleistiftzeichnung von einem männlichen Embryo. Etwa um dieselbe Zeit entstanden zwei Bleistiftzeichnungen, die viel surrealistisch-phantasievoller sind als alles, was Frida bis dahin gemacht hatte. Sie zeigen die Malerin im Schlaf. Seltsame Gebilde umgeben das Bett und stellen wohl Fridas Traumgesichte dar oder die flüchtigen Visionen, die sie bei der Anästhesie gehabt haben mag. Die schwebenden Dinge sind durch lange, verschlungene Linien mit Fridas Kopf verbunden. Offenbar sind diese Bilder in freier Assoziation, etwa im Sinne des surrealistischen Automatismus entstanden: eine Hand mit Wurzeln, einen Fuß, der wie eine unterirdische Wurzel ausgebildet ist, Großstadtgebäude und Diegos Gesicht. In einer der beiden Zeichnungen liegt Frida nackt auf dem Laken. Ihr langes Haar fließt über die Bettkante und verwandelt sich im weiteren Verlauf in ein Geflecht von Wurzeln, die sich über den Boden hinziehen.

Am 17. Juli brachten Diego und Lucienne die Patientin wieder vom Krankenhaus nach dem Apartment, und am 25. Juli begann Rivera am Detroit Institute of Arts zu malen.

«Man kann nur versuchen, damit fertig zu werden», schrieb Frida. «Ich falle immer wieder auf die Füße wie eine Katze.» So hatte also ihr unbesiegbarer Wille wieder die Oberhand über Verzweiflung und Trübsinn gewonnen.

Das Bild *Henry-Ford-Hospital* trägt weiter keine Eintragung als die Datierung vom Juli 1932. Es ist das erste aus einer Serie von blutrünstigen und erschreckenden Selbstbildnissen, die Frida Kahlo zu einer der eigenwilligsten Malerinnen ihrer Zeit machen sollten. Die Qualität und die expressive Kraft dieser Bilder liegt weit über allem, was sie vorher gemalt hatte. Rivera nahm die Veränderung sofort wahr. Bezug nehmend auf diese Gemälde, die nach der Fehlgeburt entstanden, sagte er: «Frida begann mit einer Reihe von Meisterwerken, die keinerlei Vorbild in der bisherigen Kunstgeschichte hatten – es waren Gemälde, die die besondere Fähigkeit der Frau würdigen, der Wahrheit ins Gesicht zu sehen und mit dem Blick auf die grausame Realität Leiden zu ertragen. Nie zuvor hatte eine Frau ihre tiefempfundene Qual so poetisch transformiert auf die Leinwand gebracht, wie es damals Frida in Detroit gelang.»

Um Frida aus der Depression zu helfen, mühte sich Diego in geheimer Absprache mit Lucienne, seine Frau durch Beschäftigung abzu-

lenken und sie aus dem Apartment wegzulotsen, sobald sie dafür
kräftig genug war. Zu diesem Zweck sorgte Rivera kurz nach ihrer
Rückkehr aus dem Krankenhaus dafür, daß Frida und Lucienne in
einer Lithographiewerkstatt arbeiten konnten. Zunächst zogen sie ein
Lehrbuch über Lithographie zu Rate; dann begannen die beiden
Frauen unter Anleitung eines Ateliermitarbeiters auf Lithographie-
steine zu zeichnen. Trotz ihres angegriffenen Zustandes und trotz des
glühend heißen Sommerwetters ging Frida täglich mit Lucienne von
acht bis drei Uhr zur Werkstatt.

Als Fridas Stein schließlich gedruckt wurde, waren beide Frauen
schrecklich enttäuscht, weil ungewollte Linien auf dem Abzug zu sehen waren, während andere Linien viel zu schwach kamen, zweifellos
ein Fehlschlag. Am Abend kam Diego, um sich die Sache anzusehen,
was sehr nett von ihm war, weil er den ganzen Tag bereits im Museum gearbeitet hatte. Frida ließ sich aber nicht abhalten und versuchte immer wieder, denselben Entwurf auf den Stein zu übertragen.
«Wir arbeiteten am nächsten Tag weiter», schrieb Lucienne in ihr
Tagebuch, «und niemand durfte in unsere Nähe kommen. Wir waren
sehr konzentriert bei der Arbeit, denn wir hatten Diegos Beispiel vor
Augen, der ja auch alles, was nicht gelang, so lange wiederholte, bis es
seinen inneren Vorstellungen entsprach.»

Schließlich hatten sie einige Drucke zusammen, die ihren technischen Ansprüchen genügten. Rivera schlug vor, sie sollten sie George
Muller schicken, der ein New Yorker Experte für Lithographie war,
und ihn um seine Meinung fragen. Muller schickte die Blätter mit der
Bemerkung zurück: «Diese Abzüge sind weder gut noch schlecht,
gemessen an Ihrer Erfahrung. Arbeiten Sie hart, und Sie werden
zweifellos noch bessere Ergebnisse erzielen.» Dieser Kommentar war
so eindeutig, wie er nur sein konnte. Da nun Frida die Direktheit und
intime Einmaligkeit ohnehin vorzog, die in der Ölmalerei möglich ist,
kehrte sie ohne weitere Lithographieversuche an ihre Staffelei zurück.
Dennoch bleibt das Blatt *Frida und die Fehlgeburt* ein kraftvolles Bild,
das einen tief betroffen macht.

Aus Riveras Memoiren geht hervor, daß Frida noch dreimal versuchte, ein Kind zur Welt zu bringen. Obwohl sie wußte, daß ihr
Mann keinen Nachwuchs haben wollte, war sie doch überzeugt, daß
ihr Einfluß auf Diego durch ein Baby von ihm verstärkt würde. Rivera
erinnert sich, daß er wegen der Gefahr für Frida ihr einfach verbot,
nochmals schwanger zu werden. Aber Ella Wolfe, die Frau von Riveras Biographen Bertram Wolfe, glaubt, daß Frida durchaus ein Kind
hätte bekommen können, wenn sie sich nur zu fünf oder sechs Mona-

ten Bettruhe bereitgefunden hätte, und daß das Problem vor allem darin lag, daß Diego nicht mehr Vater werden wollte. «Diego war sehr grausam zu Frida», schreibt sie, «als er sich weigerte, mit ihr noch ein weiteres Kind zu zeugen. Frida hätte alles gegeben, für ihn ein Kind zur Welt bringen zu können. So hart konnte Diego sein!»

Stumme Zeugen ihres vergeblichen Verlangens finden sich im blauen Haus in Coyoacán. Da ist zum Beispiel ihre Sammlung von medizinischen Werken über Kindergeburt, aber auch ein in Formaldehyd konservierter menschlicher Embryo, den ihr Dr. Eloesser 1941 schenkte. Frida hatte ihn – wie könnte es anders sein – in ihrem Schlafzimmer aufgestellt. Am stärksten wird ihre Sehnsucht jedoch in ihrer großen Sammlung von Puppen und Puppenstubenzubehör erkennbar. Frida besaß alle möglichen Sorten Puppen – altmodische, fremdländische, billige mexikanische, die aus Lappen und Pappmaché gemacht waren, chinesische Puppen, die auf einem Wandbrett in der Nähe ihres Kopfkissens lehnten. Neben ihrem Bett steht eine leere Puppenwiege, in der einmal ihre Lieblingspuppe lag; drei Püppchen sind zusammen mit Riveras Taufkleidchen in einer Vitrine in Fridas Schlafzimmer ausgestellt. Ein Puppenjunge, den sie besonders schätzte, war vermutlich ein Geschenk von Alejandro, der ihr die Puppe wohl kurz nach dem Unfall ins Krankenhaus mitgebracht haben muß. Bei Fridas Briefen an Alejandro findet sich auch der dazu gehörende «Taufschein», der in sorgfältigen Art-Deco-Buchstaben geschrieben ist, damit er ganz amtlich aussieht. Er ist mit der Zeichnung einer geflügelten Schildkröte geschmückt, und der Text lautet:

LEONARDO

Er wurde im Rotkreuzhospital im Jahre des Herrn 1925 im Monat September geboren und im August des folgenden Jahres in Coyoacán getauft.

> Seine Mutter war
> Frieda Kahlo
> Seine Taufpaten
> Isabel Campos und
> Alejandro Gómez Arias

Frida war eine gute Puppenmutter. In Riveras Schlafzimmer findet sich eine Liste von regelmäßig zu erfüllenden Aufgaben und von Dingen, die erledigt werden mußten: Mehrere Puppen sollten zur Puppenklinik gebracht werden, einige benötigten neue Körper, eine andere mußte eine neue Perücke bekommen. Wenn sich Freunde bei Frida verabschiedeten, sagte sie oft: «Bring mir doch eine Puppe mit.» Und nicht selten wurde ihr der Wunsch erfüllt.

Ihre Sehnsucht nach eigenen Kindern übertrug Frida später immer mehr auf die Kinder anderer Leute, besonders nach ihrer Rückkehr in ihre mexikanische Heimat auf ihre Nichte Isolda und auf ihren Neffen Antonio, die bei ihr ein- und ausgingen und sich von ihr verwöhnen ließen. Sehr viel Fürsorge wendete sie auch auf ihre nicht geringe Zahl von Haustieren. So hielt sie Hunde, Affen, Katzen, Papageien, Tauben, ja sogar einen Adler und ein Reh. Wenn die Affen und Papageien mit auf Fridas Selbstbildnissen auftauchen, scheinen sie Kinder zu ersetzen. Sogar ihre Gartenpflanzen pflegte Frida so fürsorglich wie hilfsbedürftige Kleinkinder. Auf ihren Bildern malte sie Blüten und Früchte, als ob sie lebten, und übertrug auf sie die volle Kraft ihrer Sehnsucht nach Fruchtbarkeit, die ihr auf andere Weise versagt blieb.

Viele ihrer Gemälde drücken aus, wie besessen sie von dem Gedanken an Fortpflanzung war, und einige zeigen ganz offen Fridas Verzweiflung, daß sie keine Kinder haben konnte. Tief bewegt zum Beispiel den Betrachter das Bild *Ich und meine Puppe* von 1937. Da das Thema in diesem Jahr sehr häufig auftaucht, liegt der Gedanke wohl nahe, daß Frida wieder eine Fehlgeburt hatte. Auf dem Bild sitzt die Malerin neben einer unbekleideten Babypuppe auf einem Kinderbett, als würden sie für eine Fotografie posieren. Die Leblosigkeit der Puppe kommt durch das ihr aufgesetzte starre Lächeln besonders heraus, das in krassem Gegensatz zu Fridas bedrückter Miene steht. Statt einer wie im konventionellen Bild über ihr Kind gebeugten Mutter sehen wir hier eine starr aufrecht sitzende Frau, die gar nicht nach «dem Kind» sieht, sondern mit geradem Blick vor sich hinschaut und raucht. Es besteht kein Zweifel, daß sie sich einsam fühlt.

Eine unzusammenhängende Passage aus Fridas Tagebuch von 1944 läßt erkennen, daß ihr Kummer über die Kinderlosigkeit auch dann noch anhielt, als ihr Leben schon längst von anderen Dingen ausgefüllt war: «Ich verkaufe alles, ohne etwas dafür zu bekommen . . . ich kann mir keine Illusionen machen . . . der große Schwanker. Nichts hat einen Namen. Ich schaue keine Form an . . . ertrunkene Spinnen. Leben in Alkohol konserviert. Kinder sind die Tage, und hier geht es mit mir zu Ende.»

Malen war das beste Heilmittel gegen Fridas allgegenwärtiges Bewußtsein ihrer Unfruchtbarkeit – eine Unfruchtbarkeit, wie man sie auch auf den vegetationslosen Hintergründen in vielen ihrer Selbstbildnisse dargestellt findet. In ihrem Todesjahr sagte sie zu einer Freundin: «Meine Malerei enthält alle meine Schmerzen . . . Malerei hat bei mir zu Ende geführt, was das Leben unvollendet ließ. Ich habe drei Kinder verloren ... und die Gemälde haben sie ersetzen müssen. Für mich ist die Arbeit ein Lebenselixier.»

Der Schock der Fehlgeburt und die allmählich wachsende Gewißheit, daß sie nie mehr ein Kind austragen können würde, ließen Todeswünsche in Frida aufkommen; aber ihr Lebenswille war stärker, und sie war viel zu fest im Dasein verwurzelt, als daß sie sich ganz ihrer Verzweiflung hätte hingeben können. Sobald sie wieder stark genug war, ließ sie es sich nicht nehmen, Diego regelmäßig den großen mexikanischen Korb mit der Mittagsmahlzeit zu bringen. Rivera mußte damals in Detroit eine strenge Diät einhalten, und es fiel Frida schwer, den Korb so sparsam auszustatten, wie es die Vorschriften des Arztes verlangten, und auf die gewohnte Üppigkeit verzichten zu müssen. Sie selbst nippte nur an den Sachen, und es blieb meist etwas übrig. José de Jesús Alfaro, ein arbeitsloser mexikanischer Tänzer, verbrachte manche Stunde bei Rivera und schaute ihm bei der Arbeit zu. Er erinnert sich: «Frida kam jeden Tag gegen halb zwölf. Diego schaute vom Gerüst herunter und stieg dann herab. Auf dem Boden standen Coca-Cola-Kisten, auf die Rivera und seine Frau sich setzten. Dann lud der Meister gewöhnlich auch die anderen Anwesenden ein. ‹Kommt, *muchachos*, und setzt euch!› rief er. Die mexikanischen Gerichte waren immer köstlich. Ich bin oft zum Institut gegangen, um überhaupt etwas zu essen zu haben.»

Nach dem Lunch verbrachte Frida ihre Zeit meist mit Zeichnen, Stricken, Lesen, oder sie schaute einfach Rivera bei der Arbeit zu. Während der Pausen war es für sie stets ein Vergnügen, Riveras Assistenten von ihren diversen Lebensabenteuern berichten zu hören. Alle erinnern sich, wie groß Fridas Anteilnahme am Schicksal anderer war, im Gegensatz zu Rivera, der auf seine Mitmenschen abstrakter und unpersönlicher reagierte. Frida trat auch wiederholt für Leute ein, gegen die Rivera grob wurde.

Manchmal blieb sie auch nicht im Hof bei den Gerüsten, sondern durchwanderte langsam mit Dr. Valentiner die Bildergalerie. Der Museumsdirektor war jedesmal erstaunt über ihre Sicherheit bei der Betrachtung von Kunstwerken. Selbstverständlich war sie völlig frei von der Haltung gläubiger Anbetung, wie sie für die sogenannten Kenner typisch ist. Frida war fasziniert von Rembrandt und von den frühen Italienern, erkannte aber auf den ersten Blick auch die Bedeutung weniger berühmter Werke.

In ihrem Apartment machte sie sich zusammen mit Lucienne Bloch ein Programm, nach dem sie Biologie, Anatomie und Geschichte studieren wollte, außerdem gab sie Lucienne Spanischstunden. Die beiden Frauen kauften sich sogar eine Wandtafel. Lucienne lieh in einer Bibliothek Bücher aus und regte Frida durch ihre eigene Lektüre an, ebenfalls von den Werken Gebrauch zu machen. «Frida hat große Schwierigkeiten, irgend etwas mit Ausdauer zu betreiben», schrieb Lucienne in ihr Tagebuch. «Sie macht genaue Pläne, um alles mit schulischer Regelmäßigkeit zu erledigen; aber sobald es losgehen soll, kommt ihr immer etwas Unvorhergesehenes dazwischen, und der Tag nimmt einen ganz anderen Verlauf.» Frida hatte zwar die Gewissenhaftigkeit und Ordnungsliebe ihres Vaters, nicht jedoch dessen disziplinierte Arbeitsweise geerbt. Sie ließ sich ohne weiteres stören, wenn Freunde zu Besuch kamen, und selbst wenn es nur Jean Wight war, von der sie wußte, daß sie bloß über Mode plaudern wollte, brachte sie es nicht fertig, der Besucherin klarzumachen, daß sie Wichtigeres zu tun hätte.

Hatte Frida aber einmal mit dem Malen begonnen, dann blieb sie gewöhnlich viele Stunden bei der Arbeit. Sie konnte ganz früh am Tage anfangen und weitermachen, bis es Zeit war, Diego das Essen zu bringen. Nach einem guten Arbeitstag war sie froh und entspannt. Vier der fünf Gemälde aus der Zeit in Detroit malte Frida fast in einem Zug. Sie erlebte ein Hoch ihrer Schaffenskraft, nachdem sie mit der Lithographie und dem Krankenhausbild die ersten neuen Schritte gewagt hatte. Kurz danach entstand das Bild *Schaufenster in Detroit*, und am 30. August begann sie mit dem *Selbstbildnis auf der Grenze zwischen Mexico und den Vereinigten Staaten*.

Hier in Detroit zeigte Frida auch zum ersten Mal ihr Selbstverständnis als Künstlerin, zwar noch ein wenig wie im Spaß, aber dennoch ernst gemeint. Sie tat so, als ob sie ihre Arbeit nicht wichtig nähme, und um ihren Amateurstatus deutlich zu machen, zog sie nicht männliche Arbeitskleidung an, wie sie von vielen Künstlerinnen bevorzugt wird. Statt dessen trug sie beim Malen hübsche mexikanische Kostüme und rüschenbesetzte Schürzen, wie sie eher zum Besuch einer Fiesta als zur Ölmalerei geeignet waren. Wenn Frida sich aber erst einmal vor der Staffelei eingerichtet hatte, war sie voll und ganz auf ihre Malerei konzentriert. «Meine Arbeiten sind gründlich gemalt», sagte sie von sich, «keineswegs rasch, sondern mit viel Geduld. Ich glaube, daß sie doch wenigstens ein paar Leute ansprechen.» Und die Malerei war ihr immerhin so wichtig, daß sie für die ihr eigene Malweise eine Staffelei anfertigen ließ, die ihren besonderen Bedürfnissen entsprach. Sie bestand aus einem Aluminiumrohr, das vom Boden zur Decke reichte. Daran befand sich eine Halterung, die in jeder beliebigen Höhe arretiert werden konnte, je nachdem, an welcher Stelle eines Bildes Frida gerade arbeitete – und ob sie im Stehen oder Sitzen malte. Mit Lucienne war sich Frida einig darüber, daß solche Aluminiumstangen auch zum Ausstellen von Bildern geeignet wären. Warum, so fragten sie sich, sollten Gemälde immer bloß an Wänden hängen?

Auf Diegos Anregung hin fing Frida an, auf Metallplatten zu malen, damit ihre Arbeiten mehr wie mexikanische *retablos* (Votivbilder) aussahen. Die Malerin grundierte die kleinen Aluminiumtafeln, so daß sie die Farben dauerhaft auf den Bildgrund auftragen konnte. Dabei ging sie eher wie in der Freskenmalerei vor, zeichnete zunächst die Umrisse ihres Bildentwurfs mit Bleistift oder Tusche auf und fing dann oben links mit dem Ausmalen an. Geduldig und konzentriert bearbeitete sie Abschnitt für Abschnitt in Schreibrichtung von links oben nach rechts unten. Verglichen mit der Malweise eines Künstlers, der das entstehende Gemälde stets als Ganzes behandelt, einmal hier und einmal dort weiterarbeitet und auf diese Weise langsam das Bild seiner Vollendung entgegenführt, muß Fridas Methode primitiv erscheinen, fast wie bei einem Ausmalbuch; aber das Verfahren führte bei ihr zu dem gewünschten Ergebnis. In späteren Jahren hat sie ihre Bilder zunächst in großflächige Farbzonen gegliedert, bevor sie wieder die einzelnen Teile mit Feinstrukturen überarbeitete.

Henry-Ford-Hospital ist das erste Gemälde Fridas auf Metall und zugleich das erste ihrer Werke, das eindeutig mexikanische Votivtafeln zum Vorbild nimmt, sowohl im Stil wie auch in Thema und Größe. Wahrscheinlich kam die Anregung wieder von Diego. Sie verarbeitete auf dem Bild die Erfahrung der Fehlgeburt in ähnlicher Weise, wie die *retablos* Unfälle schildern, denen die Beteiligten beinahe zum Opfer gefallen wären. Zweifellos sind von 1932 an die *retablos* die wichtigsten Quellen für Fridas naiven Stil, und auch noch, als ihre Bilder illusionistischer wurden, waren Votivtafeln stets als ein wiederkehrendes Grundmuster in ihren Werken wirksam. Und obwohl Fridas *retablos* nicht die traditionellen Elemente enthalten, so ersetzen doch die schwebenden Dinge in ihren Bildern die heiligen Inhalte, und die Verbindung von Phantasie und Realität vollzieht sich bei ihr ganz ähnlich wie in den Votivbildern: Wie dort ist ihre Zeichnung naiv und detailgetreu, die Farbgebung eher volkstümlich bunt als vornehm geschmackvoll und die Perspektive linkisch; der Raum wird auf eine schlichte Bühne reduziert, und die Handlung bleibt auf einige besondere Höhepunkte beschränkt. Die Wiedergabe der äußeren Erscheinung der Dinge ist offensichtlich weniger wichtig als die dramatische Übersteigerung des zentralen Ereignisses oder der wundersamen Begegnung zwischen dem Opfer und dem strahlenden Bild der Heiligen Kraft. Die Schrecken werden auf Fridas Bildern wie auf den *retablos* ohne Zimperlichkeit dargestellt; vorherrschend ist viel mehr eine gewissermaßen teilnahmslose, reporterhafte Direktheit bei der Schilderung der Vorgänge, denn die Rettung ist ja schon längst erfolgt, und es ist keine Beschwörung der göttlichen Kraft mehr erforderlich.

Als Fridas Schmerz nachließ und andere Seiten des Lebens von Detroit wieder im Mittelpunkt stehen konnten, zeigte sich das wiedererwachende Interesse an ihrer Umwelt auch in der Kunst der Malerin. *Schaufenster in Detroit* stellt die Front eines Ladens dar, in dem Schmuck für Straßenfeste hergestellt und feilgeboten wurde. Man sieht in dem Fenster rote, weiße und blaue Girlanden, und es ist angefüllt mit den amerikanischen Symbolen, wie sie am Unabhängigkeitstag als Dekoration dienen. Frida hatte das Schaufenster wahrscheinlich schon eine Weile vorher gesehen und gezeichnet, malte es aber erst jetzt nach dem Krankenhausaufenthalt. Diese Abfolge bei der Entstehung würde die fröhliche Stimmung des Bildes erklären, die so gar nicht zu den depressiven Arbeiten desselben Zeitraums passen will.

Lucienne Bloch erinnerte sich, wie es zu dem Bild kam. Sie und Frida waren auf der Suche nach Blech. «Bei einem Einkaufsbummel sahen wir den altmodischen Laden in seiner ärmlichen Umgebung. Er sah wirklich sehr ungewöhnlich aus mit all den Festtagsdekorationen, die an dieser Stelle ganz aus dem Zusammenhang gerissen vor uns lagen. Frida mußte stehenbleiben und war ganz entzückt von der Entdeckung.» Sicher fühlte sich Frida an mexikanische Volkskunst erinnert; für sie war diese Dekoration etwas Echtes im Gegensatz zu der elitären und abgehobenen modernen Kunst. Als sie Rivera von dem Fenster erzählte, verstand er sofort ihre Begeisterung und fragte sie: «Warum machst du nicht ein Bild daraus?»

Am 30. August dieses Jahres gab es eine Sonnenfinsternis zu beobachten, und auch Frida stand mit einem rußgeschwärzten Glas zusammen mit einer Gruppe von Bekannten auf dem Dach des Museums, um das Schauspiel zu verfolgen. Aber «Frida war von dieser ‹Finsternis› völlig enttäuscht, fand sie überhaupt nicht schön und im Grunde so langweilig wie die Atmosphäre an einem wolkenverhangenen Tag». Luciennes Tagebuch erwähnt auch, daß Frida noch an demselben Tage ein Gemälde begann. Es war ein Selbstbildnis, in dem sie auf einem grauen Steinsockel steht. Das Podest trägt die Inschrift: «Carmen Rivera malte ihr Porträt im Jahre 1932». Auf dem Bild ist die Grenze zwischen Mexico und den Vereinigten Staaten eingezeichnet.

Während das *Schaufenster in Detroit* eher als eine Form wohlwollenden Spotts über den Geschmack und die Gewohnheiten der Amerikaner zu verstehen ist, scheint die Frida auf dem *Selbstbildnis auf der Grenze zwischen Mexico und den Vereinigten Staaten* ihre Welt einer viel ernsteren Kritik zu unterziehen. Auch in diesem Bild tritt ihr Witz hervor, aber er ist beißender. So trägt sie zum Beispiel ein langes rosafarbenes Kleid und altmodische Spitzenhandschuhe, also den vorschriftsmäßigen Aufzug für einen Abend in der großen Gesellschaft; gegen alle guten Sitten hält sie aber in der einen Hand eine Zigarette und in der anderen ein Fähnchen mit den Farben Mexicos.

Vielleicht war Frida von der Sonnenfinsternis angeregt, als sie zum ersten Mal auf einem ihrer Bilder Sonne und Mond zusammen in den Himmel ihres Bildes komponierte. Diese Konstellation sollte noch häufig in ihren Werken auftauchen und zu einem kraftvollen Symbol werden. Für Frida stellte es die Vereinigung der kosmischen und irdischen Kräfte dar. Zugleich spiegelt sich darin die aztekische Vorstellung von einem ewigen Kampf zwischen Licht und Finsternis, aber auch die Besessenheit der mexikanischen Kultur mit den immerwährenden Dualitäten – Leben und Tod, Licht und Schatten, Vergangenheit und Gegenwart, Tag und Nacht, Mann und Frau.

Frida hatte große Sehnsucht nach ihrem Heimatland. «Um ganz ehrlich zu sein», schrieb sie im Juli an Dr. Eloesser, «*no me hallo* (ich bin hier nicht glücklich), wie die Dienstmädchen sagen würden; aber ich muß mich zusammennehmen und bleiben, weil ich Diego nicht allein lassen kann.»

Ihr Verlangen nach Mexico und nach der tröstenden Rückkehr in den Schoß der Familie und in den Schutz des Hofes im blauen Haus sollte bald, wenn auch auf unerwartet schmerzliche Weise, in Erfüllung gehen. Am 3. September erhielt Frida ein Telegramm mit der Nachricht, daß ihre Mutter im Sterben lag. Matilde Kahlo hatte seit Monaten Brustkrebs, ihre Tage waren gezählt und höchste Eile geboten. Nun stellte es sich aber heraus, daß Frida die Reise nach Mexico nicht im Flugzeug machen konnte, wie sie es anfangs vorhatte. «Da reden sie dauernd vom Fortschritt», wetterte sie, «und jetzt können wir noch nicht einmal nach Mexico fliegen. Was soll mir da das Geschwätz von der ‹modernen Bequemlichkeit?›» Auch Telefongespräche mit ihren Verwandten wollten nicht zustande kommen, und als Lucienne Rivera herbeigeholt hatte, fanden sie Frida in Tränen aufgelöst.

Am folgenden Tag brachte Diego die beiden Frauen zur Bahn. «Frieda weinte im dunklen Abteil vor sich hin», schrieb Lucienne in ihr Tagebuch, «diesmal, weil sie Diego verlassen mußte und nicht wußte, in welcher Verfassung sie ihre Mutter antreffen würde. Frieda zitterte wie ein kleines Kind.»

Der Zug durchquerte Indiana und Missouri. In St. Louis stiegen sie aus und nahmen ihr Mittagsmahl auf dem Dach des Hotel Statler ein, wo sie mit Wehmut Flugzeuge vorbeifliegen sahen. Frida hatte wieder Blutungen und war zum Spazierengehen zu schwach; so verbrachten sie die Wartezeit im Kino. In einer Zeitung lasen sie, daß der Rio Grande über die Ufer getreten war, und dies erklärte endlich, warum Frida nicht nach Hause telefonieren konnte. In der folgenden Nacht wachten sie bei Laredo in Texas auf und bemerkten, wie der Zug ganz vorsichtig durch überflutetes Land fuhr. Da die Brücken gesperrt waren, mußten sie zwölf Stunden an der Grenze warten. Schließlich bestiegen sie einen Bus, der sie mit anderen Reisenden über die einzige noch funktionsfähige Brücke nach Nuevo Laredo brachte. Dort herrschte ein reges Treiben. Fliegende Händler verkauften Lebensmittel, Familien sagten sich überschwenglich Lebewohl, viele Menschen standen nur als Zuschauer herum. Bevor sie mit dem Anschlußzug weiterreisten, besorgte sich Frida noch ihre geliebte *cajeta* und leckte sich nach dem Genuß der klebrigen Süßigkeit die Finger wie in ihrer Mädchenzeit.

Die Fahrt durch Nordmexico war herrlich, denn es war die Regenperiode, und die Wüste mit den vor Nässe glänzenden Kakteen und Flüßchen wirkte belebt. Frida hatte für diese Schönheit keinen Blick übrig. «Sie wurde immer aufgeregter», schrieb Lucienne, «und die letzten Stunden waren eine einzige Qual für sie. Wir kamen am Donnerstag, den 8. September, um 10 Uhr in Mexico City an. Lauter Schwestern, Kusinen und deren Ehemänner waren gekommen, um uns abzuholen. Weinend lagen sie sich in den Armen, und es gab so hysterische Szenen, daß wir beinahe die Koffer vergessen hätten.»

Die beiden Frauen wohnten bei Fridas Schwester Matilde im Ärzteviertel von Mexico. Am folgenden Morgen fuhren sie nach Coyoacán, um Fridas Mutter zu besuchen. Matilde Kahlo befand sich in höchst kritischem Zustand. «Sie scheint sich keinerlei geordnete Gedanken über ihren Zustand zu machen, sondern weint bloß dauernd vor sich hin. Sie sieht sehr elend aus», notierte Lucienne. «Friedas

Vater ist lieb, umständlich besorgt, fast taub und etwas verwahrlost, ein bißchen schopenhauerhaft.»

Am 10. September schrieb Frida einen Brief an Diego, in dem sie ihm alles über den Zustand ihrer Mutter mitteilte. Dann wechselte sie das Thema, gewissermaßen sich selbst zum Trost, und sprach von ihrer Liebe und ihrem Verlangen nach ihrem Mann:

«. . . obwohl Du mir immer sagst, daß Du Dich häßlich findest mit Deinem kurzen Haar, wenn Du in den Spiegel schaust, kann ich es nicht für wahr halten. Ich weiß doch, wie hübsch Du wirklich bist! Und das einzige, was ich bedauere, ist, daß ich nicht bei Dir bin, Dich nicht küssen und für Dich sorgen kann. Ich gehe Dir sicher immer wieder mit meinem Geschimpfe auf die Nerven, aber ich bete Dich an, liebster Diego.

Mir ist zumute, wie wenn ich mein Kind ausgesetzt hätte, und ich weiß, daß Du mich brauchst. Ich kann ohne meinen *chiquito lindo* (hübschen Kleinen) nicht leben . . . ohne Dich ist das Haus einfach leer . . . es ist ganz gräßlich, ohne Dich zu sein. Ich bin mehr denn je in Dich verliebt, und es wird immer nur noch stärker. Ich schicke Dir meine ganze Liebe.

Deine *niña chiquititita*.»

«*Niñita chiquitita preciosa*», schrieb Diego zurück, «ich füge den Papieren einen Brief bei mit vielen Küssen und Umarmungen für meine hübsche Friduchita. Ich bin hier ganz trübsinnig ohne Dich. Ganz genau wie Du kann ich nicht richtig schlafen. Im übrigen komme ich fast nicht weg von der Arbeit. Ich weiß kaum, was ich tun soll, wenn Du nicht hier bist. Ich wußte ja, daß ich keine Frau so wie die *chiquita* geliebt habe, aber erst jetzt weiß ich, wie stark die Liebe ist . . . jetzt ist mir klar, daß mir mein Leben ohne Dich nicht einmal mehr zwei Pfifferlinge wert wäre . . .»

Matilde Kahlo starb am 15. September. Zwei Tage zuvor hatte man ihr noch eine große Zahl von Gallensteinen entfernt. Lucienne schrieb in ihr Tagebuch: «Friedas Schwestern kamen alle in schwarzen Schals und mit rotgeweinten Augen. Frieda mußte immerfort schluchzen. Es war schrecklich traurig für sie. Ihrem Vater sagten sie es erst am nächsten Morgen, und er war fast von Sinnen darüber. Manchmal vergaß er alles wieder und fragte, warum seine Frau nicht da sei.» Ein Fotoporträt, das Vater Kahlo damals von seiner Tochter gemacht hat, zeigt Frida schwarz gekleidet und mit einem Gesichtsausdruck, den man von früheren Aufnahmen her noch nicht kannte. Sie sieht aus, als ob der Kummer alle Höhlungen ihres Gesichts nach innen gesaugt hätte. Ihre Augen sind vor Kummer ganz dunkel.

Während der restlichen fünf Wochen ihres Aufenthalts in Mexico widmete sich Frida ganz ihrer Familie. Sie und Lucienne nahmen Vater Guillermo zu Spaziergängen in den nahe gelegenen Park mit. Manchmal blieb er an Stellen stehen, die Lucienne als ausgesprochen theatralisch empfand, und stellte Betrachtungen über deren Schönheit an. «Er ist noch immer ein Romantiker», bemerkte sie dazu in ihrem Tagebuch. Aber er war auch ein exzentrischer Mensch. «Es gibt Momente», notierte Lucienne weiter, «da fuchtelt er mit einem Messer herum, und er brüllt in Anfällen von schlechter Laune die Leute an.»

Die beiden Frauen verbrachten viele Stunden in Gesprächen mit Fridas Schwestern Adriana und Cristina in Coyoacán und bei Matilde, deren bürgerliches Heim mit den geblümten Tapeten, Stilmöbeln und Spitzenvorhängen Lucienne in Erstaunen setzte, da sie an Fridas und Diegos ländlich-mexikanischen Geschmack gewöhnt war.

Einmal fuhren Frida und Lucienne auch nach San Angel, um den Fortschritt am Bau des geplanten Hauses in Augenschein zu nehmen. Das Doppelhaus wurde nach dem Entwurf eines mit den Riveras befreundeten Architekten und Malers namens Juan O'Gorman gebaut. Frida schien mit der Zweiteilung ganz einverstanden zu sein. «Ich kann hier meine Arbeit tun», sagte sie, «und er dort die seine.»

Mitte Oktober gab es eine große Abschiedsfeier mit einem köstlichen mexikanischen Festessen. Ausgerichtet wurde es von dem Maler und Karikaturisten Miguel Covarrubias und seiner Frau, der in Amerika geborenen Tänzerin und Malerin Rosa Rolando. Frida mußte vor Freude und Kummer zugleich weinen. Am folgenden Tag wurden die beiden Frauen von einer Gruppe von mindestens zwanzig Leuten am Bahnhof verabschiedet, unter ihnen auch Lupe Marín, Vater Guillermo und wer sonst noch zur Familie gehörte. Auf der Fahrt weinte Frida noch eine Weile vor sich hin und legte sich dann still zur Ruhe.

Es war ein unfreundlich kalter Morgen, als der Zug am 21. Oktober in Detroit einlief. Diego war natürlich am Bahnhof. Durch seine Diät hatte er so stark abgenommen, daß ihm seine eigenen Kleider viel zu groß geworden waren. Er trug deshalb einen Anzug seines Mitarbeiters Clifford Wight. «Frida kam nach Detroit zurück», heißt es in Riveras Autobiographie. «Sie hatte den Tod ihrer Mutter miterlebt und war vor Kummer ganz verstört. Als sie mich nun sah, war sie erst recht entsetzt. Sie hatte sogar Schwierigkeiten, mich wiederzuerken-

Auf vielen Autoporträts des Scheidungsjahres 1940
malte Frida sich mit diesem Ersatzliebesobjekt wie in diesem
Selbstbildnis mit Affen.

In *Das kleine Wild* stellt Frida sich 1946 in Tiergestalt als
Opfer körperlicher Verletzungen dar.

nen. Während ihrer Abwesenheit hatte ich nämlich mit meiner Diät sehr viel von meinem früheren Gewicht verloren. Ich rief also: ‹Ich bin's doch, ich!› Endlich wurde ihr klar, wer vor ihr stand, und sie fiel mir um den Hals.»

Das Bild *Meine Geburt* wurde vor der Reise nach Mexico entworfen und wohl auch angefangen, aber erst nach ihrer Rückkehr vollendet. Diego hatte Frida geraten, in einer Serie die einzelnen Stationen ihres Lebens darzustellen. Auf dem ersten Bild sieht man, wie die Malerin sich den Verlauf ihrer Geburt vorstellte. Es ist eines der schrecklichsten Bilder von einer Geburt, das je gemalt wurde.

Als der Winter in Detroit immer kälter und unerfreulicher wurde, kaufte sich Frida einen Pelzmantel, um sich vor dem eisigen Wind zu schützen. Aber das schlechte Wetter herrschte nicht nur draußen, sondern auch in ihrem Innern. Frida mußte mit dem doppelten Verlust fertig werden, daß sie kein Kind bekommen hatte und daß ihr Mann auch kein Kind mehr zeugen wollte. Eine zusätzliche Belastung war Riveras nervöse Reizbarkeit. Durch den Gewichtsverlust war er sowohl körperlich wie auch psychisch sehr angegriffen. Lucienne notierte: «Ich komme mir im Wardell völlig fehl am Platze vor, und als Diego verkündete, er könne wegen des Winters nachts nicht schlafen, Frieda aber auch nicht in Ruhe ließ, suchte ich mir sofort ein eigenes Zimmer . . . Frieda wird immer depressiver und muß andauernd weinen. Sie benötigt Trost, aber Diego ist äußerst reizbar und scheint sogar von Friedas Gegenwart irritiert.» Oft genug weinte sich Frida an Luciennes Hals aus und beklagte, daß Diego ganz anders als sonst sei. Sobald sie ihre eigenen Interessen vertrat, warf Rivera ihr vor, sie liebe ihn nicht, was ihre Hilflosigkeit noch verstärkte.

Der Maler arbeitete indessen weiter bis zur Erschöpfung im Wettlauf mit der Zeit. Er mußte die Fresken in Detroit so schnell wie möglich zu Ende bringen, weil er bereits andere Vorhaben in seinem Zeitplan vorgesehen hatte. Im Oktober 1932 war er ausgewählt worden, ein Wandbild im Rockefeller Center in New York zu malen und im Januar 1933 erging an ihn der Auftrag, ein Fresko zum Thema «Industrie und Maschinenwelt» für die im selben Jahr stattfindende Weltausstellung in Chicago zu schaffen. Der Zeitplan des Meisters war so eingeteilt, daß sogar Frida ihn mitunter bei seiner Arbeit nicht besuchen konnte. Nicht selten fing er bereits um Mitternacht an, nachdem sein Helferteam einen Wandteil frisch grundiert hatte. Sobald die Fläche die nötige Festigkeit erreichte, setzte Rivera die Zeichnung auf und untermalte sein Bild mit Schwarz und Weiß; bei Tagesanbruch begann er dann mit der farbigen Gestaltung und malte oft durch bis zur Mittagspause. Soweit ihm bei dieser Tageseinteilung überhaupt noch Zeit blieb, verbrachte er diese nicht etwa zwangsläufig mit seiner Frau, denn er war auch ein aktives Mitglied der mexikanischen Gemeinde in Detroit. Er organisierte und finanzierte Züge zur Rückkehr nach Mexico für Leute, die in der wirtschaftlichen Blütezeit der zwanziger Jahre nach Detroit zur Arbeit gekommen waren und nun in der Depression kein Auskommen mehr fanden.

Trotz all ihrer Probleme konnte sich Frida dennoch langsam von ihrer Trauer lösen und sich wieder dem Leben zuwenden. Im Februar wurde sie für die *Detroit News* interviewt und fotografiert. Damals arbeitete die Malerin an einem kleinformatigen *Selbstporträt*, wieder auf einer Metallplatte. Man sieht die Künstlerin darauf als Halbfigur in weißer Bluse mit einer Spitze um den Ausschnitt und einer Halskette aus präkolumbischen Jadeperlen; die Jadefarbe wiederholt sich in den Bändern, die ihre Zöpfe zusammenhalten, und in dem blaßgrünen Hintergrund des Bildes. In dieser Selbstdarstellung wirkt die Malerin frisch und hübsch, weniger mädchenhaft als in den Selbstporträts von 1929 und 1930, und sie zeigt mehr Selbstvertrauen. Die wiedergewonnene Selbstsicherheit der jungen Frau kommt auch in dem Artikel der *Detroit News* zum Ausdruck, in dem es hieß:

«Carmen Frieda Kahlo Rivera ist eine eigenständige Malerin, obwohl dies nur wenige Leute wissen. ‹Nein›, so erklärt sie, ‹ich habe nicht bei Diego studiert. Ich habe überhaupt bei niemandem studiert. Ich habe ganz einfach angefangen zu malen.› Dann tritt ein schalkhaftes Zwinkern in ihre Augen. ‹Natürlich›, fährt sie fort, ‹macht der kleine Junge seine Sache recht gut, aber die wirklich große Künstlerin bin doch ich.› Das Zwinkern in den schwarzen Augen löst sich in einem herzlichen Lachen. Und mehr kann man über diese Dinge aus ihr nicht herausholen. Sobald man ernsthaft nachhakt, macht sie sich sofort über die Frage lustig und fängt wieder an zu lachen. Aber die Bilder der Señora Rivera sind alles andere als zum Lachen ...»

Noch während Rivera daran arbeitete, seine Fresken im Detroit Institute of Arts zu beenden, damit er den Auftrag im Rockefeller Center ausführen konnte, wurde eine öffentliche Kampagne gegen die Wandbilder des Meisters lanciert. Kaum waren sie am 13. März 1933 vollendet und enthüllt worden, da brach ein Sturm allgemeiner Entrüstung los. Kirchenmänner sahen ein Sakrileg in der Behandlung des Themas, Konservative empfanden sie als kommunistisch, und für die Prüden waren sie obszön. Für die einen waren die Fresken ein gefühlloser Jux, den sich der Maler mit seinen kapitalistischen Auftraggebern geleistet hatte, für die anderen stellten sie eine Verhöhnung des wahren Geistes von Detroit dar. Den Gruppen von Bürgern, die damit drohten, sie würden die Bilder wieder von den Wänden abwaschen, standen andere Gruppen gegenüber, die für die Erhaltung der Fresken eintraten. Die Auseinandersetzung wurde in den Zeitungen und im Rundfunk zu einem heiß diskutierten Thema, und Tausende von Besuchern kamen, um die Bilder zu sehen. Dabei wuchs auch die Menge der Befürworter. Edsel Ford trat zur Verteidigung Riveras auf: «Ich bewundere Riveras Genie», sagte er, «und ich bin davon überzeugt, daß er in seinen Bildern ganz ernsthaft den Geist von Detroit hat ausdrücken wollen.» Schließlich übernahm es eine große Zahl von Industriearbeitern, die Fresken zu bewachen, und Rivera sah in dieser Entwicklung einen sehnlichst herbeigewünschten Durchbruch. «Dies», so sagte er damals, «ist der Anfang der Verwirklichung meines Lebenstraums.»

Eine Woche nach der Enthüllung reisten die Riveras ab und konnten tatsächlich den Eindruck mitnehmen, die Kunstform der heraufkommenden Industriegesellschaft sei gefunden, und sie habe in Detroit ihren glänzenden Siegeslauf begonnen.

Es war die dritte Märzwoche, als Frida und Diego in der Grand Central Station in New York eintrafen, und es war bitter kalt. Die Riveras nahmen sich kaum Zeit, eine Suite im Hotel Barbizon-Plaza zu beziehen, und schon machte sich der Meister im RCA Building an

143

die Arbeit. Die Lunch-Mahlzeiten, die Frida ihrem Mann brachte, wurden auf dem Gerüst kalt, während Diego weitermalte oder auch in Betrachtung vertieft vor den entstehenden Bildern stand und darüber nachsann, wie die Arbeit voranging und wie er die nächsten Abschnitte angehen sollte.

Dem berühmten Maler bei der Arbeit zuzusehen, wurde zu einer gerne besuchten Attraktion, und man verkaufte sogar Eintrittskarten an die Interessenten. Frida ging zwei oder drei Mal wöchentlich zum RCA Building, meist gegen Abend, wenn die zahlenden Besucher den Schauplatz verlassen hatten. Sie verbrachte dann gewöhnlich einige Stunden unter dem Gerüst, lutschte Bonbons und plauderte mit Bekannten, oder sie saß mit Lucienne Bloch und Stephen Dimitroff in der kleinen Bauhütte, die auf dem Balkon für die Zeit während der Arbeiten errichtet worden war, und brachte den beiden mexikanische Balladen bei. Sie war im übrigen froh, wieder im weltoffenen Manhattan zu sein, wo ihr die Gesellschaft mehr zusagte als in Detroit. Im Gegensatz zu der Hochburg der Autoindustrie war New York eine Hafenstadt, und das Meer bedeutete so etwas wie die Hoffnung, jederzeit entkommen zu können. Wenn Frida Heimweh verspürte, konnte sie sich wenigstens vorstellen, daß sie den nächstbesten Dampfer nach Mexico nehmen würde.

Wie in Detroit verbrachte Frida die meiste Zeit zu Hause im Hotel. Sie malte nicht regelmäßig, ja fast gar nicht mehr; in den achteinhalb Monaten des zweiten New Yorker Aufenthalts entstand ein einziges Bild, das bei ihrer Abreise nicht einmal vollendet war. Statt zu malen, las sie viel, pflegte das Apartment, besuchte Freunde, ging ins Kino und zum Einkaufen. Ein beliebter Zeitvertreib war das alte Gesellschaftsspiel *le cadavre exquis*, das bei den Surrealisten wieder zu hohen Ehren kam, weil es einen Blick in die Geheimnisse des Zufalls zu gewähren schien. Der erste Spieler fängt damit an, daß er auf einem Zettel den obersten Teil einer Figur zeichnet und den von ihm benutzten Teil des Papiers nach hinten wegfaltet. Nun zeichnet der nächste Spieler den zweiten Abschnitt der Figur, ohne zu sehen, wie sie angefangen worden ist, und so geht es weiter, bis der letzte Spieler die Figur am untersten Zettelrand beendet hat. Wenn Frida mitspielte, entstanden die amüsantesten Ungeheuer. Sie hatte eine ziemlich wilde Phantasie und gebrauchte in ihren Zeichnungen häufig Bilder von Geschlechtsorganen, wie sie auch in ihrem Tagebuch und auf zahlreichen Bildern vorkommen. Beim «köstlichen Leichnam» kam dieser Zug ihres Wesens zum Durchbruch. «Fridas Beiträge waren immer die schlimmsten», erinnerte sich Lucienne, «bei einigen von ihnen wurde ich schamrot, obwohl ich gar nicht leicht erröte . . . Diego lachte nur darüber und meinte: ‹Ihr solltet doch wissen, daß Frauen in ihrer Phantasie viel ungezügelter sind als die Männer.›»

Fridas «ungezügelte» Phantasie und ihre neuerworbene boshafte Selbstsicherheit traten auch deutlich in der Art hervor, wie sie mit den Vertretern der New Yorker Presse umging. Bei einem Interview lag sie noch im Bett, als sie die Reporter bei sich empfing, und lutschte an einer großen Zuckerstange. Suzanne Bloch war damals zugegen und berichtete darüber: «Frida steckte die Zuckerstange unter die Bettdecke, und man sah, wie sie sie darunter aufrichtete und die Decke sich hob. Frida verzog keine Miene, und ohne ihren Redefluß zu unterbrechen, belustigte sie sich insgeheim an der Verlegenheit des Reporters. Bei einer anderen Gelegenheit fragte ein Journalist: «Womit beschäftigt sich Mr. Rivera in seiner Freizeit?», worauf Frida ohne zu zögern antwortete: «Mit Liebe im Bett.»

Frida war nicht zu halten, wenn sie in die Nähe eines Kaufhauses kam oder die Läden in Chinatown besuchen konnte. In Luciennes Erinnerungen heißt es darüber: «Frida raste wie ein Tornado durch die Kramläden, hielt dann plötzlich an irgendeiner Stelle an und kaufte etwas, ohne lange auszusuchen. Mit einem Blick erkannte sie, wo echte und hübsche Dinge angeboten wurden. Selbst billigen Modeschmuck konnte sie für sich entdecken, und bei ihr sah er fabelhaft aus.»

Als eine Bekannte ihr vorschlug, sie solle sich doch einmal nach amerikanischer Mode kleiden, gab Frida tatsächlich eine Weile ihre langen Trachtenröcke auf, weil es ihr Spaß machte, in schicker Manhattan-Mode, ja sogar mit einem Hut, herumzustolzieren und durch einen herausfordernden Gang das selbstgefällige Auftreten der New Yorker Gesellschaft zu verspotten. Sie machte sich auch sonst über alles lustig, was ihr komisch vorkam, und das war nicht wenig.

Diego freute sich, wenn seine Bekannten Frida zu Filmen und anderen Unterhaltungen begleiteten. So erinnert sich auch der Bildhauer David Margolis, der eine Weile bei Rivera arbeitete, wie er mit Frida zu Jean Cocteaus Film *Le sang d'un poète* (Das Blut eines Dichters) ging, und wie ihnen dieser Film so vorzüglich gefiel, daß sie ihn noch am selben Tag zum zweiten Mal, diesmal mit Diego zusammen, anschauten. Intellektuelle Ansprüche gingen Frida allerdings ab, und sie gab offen zu, daß ihr das Theater viel zu langweilig sei und sie lieber in einen Tarzanfilm ging. Für sie waren King-Kong-Filme erheiternd und surreal.

Sowohl Frida wie auch Diego langweilten sich zu Tode, wenn man ihnen mit klassischer Musik kam; während einer Aufführung der *Messe* von Ernest Bloch schlief Diego sogar ein. Bei einer anderen Gelegenheit besuchten Frida und Lucienne eine Tschaikowsky-Aufführung, und sie benahmen sich wie die schlimmsten Backfische, amüsierten sich mit Karikaturzeichnen, falteten Papierschwalben und lachten albern – und das in der ehrwürdigen Carnegie Hall!

Gelangweilt oder nicht, es war kein Wunder, wenn Diego in Konzerten einschlief, denn er arbeitete vierzehn bis fünfzehn Stunden täglich, um sein Wandbild am Tag der Arbeit, am 1. Mai, enthüllen zu können. Doch je näher der Tag der Einweihung heranrückte, desto problematischer wurde die Sache. Diego hatte mit seinen politischen Ansichten nicht hinter dem Berg gehalten, als er den Auftrag seinerzeit annahm, und er hatte sich auch keine Zugeständnisse hinsichtlich der Plazierung des Gemäldes abringen lassen: Das Fresko mußte nach seinem Willen im Rockefeller Center direkt gegenüber dem Haupteingang zum RCA Building angebracht werden. Die linke Seite des Bildes zeigte die Vereinigten Staaten mit Wall Street-Geschäftsleuten, die sich's wohl sein lassen, daneben Arbeitslose und Demonstranten, die von berittener Polizei zusammengeknüppelt werden, sowie die Unmenschlichkeit des Krieges. Auf der rechten Hälfte entfaltete sich die Utopie einer marxistischen Gesellschaft aus Arbeitern, Bauern, Soldaten, Sportlern, Lehrern und Frauen mit Kindern auf dem Arm, die sich alle zusammen anschicken, eine bessere Welt zu verwirklichen.

Der junge Nelson Rockefeller ahnte wohl nicht so recht, worauf er sich mit Rivera einließ. In seiner Funktion als Vizepräsident des Rockefeller Center hatte er den Vertrag mit dem Meister unterzeichnet, ohne zu bedenken, daß Kapitalisten vielleicht nicht unbedingt einen ausgemachten Kommunisten auswählen sollten, wenn es darum ging, eines der bedeutendsten Zentren der kapitalistischen Welt auszuschmücken. Die Stimmung im Rockefeller Center wurde denn auch ganz plötzlich ungemütlich. Rockefellers Verwaltungsmanager erschien mit zwölf uniformierten Sicherheitsbeamten im RCA Building und erklärte dem Meister, die Arbeit müsse unverzüglich eingestellt werden. Zugleich präsentierte er Rivera einen Scheck über die volle Summe, die dem Künstler laut Vertrag bei Fertigstellung des Gemäldes zugestanden hätte, sowie einen Brief, durch den er fristlos aus dem Vertrag entlassen wurde. Die Aktion hatte natürlich zur Folge, daß der umstrittene Künstler erneut im Zentrum des öffentlichen Interesses stand.

Auch Frida wurde in den Streit um ihren Mann hineingezogen. Sie nahm an Protestdemonstrationen teil, zog wieder ihre mexikanische Tracht an, tippte zahllose Briefe, die Diego ihr diktierte, und tat alles, um die Pro-Rivera-Reihen zu stärken. Sie war die treueste Verteidigerin ihres Mannes. Einige Monate nach der Entlassung Riveras begegneten sich Nelson Rockefeller und Frida bei der Premiere von Eisensteins Film über Mexico. Rockefeller grüßte höflich, aber Frida ließ ihn eiskalt stehen. Allerdings war sie realistisch genug, diese Haltung nicht konsequent durchzuhalten. Es gibt ein Foto vom Herbst 1939. Damals weilte Rockefeller in Mexico und wirkte bei den Vorbereitungen mit für die große Ausstellung *2000 Jahre Kunst in Mexico*, die 1940 im Museum of Modern Art stattfand. Auf dem Foto sitzt Frida neben Rockefeller beim Lunch.

Kurz nach dem Konflikt wurde Frida von einem Reporter interviewt. Er schrieb:

«Señora Diego Rivera, die hübsche junge Frau des Künstlers, dessen Fresken aufgrund einer einstweiligen Verfügung – vielleicht für immer – abgedeckt werden mußten, weil er kommunistische Ideen vertritt, ist bekümmert, aber nicht in ihrer Haltung erschüttert.

Sie ist ein mädchenhafter, spanischer Typ mit olivfarbenem Teint, rehäugig, schlank und graziös. Als wir sie besuchten, waren zahlreiche Freunde, Gehilfen und Sympathisanten ihres Mannes zugegen. Sie saß auf der Bettkante, ließ sich durch das allgemeine Gespräch nicht stören und äußerte sich ganz unbefangen darüber, wie sie die Sache empfindet... Sie ist der Überzeugung, daß die Rockefellers sich so verhalten haben, weil sie vor der öffentlichen Meinung Angst hatten. ‹Die Rockefellers wußten sehr wohl, daß das Fresko die revolutionäre Ansicht des Weltgeschehens darstellen sollte – daß es also revolutionäre Bilder sein würden›, sagte sie ganz gelassen. ‹Die Rockefellers schienen immer ganz nett und verständnisvoll in dieser Hinsicht zu sein, auch zeigten sie sich allzeit interessiert, besonders Mrs. Rockefeller.›»

Am 3. Juni, einen Monat nach dem Ausbruch des Rockefeller-Center-Konflikts, zogen Diego und Frida in ein neues Apartment an der 13. Straße, damit Rivera näher bei seinem neuen Arbeitsplatz wohnen konnte. Er legte Wert darauf, daß jedermann erfuhr, wie teuer die neue Wohnung war. Um keinen Preis sollte man ihm nachsagen können, Rockefeller hätte ihn durch den Entzug seiner finanziellen Unterstützung in die Knie gezwungen. Im September wechselten die Riveras erneut die Wohnung; diesmal nahmen sie ein Apartment im 14.

Stock des Hotels Brevoort an der Fifth Avenue. Als der Meister nach der aufgezwungenen Unterbrechung erneut zu malen anfing, kehrte bald wieder sein expansiv-unbekümmertes Wesen zurück. Die Bildhauerin Louise Nevelson, die damals mit Marjorie Eaton im Parterre desselben Gebäudes wohnte, erinnert sich, daß die Riveras stets ein «offenes Haus» pflegten und jeder kommen konnte, wie er gerade Lust hatte. Das Ehepaar Rivera nahm alle Besucher völlig ernst und machte keinerlei Standesunterschiede. «Nie war ich in einer Wohnung mit solch ungezwungener Atmosphäre wie bei Diego. Prinzessinnen und Königinnen gingen darin ein und aus, ja sogar eine Dame, die noch reicher war als der liebe Gott, und daneben Arbeiter und Handwerker. Er machte keinen Klassenunterschied, und alle wurden behandelt wie zu einem gemeinsamen Volk gehörig. Alles erschien ganz einfach. Diego und Frida fühlten sich hier so richtig wohl, weil sie in dem vorigen Apartment von einem Pförtner abhängig gewesen waren, und davon hielten beide Riveras nichts. Sie waren glücklich, als sie eine Wohnung gefunden hatten, wo sie ohne große Umstände kommen und gehen konnten. Dementsprechend häufig waren auch jeden Abend die Besucher; meist brachen sie dann alle zusammen auf zu einem kleinen italienischen Restaurant in der 14. Straße.»

Louise Nevelson und Marjorie Eaton waren damals angehende Künstlerinnen, und es war für sie ein bedeutsames Ereignis, als sie persönlichen Kontakt mit dem großen Rivera aufnehmen konnten. Allerdings mußten sie dabei ein gewisses Maß an bohemehafter Unverläßlichkeit in Kauf nehmen. So wurden sie zum Beispiel für sechs Uhr abends zu den Riveras eingeladen; pünktlich gingen sie hinauf, fanden aber Diego womöglich schlafend im Bett und Frida auch noch nicht angezogen. Es konnte sein, daß sie erst verschiedene Röcke und Blusen probierte und daß ihr Mann sie dabei beraten mußte. Dann verschwand sie etwa gar für eine halbe Stunde und kam in einem neuen Kostüm zurück. Wenn sie schließlich zum Ausgehen bereit war, hatte vielleicht der Meister noch das Bedürfnis, ein ausgiebiges Bad zu nehmen. Erschien er danach wieder, hieß es ganz plötzlich: «Wir gehen zum Essen», und Diego nahm die drei jungen Frauen mit zu einem Restaurant in Chinatown oder Greenwich Village, wo sie sich an einer langen Tafel mit anderen Freunden trafen, z. B. mit dem Bildhauer John Flanagan, der Rivera verehrte und ihm stundenlang bei der Arbeit zusehen konnte. «Wir waren eine recht ausgelassene Gesellschaft», erinnert sich Louise Nevelson. «Wir streuten manchmal Puderzucker aufs Tischtuch, jemand fing an, daraus ein Bild zu komponieren, ein anderer fügte etwas hinzu, tropfte Wein darauf und ‹schattierte› mit geriebenem Pfeffer, wieder ein anderer schob die Dinge auf der Tafel hin und her, bis das Ganze wie eine Landschaft aussah. Diego war unbestrittener Meister bei derlei improvisierten Vergnügungen.»

Er war es in jeder Hinsicht. Die Nevelson war damals eine hübsche, lebhafte junge Frau Anfang der Dreißig, eigenwillig und geschieden. Es dauerte nicht lange, bis sie in die Schar der Riveragehilfen aufgenommen wurde. Auch malte sie ein expressionistisches Bildnis des Meisters, das ihn zwar so häßlich darstellt, wie er sich empfand, aus dem aber auch ihre Verehrung seines unverkennbaren Genies spricht. Aus Dankbarkeit nahm er sie zu einem indianischen Kunstgewerbeladen mit, wo sie sich etwas aussuchen durfte. Sie wählte eine Halskette. Bald wußten alle im engeren Kreis, daß der Meister ein neues Verhältnis hatte. Ein Eintrag in Luciennes Tagebuch im Juli erwähnt, daß Diego nicht am Arbeitsplatz erschien und daß sein Assistent Sánchez Flores verlauten ließ, der Meister habe eine große Zuneigung zu «dem Mädchen gefaßt, das neuerdings dauernd mit ihm zusammen ist». Lucienne war entrüstet und notierte: «Frieda ist viel zu vollkommen, als daß irgend jemand ihr das Wasser reichen könnte.» Als Rivera ein weiteres Mal nicht in der New Workers' School zur gewohnten Arbeit erschien, gab es für Sánchez Flores keinen Zweifel mehr, daß Rivera wirklich ein Verhältnis mit Louise hatte. «Mir tut Frieda so leid», schrieb Lucienne damals in ihr Tagebuch.

Frida kam nun fast gar nicht mehr. Sie hatte wieder Beschwerden. Ihr rechter Fuß war wie gelähmt, und sie mußte ihn so oft wie möglich hochlegen. Zudem fühlte sie sich sehr einsam. Lupe Marín, die sich auf der Rückreise von Europa nach Mexico befand, stattete ihr einen Besuch ab und erinnert sich, daß «Frida nicht ausging. Sie lag den ganzen Tag in der Badewanne. Es war ohnehin zu heiß auf der Straße.»

Oft kehrte Diego nicht vor dem Morgengrauen heim, und Frida rief nicht selten Suzanne Bloch an, weil sie nicht allein sein wollte. Als Suzanne einmal eine Nacht bei Frida verbrachte, war diese damit beschäftigt, eine Menge kleiner Puddinge herzustellen, damit Diego bei seiner Rückkehr etwas zu essen vorfinden sollte.

Natürlich machte sich auch Rivera Sorgen um seine Frau. Er bat Lucienne Bloch und Stephen Dimitroff, Frida wieder zum Malen zu bewegen. Lucienne erkannte freilich, daß diese Bitte nicht ganz selbstlos war und eher seinem Wunsch entsprach, ein unabhängigeres Leben führen zu können. Als Rivera sah, wie gut Frida eine kleine Freskotafel gefiel, die Lucienne gerade beendet hatte, ermunterte er seine Frau, auch einmal diese Technik auszuprobieren; aber sie war mit dem Resultat ihrer Arbeit nicht zufrieden. Sie brach das Selbstporträt halbfertig ab und schrieb um den Kopf herum auf den unausgeführten Hintergrund: «Einfach scheußlich, es geht nicht. Junge, Junge, wie häßlich, Frida.» Sie warf die Tafel weg. Bevor sie jedoch mit dem Müll abtransportiert wurde, retteten Lucienne und Stephen das Bild, das zwar Sprünge bekommen hatte, aber nicht zerbrochen war. Wenn auch teilweise defekt, zeigt es im Hauptteil ein durchaus reizendes Selbstbildnis der Künstlerin.

Die Spannungen zwischen Frida und Diego wuchsen auch aus einem anderen Grund. Frida wollte unbedingt wieder nach Mexico zurück, wenigstens für die Zeit eines Besuches. Nach vier Jahren eines fast ununterbrochenen Aufenthaltes in den Vereinigten Staaten fühlte sie sich noch immer fremd und fehl am Platz im Gringoland. Diego dagegen war begeistert von Nordamerika und seinen Einwohnern. Natürlich gefiel ihm die Verehrung, die er in der kunstinteressierten Öffentlichkeit Manhattans erfuhr, und er war fest entschlossen, in New York zu bleiben, bis er die neuen Freskotafeln in der New Workers' School vollendet hatte. Auch von seinem ideologischen Konzept her bedeutete für ihn die Rückkehr nach Mexico so etwas wie einen zeitlichen Rückschritt. Rivera war der Überzeugung, daß die bevorstehende Weltrevolution nur in einer großen Industrienation stattfinden konnte, und er wollte unbedingt an diesem Ereignis teilhaben, zumindest als Kämpfer an der ideologischen Front, wobei ihm seine Bilder als Waffen dienen sollten. Er verlangte daher von Frida, daß sie mit ihm zusammen ihre privaten Wünsche und ihre Sehnsucht nach der mexikanischen Heimat zurückstellte, um der großen kommunistischen Sache zu dienen. Frida war ganz anderer Ansicht und hielt seine Ideen für absurd, vor allem, weil ja für Diego der Aufenthalt in den Vereinigten Staaten gar kein Opfer war.

Fridas Heimweh und ihr Wunsch, endlich New York wieder zu verlassen, kommen deutlich in einem Gemälde zum Ausdruck, dem sie den Titel *Da hängt mein Kleid* gab. Es trägt die Signatur auf der Rückseite. Hinzugefügt ist der Satz: «Ich malte dieses Bild in New York, während Diego das Fresko im Rockefeller Center ausführte.» Das Bild ist auch von Diegos Fresko beeinflußt, und wir wissen, daß Frida in New York daran gearbeitet, es aber erst nach ihrer Rückkehr in Mexico beendet hat.

Im Spätherbst stritten sich die Riveras weiter über die Frage der möglichen Heimreise. Lucienne Bloch und Stephen Dimitroff wurden einmal Zeugen einer besonders erbitterten Auseinandersetzung. Rivera griff nach einem seiner Gemälde – es war ein Ölbild und stellte Kakteen in der Wüste dar, die wie greifende Hände aussahen –, und er brüllte: «Ich will nicht dahin zurück!» – «Aber ich!» schrie Frida gegen ihn an. Da nahm Diego ein Messer und schnitt zum Entsetzen der Anwesenden die Leinwand in Fetzen. Lucienne wollte ihn daran hindern, aber Frida hielt sie zurück: «Laß ihn bloß machen, sonst bringt er dich um!» Diego stopfte derweil die Reste des Bildes in seine Taschen und verließ demonstrativ die Wohnung, ohne sich im geringsten um die Schimpfkanonade zu kümmern, die Lucienne in ihrer französischen Muttersprache abgab. «Frieda zitterte noch den ganzen Tag», schrieb Lucienne in ihr Tagebuch, «sie konnte sich wegen des verlorenen Ölbildes gar nicht beruhigen. Sie hält die ganze Aktion für einen Haßausbruch gegen Mexico. Diego fühlt sich durch Frieda unter Druck gesetzt, weil sie New York satt hat . . . sie muß sich sagen, daß sie die Schuld an der Auseinandersetzung trifft.»

Anfang Dezember endlich waren die Fresken in der New Workers' School vollendet. Am 5. Dezember wurde ein großer Abschiedsempfang veranstaltet. Während drei aufeinanderfolgenden Tagen hatte die Öffentlichkeit Zutritt zur Besichtigung der Werke, und Rivera hielt jeweils um acht Uhr abends einen erläuternden Vortrag.

Aber Diego hatte sich in den Kopf gesetzt, das Rockefellersche Geld bis auf den letzten Cent auszugeben und, so lange es reichte, weitere Freskotafeln in den Vereinigten Staaten zu schaffen. Er vollendete noch zwei kleinere Werke im Union Square Hauptquartier der New Yorker Trotzkisten. Dann erst ging ihm endgültig das Geld aus, und er war bereit abzureisen.

Am 20. Dezember 1933 gingen Frida und Diego an Bord des Dampfers *Oriente*, der über Havanna nach Vera Cruz fahren sollte. «Wir hatten eine Gruppe von Freunden zusammengetrommelt», berichtet die Nevelson, «und konnten gemeinsam das nötige Geld auftreiben, um ihnen die Fahrscheine zu bezahlen. Dann brachten wir sie persönlich aufs Schiff und waren dabei, als sie abreisten.»

12 Nur ein paar kleine Dolchstiche

Als die Riveras Ende 1933 aus den Vereinigten Staaten nach Mexico zurückkehrten, zogen sie in ihr neues Heim an der Ecke Palmas- und Altavista-Straße in San Angel. Der Neubau bestand aus zwei glatten kubischen Formen im internationalen Stil der frühen Moderne. Einheimisch mexikanisch wirkte freilich die Farbgebung – Rosa für Diegos Haus und Blau für Fridas Gebäudeteil – sowie der Kaktuszaun, der das Anwesen umgab. Ella Wolfe sagt, Diego hätte auf den getrennten Häusern bestanden, weil er es von seinem unkonventionellen Standpunkt aus als interessant und aufsehenerregend empfand, so zu wohnen. Ein mexikanischer Zeitungsartikel stellte die Sache ganz anders dar: «Diegos Architekturtheorie ist auf dem mormonischen Lebenskonzept aufgebaut, d. h., wir sehen vor uns die objektive und die subjektive Beziehung zwischen der *casa grande* und der *casa chica**.» Tatsächlich waren die beiden Gebäudeteile wie zwei Häuser getrennt und völlig ungleich. Diegos Bereich war natürlich der größere. In ihm befand sich ein großes, hohes Atelier, gewissermaßen ein halb-öffentlicher Raum, wo der Maler Besucher empfing und Gemälde verkaufte; ferner gab es hier eine weiträumige Küche, wo die Riveras gemeinsam die meisten Mahlzeiten einnahmen. Fridas blaues Haus dagegen war enger und diente mehr der Zurückgezogenheit. Es hatte drei Stockwerke: zu ebener Erde war eine Garage, darüber ein Wohn- und Speisezimmer mit einer kleinen Küche, und zuoberst ein kombiniertes Atelier und Schlafzimmer mit Panoramafenster sowie ein Bad. Die Stockwerke waren durch eine Wendeltreppe verbunden. Das Flachdach war als begehbare Terrasse ausgebaut. Es war ringsum mit einem Geländer umgeben, und von hier oben führte eine Brücke hinüber zu Diegos Atelier.

Eigentlich hätte Frida jetzt endlich glücklich sein können. Sie war aus dem Gringoland in ihre Heimat zurückgekehrt und konnte sich

---

* *Casa grande* (großes Haus) heißt in Mexico das Haus eines Familienoberhaupts, *casa chica* (kleines Haus) ist die Wohnung einer Geliebten.

mit einer Aufgabe befassen, die ihr Spaß machte, nämlich der Einrichtung der beiden Häuser. Aber sie war ganz und gar nicht glücklich, wie man an den Bildern ablesen kann, die in der Folge entstanden. 1934 malte sie überhaupt nicht, und im darauffolgenden Jahr entstanden lediglich zwei Gemälde, das erstaunlich grausame *Nur ein paar kleine Dolchstiche* und ein weiteres *Selbstbildnis*, das eine ganz neue Frida mit kurzgeschnittenen Haaren zeigt.

Wenige Monate nach ihrer Rückkehr in die Heimat war Frida an einem Punkt, an dem sie alle Hoffnung aufgab, je wieder eine heile und harmonische Existenz aufbauen zu können. Diego hatte eine Liebesaffäre mit ihrer jüngeren Schwester Cristina angefangen. In ihrer Verzweiflung schnitt sich Frida die langen Haare ab, die Diego so sehr liebte, und sie zog auch nicht mehr die Tehuanatracht an. Und so, als sei der unmittelbare Schmerz zu groß für eine Darstellung, malte sie jetzt – gewissermaßen stellvertretend – das Bild *Nur ein paar kleine Dolchstiche*, worin sie ihre Leiden auf das Schicksal einer anderen Frau projizierte.

Niemand weiß, wann die Affäre mit Cristina ihren Anfang genommen hat, vielleicht im Sommer 1934, und wir können auch nicht sagen, wie und wann sie zu Ende gegangen ist oder möglicherweise wiederbegonnen hat. Sicher ist nur, daß Rivera die Rückkehr nach Mexico als Unglück empfand, und wie ein trotziges Kind machte er Frida für sein Unbehagen verantwortlich. Obwohl er eingeladen wurde, Fresken in der medizinischen Fakultät von Mexico City zu malen, und obgleich er sehr bald den Auftrag erhielt, im Palast der Schönen Künste eine Replik des Wandbildes im Rockefeller Center zu schaffen, war Diego doch zutiefst verärgert und geriet in einen apathischen Zustand, in dem er nicht zu arbeiten vermochte. Auch gesundheitlich war er nicht in Form. Trotz des reichlichen Konsums von Pudding und Pistazieneiscreme, die ihm in Manhattan so gut geschmeckt hatten, war er seit seiner Diätkur in Detroit zusammengefallen und geschrumpft, hatte Drüsenstörungen, litt an Hypochondrie und war äußerst reizbar. Diego sei «körperlich geschwächt, dünn, gelb und geistig erschöpft», heißt es in einem Brief von Frida an Ella Wolfe im Juli. «Da er sich nicht gesund fühlt, hat er noch nicht wieder mit dem Malen angefangen. Ich werde davon noch deprimierter als sonst, weil ich ihn nicht glücklich sehe. Es läßt mir keine Ruhe, und sein Gesundheitszustand macht mir mehr Sorgen als mein eigener. Obendrein darf ich mir nicht anmerken lassen, wie mir zumute ist, sonst leidet er noch mehr, und alles wird nur schlimmer ... Er bildet sich ein, daß alles, was ihm jetzt widerfährt, meine Schuld ist, weil ich ihn nach

Mexico zurückgebracht habe . . . und daß dies der eigentliche Grund für seinen elenden Zustand sei. Ich tue alles, was in meiner Macht steht, um ihn zu ermutigen und die Dinge so zu lenken, daß es leichter für ihn wird, aber es will mir einfach nicht gelingen. Du machst dir nämlich keine Vorstellung, wie stark er sich seit seinem Aufenthalt in New York verändert hat; er will überhaupt nichts mehr tun, und die Malerei scheint ihn nicht mehr zu interessieren. Ich verstehe ja, warum er so ist, denn hier ist er umgeben von den blödesten Leuten der Welt, verständnislos bis dort hinaus. Die begreifen einfach nicht, was geändert werden muß, und leider ist die Welt voll von solchen Halunken . . . Er sagt, er findet nichts mehr gut von dem, was er früher gemalt hat, ja, daß er alles aus seiner Zeit in Mexico und einen Teil von dem, was in den Staaten entstanden ist, für unerträglich und abscheulich hält, daß er sein Leben jämmerlich vergeudet hätte und nichts mehr malen wolle.»

Fridas Gesundheit war keineswegs besser als die ihres Mannes. 1934 war sie mindestens dreimal in stationärer Behandlung, einmal wegen einer Blinddarmoperation, einmal wegen eines Schwangerschaftsabbruchs im dritten Monat und ein weiteres Mal, weil die Beschwerden an ihrem rechten Fuß noch viel schlimmer als in New York geworden waren. «Mein Fuß ist weiterhin in schlechtem Zustand», schrieb sie an Dr. Eloesser, «aber man kann ja nichts machen, und eines Tages werde ich mir ihn ganz abnehmen lassen müssen, damit er mich nicht mehr so quält wie bisher.» Der Fuß wurde operiert, wobei Frida zunächst die fünf Zehen amputiert wurden. Die Heilung ging sehr langsam vorwärts. Die Dinge wurden auch dadurch nicht leichter, daß Diego tatsächlich, wie angekündigt, den letzten Cent des Rockefeller-Honorars in den USA ausgegeben hatte, und da ihn seither seine Depressionen und seine Unentschlossenheit an jeglicher Arbeit hinderten, verfügten die Riveras nur über wenig Geld. Es ist verständlich, daß sich Frida mit all diesen Sorgen am Hals an Cristina um Trost wandte. Die Schwester war nicht lange nach der Geburt des zweiten Kindes, Antonio, von ihrem Manne verlassen worden und lebte seit 1930 mit ihren Kindern und mit Großvater Kahlo im blauen Haus in Coyoacán.

Die beiden Schwestern ergänzten sich durch ihre Gegensätze. Frida war die strahlend Erfolgreiche, die eine anscheinend beneidenswerte Ehe geschlossen hatte; sie war eine begabte Künstlerin und stand als Frau des berühmten Künstlers Rivera im Blick der Öffentlichkeit. Cristina andererseits war Mutter geworden. Sie war von ihrem Wesen her lebhaft, großzügig und verlockend feminin. 1929 hatte Cristina durch Fridas Vermittlung für Diegos Wandbild im Gesundheitsministerium Modell gestanden. Sie erscheint darauf als eine der allegorischen Aktfiguren und wirkt wie die Personifikation der sexuellen Wollust – eine wohlgerundete Eva mit einer Blüte in der Hand, die fast wie eine Vagina aussieht, während die Schlange der Verführung ihr ins Ohr wispert.

Gewiß hat Cristina ihre Schwester nicht aus Bosheit betrogen, wenn auch ein gewisses Maß an Rivalität eine Rolle gespielt haben mag. Wahrscheinlich fühlte sie sich einfach überwältigt. Rivera war der große Meister, und wenn ein Genius seinen ganzen Charme entfaltet, ist er fast unwiderstehlich. Sein Drängen und Werben war wohl auch deshalb so heftig, weil die Ärzte Frida vom Geschlechtsverkehr abgeraten hatten. Aber es bleibt dennoch eine unverantwortliche Geschichte, auf die sich Diego da mit der gleichen Lässigkeit wie bei seinen früheren Amouren einließ, ja sogar mit einem Anflug bewußter Grausamkeit. «Wenn ich eine Frau liebte», schrieb Rivera in seiner Autobiographie, «wollte ich sie um so mehr verletzen, je mehr ich sie liebte; Frida war bloß das deutlichste Opfer meines abscheulichen Charakterzuges.»

«Ich habe in den letzten Monaten so viel erleiden müssen, daß ich mich kaum so schnell erholen werde», schrieb Frida an Dr. Eloesser am 24. Oktober, «aber ich habe alles getan, um zu vergessen, was zwischen Diego und mir vorgefallen ist, und um wieder wie früher leben zu können. Ich glaube allerdings kaum, daß es mir ganz gelingen wird, weil es Dinge gibt, die einfach stärker als eines Menschen Wille sind; aber ich kann nicht endlos in dieser äußersten Traurigkeit verharren, in der ich mich befunden habe. Ich spürte, wie ich mit großen Schritten auf eine völlige Nervenzerrüttung zusteuerte, bei der man zum Schluß nur ganz verrückt und abstoßend wird. Welch ein Glück, daß ich diesen Zustand von Halbidiotie, in den ich schon geraten war, habe überwinden können!»

Am 13. November heißt es dann: «Ich glaube, daß ich durch Arbeit meine gegenwärtigen Sorgen vergessen kann, und es wird mir wieder besser gehen ... Ich hoffe, mein dummer Erschöpfungszustand wird bald wieder von mir weichen, aber ich werde viel Willenskraft benötigen, um überhaupt wieder Begeisterung für die Malerei empfinden und um jemals wieder etwas anfangen zu können. Heute war Diegos Namenstag, und wir waren ganz glücklich zusammen; vielleicht gibt es noch viele solcher Tage in meinem Leben.»

Am 26. November schrieb sie allerdings: «... Die Situation mit

Diego wird jeden Tag schlimmer. Ich weiß wohl, daß vieles, was geschehen ist, meine eigene Schuld war, weil ich nicht begriffen hatte, was er von Anfang an wollte, und weil ich mich gegen etwas gewehrt habe, was jetzt nicht mehr nachzuholen ist. Jetzt, nach vielen Monaten gräßlicher Seelenqualen, habe ich meiner Schwester vergeben, und ich hatte gedacht, damit würde sich alles zum Besseren wenden, aber das Gegenteil ist eingetreten. Gewiß, vielleicht ist die Situation jetzt für Diego erträglicher, aber für mich ist es schrecklich geblieben. Ich bin jetzt wieder so entmutigt und derart unglücklich, daß ich nicht weiß, wie es weitergehen soll. Ich weiß, daß Diego zur Zeit mehr an ihr als an mir interessiert ist, und ich sage mir, daß ich kompromißbereit sein muß, wenn ich will, daß er glücklich ist. Aber es kostet mich so viel, das durchmachen zu müssen, und Sie können sich nicht vorstellen, wie ich leide. Es ist alles so entsetzlich kompliziert, ich kann es kaum erklären, aber ich möchte annehmen, daß Sie mich auch ohne Erklärungen verstehen. Sie werden mich wohl auch darin unterstützen, wenn es darum geht, daß ich mich nicht von idiotischen Vorurteilen zu unüberlegten Handlungen hinreißen lasse . . .»

Inzwischen war Diego, wie Frida in einem anderen Brief an Dr. Eloesser schrieb, «Tag und Nacht an der Arbeit». Irgendwann Anfang November hatte er das Fresko *Das moderne Mexico* im Treppenhaus des Nationalpalastes begonnen. Wieder stand ihm Cristina Modell, diesmal mit ihren beiden Kindern. In der Hand hält sie nun statt einer Blume ein politisches Dokument. Trotzdem sieht sie auch hier wieder verführerisch wohlgerundet in Gesicht und Figur aus, und ihre goldenen Augen haben jenen leeren orgasmischen Ausdruck, den Rivera für die Frauen reservierte, mit denen ihn sexuelle Erfahrung verband.

Frida sitzt hinter Cristina und hält einem Jungen ein Buch mit einem politischen Text zum Lesen hin. Sie spielt die Rolle der eifrigen jungen Aktivistin überzeugender als ihre Schwester. Vor allem trägt sie die richtige Kleidung: einen Rock aus Segeltuchstoff, ein blaues Arbeitshemd und dazu eine Halskette mit einem roten Stern als Anhänger, der mit Hammer und Sichel verziert ist.

Einige Freunde der Riveras berichten, die Affäre mit Cristina sei nur kurz gewesen. Sehr viel wahrscheinlicher ist es jedoch, daß die Liaison länger gedauert hat, als gemeinhin angenommen wird. Denn Frida verließ 1935 urplötzlich ihr Haus in San Angel, nahm ihr Lieblingsäffchen mit und zog in eine kleine moderne Wohnung im Zentrum von Mexico City in der Avenida Insurgentes. Es war die erste vieler noch folgender Trennungen. Frida dachte an Scheidung und

zog einen Rechtsanwalt zu Rate. Es war ihr Freund und Schulkamerad, der *cachucha* Manuel González Ramírez.

Von nun an ergab sich eine seltsame Form des Umgangs zwischen
den Riveras: Frida und Diego lebten zwar getrennt, besuchten sich
aber dennoch ständig. Diego hatte einige seiner Kleider in ihrer Wohnung, und da er in fairer Weise für beide Schwestern sorgen wollte,
kaufte er für Frida eine Möbelgarnitur mit blauem Leder und Chrom-
stahl, wie es in den dreißiger Jahren modern war – ganz ähnlich der
roten Garnitur, mit der er für Cristina eine Wohnung in der schicken
Avenida Florencia ausgestattet hatte.

Möglicherweise hatte Frida die Wohnung nicht nur genommen, um
Abstand von Diego zu gewinnen, sondern um sich ein eigenes Leben
aufzubauen. Jedenfalls ließ sie sich in der Öffentlichkeit nichts anmerken, zeigte sich heiter und belustigte ihre Umgebung durch ihren
sarkastischen Humor, so daß neue Bekannte, die nicht den gleichen
Einblick wie die engeren Freunde hatten, das Ausmaß ihrer Leiden
nicht ahnen konnten. So ging es zum Beispiel Mary Schapiro, die auf
einer Reise durch Mexico mit Frida zusammentraf. Aber Alejandro
Gómez Arias besuchte sie einmal in ihrer Wohnung und erinnert sich,
wie Frida einen Wutausbruch bekam, als sie Cristina an einer gegenüber ihrer Wohnung gelegenen Tankstelle erkannte. «Jetzt schau dir
doch das an!» soll sie gebrüllt haben. «Warum muß die ausgerechnet
hierher kommen und ihr Auto vor meinem Haus auftanken?»

Schließlich packte Frida Anfang Juli ihre Sachen und flog mit Anita
Brenner und Mary Schapiro zusammen nach New York. Diese Unter-
nehmung war teils eine Art Flucht, teils auch ein Wahnsinnsabenteu-
er. Von einem Augenblick zum andern hatte sich Frida entschlossen,
nicht mit dem Zug zu fahren, sondern in einem Privatflugzeug zu
fliegen, dessen Piloten sie bei einer ziemlich lebhaften Dinnerparty am
Abend zuvor kennengelernt hatte. Die gräßliche sechstägige Reise
ging nicht ohne mehrere unvorhergesehene Zwischenlandungen ab.
Um ihre Angst zu vergessen, rettete sich Frida in den Schlaf. Irgendwo auf der Reise machten die Frauen nicht mehr mit und ließen den
Piloten mit seinem Flugzeug stehen. Sie reisten die restliche Strecke
mit dem Zug nach Manhattan. Da sich Mary Schapiro nicht lange
vorher von ihrem Mann getrennt hatte, wohnte Frida mit ihr zusammen im Holly Hotel in der Nähe des Washington Square. Es kam zu
langen vertraulichen Gesprächen mit Lucienne Bloch und mit den
Wolfes. Schließlich konnte sich Frida zu einem neuen Entschluß
durchringen. «In dem Maße, wie sich ihre Erbitterung gegen Diego
legte», schrieb Bertram Wolfe, «wurde ihr bewußt, daß Diego der

Mann war, den sie liebte, und daß er ihr mehr bedeutete als die Dinge, die zwischen ihnen standen.» So entschloß sie sich zu einer Form der Ehe in gegenseitiger Unabhängigkeit, und am 23. Juli schrieb sie an ihren Mann:

«... mir ist inzwischen klar, daß alle diese Briefe, Unterrockgeschichten, Damen, die ‹Englischunterricht geben›, Zigeunermodelle, Assistentinnen mit ‹guten Absichten›, ‹wichtige Abgeordnete› von fernen Städten, daß sie alle nichts anderes als Flirts sind und daß nur wir uns gegenseitig im tiefsten Grunde lieben. Wir mögen durch noch so viele Abenteuer hindurchsteuern, gegen noch so viele Türen schlagen, noch so viel fluchen und schimpfen, internationale Hebel in Bewegung setzen und was weiß ich alles tun – wir werden uns dennoch immer lieben ...

All diese Dinge haben sich während der sieben Jahre unseres Zusammenlebens oft genug wiederholt, und alle Wutausbrüche, die über mich gekommen sind, haben mich letzten Endes nur einsehen lassen, daß ich dich mehr als meine eigene Haut liebe und daß du, obwohl du mich sicher nicht in gleicher Weise liebst, doch auch an mir hängst, nicht wahr?! ... Ich werde immer hoffen, daß dies nicht aufhört, und damit will ich mich zufriedengeben.»

Rivera seinerseits wußte sehr wohl, daß er Frida auch weiterhin nicht treu sein würde, aber es tat ihm leid, wenn er sie verletzte. Und es ist ganz klar, daß er, wenn er zwischen den beiden Schwestern hätte wählen müssen, sich für Frida entschieden haben würde. In seiner Autobiographie spricht Diego von einem Vorfall, der kurz nach Fridas Rückkehr aus New York im Jahre 1935 geschah. Danach soll der deutsche Botschafter gedungene Mörder auf Rivera angesetzt haben, weil dieser sich als Kommunist ganz offen gegen den Faschismus äußerte und für die Deutschen eine mißliebige Person war. Die Attentäter feuerten zwei Schüsse in Riveras Atelier, wobei sie angeblich auf eine «Sekretärin» zielten, die gerade für Diego Modell saß und auf demselben Stuhl Platz genommen hatte, auf dem sonst Frida zu sitzen pflegte, wenn sie Diego bei der Arbeit zusah und mit ihm plauderte. Die «Sekretärin» war, wie Rivera zugab, Cristina gewesen. «Im nachhinein kam ich darauf», sagte Diego später, «daß die Attentäter es wohl auf Frida abgesehen hatten, weil sie mich durch ihren Tod viel schlimmer getroffen hätten, als wenn nur ich selbst umgekommen wäre. Mit dieser Überlegung hatten sie natürlich völlig recht.» Wenn auch die Tatsache, daß Cristina seine «Sekretärin» war, nicht gerade dazu angetan war, Fridas Wunden zu heilen, so spricht aus Riveras Erklärung doch tief empfundene Liebe zu Frida.

Viele Jahre später notierte Frida in ihrem Tagebuch: «Nichts ist fürs Leben wichtiger als das Lachen. Lachen bedeutet Stärke, Selbstvergessenheit und Leichtigkeit. Tragödien sind dagegen etwas völlig Albernes.» Ende 1935 hatte Frida ihr inneres Gleichgewicht wiedergefunden, so daß sie die Beziehung zwischen Diego und Cristina von sich abschütteln konnte. Sie zuckte die Schultern, machte sich innerlich stark und hatte für die Angelegenheit nur noch ihr tiefes, anstekkendes Lachen. Humor und Hoffnung waren die Grundpfeiler ihres problemreichen Lebens.

Wohl konnte die Malerin die Affäre ignorieren, aber sie vergaß sie nicht, wie man aus Bildern der folgenden Jahre ersieht, zum Beispiel aus dem Gemälde *Gedächtnis* von 1937 und aus *Erinnerung an eine offene Wunde* von 1938. Das Bild von 1937 wurde leider bei einem Brand zerstört, ist jedoch in einer Schwarzweißfotografie erhalten geblieben. Während Frida in *Nur ein paar kleine Dolchstiche* und ähnlichen blutrünstigen Darstellungen den weiblichen Körper in physischem Schmerz oder tot zeigte, begann sie in den neueren Bildern, die physischen Wunden symbolisch als Zeichen seelischer Verletzung zu gebrauchen. Nun war sie nicht mehr das passive Weibchen, das unterliegt und sich in sein Schicksal ergibt, sondern eine Frau in aufrechter Haltung mit einem forschenden Blick auf den Betrachter und mit dem Bewußtsein ihrer Leiden, die wahrzunehmen sie auch vom Beschauer des Bildes fordert.

Gedächtnis ist eine schrecklich genaue Wiedergabe von Liebesqual, genauso einfach und unkompliziert gemalt wie ein Herz, das von einem Liebespfeil durchbohrt ist. Frida war es sehr wohl bewußt, so schließt man aus der Betrachtung, daß der triviale Ausdruck vom «gebrochenen Herzen» seinen Grund in tatsächlich fühlbaren Empfindungen hat. Es sind Schmerzen, als ob etwas in der Brust zerspringt oder ein Schwert in einer sich immer wieder öffnenden Wunde herumgedreht wird. Die Malerin verband greifbaren Realismus mit Vorstellungskraft, wenn sie das Innere ihres Körpers nach außen kehrte und es so zum sichtbaren Zeichen für ihre Gefühle werden ließ.

Daß Frida die Metapher vom «herausgerissenen Herzen» wörtlich nahm und als Symbol für die Grausamkeit des Liebesschmerzes in *Gedächtnis* und in anderen Bildern verwendete, wird man keineswegs als grotesk empfinden, wenn man an den Zusammenhang dieses Zeichens in der frühmexikanischen Kultur denkt. Auch noch im modernen Mexico wie in der Kolonialzeit wird das Bild vom heiligen Herzen gebraucht, das, von einer Dornenkrone umringt oder anderweitig verletzt, sein Blut vergießt. Dieses Motiv ist in zahllosen Varianten verbreitet.

Als Frida im darauffolgenden Jahr das Selbstbildnis *Erinnerung an eine offene Wunde* malte, waren ihre Seelenwunden noch nicht vernarbt, aber ihre Haltung zu ihnen hatte sich geändert. Wie in *Gedächtnis* spielen zwar auch hier körperliche Wunden auf seelische Verletzungen an. Aber in dem neuen Bild sitzt Frida fast schamlos und pervers da. Sie hat die weißen Rüschen des Tehuanarocks hochgezogen, die Beine geöffnet, und stellt zwei Wunden zur Schau, den verbundenen Fuß, den sie auf einen Schemel gesetzt hat, und einen langen Schnitt an der Innenseite ihres Oberschenkels. Von dieser – imaginären – offenen Wunde tropft Blut auf den weißen Unterrock. Nicht weit von diesem Schnitt sieht man eine Blattpflanze, vielleicht ein Hinweis auf die Verbindung, die für Frida zwischen ihrem Blut und der Vorstellung von Fruchtbarkeit bestand. Dieser Zusammenhang war zum ersten Mal in *Frida und die Fehlgeburt* deutlich geworden.

Die Zeit, als sie *Gedächtnis* und *Erinnerung an eine offene Wunde* malte, war relativ glücklich für Frida. Aber sie mußte sich dieses Glück immer erst erobern, Schmerzen niederkämpfen und Sorgen beiseite räumen, die ihr das Weitermachen erschwerten. Während *Gedächtnis* vor Augen führt, wie der durch die Affäre zwischen Diego und Cristina verursachte Schmerz bei der Künstlerin zu einer gestärkten und unabhängigen Persönlichkeit führte – gewinnt sie doch ihre Kraft aus der Beschreibung ihrer Verwundbarkeit –, so zeigt *Erinnerung an eine offene Wunde*, wie es der Malerin gelingt, die fortdauernde Eifersucht in eine andere Form von seelischer Energie, in eine neue Form seelischer Öffnung zu überführen. Von nun an ist sie die sexuell freie Frau, die keinem Liebesabenteuer mehr ausweicht, die bei allem anscheinend vorherrschenden Ernst und dem Hinweis auf ihre Leiden dennoch ein wenig sorglos wirkt.

Genau wie der Unfall Frida aus einem albernen Kind in eine junge
Frau mit einem Hang zur Melancholie verwandelt und bei ihr den
unbezwinglichen Willen geweckt hatte, die Traurigkeit zu überwinden, so wurde Frida durch Riveras Affäre mit Cristina von der hinge-
bungsvollen Braut zur seelisch gereiften, lebensklugen und selbstbe-
stimmten Frau. Ihre Beziehung zu Diego konnte nie mehr wie früher
werden, und sie konnte und wollte sich nicht länger in die Rolle
finden, bloß ein hübsches Anhängsel ihres allseits als bedeutend angesehenen Ehemannes zu sein. Sie mußte lernen, aus sich selbst zu
schöpfen und zumindest so zu tun, als ob sie selbständig wäre. Natürlich hörte sie nicht auf, im Glanz von Diegos Umkreis zu strahlen und
zu bezaubern und ihren Mann dadurch zu beglücken; aber mehr und
mehr war das, was die Leute zu Frida hinzog, ihr eigenes Licht.

Die seltsame Beziehung der Riveras von gegenseitiger Unabhängigkeit und gleichzeitiger Abhängigkeit kam symbolisch in den beiden
Häusern und in der Brücke zum Ausdruck, die die zwei Wohnungen
in San Angel verband. Zwar gehörten beide Häuser dem Maestro,
aber wenn sich Frida über ihn geärgert hatte, schloß sie die Tür an
ihrer Seite der Brücke einfach ab. Dann mußte Diego in seinem Haus
hinuntersteigen, über den Hof gehen und an ihrer Haustür klopfen.
Oft genug bekam er dort von einem Dienstboten erklärt, daß seine
Frau ihn nicht zu sehen wünschte. Dann blieb Diego nichts weiter
übrig, als wutschnaubend die Treppen bei sich wieder hinaufzustei-
gen, über die Brücke zu gehen und durch die verschlossene Tür Frida
um Verzeihung zu bitten.

Diego sorgte für das Geld und Frida verwaltete es. Rivera kümmerte sich nicht gerne um Geldangelegenheiten; er ließ Verrechnungs-
schecks, sogar über große Summen, jahrelang in ungeöffneten Brief-
umschlägen herumliegen. Wenn ihm jemand diese Sorglosigkeit vorhielt, wischte er die Vorwürfe mit den Worten *demasiado molestia* (viel
zuviel Umstände) vom Tisch. Er gab Geld aus, wie er Lust hatte, und
obgleich beide Riveras recht bescheiden in ihren Ansprüchen waren,

hatten sie dennoch Ausgaben in enormer Höhe. Ströme von Geld flossen zur Bezahlung der präkolumbischen Plastiken, mit denen Diego seine Sammlung ständig erweiterte. «Frida schimpfte manchmal mit mir, weil ich nicht genug Geld für so prosaische Dinge wie Unterhosen übrig hätte», erzählte Diego später. Auch bei der Unterstützung politischer Linksgruppen zeigte sich Rivera von seiner großzügigen Seite, und er knauserte auch nicht, wenn er Fridas Familie und seiner eigenen mit Geld helfen konnte. Ein weiterer finanzieller Aderlaß entstand natürlich auch durch Fridas beträchtliche Arztrechnungen. «Es gab Momente», so klagte Diego, «da brachten mich die Zahlungen für ihre medizinische Behandlung ernstlich an den Rand des Ruins.» Frida bemühte sich redlich, die Lebenskosten so gering wie möglich zu halten, und führte gewissenhaft Buch über die Ausgaben. Alles, was mit dem Haushalt zu tun hatte, wurde von ihr erledigt. Leicht war es jedenfalls nie für sie. Das Geld kam und verschwand auf unerklärliche Weise, und nicht selten hatte sie keinen Peso mehr. Von 1935 bis 1946 ließ sie sich von Alberto Misrachi ein Konto führen. Er war ein reizender und sehr belesener Mann, dem einer der wichtigsten Buchläden in Mexico City gehörte. 1937 malte Frida sein Porträt. Alberto und seine Frau Anita waren gute Freunde der Riveras. Für den Maler trat Misrachi als Verkaufsvermittler auf, und er beriet die Riveras in Geldangelegenheiten und verwaltete das Konto. Eine typische Mitteilung von Frida an Misrachi lautete etwa: «Albertito, würdest du mir freundlicherweise das Geld für nächste Woche vorschießen, denn ich habe für diese Woche nichts mehr übrig.» Auf anderen Zetteln, die jetzt im Frida-Kahlo-Museum sind, steht, daß sie Geld für Krankenhausrechnungen, für die Miete, für Diegos Ausgaben, für Maurer und Anstreicherfarbe, für den Transport von Diegos Plastiken oder für Material benötigte, das bei der Herstellung der kleinen Pyramide im Garten des blauen Hauses verwendet wurde. Ein anderes Mal wollte sie zwei Papageien kaufen; auch für eine Tehuanatracht mußte Geld angefordert werden. Mag das Arrangement mit Misrachi auch recht locker und vertraglich nicht klar geregelt gewesen sein, es tat jedenfalls seinen Dienst.

Wenn alles in Ordnung war zwischen Frida und Diego, fing ihr gemeinsamer Tageslauf gewöhnlich mit einem ausgedehnten späten Frühstück in Fridas Haus an. Sie lasen dabei die Post und besprachen Pläne für den Tag, z. B. wer wann den Chauffeur benötigte, wann sie Mahlzeiten gemeinsam einnehmen wollten, wer zum Lunch erwartet wurde und was dergleichen mehr war. Danach arbeitete Diego in seinem Atelier. Gelegentlich begab er sich auch zu Ausflügen aufs

Land zum Zeichnen, von denen er erst spätabends zurückzukehren pflegte. Nicht selten galt bei solchen Exkursionen Diegos grenzenlose Gastfreundschaft ausländischen Touristinnen, die es natürlich großartig fanden, die Umgebung von Mexico City in Begleitung des berühmten Meisters kennenzulernen.

Mitunter stieg Frida nach dem Frühstück zu ihrem Studio hinauf, aber sie malte nur wenig. Es gab wochenlange Unterbrechungen. Soweit wir wissen, vollendete sie 1936 nur zwei Gemälde, nämlich *Meine Eltern, meine Großeltern und ich* sowie ein Selbstbildnis, das sie Dr. Eloesser zum Geschenk machte und das nicht erhalten geblieben ist.

Häufiger ließ sie sich, nachdem sie die anstehenden Haushaltsfragen erledigt hatte, vom Chauffeur nach Mexico City hineinfahren, um den Tag mit Bekannten und Freunden zu verbringen. Oder sie machte mit einer Freundin einen Ausflug aufs Land, wo es, wie sie sagte, «nichts als Indios, Tortillas, Bohnen, Blumen, Pflanzen und Bäche gibt».

Oft fuhr sie zu ihren Schwestern Adriana und Matilde; aber die meiste Zeit verbrachte sie mit Cristina. Als sie 1935 nach San Angel zurückkehrte, hatte Frida ihrer Schwester die Liaison mit Diego vergeben, während sie sie ihrem Mann nie ganz verzieh. Cristina wurde wieder ihr ständiger Umgang, ihre Verbündete in den Aufregungen des Lebens und ein Trost für jeden Schmerz. Sobald Frida ihr Herz ausschütten wollte oder wenn sie ein Alibi benötigte, war Cristina immer bereit. Nach Cristina verlangte Frida auch, wenn sie wieder unter das Messer der Chirurgen kam; die jüngere Schwester mußte ihr die Hand halten, bis die Narkose ihre Wirkung tat. Zusammen mit ihren Kindern gehörte Cristina schließlich so vollständig zum Rivera-Haushalt, daß Fridas Nichte Isolda sich später kaum mehr an etwas anderes erinnern konnte, als daß sie von klein auf bei Onkel Diego und Tante Frida gewohnt hatte. Frida war eine Tante, wie sie sich Kinder nur erträumen können. Sie überschüttete ihre Nichte und ihren Neffen mit Zuneigung und Geschenken, half das Schulgeld bezahlen und kam auch für Musik- und Tanzstunden auf. Aber die beiden erwiesen ihrer Tante ebenfalls große Anhänglichkeit. 1940, als Frida das Bild *Verwundeter Tisch* malte, gehörten Isolda und Antonio zu den engsten Tischgefährten.

So wurden Cristina und ihre Kinder für Frida immer mehr zu einem Ersatz für die Familie und für die vertraute Welt ihrer eigenen Kindheit. Als sie heranwuchs, hatte sich Frida darüber beklagt, daß Coyoacán ein verschlafenes und langweiliges Nest sei, wo es angeblich «nichts als Weideland und wieder Weideland, Indios und noch einmal

Indios, Hütten und abermals Hütten gab». Die erwachsene Frida dagegen sah in dieser Welt eine Zuflucht vor den Ansprüchen, die Diego und seine Umwelt an sie stellten. Zumindest darf man dies aus dem Bild *Meine Eltern, meine Großeltern und ich* herauslesen. Mit achtundzwanzig Jahren genoß Frida ganz offensichtlich das Wissen um ihre familiäre Herkunft und die Erinnerung an die Geborgenheit im Hof des blauen Hauses von Coyoacán.

Demgegenüber war das Anwesen der Riveras in San Angel ein Mekka der internationalen Intelligenzija. Schriftsteller, Maler, Fotografen, Musiker, Schauspieler, Flüchtlinge, politische Aktivisten und Leute, die Geld für Kunst ausgeben wollten, sie alle suchten das blaue und das rosafarbene Doppelhaus auf. Unter den Ausländern, die Rivera einen Besuch abstatteten, waren unter anderen John Dos Passos und Waldo Frank. Unter den eigenen Landsleuten zählten zu dem Freundes- und Bekanntenkreis Leute wie der Präsident Lázaro Cárdenas, der Fotograf Manuel Alvarez Bravo und die schöne Filmschauspielerin Dolores del Rio. Obwohl Riveras Ruhm einige andere mexikanische Prominente eifersüchtig machte, erinnern sich doch die meisten von ihnen mit Freude an Diego und Frida. Oft gab es zur Mittagszeit eine fröhliche *comida*. Sie fand in Riveras rosafarbenem Haus statt, wo eine lange Tafel mit Blumen, Früchten und irdenem Geschirr hergerichtet wurde. Den Vorsitz führte Frida in ihrer Tehuanatracht. Marjorie Eaton kam im Herbst 1934 auf Einladung der Riveras nach Mexico und erinnert sich an ihren Besuch: «Ich kam zum Lunch, und prompt setzte sich ein Klammeraffe auf meinen Kopf und nahm mir die Banane aus der Hand. Während ich meine Zeichnungen vorzeigte, mußte ich den Affen balancieren, der seinen Schwanz um meinen Hals gewickelt hatte.»

Vielleicht handelte es sich bei dem kühnen Klammeraffen um Diegos Liebling Fulang-Chang. Auch eine andere Besucherin, Ella Wolfe, erinnerte sich nämlich an ihn. Sie kam oft zum Lunch, als sie mit ihrem Mann in Mexico weilte. Bertram Wolfe und Diego arbeiteten damals zusammen an dem Buch *Porträt von Mexico* und an der Biographie des Malers. Der Affe pflegte zum Fenster herein auf den Tisch zu springen, schnappte sich eine Frucht aus der Schale, und als ob er befürchtete, die gutherzigen Hausherren könnten sie ihm wieder abnehmen, beeilte er sich, mit seiner Beute in den Garten zu entkommen, wo er sie in aller Ruhe verzehrte. Nicht immer waren die Affen so lieb. Einer nahm Rivera besonders für sich in Anspruch. Als eine berühmte Filmschauspielerin einmal zum Mittagessen kam, mußte sie erleben, daß Affen gehörig eifersüchtig sein können und dement-

sprechend auf ihre Rivalen losgehen. Rivera, der sich immer wohlfühlte, wenn ihm liebevolle Zuneigung entgegengebracht wurde, war
sichtlich belustigt über den Zank zwischen seinem Affen und der
Schönheitskönigin.

Nicht selten ging Frida mit Freunden zu Abendveranstaltungen im
Stadtzentrum von Mexico City. Was sie bevorzugte, waren Zirkusvor-
stellungen, Straßentheater, Kino und Boxkämpfe. Jean van Heijenoort war seit 1937 eng mit Frida befreundet, und er erinnert sich: «An
manchen Abenden ging ich mit Frida und Cristina zum Tanzen in
den Salón México. Das war ein volkstümliches Lokal, wo sich die
Arbeiterklasse zu Hause fühlte. Ich tanzte mit Cristina, und Frida
schaute mit ihren Katzenaugen in das wirbelnde Treiben, Drehen,
Schwitzen, Stoßen und Poltern.» Die plärrende populäre Musik hat
Aaron Copland in seinem symphonischen Stück «El Salón México»
verarbeitet.

Schon Lupe Marín hatte über die Trinkgewohnheiten der jungen
Frida ihre Bemerkungen gemacht; aber es begann wohl erst zu dieser
Zeit, daß die Malerin eine kleine Kognakflasche in ihrer Handtasche
oder in ihren Unterröcken versteckt bei sich trug. Manchmal hatte sie
sogar scharfe Sachen in ihrem Parfümfläschchen, das sie dann aus der
Bluse hervorzog, als wollte sie sich ein wenig mit Kölnisch Wasser
erfrischen. Sie nahm ihren Schluck so geschwind, daß die Anwesenden gar nicht richtig merkten, was Frida wirklich tat. Aber es war
allgemein bekannt, daß Frida jeden Mann unter den Tisch trinken
konnte, und nicht wenige von Dr. Eloessers Briefen enthalten wohlmeinende Ermahnungen an sie, den Alkoholkonsum zu drosseln. Sie
schrieb ihm zurück, sie hätte ihre *cocktailitos* aufgegeben und würde
nur noch täglich ein Bier trinken. An Ella Wolfe, die Frida für eine
Alkoholikerin hielt, schrieb sie 1938: «Du kannst Bert sagen, daß ich
mich wieder ordentlich betrage. Ich trinke nicht mehr so viele *copiosas*
(große Gläser), höchstens mal ein paar Tropfen Kognak oder Tequila ... Ich glaube, daß dies ein weiterer Schritt zur Befreiung der
unterdrückten Klasse ist. Ich habe getrunken, um meinen Kummer
zu ertränken, aber jetzt hat er das Schwimmen gelernt, und ich werde
nur noch vor Anstand und gutem Betragen müde.»

Wenn Frida trank, fiel sie zunehmend aus der Rolle und vergaß die
bürgerlichen Anstandsregeln. Sie gewöhnte sich Verhaltensweisen der
Leute an, die sie die echten Mexikaner nannte, die *pelados* (bettelnde
Indios), und sie würzte ihre Rede mit derben Sprüchen und Fäkalaus-
drücken – *groserías* –, die sie am Marktplatz aufschnappte. In diesem
Verhalten stand sie freilich nicht allein da, denn manche Mexikanerin

aus der Welt der Kunst und Literatur hat sich in ihrem Bestreben, besonders mexikanisch zu wirken, künstlich eine Gossensprache angewöhnt.

Nach ihrer Rückkehr zum Domizil in San Angel wurde Frida wieder zunehmend Diegos *compañera* und Gehilfin. Sie ließ ihn gewähren, pflegte ihn, wenn er krank war, stritt sich mit ihm herum, bestrafte ihn und war wieder gut. Diego ertrug sie, wie sie war, zeigte sich stolz auf ihre Leistungen, respektierte ihre Meinungen, liebte sie – und ging dennoch weiter seine eigenen Wege. Doch nun fühlte auch sie sich nicht mehr gebunden. Nicht selten benötigte Frida das Auto für ein Rendezvous mit einem oder einer Geliebten.

Fridas latente Homosexualität war wieder wachgerufen worden, als Diego sie in die freidenkerische Bohemewelt einführte, wo Liebesaffären zwischen Frauen durchaus nichts Ungewöhnliches und geduldet waren. Männer hatten ihre *casa chica*, und Frauen hatten eben – einander. Unter diesen Umständen empfand Frida keine Scham über ihre Bisexualität. Auch Diego fand nichts dabei. Lucienne Bloch erinnert sich an einen Morgen in Detroit, als sie zusammen beim Frühstück saßen und Diego sie plötzlich dadurch in Erstaunen versetzte, daß er auf Frida deutete und sagte: «Du weißt doch, daß sie homosexuell ist, nicht wahr?» Lucienne war die einzige, die bei dieser Episode verlegen wurde, denn Frida lachte nur, und Diego fuhr fort zu erzählen, wie seine Frau mit der Malerin Georgia O'Keeffe in New York geflirtet hatte. Diego hielt Frauen «für zivilisierter und vernünftiger, weil Männer sexuell primitiver sind. Das männliche Geschlechtsorgan ist auf eine Körperstelle beschränkt», sagte er, «das der Frauen dagegen ist über den ganzen Körper verteilt; deshalb können zwei Frauen miteinander ganz andere und unerhörte Gefühlserfahrungen machen.»

«Frida hatte viele Freundinnen, darunter auch Lesbierinnen», erinnert sich Jean van Heijenoort. «Durch ihre lesbische Ader erschien sie keineswegs etwa besonders maskulin; eher wirkte sie ephebenhaft, wie ein Junge, und zugleich ausgesprochen feminin.»

Wie alles aus Fridas Intimleben taucht auch die lesbische Seite ihres Wesens in ihrer Kunst auf, allerdings nicht unverhüllt. Zum Beispiel ist sie in dem Doppelselbstbildnis zu erkennen, und sie zeigt sich als eine Art Stimmung in zahlreichen anderen Bildern. Dabei kommt eine so tiefe Sinnlichkeit zum Ausdruck, daß sie die Formen der herkömmlichen Polarität überspielt. Es bricht ein so starker Hunger nach engem Zusammensein hervor, daß er nicht mehr nach dem Geschlecht fragt. Man muß unwillkürlich an Picasso denken, der gesagt haben soll, die Intensität seiner Freundschaft mit dem Dichter Max Jacob hätte sich bei ihm zu der Vorstellung körperlicher Vereinigung gesteigert, um ihn noch vollständiger kennenlernen zu können. So auch Frida, die sich, wenn sie jemanden mochte, eine absolute Verbindung, also auch in physischer Vereinigung wünschte. 1939 malte sie ein weibliches Liebespaar in *Zwei Akte im Wald*, ein wiederkehrendes Motiv, das durchaus auf eigene Erfahrungen mit einer Frau verweisen kann.

Anscheinend hat Rivera Fridas homosexuelle Affären nicht bloß geduldet, sondern auch gefördert. Möglicherweise konnte oder wollte er als der ältere Mann, der er bereits war, die Wünsche seiner jungen Frau nicht erfüllen, oder es lag ihm daran, sie beschäftigt zu wissen, um selbst freie Hand zu haben. Jean van Heijenoort deutet an, daß «er Fridas lesbische Abenteuer als eine Art Sicherheitsventil betrachtete». Und fügt hinzu: «Sie hat mir nicht erzählt, ob Diego ihr sexuelle Erfüllung gewährt. Sie sprach zwar viel über ihre Ehe, aber nicht über diesen Punkt. Jedenfalls gibt es keinen Zweifel, daß sie sehr starke sexuelle Bedürfnisse hatte. So vertraute sie mir einmal an, wie sie das Leben sah: ‹Lieben, ein Bad nehmen und wieder lieben.› Das lag in ihrer Natur.»

Fridas kräftiger sexueller Appetit drückt sich unmißverständlich in der Aura aus, die von ihren Bildern ausgeht, ganz besonders in der Tafel von 1944 *Die Blume des Lebens* und in dem Gemälde *Sonne und Leben* von 1947. Es läßt sich freilich nicht eindeutig festlegen, auf welche Weise die sexuelle Energie nun genau festgehalten wird; vielleicht ist sie in der seltsam dichten Atmosphäre eingefangen, in ihrer Gespanntheit und in ihrem Magnetismus. Selbst Fridas unschuldigste Selbstbildnisse wirken ja auf eigentümliche Weise elektrisch aufgeladen, so daß der Betrachter vor ihnen innehält und angezogen wird wie von Fridas lebendiger Gegenwart. Diese Aufladung mit sexueller Energie spricht aus Fridas Gesicht – aus dem durchdringenden und verschlingenden Blick unter den stark behaarten Augenbrauen hervor, aus den sinnlichen Lippen unter dem Anflug von Bartflaum. Fridas leidenschaftlichste Liebesaffäre war – nach dem Urteil ihrer Freunde – die narzißtische Beziehung zu sich selbst. In der Tat läßt sich an Gemälden wie *Erinnerung an eine offene Wunde* und an vergleichbaren Selbstporträts eine auffällige Faszination für den eigenen Körper ablesen. Dies wird besonders an der Art deutlich, wie Frida Wunden an ihrem Körper herausstellt.

Bis spät in ihrem Leben, als ihre körperliche Gebrechlichkeit Geschlechtsverkehr mit Männern schwierig machte, zog sie Männer Frauen vor, und sie hatte nicht wenige Liebhaber. Rivera nahm für sich Freiheit in Liebesdingen ganz selbstverständlich in Anspruch und lebte diese Haltung auch ganz offen aus. Er hatte zwar nicht die üblichen *Macho*-Attitüden und bekundete anderen Frauen seine Bewunderung, aber die heterosexuellen Abenteuer seiner eigenen Frau mochte er nicht tolerieren. Die mußte sie vor ihm verbergen. Entweder schloß sie die Tür an der Brücke zu Diegos Haus ab, oder sie arrangierte ein Treffen in Cristinas Wohnung, denn ihr Mann – so ließ sie ihre Liebhaber wissen – wäre ohne weiteres eines Mordes fähig gewesen.

Einer der unerschrockenen Männer, die derartige Warnungen ignorierten und sich damals in Frida verliebten, war der Bildhauer Isamu Noguchi, dessen großes Talent zu jener Zeit in New Yorker Kunstkreisen Aufsehen erregte. Charmant, überströmend, ungewöhnlich hübsch, kam er 1935 mit Hilfe eines Guggenheim-Stipendiums nach Mexico, da ihm ein öffentlicher Auftrag für ein großes Reliefbild am Abelardo L. Rodríguez-Markt in Mexico City winkte, wo bereits mehrere andere Künstler an Wandbildern arbeiteten. Acht Monate später war Noguchis Werk – in farbigem Zement und in plastisch verarbeiteter Keramik – vollendet.

Wenn man bedenkt, wie klein damals die mexikanische Kunstwelt war, so ist begreiflich, daß sich Noguchi und Frida fast zwangsläufig begegnen mußten. Als sie sich zum ersten Mal sahen, war der junge Bildhauer sofort bezaubert. «Ich habe sie sehr geliebt», sagte er später, «sie war eine überaus reizvolle und wirklich wunderbare Frau. Da man Diego als Schürzenjäger kannte, sollte man ihr nicht vorwerfen, daß sie mit anderen Männern Umgang pflegte. In diesen Jahren führten wir alle ein mehr oder weniger unruhiges Leben; auch Frida war davon nicht ausgenommen. Trotzdem war es Diego nicht recht. Ich traf mich hie und da mit Frida, zum Beispiel bei ihrer Schwester Cristina im blauen Haus in Coyoacán.

Ich mochte Cristina sehr gern. Sie war kleiner als Frida und hatte bezaubernde grüne Augen. Sie war nicht so extravagant und hatte auch nicht Fridas feuriges Wesen; jedenfalls kamen wir sehr gut miteinander aus, wir drei. Der enge Kontakt mit Frida dauerte etwa acht Monate. Wir gingen fortwährend zusammen tanzen, denn es war ihre große Leidenschaft. Sie wollte immer alles das tun, was sie nicht konnte. Sie wurde wahnsinnig vor Wut, wenn sie etwas nicht konnte.»

Die Liebesromanze zwischen Noguchi und Frida entbehrt nicht der

Züge einer französischen Schlafzimmerfarce. Laut Marjorie Eaton sollen die beiden geplant haben, zusammen ein Apartment für ihre Rendezvous zu mieten. Sie bestellten sogar Möbel für die Zimmer, doch die kamen niemals an, weil der Mensch, der sie anliefern sollte, annahm, die Möbel seien für Frida und Diego. So fuhr er aus eigenem Entschluß damit nach San Angel und legte Diego die Rechnung vor. «Dies», berichtet Marjorie Eaton, «war das Ende der Liebesgeschichte zwischen Frida und Noguchi.»

Wenn man einer abweichenden Version Glauben schenken will, so soll die Affäre ein anderes, nicht minder komisches Ende genommen haben. Als Rivera von der Sache Wind bekommen hatte, soll er wutentbrannt nach Coyoacán gefahren sein, wo das Liebespaar gerade im Bett lag. Fridas ergebener Hausbursche Chucho warnte die beiden, und Noguchi streifte sich eiligst die Kleider über; aber eines von Fridas mexikanischen Hündchen schnappte sich einen Socken und lief damit davon. Um der Diskretion willen ließ Noguchi ihn laufen, stieg am Orangenbaum im Hof hinauf und entwich über das Dach. Natürlich entdeckte Diego alsbald das verdächtige Kleidungsstück und tat, was von jedem mexikanischen *macho* unter solchen Umständen erwartet wird. Wie Noguchi erzählt, kam Diego drohend mit seiner Pistole gelaufen. Er hatte ja immer eine Pistole bei sich. «Das zweite Mal, als er mir seine Pistole zeigte, war, als wir uns im Krankenhaus begegneten. Frida war aus irgendeinem Grund in Behandlung, und ich stattete ihr einen Besuch ab. Diego erschien, richtete die Pistole auf mich und sagte: ‹Wenn ich Sie noch einmal sehe, drücke ich ab.›»

In jenen Tagen gebrauchte Rivera seine Pistole oft genug zum emotionalen Ausgleich und zückte sie nicht bloß zur Verteidigung männlichen Stolzes, sondern auch seiner politischen Gesinnung wegen. Zwar hatte sich mit der Wahl von Lázaro Cárdenas im Jahre 1934 das politische Klima in Mexico nach links verlagert; aber Rivera war noch immer Angriffen der Kommunistischen Partei ausgesetzt. Ja, sie waren sogar stärker geworden, denn bereits 1933, als Leon Trotzki die IV. Internationale zu organisieren begann, weil er nicht mit Stalin zusammenarbeiten konnte, hatte Diego seine Sympathie für den Trotzkismus öffentlich ausgedrückt. Er trat zwar erst 1936 offiziell der trotzkistischen Partei bei, aber er hatte schon Trotzkis Porträt in New York gemalt, und das Konterfei Trotzkis spielte auch auf dem Wandbild im Palast der schönen Künste in Mexico City eine Rolle, das die Zweitfassung der Komposition aus dem Rockefeller Center war. Zweifellos wurde Rivera von der heroischen Figur des verbannten

Revolutionärs so stark beeindruckt, weil er selbst sich verbannt und herabgesetzt fühlte durch die pro-stalinistische Kommunistische Partei Mexicos.

Wie überall in der westlichen Welt tobte auch in Mexico der Kampf zwischen den Anhängern Trotzkis und Stalins. Die Auseinandersetzungen zwischen politisierten Künstlern waren das Tagesgespräch der Stadt. Orthodoxe Kommunisten beschimpften Rivera nicht nur wegen seines Eintretens für Trotzki, sie hatten auch keine Nachsicht mehr für seine von ihnen verabscheute Kunst. Rivera malte in Palästen, und er verkaufte sich an Gringo-Touristen. Was konnte das schon für ein Revolutionär sein!

Frida teilte zwar Diegos Enthusiasmus für Trotzki, aber sie wurde nie Mitglied von Trotzkis Partei. Diese bestand in Mexico aus einigen Intellektuellen und Leuten, die in den Gewerkschaften tätig waren. Sie war zahlenmäßig viel zu klein, als daß man ihr hätte beitreten können, ohne zugleich aktiv mitzuarbeiten.

Der Spanische Bürgerkrieg dagegen, der am 18. Juli 1936 ausbrach, mobilisierte Fridas politisches Gewissen und forderte ihren persönlichen Einsatz heraus. In ihrer Sicht bedeutete der Kampf der Spanischen Republik gegen Francos Revolte die «lebendigste und stärkste Hoffnung, den Faschismus endgültig aus der Welt zu tilgen». Gemeinsam mit anderen trat sie für die Loyalisten ein und gründete mit Diego zusammen einen Ausschuß, um Hilfsgelder aufzubringen. Eine Abordnung der spanischen Milizleute bereiste damals Mexico und warb um wirtschaftliche Unterstützung ihres Landes. Als Mitglied der Kommission für außenpolitische Fragen war es Fridas Aufgabe, Leute und Organisationen außerhalb Mexicos anzusprechen und weitere Mittel aufzubringen.

Fridas Engagement in den politischen Vorgängen trug dazu bei, ihre Kraft neu zu sammeln und sie näher an Diego heranzuführen. Er benötigte ihre Hilfe. 1936/37 mußte er wegen Erkrankungen seiner Augen und seiner Nieren für mehrere Wochen ins Krankenhaus zur Behandlung, während Fridas Gesundheitszustand mit Ausnahme der Beschwerden am rechten Fuß zufriedenstellend war.

Am 19. Dezember 1936 bestiegen Leon und Natalia Trotzki den Tanker *Ruth* in Oslo, um nach Mexico zu reisen. Damals hatten die Trotzkis bereits neun lange Jahre im Exil verbracht. Auf Beschluß des 15. Kongresses der Bolschewiken war Trotzki aus der Partei ausgestoßen worden, hatte zunächst bis 1929 in Alma Ata gewohnt und mußte dann Rußland verlassen. Er nahm für einige Zeit seine Zuflucht auf der Insel Prinkipo vor der türkischen Küste, dann, im Jahre 1933, in Frankreich und schließlich in Norwegen. Während all der Jahre hatte er den Glauben nie verloren, daß er dazu berufen war, die Welt zu verändern, und er hatte nie aufgehört, an dieser Aufgabe zu arbeiten.

Die Sowjetunion übte gegen Trotzkis Exilländer empfindliche wirtschaftliche Pressionen aus, auch gegen Norwegen, und dieser Staat konnte es sich schließlich nicht mehr leisten, dem prominenten Politiker Zuflucht zu gewähren. Nun mußte Trotzki erleben, wie ein Land nach dem anderen seine Asylbewerbung ablehnte, und für ihn und die Trotzkisten entstand eine fast aussichtslose Lage.

Am 21. November 1936 erhielt Rivera ein Telegramm von Anita Brenner aus New York, das keinen Zweifel daran ließ, daß es für Trotzki um Tod und Leben ging und daß unverzüglich eine Entscheidung der mexikanischen Regierung eingeholt werden müsse, ob sie bereit sei, Trotzki Asyl zu gewähren. Rivera, der inzwischen den mexikanischen Trotzkisten beigetreten war, reiste sofort zusammen mit dem Vorsitzenden Octavio Fernández in den Norden des Landes, um mit dem dort weilenden Präsidenten Cárdenas persönlich zu verhandeln. In seinem eigenen Namen legte Rivera eine Petition vor, und Cárdenas gewährte den Trotzkis Asyl unter der Bedingung, daß sie sich nicht in die mexikanische Außenpolitik einmischen würden.

Am Morgen des 9. Januar 1937 traf die *Ruth* im Hafen von Tampico ein. Durch die ständige Bewachung und durch die unaufhörliche Bedrohung von stalinistischen Handlangern war Natalia Trotzki so verschreckt und mißtrauisch, daß sie zunächst das Schiff gar nicht verlassen wollte. Trotzki äußerte gegenüber der Hafenpolizei, daß er und seine Frau nur an Land gehen würden, wenn sie die Gesichter von Freunden sähen. Beinahe wären die prominenten Flüchtlinge gewaltsam ans Ufer gebracht worden, als endlich ein Boot der Regierung mit dem Begrüßungskomitee längsseits ging und die ersehnten bekannten Gesichter den Trotzkis die Besorgnis nahmen. Unter ihnen befand sich auch Frida Kahlo, die in Vertretung ihres Mannes gekommen war. Diego war wütend, daß er wegen seiner Behandlung im Krankenhaus die Ankunft des russischen Revolutionärs verpassen mußte, denn er hätte den großen Augenblick gewiß als einen persönlichen Triumph gewertet und genossen.

Aber Trotzki wußte sehr wohl, «daß wir es vor allem ihm verdanken, wenn wir aus unserer norwegischen Gefangenschaft befreit wurden». Beglückt darüber, daß sie nun endlich in Sicherheit waren, betraten Trotzki und seine Frau die hölzerne Landungsbrücke zur Freiheit. Er trug Tweed-Knickerbockers, eine Schirmmütze, eine Aktentasche und einen Spazierstock. Mit hoch erhobenem Kinn schritt er stolz daher und hielt sich gerade wie ein Soldat. Frau Natalia trug ein unscheinbares Kostüm. Sie wirkte erschöpft und sorgenvoll. Beim Gehen schaute sie unter sich, um nicht über die unebenen Planken des Landungsstegs zu stolpern. Gleich hinter ihnen ging Frida, fast beschwingt und durchaus exotisch in ihrem langen Rock und dem Schultertuch. «Nach einer viermonatigen Inhaftierung und Isolation», schrieb Trotzki, «war diese Begegnung mit den Anhängern meiner Partei besonders herzerwärmend.»

In einem Sonderzug, den Präsident Cárdenas geschickt hatte, reiste die Gesellschaft zur Hauptstadt. Um die Trotzkis vor GPU-Agenten zu beschützen, fuhren sie abends um zehn Uhr heimlich von Tampico ab und trafen am 11. Januar in Lechería, einem kleinen Vorortsbahnhof von Mexico City, ein. Rivera war vorübergehend aus dem Krankenhaus entlassen worden und hatte sich zusammen mit anderen Trotzki-Anhängern in einem kleinen Restaurant auf den Empfang vorbereitet. Derweil wurde zur Irreführung möglicher Verfolger sowohl vor Riveras Haus in San Angel wie auch am Hauptbahnhof von Mexico City mit einem Aufgebot an Leuten der Eindruck erweckt, daß der öffentliche Empfang der Trotzkis unmittelbar bevorstünde. In Lechería mußten sich die Eingeweihten derweil in Geduld fassen, bis der Sonderzug endlich einlief. Trotz der verschiedenen Ablenkungsmanöver hatten sich einige Reporter und Fotografen eingefunden. Auch Agustín Victor Casasola, der große Fotojournalist der mexikanischen Revolution, war gekommen, um den Moment zu erhaschen, in dem Trotzki, Natalia und Frida dem Zug entstiegen. Trotzki umarmte Rivera, und dann wurden die Emigranten über Umwege und Seitenstraßen zum blauen Haus nach Coyoacán gebracht, wo sie für die nächsten zwei Jahre kostenlos wohnen sollten. Cristina war kurz zuvor in ein unweit gelegenes eigenes Haus in der Aguayo-Straße gezogen. Wir wissen nicht, ob Rivera es ihr geschenkt hat oder ein wohlhabender Anwalt, der Cristina zwar nicht heiratete, aber für den Rest des Lebens ihr «Beschützer» wurde. Nur Guillermo Kahlo war in dem Haus geblieben, das er 1904 gebaut hatte. Gegen Mittag trafen die Trotzkis ein, und das Haus war bereits unter Polizeischutz gestellt.

Eine Stunde später kam auch Jean van Heijenoort dorthin. Der große blonde Franzose, der Mathematik studiert hatte und seit 1932 als Trotzkis Sekretär fungierte, war über New York nach Mexico City gereist, sobald ihn die Nachricht von dem in Mexico gewährten Asyl erreicht hatte. So kam er gerade dazu, wie Frida und Diego ihre Gäste unterbrachten. Rivera, der stets von Gefahr fasziniert war, mochte sie

Kritik am Gastland und Sehnsucht nach ihrer Heimat sprechen aus dem *Selbstbildnis auf der Grenze zwischen Mexico und den Vereinigten Staaten*, das 1932 während eines langen Aufenthalts in Amerika entstand.

Das Ehepaar Rivera auf Diegos Arbeitsgerüst in Detroit, 1932.

Frida vor ihrer Staffelei.

nun bloß in seiner Vorstellung oder auch tatsächlich bestehen, zeigte sich äußerst vorsorglich mit allen nur denkbaren Sicherheitsvorkehrungen. Da weder Trotzki noch seine Frau Spanischkenntnisse hatten, wurde Frida ihre wichtigste Verbindungsperson, Beraterin und häufige Begleiterin. Manchmal half Cristina als Chauffeuse. Das wichtigste waren zunächst einmal vertrauenswürdige Dienstboten, und Frida sorgte dafür, daß einige ihrer eigenen Leute den Gästen aufwarteten. Aus Sicherheitsgründen wurden die Fenster, die auf die Straße hinausgingen, mit Lehmziegeln verbarrikadiert, und Trotzki-Anhänger übernahmen es umschichtig, die polizeiliche Bewachung des Hauses abzulösen und auch nachts Wache zu halten. Als einige Zeit später der Verdacht aufkam, daß ein Angriff vom Nachbarhaus her erfolgen könnte, hielt sich Diego nicht erst lange mit möglichen Verstärkungen der Mauer zum Nachbargrundstück hin auf. In seiner typisch großzügigen und grandiosen Weise kaufte er einfach das angrenzende Grundstück auf, ließ den Nachbarn ausquartieren und die beiden umgrenzten Stücke durch Arbeiter zu einem gemeinsamen Anwesen zusammenfügen. Diese Veränderung war übrigens die Voraussetzung dafür, daß 1940 der Garten des blauen Hauses erweitert und ein Flügel mit einem neuen Studio für Frida angebaut werden konnte.

Die Trotzkis waren begreiflicherweise froh und erleichtert, der unmittelbaren Gefahr entronnen zu sein. Wie ein Traum muß das Haus für sie gewesen sein mit den Pflanzen im Innenhof und den weiträumigen luftigen Zimmern, in denen es so viel zu schauen gab: Bilder über Bilder, die vielen Sammelstücke mexikanischer Volkskunst und die präkolumbischen Plastiken. «In Riveras Haus waren wir wie auf einem neuen Planeten», notierte Natalia.

«Wie auf einem neuen Planeten» muß sich auch Guillermo Kahlo vorgekommen sein. «Wer sind denn diese Leute?» fragte er seine Tochter. «Wer ist Trotzki?» Frida erklärte ihm, daß Trotzki der Gründer der Sowjetischen Armee war und der Mann, der die Oktoberrevolution eingeleitet hatte, daß er ein enger Genosse Lenins war. «Ach so», brummte der alte Kahlo, «das ist ja merkwürdig.» Etwas später rief er Frida wieder zu sich heran und sagte: «Du schätzt den Mann ja wohl sehr, nicht wahr? Aber ich muß mal mit ihm reden. Ich glaube, er sollte die Finger von der Politik lassen. Politik ist eine üble Sache.»

Ob übel oder nicht, jedenfalls nahm Trotzki seine politische Tätigkeit unverzüglich wieder auf, so daß bereits am 25. Januar, zwei Wochen nach Trotzkis Ankunft, das amerikanische Wochenmagazin *Time* drucken konnte: «Letzten Meldungen zufolge hat sich sein Gastgeber

Diego Rivera wegen eines Nierenleidens wieder in ein Krankenhaus begeben müssen. Mrs. Trotzki liegt mit einem erneuten Anfall von Malaria zu Bett, so daß der Gast ehrfurchtsvoll von seiner dunkeläugigen jungen Gastgeberin umsorgt und versorgt wird. Trotzki ist dabei, die Fortsetzung seiner monumentalen Lenin-Biographie zu diktieren, die er vor beinahe zwei Jahren begonnen hat.» Außerdem hatte er um die Bildung eines internationalen Untersuchungsausschusses gebeten, der das in den Moskauer Prozessen gegen ihn vorgebrachte Beweismaterial überprüfen sollte. Er selber arbeitete wie besessen an der Vorbereitung seiner Aussagen. Die Untersuchungskommission setzte sich aus sechs Amerikanern, einem Franzosen, zwei Deutschen, einem Italiener und einem Mexikaner zusammen. Der bekannte amerikanische Philosoph und Pädagoge John Dewey übernahm den Vorsitz.

Für die Anhörung wurde das Haus in Coyoacán besonders hergerichtet. Um den größten Raum des Hauses zu sichern, wo die Sitzungen stattfinden sollten, wurde über Nacht eine mannshohe Barrikade aus Ziegeln und Sandsäcken hochgezogen; vierzig Plätze für Journalisten und geladene Gäste wurden vorbereitet. In der Mitte stand ein langer Tisch, an dem Trotzki, Natalia, Trotzkis Sekretär und die Mitglieder der Kommission Platz nahmen. Zusätzliche Polizeikräfte hielten Wache gegen mögliche Störer und Attentäter. Die erste der dreizehn Sitzungen der Dewey-Kommission fand am 10. April 1937 statt. Das ganze Verhör dauerte eine Woche. Diego Rivera erschien als Beobachter in einem breitkrempigen Hut mit Pfauenfeder. Frida, wie gewöhnlich in ihrem Trachtenschmuck, saß so nah wie möglich bei Trotzki. Dieser beantwortete die Fragen, die an ihn gestellt wurden, mit der gewohnten Präzision und mit der unbeirrbaren Kompetenz, die er sich durch seine weitreichenden Kenntnisse erworben hatte. Er verfügte über eine ungeheure Fülle von Informationen, durch die er seine Ankläger ins Unrecht setzen konnte. Im September veröffentlichte die Kommission ihr Urteil. Trotzkis Unschuld war bewiesen und über jeden Zweifel erhaben.

In den Monaten nach dem «Tribunal» hatten die Riveras mit ihren Gästen häufigen Umgang. Zwar waren beide, Trotzki wie Rivera, geradezu arbeitsbesessen, und sie fanden daher wenig Zeit für gesellschaftliches Leben; aber beide Paare speisten häufig zusammen, oder sie fuhren zu Ausflügen und Picknicks aufs Land in der Umgebung von Mexico City. Bei diesen Gelegenheiten pflegte Trotzki die verschiedensten Kakteenarten zu sammeln; selbst große Exemplare packte er mit dem ganzen Wurzelwerk in Diegos Wagen, um sie mit nach Hause zu nehmen. In Taxco hatte Trotzki inzwischen ein Landhaus zur Verfügung gestellt bekommen. Der pittoreske Ort lag in der Nähe einer ehemaligen Silbermine in den Bergen südlich von Cuernavaca, und nicht selten begab sich Trotzki mit seinem Anhang dorthin. In seiner Freude über die wiedergewonnene Freiheit ritt Trotzki wild mit seinem Pferd über das steile felsige Gelände, wobei seine Begleiter stets in Sorge gerieten, weil sie ihm kaum zu folgen vermochten. Wenn Frida und Diego ihn dort draußen besuchten, verbrachte Diego den Tag damit, Baumstämme zu malen, die wie Frauenkörper aussahen. Wegen ihrer *maldita pata* (dem vermaledeiten Fuß) mußte Frida im Ort zurückbleiben. Sie trank und plauderte, schaute in das Gewimmel von Ballon- und Eisverkäufern, Kindern und alten Frauen, das sich auf dem Marktplatz drängte.

Ganz gleich, wie gut und wie lange Trotzki einen Menschen kannte, er behielt stets eine gewisse förmliche Zurückhaltung bei. Mit den Riveras war er allerdings ungewöhnlich freundschaftlich entspannt. So war Diego einer der wenigen Leute, die Trotzki jederzeit ohne vorherige Absprache besuchen durften. Auch verzichtete er bei ihm auf die sonst obligate Anwesenheit einer dritten Person. Trotzki ging in allem äußerst planmäßig vor und hatte für verschiedene Tätigkeiten bestimmte Stunden des Tages vorgesehen. Bei Rivera war das genau umgekehrt, und seine Spontaneität brachte den rigiden Zeitplan des Russen eine Weile zum Schwanken. Diego seinerseits bewunderte Trotzkis Mut und geistige Autorität; er respektierte seine Disziplin und sein Engagement. Deshalb gab er in Trotzkis Gegenwart auch nicht so leicht seinem Hang zum Phantasieren nach und versuchte überhaupt, sich mehr unter Kontrolle zu halten.

Trotz seiner Jahre war der Russe auch körperlich eine eindrucksvolle Erscheinung. Er hatte etwas Heroisches an sich. In seiner Gestik war er bewegend, und sein Gang war militärisch straff. Er trug eine Brille aus Schildpatt. Forschend und eindringlich ruhte sein Blick auf seinem Gegenüber. Diese Augen und sein ausgeprägtes Kinn verrieten Entschlossenheit, intellektuelle Kraft und Durchsetzungsvermögen. Er war nicht ohne Humor, doch behielt bei ihm stets ein gewisser strenger Ernst die Oberhand. Trotzki war eine autoritäre Persönlichkeit und daran gewöhnt, daß man sich nach seinen Wünschen richtete. Als Mann zeigte er ein starkes sexuelles Interesse, und er wurde in Gegenwart von Frauen besonders lebhaft und geistreich. Wenn er auch nicht allzu viele Gelegenheiten gehabt haben dürfte, so waren seine Erfolge doch beachtlich. Romantisches und sentimentales Werben lagen ihm nicht, eher ein direkter Ausdruck seines Verlangens,

Trotzki im mexikanischen Exil, mit seiner
Gastgeberin Frida Kahlo de Rivera, 1937.

der zuweilen ins Derbe abglitt. Er konnte einer Frau das Knie unter
dem Tisch streicheln oder ihr ganz unzweideutige Anträge machen.
Er muß es wohl einmal auch auf Cristina abgesehen haben. Um
seinem Ziel näher zu kommen, erfand er eine Art Feuerwehrübung,
wobei er zur Nachtzeit über die Mauer klettern und rasch zu Cristinas
Haus in der Aguayo-Straße hätte laufen müssen. Nur die deutliche
Mißbilligung seiner näheren Umgebung hinderte ihn an der Ausführung, vielleicht auch Cristinas freundlich festes Desinteresse.

Frida gab Trotzki den Spitznamen *piochitas* (kleiner Ziegenbart)
wegen seiner weißen Mähne und seines weißen Spitzbarts. Manchmal
nannte sie ihn auch *el viejo* (den Alten), aber sein Ruf als Revolutions-
held, seine intellektuelle Brillanz und seine Willensstärke imponierten
ihr. Sie fühlte sich von ihm angezogen. Zweifellos hat Riveras deutlich
zur Schau getragene Bewunderung für Trotzki die Flammen entfacht.
Es mag hinzukommen, daß die Liaison mit Noguchi Fridas Selbstvertrauen in ihre weibliche Anziehungskraft neu bestätigt hatte. So erschien Frida vielleicht eine Liebesbeziehung zu dem Freund und politischen Idol ihres Mannes als die geeignete Antwort auf Riveras Affäre mit ihrer Schwester. Jedenfalls entfaltete sie alle ihr zu Gebote
stehenden Verführungskünste, um Trotzki für sich zu gewinnen. Sie
steigerte die Intimität mit ihm, indem sie nur Englisch sprach, das
Natalia nicht verstand. «Frida zögerte nicht, das Wort ‹Liebe› zu
gebrauchen», weiß Jean van Heijenoort zu berichten, «und wenn sie

sich von Trotzki verabschiedete, ging die Ausdrucksweise über bloß herzliche Freundschaft hinaus.»

Dabei hatte Frida es eigentlich gar nicht nötig, irgendwelche List anzuwenden. Mit neunundzwanzig Jahren war sie an jenem perfekten Moment des Lebens angelangt, wo sich jugendliche Schönheit mit Charakter verbindet und einen unwiderstehlichen Liebreiz entwickelt. Was Trotzki wahrnahm, als er Frida kennenlernte, war die Frau, die sie damals in den beiden Selbstbildnissen *Fulang-Chang und ich* (März 1937) und *Escuincle mit mir* (1938) darstellte. Das letztere Gemälde mit dem mexikanischen Hündchen ist zwar verlorengegangen, aber wenigstens in einem Foto überliefert. Die Bilder zeigen eine verführerische junge Frau mit einem vollen Gesicht und sinnlichen Lippen. Ihr Blick wirkt taxierend, bittend und welterfahren zugleich und zeigt noch nicht das Mißtrauen, das auf den späteren Selbstbildnissen aus ihren Augen spricht. Daneben glaubt man einen Zug von mühsam verhaltenen Gefühlsäußerungen wahrzunehmen, eine Neigung zu frechen, fast etwas perversen Spielereien, zum Beispiel erkennbar an der Art, wie Fridas Gesichtszüge mit denen ihres Lieblingstieres übereinstimmen. Man muß sich in diesem Zusammenhang daran erinnern, daß Frida häufig erklärt hat, ihre Malerei enthalte humoristische Hinweise für diejenigen, die sie zu entdecken wüßten. Da nun in der westlichen und in der Mayatradition der Affe ein Symbol der Wollust und Promiskuität ist, darf man ihn wohl auch in *Fulang-Chang und ich* in diesem Sinne verstehen. In *Escuincle mit mir* finden wir wieder Fridas bewußt herausfordernde Haltung; es liegt etwas Selbstentblößendes und dennoch absolut In-sich-Ruhendes in der unerschrockenen Direktheit ihres Blickes. Man kennt diesen Augenausdruck von Kindern oder von gewissen Tieren: er schaut durch jede Oberfläche hindurch, und der Betrachter des Bildes steht schutzlos diesem Schauen ausgeliefert. Solche Selbstporträts kann man nicht malen, ohne daß man geliebt hat und geliebt worden ist.

Trotzki fing an, ihr heimlich Briefe zu schreiben. Er steckte sie in Bücher, die er Frida zur Lektüre empfahl. Oft genug geschah es, daß er ihr in Gegenwart von Natalia solch ein Buch in die Hand drückte, bevor sie das Haus verließ. Wenige Wochen nach dem Dewey-Hearing war aus dem zarten Flirt eine richtige Liebesgeschichte geworden. Sie trafen sich bei Cristina in der Aguayo-Straße. Glücklicherweise blieb die Sache Rivera verborgen, aber Ende Juni war Natalia eifersüchtig und tief deprimiert. Sie war damals bereits fünfunddreißig Jahre mit ihrem Mann verheiratet, und dies hatte seine Spuren hinterlassen: Ihr wunderbar warmes und kluges Gesicht war von tiefen Furchen gezeichnet. Pathetisch schrieb sie einige Zeilen an ihren Mann: «Ich habe mich bei Rita im Spiegel gesehen und bemerkt, wie alt ich geworden bin. Unser Seelenzustand hat im Alter einen unheimlich starken Einfluß auf unser Äußeres, und man sieht ja je nach dem inneren Befinden jünger oder älter aus.» Trotzkis Leute befürchteten, daß die Sache zu einem Skandal werden könnte, der den prominenten Russen in den Augen der Welt in Mißkredit bringen würde.

Am 7. Juli verließ Trotzki das blaue Haus und begab sich in ein Landhaus, das zu einer großen Hacienda bei San Miguel Regla in der Nähe von Mexico City gehörte. Am 11. Juli fuhr Frida mit Lupe Maríns Bruder Federico dorthin, um Trotzki zu besuchen. Als Natalia von dieser Fahrt hörte, schrieb sie ihrem Mann einen Brief, in dem man zwischen den Zeilen den Aufschrei ihrer verletzten Gefühle lesen kann. Anscheinend hatte sie gehofft, selbst mitfahren zu können; aber ein möglicherweise absichtliches Mißverständnis hatte dazu geführt, daß sie in Coyoacán bleiben mußte. Einige Tage danach erhielt sie Trotzkis Bericht über den Besuch, den er offensichtlich in seiner Bedeutung herunterzuspielen suchte. Er schrieb, daß er gerade vom Angeln zurückgekommen sei, als

«ganz unerwartet Besuch angemeldet wurde. Frida in Begleitung von Marín und Gómez (Neffe des Hacienda-Besitzers). Frida sagte, Du hättest nicht kommen können. Die Besucher blieben zu dritt bei mir zum Mittagessen, tranken nicht wenig und unterhielten sich sehr lebhaft auf Spanisch. Ich nahm an der Unterhaltung teil, so gut es eben ging. Nach dem Essen lud uns Gómez zu einem Besuch einiger stillgelegter Minen ein und zeigte uns das Herrenhaus mit seinen Prunkgemächern und Blumenrabatten (wie herrlich!) ... Die Unterhaltung war nicht der Erwähnung wert, außer was ich über Dich hörte. Nachdem sie rasch noch einen Kaffee hinuntergestürzt hatten, fuhren Frida und Marín wieder zurück, um nicht in die Dunkelheit zu geraten (die Straße ist miserabel) ... Frida sprach gut von Dir – sie erwähnte das Konzert, das Kino; sie war vielleicht zu optimistisch, um mich zu beruhigen, trotzdem habe ich den Eindruck gewonnen, daß es Dir wieder etwas besser geht.»

Als Trotzki am 15. Juli für drei Tage nach Coyoacán zu Natalia fuhr, besuchte er auch Frida und Diego, und unmittelbar nach seiner Rückkehr zur Hacienda schrieb er an seine Frau:

«Jetzt will ich Dir von meinem Besuch erzählen. Ich wurde von Frida empfangen, Diego war in seinem Atelier, wo ein Fotograf gerade Aufnahmen von seinen Gemälden machte. Als erstes bat ich um die Erlaubnis, Dich anrufen zu dürfen. Inzwischen hatte Frida Diego rufen lassen. Kaum hatte ich mich hingesetzt, da schellte wieder das Telefon; Maríns Frau war am Apparat und erkundigte sich, wann sie Dich zu Hause antreffen würde; sie wollte Dir Blumen bringen . . . Ich war überrascht, wie unfreundlich Frida mit ihr sprach. Während wir auf Diego warteten, gab mir Frida zu verstehen, daß sie verreisen wolle. ‹Doch nicht etwa nach New York?› fragte ich. ‹Nein, dafür reicht das Geld nicht; sondern in die Nähe von Veracruz.›

Diego kam dazu mit einem Papagei auf dem Kopf. Wir sprachen im Stehen, weil Diego auf dem Sprung zum Weggehen war. Frida sagte etwas zu ihrem Mann, der es mir lächelnd übersetzte: ‹Sie sagt, wenn es nicht so spät wäre, würde sie dich bis Pachuca begleiten und dann mit dem Bus zurückfahren.› Sie hat bestimmt nichts Derartiges gesagt; sonst hätte sie es mir doch schon zuvor angedeutet, als wir noch auf Diego warteten. Warum hat sie es dann bloß zu ihm gesagt? Jedenfalls übersetzte er mir ihre Worte in einer sehr liebenswürdigen Weise. Verzeihe, wenn ich Dir all diese Einzelheiten mitteile; aber vielleicht interessieren sie Dich ja auch ein ganz klein wenig.»

Ganz offensichtlich war Trotzkis Affäre mit Frida vorüber. Am Tag danach schrieb er: «Ich erinnere mich, daß ich mich gestern nicht einmal für Fridas wohlmeinende Absicht bedankt habe, als sie mich begleiten wollte; und überhaupt habe ich mich sehr gedankenlos benommen. Heute schrieb ich ihr und Diego ein paar freundliche Zeilen.» In diesem Brief an seine Frau und in anderen, die noch folgten, drückte er aus, welche Woge von Liebe ihn nach Fridas Besuch wieder zu Natalia hinzog: «Ich liebe Dich so sehr, Nata, meine Einzige, meine Ewige, meine Treue, meine Geliebte, die so viel von mir erdulden muß.»

Ella Wolfe glaubt, daß nicht Trotzki, sondern Frida das Verhältnis beendet hat, und wahrscheinlich geschah dies während jenes Besuchs in der Hacienda von San Miguel Regla. Von dort schrieb Trotzki Frida einen neun Seiten langen Brief, in dem er sie bat, doch ja nicht die Beziehung zu ihm abzubrechen; und er erinnerte sie daran, wieviel sie ihm bedeutet hatte während der Wochen, die sie zusammen gewesen waren. «Es war ein Flehen, wie es einem Siebzehnjährigen anstehen würde und nicht einem Mann in den Sechzigern. Er war ernstlich in Frida verliebt, und es muß ihm sehr schwergefallen sein, als sie sich von ihm löste.» Frida schickte Ella den Brief, weil sie ihn so wunderschön fand. Trotzdem gebot sie ihrer Freundin, ihn nach der Lektüre zu zerreißen, und Ella hat sich an diesen Wunsch gehalten. *«Estoy muy cansada del viejo»*, schrieb Frida, was soviel heißt wie «Ich bin den Alten ziemlich müde . . .»

Frida hatte es sicher als schmeichelhaft empfunden, von dem großen Russen geliebt zu werden. Sie war von seinem Geist fasziniert und von seinem Begehren nicht ungerührt, aber sie hat ihn nicht geliebt. Zum Schluß ließen beide von einem Weg ab, der nur zur Katastrophe geführt haben müßte. «Es hätte so nicht weitergehen können in dem ungewissen Zustand ihrer Beziehung zueinander; es wäre mit Sicherheit zu einem Unglück gekommen, entweder mit Natalia, mit Diego oder mit der GPU», war die Meinung des Sekretärs Jean van Heijenoort.

Nach Trotzkis Rückkunft von der Hacienda am 26. Juli kehrte das Leben im blauen Haus wieder in die frühere Routine zurück. Aber die Beziehung der beiden Paare hatte sich auf subtile Weise geändert. Frida flirtete nicht mehr mit Trotzki. Es gab keine verstohlen zugesteckten Briefe mehr und keine geheimen Nebenbedeutungen der Worte. Die Abschiedsformeln wurden wieder ein wenig nüchterner. Sie waren wieder Freunde. Aber Liebhaber, die ins Stadium der Freundschaft zurückfallen, bewahren dennoch eine Erinnerung an die erlebte Intimität. In einem Film von 1938, der in Coyoacán gedreht wurde, kann man Trotzki sehen zusammen mit seiner Frau, den beiden Riveras, Jean van Heijenoort und anderen. Frida kuschelt sich dabei so kätzchenhaft in Riveras Schoß, daß man den Verdacht nicht los wird, sie wollte die Eifersucht ihres vormaligen Geliebten erwecken. Auf ihren Lippen nimmt man jenes provozierende Halblächeln wahr, das wir von einigen ihrer Selbstbildnisse kennen.

Monate nachdem die Sache vorüber war, am 7. November 1937, zum Jahrestag der Russischen Revolution, der zugleich Trotzkis Geburtstag war, machte Frida ihrem Ex-Liebhaber ein Geschenk. Es war eines ihrer reizendsten Selbstbildnisse. Merkwürdigerweise präsentiert sie sich dem großen Revolutionär in Gestalt einer vom Kolonialstil geprägten Frau aus der Bürgerschicht oder der Aristokratie und nicht in ihrer Tehuanatracht oder als politische Aktivistin. Wie eine Primadonna steht sie zwischen zwei Vorhängen mit der ruhigen Selbstgewißheit einer kreolischen Jungfrau; in ihren fest gefalteten Händen hält sie einen Blumenstrauß und ein Blatt Papier mit den

Worten: «Für Leon Trotzki, dem ich das Gemälde von ganzem Herzen widme, am 7. November 1937, Frida Kahlo in San Angel, Mexico.»

In jenem frühen *Selbstporträt*, das Frida ihrem ersten Geliebten schenkte, als er sie verließ, versucht eine gewinnende und reine junge Frau, den Mann zur Rückkehr zu ihr zu bewegen; die verführerische, weltgewohnte Frida des Trotzki-Bildes hingegen hat ihrerseits ihren Geliebten verlassen und neckt ihn nun, indem sie sich ihm in der Form eines Porträts hingibt. «Ich habe schon lange das Selbstbildnis von Frida Kahlo de Rivera bewundert, das an einer Wand in Trotzkis Arbeitszimmer hängt», schrieb der französische Surrealist André Breton im Jahr danach. «Sie hat sich dargestellt in einem Kleid, das wie gefaltete Flügel wirkt und mit goldenen Schmetterlingen besetzt ist, und gerade in dieser Verkleidung gelingt es ihr, den geistigen Schleier vor unserer erkennenden Wahrnehmung wegzuziehen. Als Betrachter dürfen wir dabei sein, wie eine mit allen nur denkbaren Verführungskünsten ausgestattete junge Frau – ganz im Sinne der glorreichsten Tage der deutschen Romantik – ihren Einzug in die Gesellschaft genialer Männer hält.»

Auf diese eigentümliche Weise erscheint Frida in mehreren ihrer damals entstandenen Selbstbetrachtungen, und Breton hätte eine jede von ihnen mit ähnlichen Worten beschreiben können, als er seine Beobachtungen so zusammenfaßte: «Es gibt keine andere Kunst, die so ausschließlich weiblich zu nennen wäre. Diese Kunst erscheint, um ihre Verführungskraft voll ausspielen zu können, unfaßlich schillernd zwischen absoluter Reinheit und völliger Durchtriebenheit. Die Kunst der Frida Kahlo ist wie ein farbiges Band um eine Bombe».

14 Eine eigenständige Malerin

Nachdem Fridas Liebesbeziehung zu Trotzki zu Ende gegangen war, kehrte auch bei den Riveras der Alltag in seine frühere Routine zurück. Sie hatten sich beide auf eine Form des Zusammenlebens eingestellt, die ihnen bei größtmöglicher gegenseitiger Unabhängigkeit dennoch erlaubte, vieles gemeinsam zu tun. Sie gingen beide fleißig ihrer Arbeit nach, und Liebesaffären spielten dabei eine nebensächliche Rolle. Frida amüsierte sich nur noch über Diegos Eskapaden und verfolgte ihre eigenen in aller Heimlichkeit. Ihre professionelle Tätigkeit gewann für sie in dieser Zeit ein viel stärkeres Gewicht als früher. Frida malte erheblich disziplinierter, und ihre technischen Fähigkeiten verbesserten sich zusehends. 1937 und 1938 entstanden mehr Bilder unter ihrer Hand, als sie in all den acht Jahren ihrer Ehe zuvor gemalt hatte. Wie sie ihre Lage zu jener Zeit einschätzte, wird aus einem Brief an Ella Wolfe vom Frühjahr 1937 deutlich, den sie auf Spanisch schrieb:

«Liebste Ella, ich habe Dir schon seit endlosen Zeiten schreiben wollen, aber wie gewöhnlich gerate ich immer wieder in irgendwelche Schwierigkeiten, so daß ich Briefe nie beantworte und mich überhaupt nicht benehme, wie es sich für ordentliche Leute gehört... Jedenfalls danke ich Dir für Deinen Brief und das freundliche Angebot, meinem Diego Hemden besorgen zu wollen. Leider kann ich Dir die Maße nicht mitteilen, um die Du mich gebeten hattest, denn ich mag suchen, so lang ich will, ich finde nicht die geringste Spur einer Nummer, die über die Kragenweite des Don Diego Rivera y Barrientos Aufschluß erteilen könnte. Es wird wahrscheinlich das beste sein, falls der Brief überhaupt noch rechtzeitig eintrifft, was ich bezweifle, daß Du Martin sagst, er möchte mir ein halbes Dutzend der größten Hemden besorgen, die er in New York auftreiben kann, so große Hemden, von denen niemand glauben würde, daß sie für ein menschliches Wesen gemacht sind, das heißt also einfach, die größten Hemden dieses Planeten, den man gemeinhin Erde nennt. Ich vermute, daß man so etwas in Läden für Seemannsbedarf bekommen kann, irgendwo am Hafen oder so ... ich kann's leider nicht genau beschreiben. Und falls Du nichts findest ... *ni modo* (macht nichts)! ...

Wenn Du einiges über meine Wenigkeit erfahren willst, so höre: Seitdem Du dieses herrliche Land verlassen hast, habe ich wieder allerlei Malheur mit dem Huf gehabt, will sagen, mit meinem Fuß. Die Wunde der letzten Operation von vor jetzt genau einem Monat ist einigermaßen verheilt, und sie haben immerhin vier Mal an mir herumgeschnitten. Du wirst verstehen, daß es mir allmählich reicht. Wie gerne würde ich einmal mit diesen Ärzten abrechnen und mit allen, die dieses Gezücht hervorgebracht haben inklusive ihrer Vorfahren bis zu Adam und Eva. Aber da mein Rachedurst nicht einmal hierdurch besänftigt würde, will ich sie noch einmal laufen lassen. Dafür habe ich mich in eine Heilige verwandelt. Ich bin jetzt mit Geduld gewappnet und mit all den besonderen Tugenden, die man in diesem Genre benötigt ... Darüber hinaus haben mich noch andere mehr oder weniger unerfreuliche Dinge betroffen, die mir das Leben sauer machen. Es lohnt sich aber trotzdem nicht weiter, viel davon zu reden. Alles übrige, das tägliche Leben usw., ist genauso, wie Du es bei uns kennengelernt hast; natürlich gibt es Veränderungen, mit denen man beim jetzigen Zustand unserer armen Welt leben muß. Welch eine Philosophie! Was für Einsichten! So mußt Du wohl denken, nicht wahr? ...

Abgesehen von Krankheiten, politischem Durcheinander, Besuchen von Gringo-Touristen, verlorengegangenen Geldbriefen, Riveras typischen Rechthabereien, Liebessorgen usw. ist mein Leben immer das gleiche. Auch Diego war krank, aber jetzt geht es ihm schon wieder leidlich, und er arbeitet wie zuvor, nämlich viel und gut. Er ist auch wieder dicker geworden, genauso gierig und streitsüchtig wie früher, er schläft in der Badewanne ein, liest die Zeitung auf dem Klo und spielt stundenlang mit Don Fulang-Chang, für den wir ein Weibchen besorgt haben. Mit dem Nachwuchs hat es aber immer noch nicht geklappt. Diego verliert wie eh und je alle Briefe, die er bekommt, und läßt seine Papiere überall herumliegen ... er wird sehr ärgerlich, wenn man ihn zum Essen ruft, ist überaus reizend zu allen hübschen Mädchen, und manchmal verschwindet er mit einer unerwartet auftauchenden Schönheit aus der Stadt, ‹um ihr seine Fresken zu zeigen› ... Immerhin brüllt er nicht mehr die Leute an, wenn sie ihn bei der Arbeit stören, dafür trocknen seine Füllhalter ständig aus, seine Uhr muß alle vierzehn Tage zur Reparatur gebracht werden, und er hat noch immer die riesigen Bergarbeiterschuhe an, die er jetzt schon im dritten Jahr trägt. Er wird wütend, wenn er die Autoschlüssel nicht findet, und dann tauchen sie auf unerklärliche Weise in seiner eigenen Jackentasche auf. Er bekommt nicht genug Bewegung, nimmt auch keine Sonnenbäder, schreibt Artikel für die Presse, die jedesmal einen gewaltigen Sturm entfachen, verteidigt mit Zähnen und Klauen die IV. Internationale und ist begeistert von Trotzkis Gegenwart. Jetzt habe ich Dir eigentlich alle wesentlichen Einzelheiten aufgeführt...

...wie Du bemerkst, habe ich auch gemalt. Das will schon etwas heißen, wo ich doch mein Leben bisher damit herumgebracht hatte, Diego zu lieben, und, was die Malerei betrifft, noch nichts Nennenswertes vorzuweisen hatte; immerhin male ich jetzt ganz ernsthaft Affen...»

Frida war nicht nur produktiver in diesen Jahren, sie gewann auch größere Sicherheit darin, ihre Kunst ihrer sich weiterentwickelnden Persönlichkeit anzupassen. Auf eine raffinierte Weise stellen die Bilder jetzt nicht mehr bloß Ereignisse ihres Lebens dar, sondern gewähren auch Einblicke in ihr Innenleben und in ihre Lebensanschauung. Zahlreiche Arbeiten dieser Schaffensperiode lassen vermuten, daß Frida weiterhin unter ihrer Kinderlosigkeit gelitten hat, und wahrscheinlich brachte ihr das Jahr 1937 eine weitere Fehlgeburt. In etlichen Bildern erscheint Frida als kleines Mädchen. Die nostalgische Beschäftigung mit ihrer Kindheit reflektiert wohl die anhaltende Sehnsucht nach Mutterschaft – Frida identifiziert sich mit dem Kind, das sie nicht haben kann. Ein weiterer Problemkreis, der in Abwandlungen wiederkehrt, entstammt der mexikanischen Vergangenheit. Möglicherweise wurde die leidenschaftliche Hinwendung der Malerin zu ihrer mexikanischen Herkunft noch dadurch gesteigert, daß sie für sich selbst keine Hoffnung mehr sah, mit den zukünftigen Generationen durch eigene Nachkommen verbunden zu werden. Die «Mexicanidad» durchzieht jetzt immer mehr Fridas ganzes Wesen. Die bewußte Einbeziehung der mexikanischen Folklore wurde zu einem Stilelement in ihrem Verhalten und Aussehen, in ihrer Wohnungseinrichtung wie in ihrer Kunst.

Mit Recht schätzte die Malerin das Bild *Meine Amme und ich* als eines ihrer stärksten Werke ein. Das Gemälde wurde bereits wegen seines symbolischen Gehalts erwähnt, insofern es die Beziehung der erwachsenen, modernen Künstlerin zu ihren indianischen Vorfahren herstellt. Doch das Bild läßt sich auch anders lesen. Die schreckliche Amme hat lose fallendes schwarzes Haar und durchgehende Augenbrauen wie die Künstlerin selbst. Ist sie nun die Vorfahrin oder eine abgespaltene Persönlichkeit von Frida? Zumindest liegt es nahe, in dem Bild ein Doppelselbstporträt zu sehen, in welchem ein Teil ihres Wesens das andere ernährt, indem es zur lebenspendenden Hälfte ihres dualistischen Erwachsenendaseins wird.

Wie das Mädchen in *Vier Bewohner Mexicos* sein Schicksal in Gestalt des Gerippes auf dem Platz wahrnimmt, so zeigt sich auch in *Mädchen mit Totenmaske* die merkwürdige Bereitschaft, den Tod ins Leben einzubeziehen, die man aus der mexikanischen Bildtradition kennt. Das Kind, das sehr wohl wieder die Malerin selbst sein könnte, steht in einer unfruchtbaren Landschaft und hält eine *zempazúchil* in der Hand. Die gelbe Blüte ist in Mexico seit den Zeiten der Azteken mit dem Tod in Verbindung gebracht worden, und sie wird noch heute verwendet, um am Totengedenktag die Gräber zu schmücken. Das Schicksal des Mädchens, seine Sterblichkeit, ist in Form einer weißen Totenschädelmaske über sein Gesicht gestülpt. Das winzige Gemälde ist nicht größer als eine Handfläche und war ursprünglich ein Geschenk für Dolores del Rio, die berichtet, es stelle das Kind dar, das die Künstlerin niemals bekam, und der Bildgedanke beruhe auf einem Gespräch über Fridas Traurigkeit, weil sie Diego kein Kind gebären konnte.

Das Gemälde *Dimas' Tod* läßt sich durch die Inschrift auf dem Spruchband identifizieren. Da heißt es nämlich: «Der im Alter von drei Jahren von uns gegangene Dimas Rosas, 1937.» Dimas Rosas war ein Indiokind; wahrscheinlich war er einer der vielen Angehörigen einer Familie in Ixtapalapa, die Rivera Modell standen und deren Patenschaft der Maler übernommen hatte. Trotz aller aufklärenden Belehrung von Seiten Diegos zog die Familie es vor, in Krankheitsfällen Medizinmänner statt Ärzte zu Rate zu ziehen, mit dem Erfolg, daß ihnen ein Kind nach dem anderen dahinstarb. Es lag im Wesen Fridas, daß sie in dieser Situation mit einer Art von fatalistischem Kummer reagierte und nicht mit Entsetzen oder mit sentimentalem Mitleid. Wie so viele, die häufig Armut und Tod beobachten, war ihr nur zu sehr bewußt, wie hilflos der Mensch ist und wie wenig es in seiner Macht steht, den Lauf der Dinge zu ändern. Daß Fridas Konzeption für dieses Bild durchaus kritische Elemente enthält, wurde aus dem Titel ersichtlich, den sie dem Gemälde anläßlich der New Yorker Ausstellung beifügte: *Für das Paradies eingekleidet.*

Wenn Frida volkstümlich naive Kunstformen in ihr Werk einbezog, so lag dies gewiß nicht an einem etwaigen Provinzialismus. Sie kannte sich sehr wohl in der Kunstgeschichte aus. Als sie einmal gefragt wurde, welche Künstler sie bewunderte, nannte sie Grünewald, Piero della Francesca, Bosch, Clouet, Blake und Klee. Sie liebte auch die Ursprünglichkeit und Phantasie eines Gauguin und Rousseau; die Wesensverwandtschaft mit solchen Vorbildern nahm bei ihr freilich eine andere Färbung an, da ihre Erfindungskraft sich aus der Tradition der mexikanischen Volkskunst herleitete.

Die Verwendung primitiver Züge in ihrem Stil und in ihrer Bildwelt hatte für die Künstlerin mehrere Vorteile: Zum einen konnte sie auf diese Weise verdeutlichen, in welch hohem Maße sie der einheimischen Kultur verpflichtet war, und sie konnte ihre Solidarität mit den Volksmassen zum Ausdruck bringen. Zum anderen deckte sich die populäre Bildsprache mit den Vorstellungen, die Frida von sich selber hatte. So festlich bunt und voller *alegría* wie die mexikanische Volkskunst waren auch ihre Kostüme, so theatralisch und blutrünstig wie diese Kunst war auch das Leben der Malerin. Als Schöpferin solch reizender, wenn auch gefühlsverwirrender, von der Folklore geprägter Bilder arbeitete sie zugleich an ihrer Selbstverwirklichung und ließ das geheimnisvoll exotische Wesen ihrer individuellen Entwicklung immer klarer zutage treten. Fridas Primitivismus beinhaltete ferner auch den Vorteil, daß er die Dinge nicht nur zeigt, sondern ebensosehr verhüllt. Ein Bild wie *Nur ein paar kleine Dolchstiche* könnte man schwerlich ertragen, wenn es nicht in so kleinem Format und in der naiven *retablo*-artigen Weise gemalt wäre. So schuf die Künstlerin mit heiteren Farben und rührender Zeichnung eine Distanz zwischen dem Betrachter und dem schmerzvollen Inhalt des Bildes. Das populärkünstlerische Gewand macht die Darstellung von grausamen Vorstellungen möglich und gibt der Malerin überhaupt erst die Kühnheit, sie darzustellen. Letztlich ist dieser Primitivismus auch Ausdruck einer ironischen Haltung. Er gestattete Frida, die intimsten Qualen ihres Selbst bloßzulegen, zu maskieren und gleichzeitig zu verspotten.

Frida Kahlos Stilleben sind seltsame Zusammenstellungen von Früchten und Blumen. Die Malerin projiziert die verschiedensten persönlichen Gefühle auf diese Kompositionen. Auch hier sind Fruchtbarkeit, Tod und das mexikanische Wesen vorherrschende Themen. Ganz bewußt wählte Frida exotische, mexikanische Früchte, die nicht die neutrale und monotone Allgegenwart von Äpfeln und Orangen wie in so vielen traditionellen Stilleben haben. Zum Beispiel sieht man in *Tunas* die Früchte eines stacheligen Birnenkaktus, den Frida mit der mexikanischen Landschaft assoziierte. Die rotbraune Frucht platzt auf und bildet dabei eine Vaginaform; man kann dabei auch an ein herausgerissenes Herz denken. *Pitahayas* und *Früchte der Erde* erinnern an den Kreislauf des Lebens, an Geschlecht und Tod. André Breton, der ebenso rasch wie Frida erkannte, wie stark diese Früchte an Sexuelles erinnern, sagte: «Ich hatte früher keine Ahnung von diesem eigentümlichen Reich der Früchte, das solch ein Wunder wie die *pitahaya* enthält. Unter grauer Haut verbirgt sie ein rosenfarbenes Fruchtfleisch und schmeckt wie ein Kuß, in dem sich Liebe und Verlangen vereinen.»

Fridas unvollkommene Früchte sehen aus, als ob sie in der ausgedörrten mexikanischen Erde ums Überleben gerungen hätten. In der Rolle von Wesen, die dem Tod entronnen sind, erinnern sie Frida an sich selbst, und so werden die Stilleben für die Malerin zu einer Form der Selbstdarstellung. Diese Früchte sind nicht einfach bloß farbige Raumformen ohne Bedeutung, sondern Symbole eines umfassenden Dramas. Sie liegen nicht auf einem gewöhnlichen Tisch, sondern in einer Landschaft unter dem erregenden Himmel von Mexico.

Sobald sich Frida richtig in die Arbeit stürzte, zog sie sich in ihr Studio zurück und malte mit hoher Konzentration. Aber wie ein Wellenreiter, der seine Welle verpaßt, konnte sie auch leicht den Schwung wieder verlieren. Diego tat alles Erdenkliche, um sie zu ermutigen. «Sie ist gerade an der Arbeit», pflegte er Besuchern zu sagen, und das bedeutete, daß er sie nicht gestört wissen wollte. «Diego will immer, daß ich arbeite, ich soll nur noch malen», schrieb Frida in einem Brief an den Kunsthändler Julien Levy, «aber ich bin faul, und ich mache nur wenig.» Sie war natürlich nicht wirklich faul, sondern eher bescheiden und betrachtete ihr Werk wie etwas Beiläufiges, so daß sie auch zögerte, es jemandem zu zeigen. Nur auf das Drängen ihres Mannes hin nahm sie im Jahre 1938 an einer Gruppenausstellung in der kleinen Universitätsgalerie von Mexico City teil. «Seit ich von New York zurückgekommen bin [also seit 1935] habe ich etwa zwölf Bilder gemalt, alle klein und unbedeutend, immer mit den gleichen persönlichen Gegenständen, die nur mir gefallen und sonst niemandem», schrieb sie an Lucienne Bloch. «Ich schicke vier davon zu einer Galerie. Es ist ein ziemlich kleines und armseliges Unternehmen, aber die einzige Galerie, die überhaupt solche Arbeiten annimmt. Ich kann nicht sagen, daß ich der Sache mit großer Begeisterung entgegensehe. Es gibt höchstens vier oder fünf Leute, die meine Bilder gut finden, alle anderen halten sie für verrückt.» Unter diesen «vier oder fünf Leuten» war auch Julien Levy, der eine kleine, elegante, dem Surrealismus gewidmete Galerie in der 57. Straße in Manhattan leitete. «Zu meiner Überraschung», heißt es weiter in dem Brief an Lucienne, «erhielt ich ein Schreiben von Julien Levy, er hätte von meinen Bildern gehört und interessierte sich dafür, sie in seiner Galerie auszustellen. Ich habe ihm zur Antwort einige Werkfotos von meinen neueren Sachen geschickt, woraufhin ich einen weiteren Brief von ihm bekam, in dem er sich begeistert über die Bilder äußert; er will noch im Oktober dieses Jahres eine Ausstellung mit dreißig Werken von mir veranstalten ... Ich begreife gar nicht, was sie an meinen Arbeiten so besonders finden», fügte Frida in ihrem Brief an Lucienne hinzu. «Warum wollen sie die Sachen bloß ausstellen?» Aber sie ging dennoch auf Levys Einladung ein.

Fridas Bescheidenheit hinsichtlich ihrer Arbeiten war sowohl Pose wie auch etwas anderes, das zu ihrem Charakter gehörte: Wieviel Bewunderung und Ermutigung ihr auch immer zuteil wurde, auch später noch, als sie das Geld aus dem Erlös von Bildern dringend benötigte, die Malerin benahm sich nie wie jemand, der Karriere machen will, drängte sich nicht zu Ausstellungen, Kunstsammlern oder Kritikern. Wenn jemand ein Bild bei ihr kaufte, meinte sie nicht selten, daß ihr der Käufer leid täte. «Für dieses Geld hätte er etwas Besseres haben können», oder sie behauptete: «Das hat er bloß getan, weil er mich mag.» Im Schutz ihres berühmten Mannes konnte Frida es sich leisten, so zu tun, als ob sie sich bloß privat und spielerisch mit Kunst beschäftigte, während Diego die «eigentlichen» Bilder für die große Öffentlichkeit malte. Dabei arbeitete die Künstlerin in Wirklichkeit sehr ernsthaft, und die Kunst war für sie eine Hauptstütze ihres Lebens geworden. Man sollte sich auch nicht durch den folkloristischen Einschlag in ihrem Werk täuschen lassen oder durch ihre Vorliebe für triviale Rahmen aus Blech, Perlmutt, Spiegelglas, Samt und manchmal sogar aus Gips mit Talaveraziegelmuster. Auch diese Dinge gehörten zu ihrer Amateurmaske, wie wenn die Malerin ihre Kunst bewußt ins Reich des «Hübschen» und «reizvoll Exotischen» gerückt hätte, um ernstzunehmender Kritik und Konkurrenz zu entgehen. Lieber wollte sie als bezaubernde Person wirken, statt als Malerin beurteilt zu werden. Ihre Gemälde drückten in der lebhaftesten und direktesten Weise ihre Lebenswirklichkeit aus; ihre Bilder zu gestalten, war nur ein Teil im Dasein der Frida Kahlo und hatte nicht das Übergewicht.

So wie Rivera seine Frau zum Ausstellen ihrer Werke ermutigt hatte, war er es auch wieder, der im Sommer 1938, fast heimlich, Fridas ersten bedeutenden Bilderverkauf in die Wege leitete. Käufer war der Filmstar Edward G. Robinson. Wie jeder Besucher Mexicos, der an Kunst interessiert war und sie sich auch etwas kosten ließ, kam

Heimweh drückt auch das 1933 in New York geschaffene Bild *Da hängt mein Kleid*
aus, wo Frida sich verloren fühlte.

Ein *Selbstbildnis* aus dem Jahr 1940, das Fridas Arzt Dr. Eloesser gehörte.

Ein Gegenstück zu dem Porträt mit abgeschnittenen Haaren ist dieses *Selbstbildnis mit Zopf*, der den Kopf wie eine Krone schmückt. Das Bild entstand 1941 nach Fridas Wiederverheiratung mit Diego.

Robinson mit seiner Frau Gladys in Riveras Studio. «Ich hatte damals ungefähr achtundzwanzig Bilder beisammen», erinnert sich die Malerin. «Während ich mit Mrs. Robinson auf der Dachterrasse plauderte, zeigte Diego ihrem Mann meine Bilder, und Mr. Robinson kaufte vier davon auf einen Schlag zu zweihundert Dollar das Stück. Mich setzte das dermaßen in Erstaunen, daß ich zunächst völlig sprachlos war. Dann sagte ich mir: ‹Auf diese Weise kann ich einmal mein eigener Herr werden. Ich kann reisen und tun, was ich will, ohne daß ich vorher erst Diego um Geld bitten muß.›»

Im April 1938 sah der surrealistische Dichter und Essayist André Breton zum ersten Mal Bilder der Frida Kahlo. Breton befand sich damals mit seinem Schaffen auf der Höhe seiner künstlerischen Entwicklung. Vornehm löwenhaft in seiner Erscheinung, geistvoll wortgewandt und inzwischen weltberühmt, war er zum «Papst des Surrealismus» geworden, dessen Entwicklung und Schicksal er wie kein anderer bestimmt hatte. 1938 war er vom französischen Außenministerium zu einer Vortragsreise nach Mexico entsandt worden. Der Auftrag kam ihm sehr gelegen, zumal in Europa jeden Moment der Krieg auszubrechen drohte. Auch sah er hier eine Gelegenheit, Trotzki kennenzulernen. Sein wichtigstes Ziel war jedoch, ein Land für sich zu entdecken, das er schon längst für den «eigentlichen Ort des Surrealismus» gehalten hatte. Im Jahr darauf schrieb er: «Ich begegnete dem surrealistischen Wesen Mexicos in seinem topographischen Aufbau, in seiner Flora, in seiner durch die Rassenmischung begründeten Dynamik wie schließlich auch in seinem hochgespannten Ehrgeiz.» Breton beobachtete all diese Sur-Realität auf den Ausflügen, die er zusammen mit den Riveras machte. Auch Trotzki begleitete ihn gelegentlich, und es wird berichtet, wie wütend der große Russe einmal wurde, als Breton von einer Kirchenwand *retablos* stahl. Für den Franzosen waren diese Votivtafeln surrealistische Schätze, die ans Licht der Öffentlichkeit gehoben werden mußten; für den revolutionären Denker waren sie – all seiner marxistischen Ideologie zum Trotz – religiöse Ikonen, an denen man sich nicht frevelhaft vergreifen durfte.

Breton und seine auffallend schöne Frau Jacqueline wohnten zunächst bei Lupe Marín und dann für die restlichen Monate des Mexicoaufenthalts bei den Riveras in San Angel. Obgleich Frida Bretons Ankunft mit Spannung erwartet hatte – von Jean van Heijenoort wußte sie, was Breton für ein schöner Mann war –, freundete sie sich nicht mit ihm an. Seine Theorien und seine Manifestschreiberei empfand sie als angeberisch, verschroben und langweilig; auch fühlte sie sich von seiner Eitelkeit und Arroganz abgestoßen. Aber Jacqueline, die wie Frida Malerin war, stand ihr mit ihrer spontanen Intelligenz erheblich näher. Frida fühlte sich von der Französin angezogen und erheitert, und auf dieser Basis entwickelte sich eine intime Freundschaft zwischen den beiden Frauen.

Im Juli reisten die Bretons, die Riveras und die Trotzkis zusammen nach Pátzcuaro, einem hübschen Städtchen mit Kopfsteinpflaster, weiten Plätzen, niedrigen, weißgetünchten Häusern, holzgeschnitzten Säulen und Ziegeldächern. Tagsüber wollte die Gesellschaft Ausflüge zu den kleinen Dörfern im Umkreis des Pátzcuaro-Sees machen. Für die Abende waren Diskussionen über Kunst und Politik vorgesehen, die später als Buchveröffentlichung unter dem Titel *Gespräche von Pátzcuaro* herausgegeben werden sollten. Während des ersten Diskussionsabends übernahm Trotzki sehr stark die Führung und legte seine Theorie dar, nach der die zukünftige kommunistische Gesellschaft nicht mehr die Trennung zwischen Kunst und Leben machen würde. Die Leute, so meinte er, würden ihre Häuser selbst schmücken, und es würde keine professionellen Staffeleimaler mehr geben, die ihre Werke nur für private Sammler herstellten.

Es ist nur zu begreiflich, daß Frida und Jacqueline an dieser Gesprächsrunde nicht teilnahmen. Frida war heilfroh, davon ausgeschlossen zu bleiben, denn sie haßte offizielle und organisierte Reden. Politik auf der Ebene abstrakter Theorie war für sie nur qualvoll ermüdend. In Pátzcuaro saßen die beiden Frauen in einer Ecke und unterhielten sich mit Spielen, die Frida noch aus ihrer Kindheit kannte. «Wir benahmen uns wie zwei Schüler in der Schule», sagte Jacqueline Breton, «denn Trotzki war äußerst streng. So durften wir zum Beispiel nicht rauchen. Er erklärte uns, daß Frauen überhaupt nicht rauchen sollten. Frida zündete sich trotzdem eine Zigarette an, und da sie wußte, daß er Bemerkungen darüber nicht unterdrücken würde, gingen wir zusammen hinaus. Wir mochten Trotzki ja gerne leiden, nur übertrieb er alles und war entsetzlich altmodisch.»

Obwohl Frida für Breton nicht viel übrig hatte, war er seinerseits von ihr begeistert. Und noch mehr schwärmte er für ihre Bilder. Er wollte unbedingt eine Ausstellung für sie in Paris organisieren, die nach ihrem Debut in New York stattfinden sollte. Als Beitrag zu ihrer Ausstellung bei Julien Levy schrieb Breton einen schmeichelhaften, wenn auch etwas wortreich-leeren Essay, in welchem er Frida als eine Künstlerin bezeichnete, die ihren Weg zum Surrealismus aus eigener Entwicklung heraus gefunden habe:

«Meine Überraschung und Freude war grenzenlos, als ich bei meiner Ankunft in Mexico entdeckte, wie sich ihr Werk weiterentwikkelt hat: ihr jüngstes Œuvre ist reinster Ausdruck von Surrealität, obgleich es ohne jegliche Kenntnis der Ideen entstand, von denen meine Freunde und ich in unserer Tätigkeit geleitet werden. Die mexikanische Malerei ist seit dem Anfang des 19. Jahrhunderts weitgehend von fremden Einflüssen freigeblieben und lehnt sich eng an ihre eigenen Quellen an. Da werde ich nun – bei dieser isolierten Entwicklung ganz unvorhersehbar – vom anderen Ende der Welt her Zeuge eines Ausbruchs unseres eigenen fragenden Geistes: Welche subjektiv erfahrenen Signale erlauben uns, jederzeit die weitere Richtung zu bestimmen? Welche Symbole und Mythen beherrschen das besondere Zusammentreffen von Dingen oder das besondere Geflecht von Geschehnissen? Welche Bedeutung hat für uns die Fähigkeit des Auges, uns aus Sehenden zu Sehern zu machen? . . .

Diese Kunst enthält sogar den Tropfen von grausamem Humor, der die kostbaren Kräfte zu vermählen imstande ist, aus denen sich der geheimnisvolle mexikanische Liebestrank zusammensetzt. Die Kraft der Erfindung wird hier genährt von der seltsamen Ekstase der Pubertät und den Geheimnissen des entstehenden Lebens. Weit davon entfernt, diese als einen Privatbereich des Bewußtseins zu behandeln, wie das in den Kulturen der kälteren Erdzonen üblich ist, stellt sie diese Quellen ihrer Inspiration stolz und mit einer Mischung aus Klarsicht und Dreistigkeit heraus . . .»

Anfang Oktober, nach einer ausgelassenen Abschiedsparty, fuhr Frida hochgestimmt nach New York ab. Ihre geplante Ausstellung und der erst kurz zuvor getätigte Verkauf der vier Bilder an Edward G. Robinson stärkten ihre Selbstsicherheit und gaben ihr das erhebende Gefühl von Unabhängigkeit. Sie spürte, was sie zu leisten vermochte. Freunden wie Noguchi und Julien Levy gegenüber machte sie sogar Andeutungen darüber, daß sie sich nun von Diego getrennt habe, weil sie seiner überdrüssig sei; sie wolle künftig ihr eigenes Leben führen. Levy, der zu jener Zeit wie viele andere Fridas Zauber erlag, erinnert sich, daß «sie sich in ihrem Verhältnis zum anderen Geschlecht völlig frei und ungezwungen verhielt. Äußerlich zeigte sie keinerlei Eifersucht mehr auf Diegos Frauenabenteuer; ohne die geringste Leidenschaft sprach sie über eine von Diegos Freundinnen, die zugleich ihre eigene Freundin war. Sie wollte mir den Eindruck vermitteln, daß sie zwar Diego vermißte, daß sie ihn aber nicht mehr liebte. Manchmal redete sie von ihm in einer selbstquälerischen Art, manchmal wieder klang es so, als ob er ihr Lieblingssklave war, ohne den sie nicht auskommen konnte . . . Ihre Äußerungen, die von ihren wechselnden Gefühlen bestimmt wurden, waren alle ziemlich zwiespältig.»

Wie immer man den Zustand ihrer Ehe beurteilen mag, so ist es doch keine Frage, daß Frida sich Sorgen machte, als sie Diego in Mexico allein lassen mußte, und er seinerseits machte sich Gedanken darüber, ob in New York für Frida alles gut ablaufen würde. Er gab ihr Ratschläge und Einführungsbriefe für wichtige Leute mit, darunter auch an Clare Boothe Luce, die damals Herausgeberin von *Vanity Fair* war und einen höchst anspruchsvollen Kreis von Künstlern und Intellektuellen um sich geschart hatte. In einem Brief vom 3. Dezember 1938 schrieb Rivera an seine Frau: «Du solltest unbedingt ein Porträt von Mrs. Luce machen, auch wenn sie Dir keinen Auftrag dazu erteilt. Bitte sie doch, für Dich Modell zu sitzen. Auf diese Weise bekommst Du sicher Gelegenheit, mit ihr allein zu sprechen. Lies mal ihre Schauspiele – sie scheinen nicht uninteressant zu sein –, vielleicht geben sie Dir einen Hinweis darauf, wie Du ihr Porträt komponieren kannst. Ich glaube, es lohnt sich. Ihr Leben ist äußerst merkwürdig und wird Dich sicher interessieren.» Rivera schrieb auch über Fridas geplante Ausstellung an seinen Freund Sam A. Lewisohn, einen Sammler und Verfasser des Buches *Painters and Personality* (Maler und Persönlichkeit), in welchem auch ein Artikel dem Künstler Rivera gewidmet war: «Ich empfehle sie Ihnen nicht als Ehemann, sondern als begeisterter Bewunderer ihrer Arbeit, die beißend und zart ist, hart wie Stahl und so fein wie Schmetterlingsflügel, liebenswürdig wie ein schönes Lächeln und tief grausam wie die Bitternis des Lebens.»

In Fridas Papieren findet sich eine handschriftliche Liste, die ihr Mann für sie zusammengestellt hat. Sie enthält die Namen der Gäste der Ausstellung, die Einladungen bekommen sollten. Man entdeckt alte Freunde und viele Prominente darunter, deren Bekanntschaft die Riveras während ihres Aufenthalts in den Staaten gemacht hatten: Künstler, Kunsthändler, Sammler, Museumsleute, Kritiker, Schriftsteller, Verleger, Politiker und Millionäre. Auch die Rockefellers sind in der Liste verzeichnet. Ganz offensichtlich hatten die Riveras ihre Fehde mit den ehemaligen Antagonisten beigelegt.

Wenn jetzt Fridas Name in der Öffentlichkeit genannt wurde, dann stets mit der Qualifizierung «die eigenständige Malerin», ganz ähnlich, wie man in Mexico Diego Rivera immer als *el muy distinguido pintor* (den hochberühmten Maler) apostrophierte. Zweifellos hat die Tatsache, daß sie die Frau des weltbekannten Rivera war, zur Sensation der

Frida in mexikanischer Tracht bei der Eröffnung
ihrer Ausstellung in New York, 1938.

Ausstellung in New York beigetragen. Selbst Bretons Katalogvorwort
bezog sich auf Frida als auf den gefährlich schönen Schmetterling, der
ihren gewaltigen marxistischen Ehemann umgaukelt. Und auch die
Galerie versuchte den großen Namen Diegos für die Wirkung der
Ausstellung einzusetzen.

Bei der Eröffnung sah Frida in ihrer mexikanischen Tracht höchst
eindrucksvoll aus, ganz im Einklang mit den Bildern in ihren volkstümlichen Rahmen. Der Zustrom von Besuchern war beträchtlich,
denn in jenen Jahren gab es nur wenige Kunstgalerien und noch
weniger Galerien, die sich der Kunstavantgarde annahmen. So wurde
die Eröffnung ein großes gesellschaftliches Ereignis, zu dem viele Prominente der Kunstwelt kamen. Niemand hatte je zuvor etwas gesehen, was dieser Gruppe von fünfundzwanzig Bildern vergleichbar gewesen wäre, die hier der Öffentlichkeit vorgestellt wurden. Der Tenor
der Presse war freundlich und spendete den Bildern und der Malerin

Lob. In der Kunstspalte von *Time* hieß es: «Das aufregendste Ereignis dieser Woche in Manhattan war die erste Gemäldeausstellung von Frida Kahlo, der deutsch-mexikanischen Ehefrau des berühmten Freskenmalers Diego Rivera. Die kleine Frida mit den schwarzen Brauen ist bislang zu scheu gewesen, ihr Werk zu zeigen, aber sie malt seit 1926, als sie nach einem Verkehrsunfall in Gips lag und ‹sich zu Tode langweilte›.» Der *Time*-Kritiker fand Bretons Beschreibung von Frida Kahlos Werk als «farbiges Band um eine Bombe» ziemlich treffend, wenn auch ein wenig zu schmeichelhaft. «Die Bilder der kleinen Frida sind zumeist Ölgemälde auf Metallplatten. Sie haben die Niedlichkeit von Miniaturen, die lebhaften Rot- und Gelbtöne der mexikanischen Tradition und die spielerisch blutrünstige Phantasie eines unsentimentalen Kindes.»

Der etwas herablassende Ton – «die kleine Frida»! – war auch in anderen Kritiken zu spüren. So beklagte sich der Kritiker der *New York Times* darüber, daß Fridas Themen «mehr aus dem Bereich der Geburtshilfe und Gynäkologie als aus dem der Ästhetik» genommen seien. Ein anderer nahm Anstoß daran, daß der Essay Bretons in Fridas Werkkatalog auf französisch statt in einer Übersetzung abgedruckt worden war. Derselbe Kritiker nörgelte auch, «daß Mrs. Diego Rivera ihren Mädchennamen Frida Kahlo gebrauchte, aber den Namen ihres Mannes in Klammern hinzufügte». Wir wissen allerdings von Bertram Wolfe, daß Frida ihren Geburtsnamen ja gerade deshalb vorzog, weil sie sich nicht auf Riveras Ruhm ausruhen wollte. Daß der Name des mexikanischen Meisters so stark im Vordergrund stand, war wohl eher das Werk von Levy und Breton.

Frida selbst war mit der Ausstellung durchaus zufrieden. Am Eröffnungstag schrieb sie an Alejandro Gómez Arias:

«Ausgerechnet am Tag meiner Ausstellung muß ich ein wenig mit Dir plaudern, wenn auch nur mit ein paar Zeilen. Alles war aufs beste geordnet, und ich habe wirklich ungeheures Glück. Solch eine Menge Leute! Und sie behandeln mich alle mit so großer Freundlichkeit. Levy wollte André Bretons Vorwort nicht übersetzen, und dies ist für mich das einzige, was mir etwas unglücklich und angeberisch vorkommt, aber das kann man jetzt nicht mehr ändern. Wie kommt Dir die Sache vor? Die Galerie ist phantastisch, und die Bilder sind sehr gut gehängt. Hast Du das *Vogue*-Heft gesehen? Sie haben drei Reproduktionen von meinen Bildern gebracht, eins davon in Farbe – das, das ihnen am besten gefiel. Schreib mir doch gelegentlich, wenn Du an mich denkst. Ich bin dir sehr zugetan.»

Später hat Frida behauptet, die Ausstellung sei ausverkauft gewesen. Das ist eine Übertreibung. In Wahrheit wurde nur die Hälfte der Bilder veräußert, und das war doch schon sehr beachtlich, besonders wenn man bedenkt, daß dies die Jahre der großen Depression waren. Einige Bilder hingen auch nur als Leihgaben in der Ausstellung, z. B. aus dem Besitz von Edward G. Robinson und von Trotzki. Vermutlich waren noch weitere Werke aus Privatbesitz ausgestellt. Unterlagen über die damaligen Verkäufe sind nicht mehr vorhanden, aber Levy erinnert sich, daß der Psychiater Dr. Allan Roos bei der Ausstellung das Bild *Meine Großeltern, meine Eltern und ich* erwarb. Sam Lewisohn kaufte ein Stilleben, sehr wahrscheinlich *Ich gehöre meinem Besitzer*. Frida verkaufte auch einige Bilder ohne Levys Vermittlung – zum Beispiel eines an den großen Sammler Chester Dale, der die Malerin verehrte. Laut Levy spielte er ihr gegenüber den lieben Großvater und bezahlte mindestens eine Operation für seinen Schützling, dessen Neckereien er sich gerne gefallen ließ. Mary Schapiro, die inzwischen Solomon Sklar geheiratet hatte, kaufte ein *Stilleben*, und Frida schenkte ihrer Freundin dazu noch das Bild *Fulang-Chang und ich*. Der Fotograf Nickolas Muray erwarb für sich *Was mir das Wasser gab*, und *Erinnerung an eine offene Wunde* kam in den Besitz von Edgar J. Kaufmann, übrigens derselbe Kaufmann, der sich von Frank Lloyd Wright das berühmte Haus mit dem Wasserfall hatte bauen lassen. Auch der Kritiker Walter Pach, ein langjähriger Freund der Riveras, kaufte ein Bild aus der Ausstellung. Und wenn einige der Gemälde damals noch nicht den Besitzer wechselten, so wurden doch zukünftige Verkäufe angebahnt. Clare Boothe Luce ließ zwar nicht, wie Rivera gehofft hatte, ihr Porträt malen, aber sie gab ein Bild zum Gedenken an ihre Freundin Dorothy Hale in Auftrag, die sich umgebracht hatte, und 1940 kaufte sie das Selbstbildnis Fridas, das Trotzki gewidmet war. Conger Goodyear verliebte sich in das Bild *Fulang-Chang und ich*, aber da es bereits Mary Sklar gehörte, bat er Frida, ihm ein ähnliches Selbstporträt zu malen, das er dem Museum of Modern Art schenken wollte. Nach der Fertigstellung behielt er es jedoch bis zu seinem Tode; danach kam es im Rahmen seines Vermächtnisses an das Albright Knox Museum. Frida hat das *Selbstbildnis mit Affen* für Goodyear binnen einer Woche in ihrem Hotelzimmer im Barbizon-Plaza gemalt.

Im Mittelpunkt zu stehen, war nicht unbedingt Fridas Ehrgeiz, aber es muß für sie dennoch recht befriedigend gewesen sein, in den gesellschaftlichen Strudel zu geraten, ohne von ihrem berühmten Ehemann begleitet und überschattet zu werden. Sie war mittlerweile eine eigenständige Persönlichkeit und hatte es nicht mehr nötig, in Diegos breit schäumendem Kielwasser zu laufen. Es erfüllte sie mit Lebensfreude, wenn sie ihre beachtlichen, wenn auch exzentrischen Reize spielen ließ und erprobte, wie viele Leute sie zu bezaubern vermochte.

Manhattan war für sie wie ein großer Karneval. Zum Malen kam sie wenig; kaum daß sie gelegentlich ihr Skizzenbuch benutzte. Auch ging sie nicht viel in Museen. Julien Levy erinnert sich, daß jemand sie zum Museum of Modern Art mitnahm, daß sie sich dabei aber bloß darüber beklagte, wie schwer ihr das Gehen fiel. An Alejandro schrieb sie: «In einer Privatsammlung habe ich zwei wunderbare Gemälde gesehen, einen Piero della Francesca, der phantastischste, dem ich je begegnet bin, und einen kleinen El Greco, wirklich ungewöhnlich klein, aber ein herrliches Kunstwerk. Ich werde Dir Reproduktionen davon schicken.»

Am liebsten setzte sie sich in das Straßencafé des Hotels St. Moritz und schaute sich die vorübergehenden Leute vor dem Hintergrund des Central Park an. Überhaupt fand sie Gefallen am Leben und Treiben in den Straßen von New York. An Schaufenstern konnte sie sich gar nicht sattsehen, und alles Exotische zog sie unwiderstehlich an: Chinatown, Klein Italien, der Broadway, Harlem. Wo immer Frida auftauchte, erregte sie Aufsehen. Julien Levy erinnert sich, wie er mit ihr zusammen etwas in der Hanover Bank an der Fifth Avenue zu erledigen hatte: «Als ich mit ihr im Schalterraum war, fanden wir uns von einer Kinderhorde umringt, die sich am Pförtner vorbeigedrückt hatte. ‹Wo ist denn der Zirkus?› riefen sie. Eigentlich hätten sie ‹Fiesta› sagen müssen; denn Frida war in ihrer mexikanischen Tracht gekommen. Sie war hübsch und pittoresk anzusehen, doch leider legte sie die stoffreichen einheimischen Kostüme nicht um der folkloristischen Wirkung willen an. ‹Ich muß bauschige lange Röcke anziehen›, sagte sie, ‹wo doch jetzt mein krankes Bein so häßlich geworden ist.›»

Durch Levy wurde die Künstlerin mit einer Reihe von lebhaften und intelligenten Leuten bekannt, denn er war sehr umgänglich, redegewandt, gutaussehend, und er liebte Überraschungen und Abenteuer. Durch den Galeristen lernte sie den surrealistischen Maler Pavel Tschelitschew kennen, dessen Ausstellung «Phänomene» vor ihrer eigenen in Levys Galerie gelaufen war. «Mir gefällt dieser Mann», sagte Frida, «und ich mag auch seine Arbeiten, weil sie so viele phantastische Ideen enthalten.» Umgekehrt waren die Surrealisten von der mexikanischen Malerin begeistert. Sie besaß nämlich, wie Breton bemerkt hatte, die notwendige surrealistische Essenz, die *beauté du diable*. Sie konnte gut erzählen und sprach immer direkt denjenigen an, der sie begleitete; nichts von ihrer Persönlichkeit hielt sie zurück. Ihre Stimme war sanft, warm und tief, ein wenig maskulin. Sie versuchte gar nicht erst, ihr buntscheckiges Englisch und ihren fremdländischen Akzent zu verbessern, denn sie spürte unwillkürlich, wie diese Spracheigentümlichkeiten ihre magnetische Wirkung erhöhten. Der surrealistische Kritiker Nicolas Calas erinnert sich, daß sie «ganz und gar dem surrealistischen Ideal von einer Frau entsprach. Sie hatte etwas Theatralisches, eine ausgesprochene Exzentrizität. Stets spielte sie ganz bewußt eine Rolle, und ihr Exotismus hatte eine unmittelbare Anziehungskraft.»

Nur ihre Gesundheit bremste immer wieder ihren Elan. Julien Levy wollte Frida zu einer Bar-Tour in Harlem mitnehmen, aber, so sagte er später, «sie ging nicht gerade begeistert darauf ein. Wahrscheinlich war sie zu müde. Es lag ihr auch nicht, lange nachts aufzubleiben, und eine Bar-Tour ist ziemlich anstrengend, wenn man nicht leicht auf den Beinen ist. Sie konnte ihre Gebrechlichkeit nicht überwinden. Sobald sie drei Häuserblocks weit gelaufen war, wurden ihre Füße gespannt vor Müdigkeit, und sie fing an, sich auf meinen Arm zu stützen. Wenn man dann weiterging, dauerte es nicht lange, bis sie nach einem Taxi verlangte; aber es kostete sie viel, bis sie sich überwand, die Bitte zu äußern.» Aus gutem Grund wollte die Malerin keine langen Strecken laufen. Sie hatte noch immer Probleme mit dem rechten Fuß. Außerdem hatten sich an einer Fußsohle Warzen gebildet, und vor allem verursachte ihr das Rückgrat ständige Schmerzen. Nach dem Ende ihrer Ausstellung wurde sie ernstlich krank, und sie suchte zahlreiche Ärzte, Orthopäden und Spezialisten auf. Schließlich gelang es zwei befreundeten Ärzten, das Geschwür an ihrem Fuß zu heilen, mit dem sie seit Jahren hatte leben müssen. Neben dem Fußleiden beobachtete Frida auch Anzeichen an sich, die an Syphilis denken ließen. Die Ärzte machten einen Wassermann-Kahn-Test, der jedoch negativ war.

Wenn auch gesundheitliche Gründe Frida von Museumsbesuchen und Bar-Touren abhielten, so erfreute sie sich doch ihrer Freiheit von Diegos Kontrolle. Weit außerhalb der Reichweite von Riveras Pistole ließ sie ihre Verführungskünste spielen und genoß ganz offen ihre Wirkung auf Männer. Levy sah Frida als eine «Art von mythischem Wesen, nicht von dieser Welt – stolz und völlig selbstsicher, dennoch schrecklich sanft und männlich zugleich wie eine Orchidee». Ihr Narzißmus faszinierte die Männer, Levy nicht ausgenommen, der eine Serie von Halbaktfotos von ihr machte, wobei er jeweils ihr langes schwarzes Haar neu frisierte. «Sie flocht sich allerlei Dinge ins Haar.

Wenn sie die Zöpfe auflöste, legte sie die Sachen in einer bestimmten Ordnung auf den Tisch der Spiegelkommode, und in umgekehrter Reihenfolge setzte sie sie beim Flechten ihrer Haare wieder ein. Die Haarpflege war bei ihr eine ungewöhnlich wichtige Zeremonie. Ich schrieb ein Gedicht darüber und schickte ihr einen Objektkasten von Joseph Cornell. Ich hatte Cornell mein Gedicht gegeben, eine Locke von Fridas Haar sowie ein Foto der Künstlerin, und Cornell komponierte diese Elemente in einen Kasten mit blauem Glas und Spiegeln, aus dem uns Fridas Gegenwart greifbar entgegenzutreten scheint.»

Einmal nahm Levy die Malerin nach Pennsylvania mit zu einem Besuch bei seinem Freund und Kunden Edgar Kaufmann, der nach Levys Bericht Fridas Mäzen sein wollte. Wie so häufig bei langen Eisenbahnfahrten brachte auch diese Reise fast unausweichlich eine größere Intimität und neue erotische Spannung mit sich, die immer weiter wuchs. Doch als sie am Ziel angelangt waren, flirtete Frida nicht bloß mit Levy, sondern auch mit dem schon etwas älteren Gastgeber und ebenfalls mit dessen Sohn. Frida erweckte bei ihren Männern leicht ein Gefühl von Vertrautheit, erinnert sich Levy, aber sie spielte gerne den einen gegen den anderen aus. Nicht selten gab sie einem, der ihr gerade den Hof machte, zu verstehen, der andere sei im Wege oder einfach zu langweilig. Zur Schlafenszeit versuchten Levy und der alte Kaufmann einander auszutricksen, um die letzten Momente des Abends in romantischer Zweisamkeit mit der Künstlerin verbringen zu können. Nachdem sie sich schließlich zurückgezogen hatte, wurde das komplizierte Treppenhaus der Wright-Villa zur Bühne für eine nächtliche Buffoszene: Levy wartete, wie er dachte, lange genug, bis alles in friedlichem Schlummer lag, schlich dann hinaus und stieg auf seiner Seite die Treppe hinauf zu Fridas Zimmer. Zu seinem nicht geringen Erstaunen sah er auf der jenseitigen Treppe seinen Gastgeber ebenfalls hinaufsteigen. Daraufhin zogen sich beide wieder zurück. Das wiederholte sich noch mehrmals. Schließlich gab Levy auf. Doch als er wieder in sein Zimmer trat, war Frida längst bei ihm und erwartete ihn lächelnd.

Ein bei weitem ernster zu nehmender Verehrer war Nickolas Muray. Er stammte aus Ungarn, war der Sohn eines kleinen Postbeamten und lebte seit 1913 in den Vereinigten Staaten. Damals hatte der zweiundzwanzigjährige Muray mit 25 Dollar in der Tasche angefangen. Ende der zwanziger Jahre war er einer der erfolgreichsten Porträtfotografen in Amerika geworden, dessen Ablichtungen bekannter Persönlichkeiten in *Harper's Bazaar* und in *Vanity Fair* erschienen. Auch eines seiner zahlreichen Porträts von Frida Kahlo wurde 1939 in der

Die Malerin zur Zeit ihrer Beziehung zu dem
Fotografen Nickolas Muray, 1939.

Illustrierten *Coronet* veröffentlicht. Daneben hatte er Aufträge als Werbefotograf. Überhaupt war er sehr vielseitig, schrieb Kritiken in einer Zeitschrift für Choreographie, machte sich als Sportflieger und Fechtmeister einen Namen, war, als er 1965 starb, bereits zum vierten Mal verheiratet und hatte vier Kinder. Als Kunstmäzen wurde er bekannt, indem er immer wieder Freunden durch Bilderankäufe aus der Klemme half. Während der zwanziger Jahre traf man sich regelmäßig zu den renommierten Mittwochsoireen in seinem Studio. Prominente Besucher dieser Abende in der Macdougal Street waren Martha Graham, Sinclair Lewis, Carl Van Vechten, Edna St. Vincent Millay, Eugene O'Neill, Jean Cocteau, T. S. Eliot, Gertrude Vanderbilt Whitney und Walter Lippmann. Muray besaß nicht nur Charme und Energie, Ausstrahlungskraft und eine verfeinerte, reflektierte Lebensart; er hatte sich auch eine unverbildete Direktheit und Freundlichkeit, eine Fähigkeit zu Zartheit und innigem Umgang bewahrt, die Frida sehr gefallen haben muß. Keine Frage, daß auch sein hübsches Gesicht und seine schlanke elegante Gestalt bezaubernd auf sie gewirkt haben. Die Malerin hatte Murays Bekanntschaft schon in Mexico gemacht. Damals hatte er an der Planung ihrer Ausstellung mitgewirkt, ihre Arbeiten fotografiert, beim Verpacken und Verschicken ihrer Bilder geholfen und sie später in New York in Empfang genommen. Auch bei der Gestaltung des Katalogs hatte er die Künstlerin beraten.

Ob die Liaison mit Muray bereits in Mexico begann, wissen wir nicht; aber in New York, außerhalb der eifersüchtigen Bewachung durch Rivera, entwickelte sich die Affäre in raschen Schritten. Die Beziehung verlief nicht immer bloß harmonisch – zum Beispiel kam es bei der Ausstellungseröffnung zwischen Frida und Muray zu einem Streit –, doch die Intensität dieser Begegnung spricht aus den erhaltenen Zeugnissen, etwa aus einem Brief an Muray aus Paris vom 16. Februar 1939:

«Mein wunderbarer Nick, *mi niño,*

. . . Dein Telegramm kam heute morgen, und ich mußte lange weinen – vor Glück, und weil ich Dich mit meinem Herzen und mit meinem ganzen Wesen herbeiwünschte. Dein Brief, Liebster, kam gestern; er ist wunderschön, so zartfühlend, daß ich keine Worte finde, um Dir zu sagen, welche Freude ich beim Lesen empfand. Ich bete Dich an, mein Geliebter – glaub mir – wie niemanden zuvor. Nur Diego wird mir immer so eng verbunden bleiben . . . Du fehlst mir mit den kleinsten Regungen Deines Wesens, Deiner Stimme, Deiner Augen, Deiner Hand, mit Deinem schönen Mund, Deinem offenen und freien Lachen. DU! Ich liebe Dich, Nick. Ich bin so glücklich, wenn ich daran denke, daß ich Dich liebe, daß Du auf mich wartest, daß Du mich liebst...»

Und am 27. Februar 1939 schrieb sie an Muray:

«Mein wunderbarer Nick,
heute kam nach so langem Warten Dein Brief. Ich war so glücklich, daß ich schon zu weinen begann, bevor ich zu lesen anfing. Mein Kleiner! Ich weiß, ich darf mich über nichts beschweren, was mir widerfährt, solange Du mich liebst und ich Dich. Die Liebe zu Dir ist so greifbar und so schön, daß sie mich allen Schmerz und alle Sorgen vergessen läßt, ja sogar die große Entfernung, die uns trennt. Deine Worte haben Dich mir so nahe gerückt, daß ich Dein Lachen in meiner Nähe fühlen kann. So ein offenes und ehrliches Lachen hast nur Du. Ich zähle bloß noch die Tage. Noch ein Monat! Dann werden wir wieder zusammen sein...
Aber, Lieber, was machst Du da für schlimme Sachen?! Warum hast Du mir den Scheck über 400 Dollar geschickt? Dein Freund ‹Smith› ist doch bloß Deine Erfindung – es ist ja sehr lieb von Dir, aber sag ‹ihm›, daß ich seinen Scheck nicht einlösen werde, bis ich wieder in New York bin, und dort werden wir die Sache noch mal durchsprechen. Mein Nick, Du bist wirklich der liebste Mensch, den ich jemals kennengelernt habe. Aber hör zu, Lieber, ich brauche das Geld im Moment wirklich nicht. Ich habe noch etwas von Mexico und bin eigentlich schwerreich, damit Du's nur weißt. In dem Monat, den ich noch hier bin, komme ich gut aus. Die Fahrkarte für die Rückreise habe ich auch schon in der Tasche. Alles ist unter Kontrolle, also ist es durchaus nicht nötig, daß Du Dir noch zusätzliche Kosten machst... Trotzdem kannst Du Dir nicht vorstellen, wie mich das entzückt, daß Du mir hast helfen wollen. Mir reichen nicht die Worte, um Dir zu sagen, mit welcher Freude es mich erfüllt, daß Du mich glücklich machen willst und daß Du so gutherzig und lieb bist... Mein Geliebter, mein Süßer, mein Nick... *mi vida – mi niño, te adoro* ...

Bei allem Feuer, das sich in Frida für Muray entfacht hatte, konnte es dennoch weder er noch irgendein anderer seiner Rivalen mit der tiefen Verbundenheit aufnehmen, die Frida für Diego empfand. Und sie wußte, daß auch er sie liebte. Als Frida wegen ihrer Krankheit und wegen ihrer Sorge, Rivera für so lange Zeit allein zu lassen, zögerte, zu der von Breton in Aussicht gestellten Ausstellung nach Paris zu reisen, versuchte Diego ihre Zweifel zu zerstreuen und schrieb am 3. Dezember 1938:

Mi niñita chiquitita,
Du hast mir so viele Tage lang nicht geschrieben, und ich bin ganz unruhig geworden. Nun bin ich froh, daß Du Dich wieder besser fühlst und daß sich Eugenia um dich kümmert. Sage ihr doch auch meinen Dank und behalte sie nur bei Dir, solange Du dort bist. Wie gut, daß Du eine bequeme Wohnung hast und einen Raum, in dem Du malen kannst. Mal Deine Bilder und Porträts bloß nicht zu eilig. Gerade jetzt ist es wichtig, daß sie ganz besonders gut werden, denn sie müssen den Erfolg Deiner Ausstellung ergänzen und bringen Dir möglicherweise weitere Porträtaufträge . . . Was bekomme ich für die gute Nachricht, die Du aber vielleicht schon kennst, daß nämlich die wunderbare Dolores Weihnachten in New York verbingen will? . . . Hast Du schon an Lola [Dolores del Rio] geschrieben? Wahrscheinlich ist es dumm von mir, daß ich überhaupt frage.

Mit Freuden habe ich gehört, daß Du einen Porträtauftrag für das Museum of Modern Art hast: Großartig, daß Du dort gleich nach Deiner ersten Ausstellung Einzug hältst. Das wird der Höhepunkt Deines New Yorker Erfolgs werden. Spuck in Deine kleinen Hände und mach etwas, das alles Bisherige in den Schatten stellt, auf daß aus der Fridita der große Drache werde . . .

Sei bloß nicht albern, und laß Dir nicht um meinetwillen die Chance entgehen, Deine Bilder in einer Pariser Galerie auszustellen. Nimm vom Leben alles, was es hergibt, was immer es auch bieten mag, vorausgesetzt, es ist interessant und macht Dir Freude. Wenn man einmal alt ist, weiß man, was man verpaßt hat, weil man nicht zur rechten Zeit den Verstand hatte, die Gelegenheiten zu ergreifen. Wenn Du mir wirklich etwas Gutes tun willst, dann merk Dir, daß Du mir keine größere Freude machen kannst, als wenn ich weiß, Du bist froh. Und, meine *chiquita*, Du verdienst wirklich jede Freude . . . Ich kann niemandem böse sein, wenn er diese Frida mag, denn ich mag sie doch auch, und zwar mehr als sonst was in der Welt . . .

Tu principal sapo-Rana (Dein Unkenfrosch Nr. 1)
Diego

In ihrem Tagebuch heftete die Malerin folgende Entwurfsnotizen ein, die wahrscheinlich für einen Antwortbrief an ihren Mann dienten. Sie schrieb den Brief zu seinem Geburtstag am 8. Dezember 1938. Die Anrede lautet:

«*Niño mío – de la gran ocultadora* . . .
Es ist sechs Uhr morgens,
und man hört die Truthähne.
Wärme menschlicher Zuneigung,
in der Einsamkeit begleitet –
Nie im Leben
werde ich deine Gegenwart vergessen,
du hast mich aufgehoben, als ich zerbrochen war,
und du hast mich wieder ganz gemacht.
Wohin auf dieser kleinen Welt
soll ich meine Blicke richten?
So ungeheuer, so tief!
Es gibt keine Zeit mehr, es gibt überhaupt nichts mehr.
Entfernung. Nur noch Realität zählt.
Was einmal geschah, ist für immer geschehen!
Was besteht, sind Wurzeln,
die durchsichtig geworden sind,
umgeformt
zum unvergänglichen Baum der Früchte.
Deine Früchte spenden ihr Aroma,
Deine Blüten geben ihre Farbe,
wachsen mit der Freude
der Winde und der Blumen.
Hör nicht auf, Durst zu machen
dem Baum, dessen Sonne du bist, dem Baum,
der deine Saat als Schatz bewahrte.
‹Diego› ist der Name der Liebe.»

15 Dieses abscheuliche Paris

Als Frida im Januar 1939 nach Frankreich reiste, befand sich Europa in einem prekären Friedenszustand. Hitler war soeben in München «beschwichtigt» worden, und der Spanische Bürgerkrieg ging seinem Ende entgegen: Bereits im Februar wurde das Franco-Regime von Großbritannien und Frankreich anerkannt. In der Hauptstadt der internationalen Kulturwelt lieferte man sich indessen nur Wortgefechte über theoretische Spitzfindigkeiten, Faschisten gegen Trotzkisten, Kommunisten gegen Kapitalisten, Liberale gegen Konservative.

Zunächst wohnte Frida bei André und Jacqueline Breton in deren kleiner Wohnung, Rue Fontaine Nr. 42, die auch ständiger Treffpunkt der Surrealisten und Trotzkisten war. Doch der Besuch bei den Bretons war keine reine Freude. Ärgerlich war vor allem, daß die Ausstellung, die der Oberhirte der Surrealisten angeblich längst organisiert hatte, auf ungewisse Zeit hinausgeschoben wurde. In einem Brief an Nickolas Muray vom 16. Februar machte Frida ihrem Unmut Luft:

«... die Sache mit der Ausstellung ist ein saumäßiges Durcheinander ... Bei meiner Ankunft waren die Bilder immer noch im Zollbüro, weil dieser Mistkerl von Breton es nicht für nötig gehalten hat, sie abzuholen. Die Fotos, die Du schon vor endlos langer Zeit abgeschickt hast, sind angeblich überhaupt nie angekommen. Die Leute in der Galerie sind keineswegs auf die Ausstellung vorbereitet, und Breton hat schon längst keine eigene Galerie mehr. So kam ich mir vor wie ein Narr und mußte eben warten, bis ich Marcel Duchamp traf (fabelhafter Maler!). Der ist wirklich der einzige hier, der auf dem Boden der Wirklichkeit steht – nicht wie all diese wahnwitzigen Spinner von Surrealisten. Er packte die Sache sofort richtig an, holte meine Bilder vom Zoll ab und suchte eine geeignete Galerie. Endlich fand sich auch eine mit dem Namen Pierre Colle, die die vermaledeite Ausstellung aufzunehmen bereit ist. Jetzt will Breton plötzlich zusammen mit meinen Bildern noch alles mögliche andere ausstellen: vierzehn Porträts aus dem 19. Jahrhundert (mexikanischer Herkunft), ungefähr 32

1940 entstand das *Selbstbildnis mit abgeschnittenem Haar,* das eine tief unglückliche Frida zeigt, die die Attribute ihrer Weiblichkeit – ihr Haar und die mexikanische Tracht – abgelegt hat.

Fotografien von Alvarez Bravo und einen ganzen Haufen von Trivial-objekten, die er von Trödelmärkten in Mexico mitgebracht hat – lauter Gerümpel! Kannst Du Dir so etwas vorstellen?! Bis zum 15. März will die Galerie mit den Vorbereitungen fertig sein. Aber die Ölbilder aus dem 19. Jahrhundert müssen erst restauriert werden, und diese verdammte Restauriererei dauert noch einen ganzen Monat. Und da Breton selbst keinen Pfennig hat, mußte ich ihm für den Restaurator obendrein noch 200 Dollar leihen. Ich habe Diego ein Telegramm geschickt und ihm die Situation erläutert. Diego war sehr aufgebracht, aber die Sache ist nun mal passiert, und ich kann nichts mehr machen. Mein Geld reicht noch bis Anfang März, so daß ich mich nicht sehr grämen muß.

Soweit schien nun alles gut und einigermaßen geregelt zu sein, da erzählte mir Breton vor ein paar Tagen, daß der Geschäftspartner von Pierre Colle, ein widerwärtiger alter Knochen, meine Bilder gesehen und befunden hätte, es dürften nur zwei davon in der Ausstellung gezeigt werden. Die anderen wären zu ‹schockierend› für die Öffentlichkeit! Ich hätte den Kerl umbringen und in kleine Stücke zerreißen können; aber ich bin die Sache inzwischen schon so leid, daß ich alles zum Teufel wünsche und so schnell wie möglich aus diesem elenden Paris abreisen möchte, ehe ich selber noch überschnappe . . .»

Frida hatte nicht nur mit den Widrigkeiten der Ausstellungsvorbereitung zu kämpfen, sie mußte sich auch in ärztliche Behandlung begeben. Den Brief vom 16. Februar hatte sie im Bett vom Amerikanischen Krankenhaus aus geschrieben. Der Aufenthalt bei den Bretons war ihr bald unerträglich geworden, weil sie ein enges Zimmer mit der kleinen Tochter Aube teilen mußte. So zog sie Ende Januar ins Hotel Regina an der Place des Pyramides. Von da wurde sie mit einer Ambulanz zum Amerikanischen Krankenhaus gefahren, weil sie keinen Schritt mehr selbst gehen konnte. Sie hatte sich eine Nierenentzündung mit Kolibakterien zugezogen. Am 27. Februar schrieb sie an Muray:

«. . .nach so vielen Tagen im Fieber fühle ich mich ziemlich schlapp . . . Die Ärzte meinen, ich hätte irgendwelchen Salat oder rohe Früchte gegessen, die nicht richtig gewaschen worden waren, und ich fresse einen Besen, wenn ich mir diese ekelhaften Kolibakterien nicht bei den Bretons geholt habe. Du kannst dir gar nicht vorstellen, in was für einem Dreck diese Leute leben und was für Zeug die essen. Es ist nicht zu glauben. Ich habe so etwas noch nie in meinem ganzen verkorksten Leben gesehen. Aus mir unbegreiflichen Gründen hat sich die Entzündung von den Därmen zur Blase und von da zu den Nieren gezogen, und zwei Tage lang konnte ich nicht Pipi machen, und ich dachte jede Minute, ich müßte platzen. Glücklicherweise ist jetzt alles wieder gut. Ich soll nur noch Bettruhe und Diät einhalten...»

In einem Brief an Ella und Bertram Wolfe führt Frida diese Erfahrungen etwas humoriger aus:

«... mein Bauch war voll von Anarchisten, und jeder einzelne von ihnen hatte in irgendeiner Ecke meiner Därme seine Bombe gelegt. Bis jetzt schien die Situation völlig hoffnungslos, und ich war fast sicher, daß mich diesmal *la pelona* dahinraffen würde. Ich war so weit, daß es mir am liebsten gewesen wäre, der Teufel hätte mich gleich mit einem Ruck geholt, so sehr plagten mich die Leibschmerzen und die Trauer darüber, daß ich in diesem abscheulichen Paris so ganz allein bin. Das ist hier wirklich wie ein Tritt in die Magengrube. Aber als ich dann im Amerikanischen Krankenhaus lag und wenigstens wieder auf Englisch ‹bellen› und meine Lage erklären konnte, ging es mir wieder besser. Ich konnte doch zumindest mal sagen: ‹Entschuldigung, ich habe gerülpst.› Allerdings, um die Wahrheit zu sagen, ging das zunächst überhaupt nicht. Erst vor vier Tagen konnte ich mich durch einen ersten Rülpser erleichtern, und seit diesem beglückenden Moment fühle ich mich wieder besser. Der Grund für diese anarchistische Rebellion in meinem Bauch war, daß ich voller Kolis war, und diese unglückseligen Dinger hatten sich in den Kopf gesetzt, die zulässige Grenze ihrer Tätigkeit zu überschreiten. Sie ließen sich sogar einfallen, einen Betriebsausflug durch meine Blase und meine Nieren zu machen; es brannte wie Feuer in mir, weil sie wie die Teufel in meinen Nieren wüteten. Beinahe hätten sie mich ins Leichenhaus gebracht. Kurzum, ich habe nur noch die Tage gezählt, bis endlich das Fieber wieder herunterging und ich mich auf einen Dampfer nach den Vereinigten Staaten setzen konnte, denn hier hat niemand Verständnis für meine Situation, und niemand schert sich darum, wie ich mich fühle. Aber jetzt geht es ganz sachte wieder aufwärts...»

Nach dem Krankenhausaufenthalt zog Frida nicht wieder in das Hotel, weil sie nicht ständig allein sein mochte. Es traf sich gut, daß Mary Reynolds, die Lebensgefährtin Marcel Duchamps, sie einlud, bei ihr zu wohnen. «Sie ist eine fabelhafte Amerikanerin, und ich habe ihr Angebot frohen Herzens angenommen. Diese reizende Person hat nichts mit diesen widerlichen ‹Künstlern› der Gruppe um Breton zu tun. Sie ist so freundlich zu mir und sorgt so wohltuend für mich.» Auch die Ausstellung wurde nun endgültig geregelt. So schreibt Frida in einem weiteren Brief an Muray:

«... Marcel Duchamp hat mir viel geholfen, und er ist überhaupt der einzige unter all diesen verkommenen Gestalten, auf den man sich verlassen kann. Die Eröffnung soll am 10. März in der Galerie Colle stattfinden. Mir wurde erzählt, sie sei eine der besten in Paris: Dieser Colle vertritt Dali und einige andere Größen des Surrealismus. Die Ausstellung soll vierzehn Tage dauern, aber ich habe alles so arrangiert, daß ich meine Bilder schon am 23. abholen und verpacken lassen kann, damit sie am 25. zur Überfahrt bereit sind. Die Kataloge sind bereits in der Druckerei, und es sieht so aus, als ob alles ganz vernünftig laufen würde. Eigentlich wollte ich schon am 8. März mit der *Isle de France* abreisen, aber Diego hat mir geraten zu warten, bis meine Bilder ausgestellt worden sind, weil er es niemandem hier zutraut, daß er die Sachen nach der Ausstellung richtig verpackt und verschickt. Diego hat wahrscheinlich recht: Schließlich bin ich ja nur wegen der verdammten Ausstellung hergekommen, und es wäre Blödsinn, zwei Tage vor der Eröffnung abzureisen, nicht wahr?!»

Trotz aller Sorgen und Nöte hat Frida auch an den «surrealistischen» Vergnügungen in Paris teilgenommen. Sie lernte einige bedeutende Vertreter des surrealistischen Kreises kennen, z.B. den Dichter Paul Eluard und den Maler Max Ernst, dessen intensiv blaue Augen, weißes Haar und auffallende Hakennase ihr gefielen. Sie mochte auch seine Malerei, fand ihn dagegen als Mensch eher unzugänglich, so «wie Trockeneis». Die neuen Bekannten nahmen Frida in Künstlercafés und Nachtklubs mit. Mit dem surrealistischen Gesellschaftsspiel *le cadavre exquis* hatte Frida schon früher Erfahrungen gesammelt. Jetzt wurde sie in eine andere Form surrealistischer Gesellschaftsunterhaltung eingeführt: Das Wahrheitsspiel, bei dem jeder bestraft wurde, der sich weigerte, die Wahrheit zu sagen. Für Breton war dies mehr als bloßer Zeitvertreib, und er wachte streng darüber, daß die Teilnehmer ernsthaft bei der Sache waren.

Als Frida bei solch einer Partie keine Auskunft über ihr Alter geben wollte, wurde sie damit bestraft, daß sie einen Sessel lieben mußte. «Frida unterzog sich der Aufgabe höchst geschickt», erinnerte sich ein Teilnehmer von damals. «Sie setzte sich auf den Boden und streichelte den Sessel, als ob sie es mit einem schönen lebendigen Wesen zu tun gehabt hätte.»

Auch die Welt der Haute Couture ließ Frida nicht unberührt. Die Schiaparelli war so angetan von Fridas Tehuanatrachten, daß sie für modebewußte Pariserinnen eine «Robe Madame Rivera» kreierte. Fridas ringgeschmückte Hände erschienen auf dem Titelblatt einer Ausgabe von *Vogue*.

Als es ihr gesundheitlich möglich war, stattete sie Chartres und einigen Loireschlössern einen Besuch ab. Sie schaute sich auch im Louvre um und ging gelegentlich zum Trödelmarkt. In einem Brief an Muray heißt es:

«. . . ich kaufe allerlei altes Zeug. Das macht Spaß. Kleider oder Ähnliches brauche ich ja nicht, denn als Tehuanafrau trage ich nicht einmal Hosen oder Strümpfe. Die einzigen Dinge, die ich hier erworben habe, sind zwei altmodische Puppen. Sie sind sehr hübsch. Die eine ist blond und blauäugig und hat die hübschesten Augen, die man sich vorstellen kann. Angezogen ist sie als Braut. Das Kleidchen war ganz staubig und verschmutzt, aber ich habe es gewaschen, und jetzt sieht es schon wieder viel besser aus. Der Kopf hält nicht gut am Körper, weil das Gummi schon sehr alt ist, aber wir beide werden das in New York schon wieder richten. Die andere Puppe ist nicht ganz so hübsch, aber auch sehr reizend. Sie hat blondes Haar und sehr schwarze Augen. Ihr Kleidchen ist höllisch verdreckt und muß auch noch gewaschen werden. Leider fehlt ein Schuh, den sie offenbar auf dem Markt verloren hat. Jedenfalls sind beide Puppen entzückend, auch wenn sie ein wenig den Kopf hängen lassen. Vielleicht sehen sie gerade deshalb so anschmiegsam und lieb aus. Seit Jahren habe ich mir solche Puppen gewünscht, weil mir jemand einmal so eine kaputtgemacht hat, die ich als Kind besaß. Ich konnte aber keine finden. Und jetzt habe ich statt der einen sogar zwei! In Mexiko habe ich ein kleines Puppenbett, das für die größere genau richtig sein wird. Denk Dir doch mal zwei hübsche ungarische Namen aus, damit wir sie taufen können. Ich habe für die beiden umgerechnet ungefähr zweieinhalb Dollar ausgegeben.»

Aber trotz mancher unterhaltsamer Ablenkung fand Frida Paris unerfreulich, auch als sie nicht mehr bei den Bretons wohnte und ihre Gesundheit wiederhergestellt war. Am meisten fühlte sie sich von dem leeren und angeberischen Gehabe der Leute aus der Bohemewelt abgestoßen.

«. . . Du machst Dir keine Vorstellung, was das alles für verwahrloste Erscheinungen sind, einfach zum Kotzen! Sie gebärden sich alle so verdammt ‹intellektuell› und sind trotzdem so armselige Existenzen. Ich kann sie nicht mehr ausstehen! Es ist einfach zuviel für meine Art. Lieber würde ich mich auf dem Markt von Toluca auf die Erde setzen und Tortillas verkaufen, als daß ich irgend etwas mit diesen ‹künstlerischen› Wichtigtuern in Paris zu schaffen haben wollte. Stundenlang sitzen sie in ihren ‹Cafés› und wärmen sich den kostbaren Hintern. Sie schwadronieren ununterbrochen über *culture, art, révolution* und alles mögliche daher, und dabei kommen sie sich wie der Herrgott selber vor, träumen den größten Blödsinn zusammen und vergiften die Luft mit ihren Theorien, von denen jeder weiß, daß sie niemals verwirklicht werden. Am nächsten Morgen haben sie dann nichts zu essen bei sich zu Hause, weil keiner was arbeitet. Sie leben einfach als Schmarotzer auf Kosten einer Gruppe reicher Angeber, die das vermeintliche künstlerische Genie bewundern. Scheiße, nichts als Scheiße ist das. Ich habe weder Diego noch Dich jemals gesehen, daß Ihr Eure Zeit mit dummem Geschwätz und intellektuellen Diskussionen totgeschlagen hättet. Deshalb seid Ihr ja auch richtige Männer und nicht bloß jämmerliche ‹Künstler›. – Herrjeh! Es hat sich dennoch gelohnt, mal hierherzukommen, auch wenn es nur dazu dient, zu begreifen, warum es mit Europa bergab geht. Diese vielen Taugenichtse! Das sind die Leute, wegen denen diese Hitlers und Mussolinis so viel Erfolg haben. Du kannst Dich aber darauf verlassen: Mir wird diese Stadt mit ihren Bewohnern mein Lebtag verhaßt bleiben. Sie haben etwas derart Falsches und Unrealistisches an sich, daß es mich ganz verrückt macht . . .»

Über die Niederlage der Loyalisten im Spanischen Bürgerkrieg war Frida ebenfalls verzweifelt. Aus nächster Nähe erlebte sie die Leiden der spanischen Flüchtlinge. Mit Diegos Hilfe konnte sie einen Flüchtlingstransport für vierhundert Leute nach Mexico organisieren.

«. . . wenn Du wüßtest, unter welchen Bedingungen diese armen Leute leben, denen es gelungen ist, aus Konzentrationslagern zu entkommen, es würde Dir das Herz brechen. Manolo Martínez, der Kamerad von Rebull*, war mal kurz hier. Er erzählte mir, daß Rebull als einziger zurückbleiben mußte, weil er seine todkranke Frau nicht al-

---

* Daniel Rebull war einer der spanischen Abgesandten, die 1936/37 in Mexico um Unterstützung der Republikaner gebeten hatten.

lein lassen konnte. Vielleicht haben sie den armen Mann bereits jetzt, wo ich Dir schreibe, erschossen. Diese französischen Faulpelze haben sich gegenüber den Flüchtlingen ganz schändlich benommen. Sie sind ganz einfach ein Haufen von Schurken der übelsten Sorte, wie ich sie schlimmer nie erlebt habe. Mir wird schlecht angesichts all dieser nichtswürdigen Leute in Europa – und diese Scheißdemokratien sind keinen Pfifferling mehr wert . . .»

Als Frida von Diegos Bruch mit Trotzki hörte, stand sie sofort auf seiner Seite, obgleich sie mehrfach als Vertreterin Mexicos an Veranstaltungen der Trotzkisten teilgenommen und auch mit deren Pariser Sektion Kontakt unterhalten hatte. Ja, es gab sogar ein kurzes Liebesabenteuer mit einem Trotzki-Anhänger, den Frida für kurze Zeit in Mary Reynolds Wohnung am Montparnasse mitnahm. An Ella und Bertram Wolfe schrieb sie: «Diego hat inzwischen mit der IV. Internationale Streit, und er hat *piochitas* (Trotzki) ernstlich den Marsch geblasen . . . Diego hat vollkommen recht.»

Persönliche und politische Konflikte hatten bereits die Freundschaft zwischen Rivera und Trotzki zu unterminieren begonnen, als Frida im Oktober 1938 von Mexico aus nach New York zur Ausstellung abreiste. In ihrer Abwesenheit fühlte sich Rivera etwas verloren und im Stich gelassen. In seiner reizbaren Stimmung konnte es nicht ausbleiben, daß ihm Trotzkis belehrende Art auf die Nerven ging. Umgekehrt ärgerte sich Trotzki seinerseits über Riveras Unberechenbarkeit und über seine unverantwortlich selbstgefällige Fabuliersucht. Ein kleiner Zwischenfall zeigt recht deutlich, wie sich die beiden Temperamente aneinander rieben. Am Totengedenktag 1938 – es war der 2. November – erschien Rivera im blauen Haus und überreichte Trotzki nicht ohne unterschwellige Bosheit einen rosafarbenen Zuckerschädel, auf dessen Stirn mit weißem Zuckerguß der Name Stalin geschrieben war. Trotzki fand das Geschenk überhaupt nicht witzig, und kaum daß Diego das Haus wieder verlassen hatte, gab er seinem Sekretär, Jean van Heijenoort, den Auftrag, das makabre Objekt schleunigst zu beseitigen.

In dieser Stimmung kamen denn auch solche politischen Streitpunkte zwischen den beiden Männern zum Ausbruch, denen sie bislang keinen freien Lauf gelassen hatten. Vor allem waren sie verschiedener Meinung über das Wesen des Sowjetstaates als einer Klassengesellschaft, aber auch über Riveras Beziehungen zu Gewerkschaftsgruppen und über Riveras Unterstützung für den Präsidentschaftsanwärter Francisco Mújica, den Trotzki für einen bürgerlichen Kandidaten hielt. Der tiefere Grund der Auseinandersetzung bestand allerdings darin, daß Riveras Trotzkismus weder theoretisch begründet noch planvoll durchgehalten war. Manchmal redete Rivera in seiner leichtfertigen Art daher und ließ unüberlegte Dinge verlauten, wie z. B.: «Wissen Sie, ich bin nämlich ein bißchen ein Anarchist.» Oder er beschuldigte Trotzki hinter seinem Rücken, er sei ein Stalinist. Mit seiner anarchischen Haltung jeglichem Dogma oder System gegenüber (außer seinem eigenen) war Rivera absolut unfähig, gehorsam in Trotzkis Parteiflügel zu dienen und gar ein verläßlicher Parteifunktionär zu werden. Auch fing er wie viele Intellektuelle aus der Zeit vor dem Zweiten Weltkrieg an, sich von der IV. Internationale Trotzkis desillusioniert zu distanzieren. Viele sahen in dieser Bewegung nur noch eine vergeblich-erhabene Geste. Rivera gefiel es auch nicht, daß Trotzki Diegos Rolle in der mexikanischen Sektion der Trotzkisten einzuschränken suchte. Dabei hatte Rivera selbst seinem ehemaligen Freund klargemacht, wie er sich durch seine Kunst viel mehr als etwa durch administrative Arbeit um die gemeinsame Sache verdient machen könne. Ende Dezember schrieb Rivera einen Brief an Breton, in dem er Trotzkis Methoden kritisierte. Trotzki bat Diego, den Brief umzuschreiben und zwei unwahre Aussagen darin zu korrigieren. Rivera sagte dies zwar zu, nahm aber die Änderungen dann doch nicht vor.

Aus dieser Vorgeschichte erklärt sich, warum Rivera Anfang des neuen Jahres aus der IV. Internationale austrat. Am 11. Januar äußerte Trotzki in einer Presseverlautbarung, daß er künftig keine geistige Gemeinschaft mehr mit Rivera kenne und daher auch nicht länger seine Gastfreundschaft in Anspruch nehmen könne. Dennoch hoffte Trotzki noch am 12. Januar, Rivera zurückzugewinnen, denn er schrieb an Frida und erbat ihre Hilfe und Vermittlung in der Auseinandersetzung. Zwischen den Zeilen, die sich um eine gewissenhafte Klärung der politischen Kontroverse bemühen, läßt sich ein leidenschaftlich drängender Ton wahrnehmen, an dem ablesbar wird, wie stark Trotzki vom Verlust Riveras als Freund und politischem Mitkämpfer betroffen war:

«Liebe Frida, wir sind hier alle sehr glücklich und stolz über Ihren Erfolg in New York, denn wir sehen Sie als kulturellen Gesandten nicht nur von San Angel, sondern auch von Coyoacán. Sogar Bill Lander, der unabhängige Vertreter der amerikanischen Presse, hat uns mitgeteilt, daß Sie, der Kritik nach zu urteilen, einen echten Erfolg in den Staaten hatten. Herzlichen Glückwunsch!

Leider muß ich Ihnen einiges über die Schwierigkeiten mitteilen, die ich mit Diego habe. Die Sache ist für mich, für Natalia und für meinen ganzen Haushalt ein großer Kummer. Bisher ist es mir nicht gelungen, den wirklichen Grund für Diegos Mißmut mir gegenüber zu entdecken. Zweimal habe ich versucht, ihn zu einer offenen Aussprache zu bewegen, aber er ist mir jedesmal ausgewichen. Das einzige, was ich aus ihm herausbekam, war seine Empörung darüber, daß ich zögere, in ihm die notwendigen Voraussetzungen für einen guten revolutionären Funktionär zu erkennen. Ich legte Wert darauf, ihm zu sagen, daß er niemals eine bürokratische Stelle in der Organisation einnehmen sollte, denn ein ‹Sekretär›, der niemals schreibt, niemals Briefe beantwortet, niemals rechtzeitig zu Versammlungen kommt und stets das Gegenteil von dem tut, was in gemeinsamer Beratung beschlossen worden ist, kann kein guter Sekretär sein. So frage ich Sie: Warum will Diego bloß ‹Sekretär› werden? Daß er ein echter Revolutionär ist, bedarf doch keines Beweises; aber er ist ein Revolutionär, dessen Wirkung durch sein Künstlertum vervielfacht wird. Und genau diese Form der Vervielfachung macht ihn eben untauglich für Routinetätigkeiten in der Partei . . .

Vor einigen Tagen hat Diego seinen Austritt aus der IV. Internationale bekanntgegeben. Ich hoffe, sein Austritt wird nicht akzeptiert. Was mich betrifft, so will ich alles tun, um wenigstens die politischen Hindernisse zwischen uns aus der Welt zu schaffen, selbst wenn es mir nicht gelingt, die persönlichen Fragen befriedigend zu lösen. Jedenfalls glaube ich, daß es bei dieser Krise nicht ohne Ihre Hilfe geht. Diegos Bruch mit uns würde nicht nur der IV. Internationale einen schweren Schlag zufügen, er würde auch – und es tut mir leid, dies sagen zu müssen – Diego selbst geistig in die Wüste schicken. Ich bezweifle nämlich, daß er außerhalb der IV. Internationale und außerhalb des Kreises ihrer Sympathisanten ein Milieu findet, das ihn mit vergleichbar freundschaftlichem Verständnis nicht nur als Künstler, sondern auch als revolutionären Menschen anerkennt.

Also, liebe Frida, Sie kennen jetzt die Situation. Ich kann und will nicht glauben, daß sie aussichtslos sei. Jedenfalls bin ich der letzte, der den Versuch aufgeben wird, unsere politische und persönliche Freundschaft wiederherzustellen, und ich hoffe stark, daß Sie in diesem Sinne mit mir zusammenarbeiten.

Natalia und ich wünschen Ihnen beste Gesundheit und künstlerischen Erfolg, und wir umarmen Sie als unsere gute und treue Freundin . . .»

Nach dem Bruch wollte Trotzki das blaue Haus nicht mehr länger bewohnen und schlug Rivera vor, Miete zu bezahlen, bis er eine andere Bleibe gefunden hätte. Rivera lehnte dies jedoch ab. Im April 1939 zog Trotzki schließlich mit seinem Gefolge in die Avenida Viena in Coyoacán um, nicht weit vom bisherigen Domizil im blauen Haus. Unter den Erinnerungsstücken, die Trotzki zurückließ, war das Selbstporträt, das Frida ihm geschenkt hatte, wie auch ein Füllfederhalter, der ebenfalls ein Geschenk von Frida gewesen war. Sie hatte ihn bei Misrachi gekauft, sich heimlich eine Unterschrift Trotzkis besorgt und diese auf den Halter gravieren lassen.

Obwohl Frida die Trennung vom Trotzkismus zusammen mit Diego vollzog, blieb ihre persönliche Zuneigung zu dem großen Russen auch über dessen Tod hinaus bestehen. 1940 wollte Rivera einmal von ihr Trotzkis Füller haben, um seinen Antrag auf Wiederaufnahme in die kommunistische Partei damit zu unterzeichnen. Das machte Frida nicht mit. Sie war zwar unendlich geduldig und nachsichtig mit Diegos politischen Einfällen und Entschlüssen, aber dennoch hielt sie Trotzkis Andenken in Ehren. Zum Schluß freilich, als auch sie der kommunistischen Partei wieder beitrat, verleugnete sie den ehemaligen Freund doch und sagte, Trotzkis Brief an sie vom Januar 1939 sei «völlig unmöglich» gewesen. Sie erinnerte auch an ihre Begegnung mit Trotzkis Mörder, Ramón Mercader alias Jacques Mornard, während ihres Aufenthalts in Frankreich:

«In Paris bin ich Mornard begegnet, der später Trotzki umbrachte, und er versuchte mich zu bereden, ihn in Trotzkis Haus einzuführen. ‹Mit mir können Sie da nicht rechnen›, sagte ich ihm, ‹weil ich mit dem alten Trotzki Krach habe.› – ‹Ich wollte Sie doch bloß bitten, für mich ein Haus in der Nähe zu besorgen.› – ‹Suchen Sie sich selbst, was Sie benötigen. Ich bin viel zu krank, um für andere Leute Wohnungen zu besorgen. Bei mir kann ich Sie auch nicht aufnehmen, und es fällt mir gar nicht ein, Sie mit Trotzki bekannt zu machen.› Aber dann traf er seine Freundin*, und sie führte ihn bei Trotzki ein.»

Als ihre Ausstellung endlich eröffnet wurde, schrieb Frida an Muray, daß es ihr schon ziemlich egal wäre, ob es ein Erfolg würde oder nicht.

---

* Mornards Freundin, Sylvia Ageloff, war eine amerikanische Trotzkianhängerin aus dem persönlichen Bekanntenkreis Trotzkis, die zur selben Zeit wie Frida in Paris weilte.

«Die Leute leben hier in einer so allgegenwärtigen Furcht vor einem möglichen Krieg, daß jede Ausstellung ein Fehlschlag werden muß, weil die reichen Säcke nichts mehr kaufen wollen . . .» Unter diesen Umständen kam für Frida auch eine Ausstellung bei Guggenheim Jeune, Peggy Guggenheims Galerie in London, nicht in Frage. «Was soll mir das?» fragte sie rhetorisch. «Mit einer solchen Anstrengung in London würde ich bloß meine Zeit verlieren.»

Die Ausstellung lief unter dem Namen «Mexico». Es war in der Tat ein Sammelsurium, was da Fridas Arbeiten umgab. Breton hatte präkolumbische Plastiken, Bilder aus dem 18. und 19. Jahrhundert, Fotografien von Manuel Alvarez Bravo und seine eigene Sammlung von Trivialobjekten beigesteuert, Spielsachen, einen irdenen Leuchter, einen riesigen Zuckerschädel, Votivbilder usw. Dennoch waren Fridas Bilder der Hauptanziehungspunkt. Jacqueline Breton erinnert sich, daß die Eröffnung ein bewegtes Fest wurde. Frida blieb jedoch in einer Ecke zurückgezogen und dürfte sich mit ihren geringen Französischkenntnissen recht ausgeschlossen gefühlt haben. Finanziell war die Ausstellung, wie sie befürchtet hatte, kein Erfolg. «Die Franzosen waren zu nationalistisch», sagte Jacqueline Breton dazu, «um sich für das Werk einer unbekannten Ausländerin zu interessieren. Außerdem waren damals Frauen noch gänzlich unterschätzt. Es war schwer, sich als Malerin durchzusetzen.»

Immerhin erfuhren Fridas Arbeiten wohlwollende Kritik in *La Flèche*. Ein Kritiker namens L. P. Foucaud schrieb, daß jedes der siebzehn Gemälde eine Tür zu dem unermeßlichen inneren Reich der Kunst öffne. Er rühmte die Reinheit der Farben und die Perfektion der Zeichnung, und er lobte die Echtheit und Aufrichtigkeit von Fridas Werk. «Schwindel und Täuschung sind heutzutage Mode geworden, aber die unbestechliche Kraft und Eindringlichkeit der Frida Kahlo de Rivera ersparen uns die üblichen ‹Geniestreiche›.» Auch fand der Louvre es angemessen, eines der ausgestellten Bilder zu erwerben; es handelt sich um *Der Rahmen*, ein Selbstporträt mit einer großen gelben Blüte und einem gelbgrünen Band im hochgesteckten Haar. Heute befindet sich das Bild in der Sammlung des Musée National d'Art Moderne im Centre Pompidou.

Diego war natürlich derjenige unter ihren Bewunderern, der am meisten von Fridas Triumph in Paris schwärmte. «Binnen Wochen nach ihrer Ankunft», schrieb er, «hatte Frida die Herzen der Pariser Kunstwelt gewonnen. Gerade die Kritiker mit den höchsten Maßstäben äußerten sich mit der größten Begeisterung . . . Kandinsky war so bewegt von Fridas Bildern, daß er sie vor dem ganzen Publikum im

Ausstellungsraum in die Arme schloß und hochhob. Er küßte sie auf beide Wangen und auf die Stirn, und dabei liefen ihm selbst die Tränen vor Rührung über das Gesicht. Ja, sogar Picasso, der Penibelste der Peniblen, sang ein Loblied auf Fridas künstlerische und persönliche Qualitäten. Von dem Augenblick an, da sie sich begegneten, bis zu ihrer Abreise war Picasso in ihrem Bann.»

Als Zeichen seiner Zuneigung schenkte Picasso Frida ein Paar Ohrringe. Sie haben die Form von kleinen Händen aus Schildpatt mit goldenen Manschetten. Picasso lehrte Frida auch ein spanisches Lied, *El Huérfano* (der Waisenknabe). Es wurde Fridas Lieblingslied, und sie hat es oft Diego und ihren Freunden vorgesungen.

Am 17. März 1939 faßte Frida ihre Pariser Erfahrungen in einem Brief an Ella und Bertram Wolfe zusammen:

«Ella *linda* und Boitito, meine wirklichen *cuates,*

nachdem ich jetzt zwei Monate lang nicht geschrieben habe, kann ich mir schon vorstellen, wie Ihr wieder sagt, daß die *chica* eben zu faul ist. Aber diesmal müßt Ihr mir glauben, daß es nicht an der Faulheit gelegen hat, sondern ich bin einfach vom Pech verfolgt. Also hier die unwiderlegbaren Gründe: a) Seit meiner Ankunft herrschte ein schreckliches Durcheinander um mich her. Ich war in einer höllischen Mißstimmung, weil die Ausstellung noch gar nicht organisiert worden war. Breton hatte noch nicht einmal meine Bilder vom Zollbüro abgeholt! Überhaupt könnt Ihr Euch keine Vorstellung davon machen, was dieser Breton für eine alte Küchenschabe ist, und seine Surrealisten – alles Arschlöcher. Ich werde Euch den ganzen Hergang der Ausstellung im einzelnen erzählen, wenn wir uns wieder von Angesicht zu Angesicht sehen, denn es ist eine lange und traurige Geschichte. Jedenfalls hat sich die Sache noch um anderthalb Monate verschoben, bis das Datum für die vielgerühmte Ausstellung überhaupt erst mal festgelegt wurde.

Das Ganze war dauernd begleitet von Streit, Beleidigungen, Geschimpfe, Tratsch, Ärger und Verstimmungen der übelsten Art. Zu guter Letzt hat Marcel Duchamp mit Breton die Ausstellung unter Dach bringen können. Er ist überhaupt der einzige unter den Malern und Künstlern hier, der mit beiden Füßen auf dem Boden steht und sein Gehirn dort hat, wo es hingehört. Die Eröffnung war am 10. dieses Monats bei Pierre Colle, welches nach allem, was ich höre, eine der besten Galerien von Paris ist. Am Eröffnungsabend kamen unheimlich viele Leute, und die *chica* konnte viele Gratulationen entgegennehmen. Juan Miró hat mich kräftig umarmt, Kandinsky hat mich sehr gelobt, und ich bekam Glückwünsche von Picasso, Tanguy, Paalen und von anderen großen Tieren des Surrealismus. Alles in allem war es ein Erfolg . . .

. . . einstweilen muß ich Euch nur sagen, daß ich Euch sehr vermißt habe – daß ich Euch immer lieber mag – daß ich mich gut benommen habe – daß ich keine Abenteuer und Liebhaber gehabt habe, überhaupt nichts Derartiges – daß mir Mexico mehr denn je fehlt – daß ich Diego mehr als mein Leben liebe – daß ich mich zwischendurch immer wieder mal nach Nick Muray sehne – daß ich eine ernsthafte Person zu werden beginne . . .»

Eine Woche nach diesem Brief an die Wolfes konnte Frida endlich das «verkommene Europa» hinter sich lassen. Sie reiste am 25. März von Le Havre aus nach New York ab. Nicht alle Erinnerungen an Paris waren negativ. Frida hatte sich mit manchen Leuten angefreundet, darunter auch mit einigen bedeutenden Persönlichkeiten aus den Reihen der Surrealisten, und die Schönheit der Stadt hatte sie tief beeindruckt. Als sie nach Mexico zurückgekehrt war, schrieb sie einen nostalgischen Brief nach Paris, ganz in der sprunghaft assoziativen Art der Surrealisten. Aus den Notizen in ihrem Tagebuch läßt sich schließen, daß er an Jacqueline Breton gerichtet war:

«. . . Seit Sie mir an jenem klaren und fernen Tag geschrieben haben, wollte ich Ihnen endlich einmal sagen, wie wenig ich den dahineilenden Tagen entrinnen und in die vergangene Zeit zurückkehren kann. Aber ich habe Sie nicht vergessen – lange und schwierige Nächte. Das Wasser. Alles ist noch völlig gegenwärtig: der Dampfer, die Landungsbrücke und die Abreise, wie Sie da in der Ferne immer kleiner wurden. Ich sehe Sie noch vor mir, wie ich Sie durch das Bullauge, eingefangen im Rund des Fensters, wahrgenommen habe. Und Sie hatten Ihren Blick an dieses Fenster geheftet, um mich in Ihrem Herzen zu behalten. Später kamen noch andere, neue Tage mit Ihnen. Heute möchte ich Ihnen meine Sonne schicken, und lassen Sie Ihre Tochter auch meine Tochter sein, wie die Puppenfamilie in ihrem großen Glaskasten ebenfalls uns beiden gehört.

Sie sollen dem *huipil* mit den purpurroten Bändern verbunden sein, wie ich mich wiederum den alten Plätzen in Ihrem Paris verbunden fühle, vor allem mit der Place des Vosges, der festgefügten und geheimnisvollen wie von jenseits der Zeit. Die Schnecken und die kleine Brautpuppe sind ebenfalls Teile Ihres hier gegenwärtigen Wesens. Sie sind eben ganz Sie selbst. Die Puppe hat immer noch das Kleidchen von damals an. Sie hat es seit dem Tage, als sie mit ihrem Niemand getraut wurde, nicht mehr ablegen wollen, jenem Tag, als wir sie auf dem schmutzigen Straßenpflaster schon halb im Schlaf fanden. Meine Röcke mit den Spitzenrüschen und die alte Bluse... machen das abwesende Porträt von einer einzigen Person. Aber die Farbe Ihrer Haut, Ihrer Augen und Ihres Haares wechseln mit dem Wind in Mexico. Sie wissen auch, daß ich in allem, was meine Augen erblikken, was ich – ob nah oder fern – mit meinem Wesen wahrnehme, Diego wiedererkenne: die zärtliche Berührung eines Stoffes, der Reiz einer Farbe, die Drähte, die Nerven, die Bleistifte, die Papierbogen, der Staub, die Zellen, Krieg und Sonne, alles, was in den Minuten der Un-Uhren und des Un-Kalenders lebt, alles, was sich dem leeren Un-Blick darbietet, es ist niemand anders als ER – Sie müssen es gefühlt haben; aus diesem Grund haben Sie es überhaupt erst zugelassen, daß mich das Schiff von Le Havre weggeholt hat, wo Sie mir nicht einmal auf Wiedersehen sagen konnten.

Ich werde stets weiter mit meinen Augen an Sie schreiben. Küssen Sie die Kleine von mir...»

Als Frida im Pantheon des Surrealismus durch seinen Gründer und Hohepriester aufgenommen wurde, reagierte sie mit unschuldigem Entsetzen. «Ich hatte keine Ahnung, daß ich surrealistisch male, bis André Breton nach Mexico kam und es mir sagte. Das einzige, was ich weiß, ist, daß ich male, weil ich muß, und daß ich immer male, was mir durch den Kopf geht, ohne dabei irgendwelche Überlegungen anzustellen.»

Wahrscheinlich hat sie bei dieser Aussage schlau die Naive gespielt, weil sie als Original angesehen werden wollte, als eine Malerin, deren persönliche Phantasie vorwiegend von der mexikanischen Volkstradition gespeist wurde und nicht von irgendwelchen fremdländischen Ismen. Breton und Rivera wollten sie gar nicht anders sehen, und es ist richtig, daß die Kunst dieser mexikanischen Malerin durch ihre Erfindungskraft und Klarsicht, durch ihre anscheinende Unberührtheit von den Einflüssen europäischer Kunstrichtungen besticht. Aber Frida war viel zu komplex in ihrem Wesen, viel zu bewandert in der Kunst der Vergangenheit und Gegenwart, als daß sie sich als Künstlerin vollkommen rein aus sich selbst hätte entwickeln können, falls es so etwas überhaupt gibt. Wenn man ihre Aussage genau betrachtet, so sagt sie über ihre Arbeitsweise nichts anderes aus, als was Breton in seiner berühmten Definition des Surrealismus beschrieben hat: «Reiner psychischer Automatismus, in den man sich versetzt, um mündlich, schriftlich oder auf irgendeine sonstige Weise das wirkliche Funktionieren des Denkens zum Ausdruck zu bringen. Man steht dabei unter dem Diktat des Denkstroms, und jegliche Kontrolle durch die Vernunft fällt ebenso weg wie alle ästhetischen und moralischen Bedenken.»

Bretons Theorien waren ihm bestimmt nach Mexico vorausgeeilt, und sie konnten Frida nicht unbekannt geblieben sein. Außerdem mußte sie sich dessen bewußt sein, daß der Surrealismus keine schlechte Referenz war, um in der Kunstöffentlichkeit Aufmerksamkeit zu erwecken. Daher hatte die Malerin nichts dagegen, als sie in surrealistische Kreise aufgenommen wurde, zunächst in New York, wo der Surrealismus in Levys Galerie einen wichtigen Treff- und Stützpunkt hatte, und danach in Paris. Die Künstlerin machte sicher keine Einwände gegen ihre Zugehörigkeit zum Surrealismus, sonst hätte sie sich nicht von Miguel Covarrubias als Surrealistin bezeichnen lassen, als er den Katalog für die große Ausstellung «2000 Jahre mexikanischer Kunst» im Museum of Modern Art vorbereitete. Der Kunstkritiker Antonio Rodríguez erwähnt eine andere Bemerkung der Künstlerin zu ihrer Arbeitsweise: «Ich mag gerne Überraschungen und alles Unerwartete. Ich kann nicht beim Naturalismus stehenbleiben. Deshalb sollten, wenn es nach mir ginge, lieber Löwen als Bücher aus einem Bücherschrank kommen. In meiner Malerei finden sich selbstverständlich dieselben Vorlieben wieder, eben alles, was in meinem Bewußtsein vorherrscht. Es gibt gar keinen Zweifel, daß meine Malerei in vieler Hinsicht mit der der Surrealisten verwandt ist. Aber ich hatte nie die Absicht, ein Werk zu schaffen, das in eine solche Kategorie passen sollte.»

1940 hatte sich bei jedermann herumgesprochen, welches die in internationalen Kunstkreisen anerkannte Richtung war. Als am 17. Januar die Internationale Surrealistenausstellung in Inés Amors Galería de Arte Mexicano in Mexico City eröffnet wurde, war dies das große Kulturereignis der Saison. Die Ausstellung war zunächst von Paris nach London gegangen und dann nach Mexico weitergegeben worden. Breton hatte sie organisiert zusammen mit dem peruanischen Dichter César Moro und dem surrealistischen Maler Wolfgang Paalen, der 1939 mit seiner Frau nach Mexico ausgewandert war. Paalens Frau, Alice Rahon, war selbst eine surrealistische Malerin und Dichterin. Sie war eng mit Frida befreundet. Der Katalog zu dieser Ausstellung versprach «hellsehende Uhren», «Parfüm der fünften Dimension», «radioaktive Rahmen» und «verbrannte Einladungen». Wenn auch nicht alle diese Ankündigungen erfüllt wurden, so waren doch wenigstens die Einladungskarten, die man an einen Kreis von ausgewählten Gästen verschickte, am Rande höchst kunstvoll angekohlt. Zur Eröffnung erschienen die Herren überwiegend in korrektem Anzug, und die Damen trugen die neueste Mode aus Paris. Lupe Maríns Schwester Isabel flatterte umher mit einer weißen Tunika als «Erscheinung der großen Sphinx bei Nacht». Ein riesiger Schmetterling schmückte ihren Kopf, so groß, daß er beinahe ihr hübsches Gesicht verdeckte. Staatssekretär Eduardo Villaseñor hielt eine entsprechend unverständliche Einführungsrede, während die kulturbeflissene Creme der mexikanischen Gesellschaft edle Whiskys und Cognacs schlürfte. Danach ließ man sich das Gourmetsouper schmecken, zu dem Inés Amor einlud. Viele der Gäste gingen anschließend noch in das populäre Cabaret «El Patio» zum Tanz.

Die meisten Kritiken waren wohlwollend zustimmend; allerdings gab es auch ablehnende Äußerungen. So fand jemand, der Eröffnungsabend habe mehr den Charakter eines förmlichen Besuchs beim Surrealismus gehabt als den einer echt empfundenen feurigen Begegnung. Der Surrealismus habe, so meinte der Kritiker, keine Feinde mehr, er sei hoffähig geworden und somit gestorben. Gewissenhafte Beobachter stellten fest, daß mit wenigen Ausnahmen die mexikanischen Teilnehmer der Ausstellung keine eigentlichen Surrealisten waren. Zum Beispiel war die Kahlo durch ihre geistige Ungebundenheit nicht in die Bewegung eingegliedert. In einem Brief an Nickolas Muray ließ sie sich darüber aus, daß nun jeder in Mexico plötzlich zum Surrealismus gehören wollte, um in der Ausstellung dabei sein zu können. Aber auch sie selbst schickte zwei Bilder ein: *Die beiden Fridas* von 1939 und *Verwundeter Tisch* von 1940; übrigens sind dies die einzigen Großformate, die die Künstlerin je gemalt hat, zwei Werke zudem, an denen sie mit besonderer Dringlichkeit arbeitete, weil sie sie unbedingt zur Ausstellung bereit haben wollte.

Die internationale Surrealistenausstellung und die Anwesenheit einiger europäischer Surrealisten als Flüchtlinge im Lande bewirkten freilich nicht die Entwicklung einer eigenen surrealistischen Bewegung in Mexico. Aber sie trugen viel dazu bei, daß der phantastische Realismus in den vierziger Jahren an Bedeutung gewann, zu einer Zeit, als in Mexico eine Reihe von Malern aus der Vorherrschaft der Muralisten ausbrach. Frida gehörte zweifellos zu den mexikanischen Künstlern, für die die Berührung mit dem Surrealismus ihre Neigung zur Phantasieentfaltung in jeder Hinsicht verstärkt hat. Obgleich sie mehr eine Entdeckung der Surrealisten war als selber eine Surrealistin, kann man doch einen deutlichen Wandel in ihrer Arbeitsweise von 1938 an beobachten. Die Bilder aus den frühen dreißiger Jahren, wie z.B. *Luther Burbank* oder *Henry-Ford-Hospital* führen einen naiven Stil vor und Bildeinfälle, die sich aus der mexikanischen Volkskunst herleiten. Nach 1938 wurden ihre Bilder komplexer, eindringlicher, beunruhigender intensiv. Die Konturen von Fridas Persönlichkeit gewinnen an Stärke, und die Schatten füllen sich mit Zweideutigkeit; zugleich weicht das boshaft drängende Wesen und der teuflische weibliche Reiz früherer Selbstbildnisse einer neuen geheimnisvollen Ausstrahlung, einem tieferen Selbstverständnis. Sicher ist dies teilweise auf die gesammelte Erfahrung so vieler Leidensjahre zurückzuführen.

Auch der *Baum der Hoffnung* von 1946 ist ein Doppelporträt, auf dem der
Lebenswille über den auf dem Operationstisch liegenden verwundeten Teil
ihres Wesens wacht.

Aber das surrealistische Muster ist unübersehbar, das ihr die Entdekkung des Unterbewußten als Quelle künstlerischen Ausdrucks vorgeführt hatte. Dies tritt besonders an einem Werk der Künstlerin zutage, das wohl am stärksten vom Surrealismus geprägt ist. Es ist daher auch nicht verwunderlich, daß *Was mir das Wasser gab* ein Bild ist, dem die Malerin besondere Bedeutung beimaß. Es stellt eine Badewannenträumerei dar, in der über den untergetauchten Knien der Badenden allerlei Dinge herumschwimmen, bildhaft greifbar gewordene Gegenstände, zu denen sich Vorahnungen und Erinnerungen an Sexualität, Schmerz und Tod verdichtet haben. Die gedämpfte Stimmung des Ganzen läßt sich nur schwer fassen. Erinnerungen werden bloß angedeutet, nirgends eindeutig ausgesprochen. Das Gefühl, daß sich die Vorstellungen dem Blick entziehen wollen, wird durch den Grau-Blau-Ton, der alles überlagert, und durch den ungewöhnlich dünnen Farbauftrag erreicht. Das Bild erinnert in seinem Übermaß von winzigen und irrational miteinander in Verbindung stehenden Einzelheiten an Dali. Zugleich muß der Betrachter auch an Fridas Bewunderung für Bosch und Brueghel denken. Dieses Werk ist von großer Vielschichtigkeit und mit seiner bewußten Rätselhaftigkeit ein Höhepunkt im Schaffen der Kahlo.

Es ist also durchaus verständlich, daß André Breton seinen Essay über die Kahlo am Beispiel dieses Gemäldes verdeutlichte, als er ihn neu bearbeitete und in seinen Band *Surrealismus und Malerei* aufnahm. Breton erwähnt darin, daß die Künstlerin das Werk soeben beendet hatte, als er nach Mexico kam: «*Was mir das Wasser gab* . . . illustrierte, wenn auch ganz unbewußt für die Malerin, den Satz, den ich einst von Nadjas [Titelheldin von Bretons gleichnamigem Roman] Lippen gehört hatte: ‹Ich bin der Gedanke des Badens in einem spiegellosen Raum.›» In einem Raum ohne Spiegel kann man sich selbst nur von der Brust an abwärts wahrnehmen. Das Bewußtsein kann sich nach innen kehren, und der Körper, von keinem Spiegelbild getroffen, kann alle Spiele spielen, die er mag.

Es wird verständlich, daß so viele Leute Frida als Surrealistin angesehen haben. Ihre selbstquälerischen Bildnisse haben einen surrealistischen Akzent auf Verletzungen und Schmerz sowie eine gewisse unterschwellige Strömung von verdrängter Erotik. Ihr Gebrauch hybrider Figuren, teils Tier, teils Mensch, teils Pflanze, ist gleichfalls aus der surrealistischen Ikonographie geläufig, wo aus menschlichen Gliedern Zweige herausbrechen und eine Gestalt einen Vogelkopf oder Stierschädel tragen kann. Wenn bei der Kahlo so häufig der menschliche Körper geöffnet oder Körperteile verletzt erscheinen, wird wieder die surrealistische Bildwelt heraufbeschworen, aus der wir verletzte Köpfe, Hände und ausgehöhlte Torsi kennen. Die Mexikanerin verlegt gerne ihre Szenen dramatischer «Nicht-Handlung» in unermeßlich weite, offene Räume, die aus jeglichem Zusammenhang mit der Alltagswirklichkeit herausgelöst zu sein scheinen. Auch dies läßt sich im Sinne surrealistischer Verfremdung verstehen. Selbst in solchen Bildern, wo das Geschehen auf einen eng umgrenzten, klaustrophobischen Raum beschränkt bleibt, könnte man surrealistische Parallelen oder Vorbilder zum Vergleich heranziehen. So erinnert Fridas alles verschlingendes tropisches Blattwerk, über das tarnfarbige Insekten kriechen, an die üppigen Dschungellandschaften eines Max Ernst.

Dennoch: Weltsicht und Lebensanschauung der Kahlo waren gänzlich verschieden von der surrealistischen Antwort auf die Welt der Dinge. Ihre Kunst war nicht zu vergleichen mit den Hervorbringungen der desillusionierten europäischen Kultur, die einen Ausweg aus den Sachzwängen der Logik suchte, indem sie das Unterbewußte anzapfte. Statt dessen ging die Phantasie der Frida Kahlo aus ihrem Leben hervor, aus ihrem Temperament und aus der Erfahrung ihres Lebensraums. Mit Hilfe ihrer Phantasie suchte die Kahlo, mit ihrer Realität fertig zu werden, nicht aber, sich über die Realität hinwegzusetzen, um in metaphysische Bereiche vorzustoßen. Deshalb war auch die Symbolik ihrer Bildwelt beinahe immer autobiographisch und ziemlich unkompliziert. Gewiß hatten die Gemälde der Frida Kahlo eine ganz private und nur für sie selbst bedeutsame Seite, doch waren sie, genauso wie die Wandgemälde ihres Mannes, auf Allgemeinverständlichkeit hin angelegt. Die Magie in den Bildern dieser Künstlerin ist nicht die geheimnisvolle Wirkung der schmelzenden Uhren eines Dali. Die Ausstrahlung rührt vielmehr von Fridas Wunsch her, ihre Bilder möchten wie Ex-votos einen Zauber ausüben – sie sollen Wirkung auf das Leben haben. Ihre Kompositionen leben von dem Überraschungseffekt und von der Rätselhaftigkeit unmittelbarer Erfahrung und wirklicher Empfindungen.

Die Surrealisten erfanden Bilder bedrohter Sexualität. Frida dagegen schuf Bilder von ihrem eigenen zerstörten Fortpflanzungssystem. Als sie 1943 in *Wurzeln* ihren eigenen Körper mit grünenden Weinranken umgab, teilte sie sich in ihrer Sprache über ein bestimmtes persönliches Gefühl mit, nämlich über die Sehnsucht einer kinderlosen Frau nach Fruchtbarkeit. Ihre Empfindungen liegen ganz klar vor Augen. Erotik spielte sich bei Frida nicht im Kopf ab, sondern im Blut – für sie war Sex kein Gegenstand Freudscher Geheimnissucherei, sondern eine Selbstverständlichkeit des Lebens. Sie brauchte auch keine Anleihen bei Sade zu machen, um physische Leiden mit einer geradezu brutalen Offenheit darzustellen. Wenn die Kahlo eine erstochene nackte Frau, eine vom Dolch durchbohrte schmerzensreiche Jungfrau Maria oder ihren eigenen zermarterten Körper in ein Bild faßte, dann waren dies keine abstrakt-anonymen Darstellungen von Schmerzen, auch keine Freudschen Symbole wie etwa jener durchstochene Finger, der in Max Ernsts Bild *Oedipus Rex* aus einem zerbrochenen Fenster hervorragt. Wenn Frida ihren Torso aufreißt und eine geborstene klassische Säule anstelle ihres Rückgrats sichtbar werden läßt, dann ist dies kein Spiel oder Täuschungsmanöver, sondern sie gibt Auskunft über ihren tatsächlichen Gesundheitszustand. In *Baum der Hoffnung* von 1946 stellt sie sich zwiefach dar, einmal sitzend und einmal auf einer Krankenhausbahre liegend; auch dies ist etwas anderes als die im Surrealismus gepflegte Verfremdung durch irrationale Gegenüberstellungen und Begegnungen. Es geht nicht um die von Lautréamont einst als so aufregend empfundene «zufällige Begegnung einer Nähmaschine mit einem Regenschirm auf dem Operationstisch eines Chirurgen». Bei der Kahlo sieht man eine ganz bestimmte Patientin in der Narkose auf einer Bahre und daneben, über sie wachend, den anderen Teil ihres Wesens, in dem sich Wille und Hoffnung regen. Diese Direktheit steht in deutlichem Gegensatz zu den komplizierten surrealistischen Vorstellungen.

Julien Levy sagte, daß Frida selten über ihre Arbeit sprach, daß sie sich ihm gegenüber aber zu *Was mir das Wasser gab* äußerte. «Es ist ja auch ganz deutlich», erklärte Levy, «daß es ein Bild von der vergehenden Zeit ist. In ihrer Erklärung sagte sie, daß es zunächst einmal von der verrinnenden Zeit und von Kinderspielen handelt und von der Traurigkeit über all das, was ihr widerfahren ist. Ihre Kinderträume waren glücklich, als Kind spielte sie mit ihren Spielsachen in der Badewanne, und sie träumte von diesen Spielsachen. Jetzt schaut sie zurück auf sich selbst, wie sie da in der Badewanne liegt, und sie wird dessen inne, wie alle Träume ein böses und trauriges Ende genommen haben. Hinzu kommt, daß sie öfters von Selbstbefriedigung in der Badewanne sprach. Und schließlich beschäftigte sie sich in ihrer Reflexion über das Bild auch mit Fragen der Perspektive, mit dem Blickpunkt, den sie beim Betrachten ihrer eigenen Person gewählt hatte. Erkenntnistheoretisch ging es ihr um das Bild, das man von sich selbst hat, da man doch seinen eigenen Kopf beim Sehen nicht wahrnimmt. Der Kopf ist das, womit man schaut, was man selber aber nicht sieht; er ist das ‹Instrument›, das man mit sich herumträgt, um den Blick auf das Leben ringsumher zu richten.»

Was das Wasser Frida also gegeben hat, war die einlullende Außerkraftsetzung der tatsächlichen Welt, so daß sie ihre Phantasie in ein Spiel schwebender Bildvorstellungen tauchen konnte, wie sie vor dem inneren Auge erscheinen, wenn das Bewußtsein langsam in den Schlaf sinkt. Doch selbst in diesem phantastischen Gemälde bleibt Frida Realistin. Sie hat darin durchaus «wirkliche» Bildelemente auf direkte und wörtlich gemeinte Weise eingesetzt. Nicht jedes Element erschließt uns seine Bedeutung, doch es besteht kein Zweifel, daß für die Malerin jede Bildvorstellung beim Malen mit Bedeutung geladen war. Mögen sich die poetischen Bezüge auch dem Betrachter entziehen, so sind sie dennoch nicht minder klar gestaltet: Die Kahlo zieht ihre Linien und ist dabei so deutlich und konkret, wie dies nur denkbar ist.

Einer, der dies ganz klar erkannte, war Diego. Und da er daran glaubte, daß Realismus und Marxismus Hand in Hand gehen, ordnete er die Arbeitsweise seiner Frau dem Realismus zu. 1943 erschien sein Artikel *Frida Kahlo und mexikanische Kunst*, in dem es heißt:

Im Panorama der mexikanischen Kunst der letzten zwanzig Jahre erglänzt das Werk von Frida Kahlo wie ein Diamant unter geringerwertigen Juwelen, klar und hart, mit genau umgrenzten Facetten... Immer neue Selbstbildnisse, die sich nie gleichen und dennoch zunehmend Frida ähnlicher werden, immer neu in ihrem Wechsel und dennoch stets sich treu wie eine universelle Dialektik. Im Werk der Kahlo tritt ein monumentaler Realismus glänzend hervor. Ein geheimer Materialismus zeigt sich im verwundeten Herzen, dessen Blut auf Tische, Badewannen, Pflanzen und Blumen fließt, oder in den Arterien, die von den blutstillenden Operationszangen der Malerei geschlossen werden.

Ein monumentaler Realismus spricht noch aus den kleinsten Dimensionen; winzige Köpfe sind plastisch geformt, als seien sie Kolossalstatuen. Jedenfalls erscheinen sie als solche, wenn sie durch die Magie eines Projektors auf Wandgröße gebracht werden. Sobald das Fotomikroskop den Hintergrund von Fridas Gemälden vergrößert, wird Realität sichtbar. Das Geflecht der Venen und das Gefüge der Zellen sind deutlich, auch wenn sie unvollständig bleiben – und die Kunst der Malerin gewinnt eine neue Dimension...

Fridas Kunst ist individuell und kollektiv zugleich. Ihr Realismus ist so monumental, daß alles sich bei ihr zu n-Dimensionen steigert. Daher malt sie gleichzeitig das Äußere und Innere ihres eigenen Wesens und das der Außenwelt...

In einem Himmel aus Sauerstoff, Wasserstoff und Kohlenstoff zusammen mit dem ursprünglichen Bewegungselement Elektrizität weilen die Eltern und Großeltern bei den Geistern des Raumes, Huarakan, Kulkulcan und Gukamatz, und sie selbst ist verbunden mit der Erde und mit dem irdischen Stoff, mit Donner, Blitz und den Lichtstrahlen, die vereint einst den Menschen geschaffen haben. Das Greifbare ist für Frida die Mutter, das Zentrum des Ganzen, die See, der Sturm, der Sternennebel, die Frau.»

Wenn das, was hier beschrieben wird, auch kaum nach einem Realismus klingt, der für die Massen verständlich sein und sie gar zu gesellschaftlichen Reformen bewegen könnte, so ist es dennoch Realismus, wie ihn Rivera verstand. Fridas Gemälde wie Riveras Wandbilder, und in der Tat vieles aus der mexikanischen Bildtradition – von den *retablos* bis zu Posadas Stichen – vermischen Fakten und Phantasie, als ob sie unzertrennlich und gleichermaßen wirklich wären.

Fridas Humor unterscheidet sich ebenfalls von dem kopflastigen und seelenlosen Zwang zum Erfinden von Paradoxen, welcher den europäischen Surrealismus kennzeichnet. «Surrealismus», so sagte Frida, «ist die magische Überraschung, wenn man im Kleiderschrank einen Löwen findet, wo man doch ‹wußte›, daß dort nur Hemden liegen können.» Frida hatte eine spielerische Vorstellung von Surrealismus: «Ich gebrauche den Surrealismus, um mich über Leute lustig zu machen, ohne daß sie es merken, und um in ein Einverständnis mit denen zu kommen, die mein Spiel durchschauen.» Fridas Form des Surrealismus lag in dem Spaß, andere dadurch in Erstaunen zu versetzen, daß sie ein Puppenskelett über ihrem Betthimmel montierte oder daß sie ihr Gipskorsett mit Jod und Reißzwecken «dekorierte». Auch ihre Einfälle beim *cadavre exquis* gehören hierher.

Neben ihren Bildern schuf die Künstlerin allerlei Phantasieobjekte aus heterogenem Material – zum Verschenken und zu ihrem eigenen Vergnügen. Die Idee hierfür stammte wohl von Breton, Miró und von Dalis Assemblagen. Marcel Duchamp und Joseph Cornell hatten jeder für Frida einen Objektkasten mit irrational zusammengefügten Dingen gemacht. Fridas Freundin Machila Armida arbeitete in Mexico auf ähnlich bizarre Weise. Sie fügte zum Beispiel einen Schmetterling, ein Krokodil, eine Schlange, eine Maske und ein Stück Stacheldraht zu einem Schreckenskabinett zusammen für jene Brautpuppe, die Frida seinerzeit aus Paris mitgebracht hatte. Die Puppe kommt übrigens auch in einem Bild der Kahlo vor, das 1943 entstand: *Wie die Braut angesichts der Eröffnung des Lebens erschrickt.*

Im Frida-Kahlo-Museum findet sich eine Assemblage unter einem Glassturz: ein reitender Cowboy auf einem Schädel, Zinnsoldaten, Würfel und Engelchen, alles auf Sockeln. Dies könnte eine von Fridas eigenen Arbeiten sein. Ein anderes Stück, von dem wir mit Sicherheit wissen, daß es von ihrer Hand stammt, war ursprünglich ein Geschenk für Alejandro Gómez Arias: Um einen Weltglobus herum hatte sie Blumen und Schmetterlinge gefügt. In späteren Jahren, als sie krank und unglücklich war, ließ sie sich das Stück zurückgeben und überzog die Blüten und Schmetterlinge mit roter Farbe, um ihre politische Gesinnung und ihre Schmerzen gleichermaßen zum Ausdruck zu bringen.

Die Künstlerin schuf diese Montage in einem ähnlich improvisierenden Geist, in dem sie auch ihre Wohnung einrichtete oder ihre Garderobe zusammenstellte. Doppeldeutigkeit war für sie ein Spiel, dem sie keine tiefere Bedeutung beimaß, bei weitem nicht so komplex und ironisch wie im Surrealismus, dafür aber wesentlich fatalistischer und mehr irdisch-schadenfroh: Humor war bei Frida ein Spottlied auf Schmerz und Tod. Demgegenüber wirkt der Surrealismus immer geradezu stur. «Das Problem mit Señor Breton», sagte die Malerin einmal, «ist, daß er sich so wahnsinnig ernst nimmt.»

In späteren Jahren wies die Kahlo es entschieden von sich, wenn man sie als surrealistische Malerin bezeichnete. Möglicherweise lag dies daran, daß der Surrealismus in den vierziger Jahren seine Anziehungskraft zu verlieren begann. Julien Levy sagte denn auch mit einer gewissen Bitterkeit: «... man hörte den Hahn krähen, und schon verleugnete fast jeder den Surrealismus, weil es nicht mehr schick war, dazuzugehören.» Viele Künstler, die einst dieser Kunstbewegung verhaftet gewesen waren, betrachteten sie nun als europäisch und dekadent. Nach dem Krieg war Paris nicht länger die kulturelle Hauptstadt der Welt; die Amerikaner sahen vielmehr in New York den Ort, wo sich die entscheidenden neuen Entwicklungen des Kunstlebens anbahnten, ganz ähnlich, wie sich ja auch die Mexikaner auf ihre heimische Kulturtradition besonnen hatten, um den europäischen Einfluß abzuschütteln.

Doch es gab auch andere Gründe für Fridas Abkehr: Bretons begeisterter Trotzkismus kann auf die Kahlo nur abstoßend gewirkt haben, nachdem die Riveras mit Trotzki gebrochen hatten. Als Diego und Frida wieder in die Kommunistische Partei Mexicos aufgenommen werden sollten, war es gewiß opportun, der surrealistischen Bewegung abzuschwören. In einem Brief von Frida an Antonio Rodríguez von 1952 finden wir einige Gedanken zu diesem Sinneswandel:

«Einige Kritiker haben versucht, mich als Surrealistin abzustempeln, aber ich halte mich keineswegs für eine surrealistische Malerin ... Ich kann noch nicht einmal sagen, ob meine Bilder wirklich surrealistisch wirken oder nicht; das einzige, was ich sicher weiß, ist, daß meine Malereien einen so freien Ausdruck meines Selbst erlaubten, wie er nicht offener sein könnte ... Ich verabscheue den Surrealismus. Mir erscheint diese Bewegung als eine dekadente Äußerung bürgerlicher Kunst, als eine Abirrung vom Wege der echten Kunst, wie sie die Menschen von einem Künstler erwarten ...

Ich möchte mich mit meinen Bildern meines Volkes würdig erweisen, zu dem ich gehöre, und die Ideen ausdrücken, aus denen ich meine Kraft schöpfe ... Ich möchte, daß mein Werk als ein Beitrag angesehen werden kann zu dem Kampf, den die Menschen um Frieden und Freiheit führen.

Interessanterweise ist ausgerechnet Fridas intimes Tagebuch ein durch und durch surrealistisches Werk. Sie führte es von 1944 an bis zu ihrem Tode. Es ist in rotem Leder gebunden und trägt die goldgeprägten Initialen J. K.; angeblich stammte das Schreibbuch aus dem Nachlaß von John Keats. Ein Freund der Malerin hatte es in einem New Yorker Antiquariat entdeckt und es ihr in der Hoffnung geschenkt, sie könne ein wenig Trost finden, wenn sie ihre Gedanken und Bildvorstellungen in Stunden der Einsamkeit und Krankheit darin festhielte. Die 161 Seiten, die übrig geblieben sind, nachdem Freunde bei ihrem Tode Teile aus dem Tagebuch entfernt haben, enthalten einen bewegend zu lesenden Monolog aus Worten und Bildern. Da das Tagebuch nicht für eine Veröffentlichung gedacht war, mithin also nicht in einer allgemeinverständlichen Sprache gehalten werden mußte, fehlt hier gänzlich der sonst in den Bildern der Malerin leicht nachvollziehbare Bezug zur Realität. Die Zeichnungen entstanden in einer assoziativ-spielerischen Weise wie ihre Assemblagen oder die Dekorationen auf dem Gipskorsett.

Die Tatsache, daß alles, was sie in ihr Tagebuch schrieb und zeichnete, nur für sie selbst oder allenfalls für Diego gedacht war, machte sie frei: Sie ließ ihren Gedanken ungehemmten Lauf, ganz wie es der surrealistischen Idealvorstellung entsprach. Die Bilder und Worte flossen ihr mit einer Ungezwungenheit zu, die ohne Kenntnis der surrealistischen Rezepte, wie man den Automatismus anregen kann, kaum denkbar wäre. Es finden sich Seiten mit anscheinend beziehungslosen Wörtern und Sätzen, darunter auch Wortreihen, die alle

235

mit demselben Buchstaben beginnen; manchmal sind die Wortgruppen wie Gedichte für das Auge geordnet. Vielleicht erfreute sich die Malerin auch bloß am Klang der Wörter. Die assoziative Sprunghaftigkeit der Gedanken und Metaphern sei hier an einem Beispiel verdeutlicht:

«... jetzt kommt er, meine Hand, meine rote Vision/größer/mehr die deine/Märtyrer aus Glas/die große Nichtvernunft/Säulen und Täler/die Windfinger/blutige Kinder ... ich weiß nicht, was sich mein spaßender Traum einfallen läßt/die Tinte, der Fleck, die Form, die Farbe/ich bin ein Vogel/ich bin alles, ohne weitere Verwirrung/alle Glocken, die Regeln/die Länder/der große Hain/die größte Zartheit, die riesige Woge/Müll, Badewanne/Buchstaben aus Pappe/Würfel, das Duett der Finger in der schwachen Hoffnung, etwas zusammen aufzubauen/die Tücher/die Könige/so dumm/meine Nägel/der Faden und das Haar/der spielerische Nerv, den ich jetzt mit mir selbst abgehe, eine fehlende Minute/du bist mir gestohlen worden, und ich gehe weinend fort/ ...»

Das Tagebuch enthält Liebesbotschaften an Diego, autobiographische Seiten, Erklärungen zu ihrer politischen Einstellung, Passagen über ihre Ängste, über Einsamkeit, Schmerz und Todesgedanken. Frida hatte Sinn für allerlei Unfug, und so ist das Tagebuch voll davon. Es gibt Abschnitte mit graphischen Mustern, in denen die einzelnen Zeichen wie die bedeutungslosen Wörter in den Pseudostrophen wirken. Sie erfand phantastische Formen und Kreaturen, bizarre Gestalten und unbändige Zeremonien. Zwei ihrer seltsamsten Charaktere sind «das Paar aus dem Lande von Punkt und Gedankenstrich». Man sieht einen nackten Mann namens «Einauge» und «Neferisis», eine nackte Frau, die einen Embryo hält. «Einauge», sagt sie, «heiratete die hübsche Neferisis, die Unendlich-Weise, in einem heißen und von Leben strotzenden Monat. Ihnen wurde ein Sohn mit einem seltsamen Gesicht geboren. Er hieß Neferunico und wurde der Gründer einer Stadt, nachmals bekannt unter dem Namen ‹Locura› (Wahnsinn).»

Die Zeichnungen in dem Tagebuch sind in leuchtend farbigen Tuschen ausgeführt sowie mit Bleistift und farbigen Kreiden. Die Malerin handhabe hier die Mittel in einer erstaunlichen Ungezwungenheit, die noch mehr hervortritt, wenn man sich die penible Sorgfalt danebenhält, mit der Frida ihre Ölbilder gestaltete. Oft wirken die Zeichnungen, wie wenn sie im Trancezustand oder unter Einwirkung

PAREJA EXTRAÑA DEL PAIS
DEL PUNTO Y LA RAYA.
OJO-UNICO, CASÓ CON LA
BELLISIMA "NEFERISIS" (LA
INMENSAMENTE SABIA) EN
UN MES CALUROSO Y VITAL.
NACIÓLES UN HIJO DE
RARA FAZ Y LLAMÓSE
NEFERUNICO, SIENDO ESTE
EL FUNDADOR DE LA CIUDAD
COMUNMENTE LLAMADA LOKURA
de

El horrendo
"Ojosauro"
primitivo
Animal
antiguo, que
se quedó muerto
para - encadenar
las ciencias.
Mira hacia arriba..
y no tiene nombre.
- Le pondrémos uno:
EL horrendo OJOSAURO!
Asombrado se quedó al ver
las estrellas-soles
y el mundo vivo-muerto.
y estás en la
sombra

Zwei Doppelseiten aus Fridas Tagebuch.

von Drogen entstanden wären. Wild bricht die Farbe aus den Umrissen, und die Linien torkeln und schlängeln sich, als habe Frida nur herumschmieren wollen. Figuren sind zerstückelt oder entstellt, Gesichter wirken oft wie groteske Masken, und einige haben mehrere Profile. Picassos Einfluß ist unverkennbar, dessen Ausstellung im mexikanischen Museum für moderne Kunst im Sommer 1944 gezeigt worden war. Manche Seiten sind mit Körpern und Körperteilen ohne jede logische Verbindung zueinander angefüllt. Oft war der Ausgangspunkt solcher Zeichnungen ein Tropfen Tusche, aus dessen zufälliger Gestalt die Künstlerin ihre Visionen hervorspann. Gelegentlich begann sie in Erweiterung dieses Verfahrens mit einer Klecksographie, aus deren vielgliedrig anregender Form sie allerlei Getier und Drachengewürm entwickelte, wie etwa jenen *Ojosaurus horrendus primitivus*.

Diese Zeichnungen und Tagebuchskizzen, in denen die Malerin den spontanen Denkprozeß durch freifließende Farben und Formen zu erhaschen sucht, entbehren paradoxerweise dennoch nicht eines gewissen Realismus. Für die oft zur körperlichen Untätigkeit verurteilte Patientin waren die Abenteuer des Unterbewußtseins und die stets wechselnden Begegnungen an den Nahtstellen zwischen Wachen und Träumen eine durchaus greifbare Wirklichkeit, jedenfalls mindestens so real wie alles, was sich das Wachbewußtsein vorstellen kann. Am Ende hatte Frida vielleicht sogar recht, wenn sie behauptete: «Man hielt mich für eine Surrealistin. Das ist nicht richtig. Ich habe niemals Träume gemalt. Was ich dargestellt habe, war meine Wirklichkeit.»

17 Ein Dornenhalsband

Nach ihrem Parisaufenthalt verbrachte Frida kurze Zeit in New York bei der Pianistin Ella Paresce, mit der sie befreundet war; aber der April war noch nicht vorbei, da reiste sie überstürzt nach Mexico weiter. Ihre Affäre mit Nickolas Muray war zu Ende. Was vorgefallen war, geht indirekt aus dem Brief hervor, den Muray Mitte Mai an Frida nach Mexico schrieb.

«Liebe, liebe Frida, ich hätte Dir schon lange schreiben müssen, aber wir leben in einer schwierigen Welt, ich genauso wie Du.

Es war sicher schlimm für Dich, aber es war auch für mich nicht leicht, als ich Dir in New York auf Wiedersehen sagte. Von Ella Paresce habe ich alles über Deine Abreise gehört. Ich war nicht wirklich verletzt oder wütend. Ich wußte ja, wie unglücklich Du warst, wie dringend Du Deine Dir vertraute Umgebung brauchtest, Deine Freunde, Diego, Dein eigenes Haus und Deine Gewohnheiten.

Mir war sehr wohl bewußt, daß New York für Dich bloß vorübergehend eine Lücke ausfüllen konnte, und ich will hoffen, daß Du bei Deiner Rückkehr Deinen vertrauten Hafen unverändert vorgefunden hast. Von uns dreien wart stets Ihr das Paar, das habe ich immer gespürt. Es war an Deinen Tränen abzulesen, wenn Du seine Stimme am Telefon hörtest. Ich in meiner Alleinheit bin Dir ewig dankbar für das Glück, das Dein halbes Wesen mir so großzügig gespendet hat. Liebste Frida, auch ich habe nach wahrer Liebe gehungert, und nach Deiner Abreise wußte ich, daß alles vorbei war. Dein Instinkt hat Dich klug entscheiden lassen, und Du hast das einzig Vernünftige getan; denn ich konnte nicht Mexico für Dich nach New York verlegen, und ich erkenne jetzt, wie wichtig dieses Land für Dein Glück ist . . .

Meine Zuneigung zu Dir hat sich seltsamerweise überhaupt nicht verändert, und sie wird sich auch nicht ändern. Hoffentlich kannst Du das verstehen. Ich wünsche mir noch die Gelegenheit, es Dir zu beweisen. Dein Bild macht mir große Freude. In Bälde schicke ich, wie versprochen, das farbige Porträtfoto von Dir. Zur Zeit ist es noch im Los Angeles Art Center zur Ausstellung. Ich bin gespannt, was Du mir dazu sagen wirst.

Herzlichst, Nick.»

Nun, es mag wohl sein, daß Frida nach Hause zurückkehrte, weil sie Sehnsucht nach der «ihr vertrauten Umgebung» verspürte; doch es ist auch ganz offensichtlich, wie tief sie sich von Muray verletzt fühlte – wahrscheinlich wegen seines engen Verhältnisses zu der Frau, die er im Juni heiratete. Eine Freundin erinnert sich, daß Frida bei ihrer Rückkehr nach Mexico recht unglücklich war, weil «ein hübscher Amerikaner» sie versetzt hatte, angeblich aus dem bitteren Grund, daß Fridas physische Gebrechlichkeit den körperlichen Ausdruck sexueller Liebe nicht gestattete. Der «hübsche Amerikaner» war wohl Muray. Jedenfalls ist der Schluß des zitierten Briefes mehr freundschaftlich als heißblütig. In ihrer Verzweiflung rief Frida den ehemaligen Geliebten von Mexico aus an, und er schrieb zurück:

«Liebste Frida, Du muß Dich jetzt zusammennehmen und Dich an Deinen eigenen Schnürsenkeln hochziehen. Du verfügst über eine Begabung, die Dir niemand auf der Welt streitig machen kann. Also heißt es jetzt: arbeiten, arbeiten, malen, malen, arbeiten, arbeiten. Du mußt an Dich glauben und an Deine Kraft. Ich möchte auch, daß Du nicht daran zweifelst, daß ich Dein Freund bin, was auch immer mit Dir oder mir geschieht. Du kannst mir das glauben! Es fällt mir nicht leicht, Dir gegenüber von Herz und Liebe zu schreiben, weil, nun, weil ich nicht sicher bin, ob Du meine Worte mißverstehen könntest...

Meine Anteilnahme an Dir wird nie aufhören. Sie kann es einfach nicht! Ich könnte genausogut auf meinen rechten Arm verzichten, auf mein Ohr oder auf mein Gehirn. Du mußt das doch verstehen! Frida, Du bist eine bedeutende Persönlichkeit, eine große Malerin, und ich bin davon überzeugt, daß Du dieser Verpflichtung gerecht werden wirst. Mir ist klar, daß ich Dich verletzt habe. Ich will versuchen, den Schmerz mit einer Freundschaft zu heilen, die – so hoffe ich – einmal für Dich so wichtig sein wird, wie sie es für mich schon ist.

Dein Nick.»

Die Kahlo antwortet am 13. Juni. Es ist ein Abschiedsbrief in bitterem Ton, der an ihr erstes Selbstporträt gemahnt, und nichts erinnert mehr an die Leichtigkeit der früheren Briefe an Muray oder an die frechen Selbstbildnisse der vorausgegangenen Jahre:

«Als ich vor einigen Tagen Deinen Brief erhielt, wußte ich nicht, was ich tun sollte. Ich muß gestehen, mir kamen die Tränen. Mir war, wie wenn ich etwas in der Kehle stecken hätte, wie wenn ich die ganze Welt heruntergewürgt hätte. Ich weiß immer noch nicht, was bei mir schlimmer war, meine Traurigkeit, meine Eifersucht oder meine Wut; das vorherrschende Gefühl war jedenfalls eine riesige Verzweiflung. Ich habe Deinen Brief immer wieder gelesen, viel zu oft, glaube ich, und ich fange erst jetzt an, Dinge zu verstehen, die ich zuvor nicht durchschaut hatte. Jetzt ist mir vieles klargeworden, und das einzige, was ich jetzt will, ist, Dir in den bestmöglichen Worten zu sagen, daß Du alles Gute vom Leben verdienst, ja, das Beste überhaupt, denn Du bist einer der wenigen Leute auf unserer armseligen Welt, der wenigstens ehrlich mit sich selbst ist, und das ist es, was wirklich zählt. Ich begreife gar nicht, wieso ich mich nur eine Minute lang verletzt fühlen konnte, bloß, weil Du glücklich bist. Es ist schon albern, wie mexikanische Mädchen manchmal die Welt betrachten. Aber Du wirst wohl durchschaut haben und mir vergeben, daß ich mich so blöd benommen habe. Du mußt aber wissen, daß Du für mich, was immer auch geschieht, derselbe Nick bleiben wirst, den ich an einem Morgen in New York in der 48. Straße Nummer 18 getroffen habe. Ich habe Diego erzählt, daß Du bald heiraten wirst. Von ihm haben es Rosa und Miguel Covarrubias gehört, die uns neulich besuchten, und ich mußte ihnen bestätigen, daß es wahr ist. Es tut mir leid, daß ich darüber gesprochen habe, bevor die Sache offiziell ist, und ich muß Dich für meine Indiskretion um Verzeihung bitten.

Tu mir bitte einen großen Gefallen und schicke mir das kleine Kissen: Ich möchte nicht, daß irgend jemand anders es bekommt. Ich verspreche Dir, daß ich Dir eins als Ersatz mache, aber ich möchte unbedingt das haben, das unten bei Dir auf der Couch am Fenster liegt. Und noch etwas: Laß ‹sie› bitte nicht die Feuerzeichen an der Treppe berühren. Du weißt schon, welche ich meine. Falls Du es vermeiden kannst, fahr nicht mit ihr nach Coney Island, vor allem nicht zum ‹Halbmond›. Nimm mein Foto vom Kamin und bringe es in den Raum Deiner Mutter neben der Werkstatt. Ich bin sicher, sie mag mich noch immer so gern wie früher: Außerdem ist es nicht so angenehm für die andere Dame, mein Porträt in Deinem Haus zu sehen. Ich würde Dir gerne noch viel mehr sagen, aber es hat wohl keinen Zweck, Dich jetzt damit zu behelligen. Ich kann nur hoffen, daß Du meine Wünsche auch ohne viele Worte verstehst . . .

Was meine Briefe betrifft, falls sie im Wege sind, gib sie Deiner Mutter. Sie wird sie mir zurückschicken. Ich möchte auf keinen Fall

Dein Leben belasten. Bitte verzeih mir, wenn ich wie eine altmodische Geliebte handle und meine Briefe zurückhaben will. Es ist zwar lächerlich, aber ich tue es ja nicht für mich, sondern weil ich mir vorstelle, daß Du kein Interesse daran haben kannst, diese Papiere aufzuheben.

Während ich dies schrieb, hat mich Rosa angerufen und erzählt, daß Du bereits geheiratet hast. Ich sage nicht, was ich dabei fühle. Du sollst glücklich werden, sehr glücklich!

Falls Du hin und wieder Zeit für ein paar Zeilen an mich findest, laß mich doch bitte wissen, wie es Dir ergeht...

Vielen Dank für das großartige Foto, vielen, vielen Dank. Auch für Deinen letzten Brief und überhaupt für alles, was Du mir gegeben hast.

Alles Liebe, Frida

PS: Verzeih mir, daß ich neulich abends angerufen habe. Ich will's auch bestimmt nicht mehr tun.

Es war schon schlimm genug für Frida, daß sich Nickolas Muray einer anderen Frau zuwandte, zumal es sich bei dieser Beziehung nicht um eine oberflächliche Liebelei gehandelt hatte; jetzt vollzog sich auch noch die Trennung von Diego. Mitte des Sommers verließ sie ihre Wohnung in San Angel und zog wieder in das blaue Haus in Coyoacán. Am 19. September leitete das Paar die Scheidung ein. Einige Wochen später beantragten sie vor dem Gericht in Coyoacán die Aufhebung ihrer Ehe in gegenseitigem Einverständnis. Fridas Schulfreund Manuel González Ramírez vertrat sie als ihr Rechtsbeistand. Um die Jahreswende wurde die Trennung amtlich vollzogen.

Bekannte der Riveras, die Einblick in die Vorgänge hatten, nennen verschiedene Gründe für das Scheitern der Ehe. Sie wirken alle nicht recht überzeugend. Möglicherweise hatte Diego etwas von Fridas Affäre mit Nickolas Muray gehört, und zweifellos hätte ihn die tiefgehende Leidenschaft für den feschen Ungarn ungewöhnlich eifersüchtig machen müssen. Man hört auch, Rivera hätte sexuelle Probleme gehabt. Fridas physische Gebrechlichkeit oder auch ihre Unlust hätten dazu geführt, daß sie Riveras Ansprüchen nicht Genüge tun konnte oder wollte. Wieder andere meinen, Diego sei impotent gewesen. Frida selbst behauptete einmal, Lupe Marín hätte zur Zerrüttung ihrer Ehe beigetragen, und es läßt sich nicht bestreiten, daß Rivera stets eine gewisse Neigung zu seiner ehemaligen Frau bewahrte, die schon durch die Sorge um die gemeinsamen Kinder begründet war. «Als Frida zu nichts mehr zu gebrauchen war, fing er wieder unter meinem Fenster an zu singen», heißt es bei Lupe. Diegos Bewunderung für sie läßt sich deutlich an seinem *Porträt von Lupe Marín* von 1938 ablesen, aber in ihren Erinnerungen berichtete Lupe auch, daß Diego ihr Porträt auf Fridas Drängen gemalt hat und daß Frida keineswegs eifersüchtig auf die Zuwendung zu seiner früheren Frau war. Schließlich wird noch die Vermutung kolportiert, Rivera hätte sich von seiner Frau getrennt, um sie vor möglichen Repressalien gegen ihn selbst zu schützen, die er wegen seiner politischen Haltung auf sich zu ziehen fürchtete. Bei Jean van Heijenoort hingegen heißt es wieder, Diego müsse von Fridas Liaison mit Trotzki erfahren haben.

Zur Zeit, als der Scheidungsprozeß eingeleitet wurde, ging das Gerücht, Rivera wolle die hübsche ungarische Malerin Irene Bohus ehelichen. In der Tat wurde sie eine von des Meisters «Assistentinnen», und Frida war auch gehörig eifersüchtig auf sie. Mit der Zeit wurden die beiden Frauen jedoch Freundinnen, und der Name der Bohus gehört sogar zu denen, die die Wände von Fridas Schlafzimmer schmücken. Möglicherweise hat sich damals eine Dreiecksbeziehung entwickelt. Im Oktober 1939 wurde eine Fotografie veröffentlicht, die Irene Bohus zusammen mit Rivera in dessen Atelier in San Angel zeigt, wie die beiden die berühmte amerikanische Filmschauspielerin Paulette Goddard malen. Nach weitverbreiteter Überzeugung seiner Umgebung hatte Rivera eine romantische Liebesbeziehung mit der Goddard, die damals im luxuriösen San Angel Inn, gleich gegenüber von Riveras Studio, abgestiegen war. Von der Presse wurde die Sache entsprechend hochgespielt, und Diego dementierte keineswegs. Aber auch hier muß gesagt werden, daß sich Frida zwar über die Schwäche ihres Mannes ärgerte, daß aber Paulette ihre Freundin wurde. 1941 malte sie der Ex-Rivalin sogar ein reizendes Tondo, den *Blumenkorb*.

Im Oktober berichtete die Presse, daß Frida und Diego in der Trennung die einzige Möglichkeit sähen, ihre Freundschaft füreinander zu erhalten. Die New Yorker *Herald Tribune* erwähnt, daß Frida und Diego seit fünf Monaten getrennt lebten und daß Rivera die Scheidung als Legalisierung des De-facto-Zustandes bezeichnet hätte. In *Time* erläuterte der berühmte Maler die Sache so: «Unsere wunderbare Beziehung wird sich nicht ändern. Wir haben uns zu diesem Schritt entschlossen, weil wir Fridas rechtlichen Status verbessern wollen ... es ist nur eine Frage der rechtlichen Absicherung im Sinne der modernen Zeit.»

Einige Zeitungen verstiegen sich sogar zu der Behauptung, «künstlerische Meinungsverschiedenheiten» hätten zu der Scheidung geführt, nach der Frida nun viel «ungehemmter malen» könne.

Bei der Party, die Rivera zur Feier der Scheidung veranstaltete, gab Diego noch einen anderen Grund für die Scheidung zum besten. Soeben war nämlich Bertram Wolfes Biographie *Diego Rivera: Sein Leben und seine Zeit* erschienen, in der es hieß: «Jetzt sind sie seit zehn Jahren verheiratet, und Diego wird immer abhängiger vom Urteil und von der Zuwendung seiner Frau. Die Einsamkeit, unter der er ohnehin leidet, würde ohne sie nur noch schlimmer werden.» Während des Partyabends nahm Diego einen Freund beiseite und erklärte, er solle Bert ausrichten, daß er die Scheidung schon deshalb verlangt habe, um seinem Biographen zu zeigen, wie sehr er irrt.

Die Scheidung verlief «ohne irgendwelche Auseinandersetzungen», sagte Diego einem Reporter in San Angel, «es gibt überhaupt keine gefühlsmäßigen, künstlerischen oder wirtschaftlichen Probleme zwischen uns. Es ist nichts als eine Vorsorgemaßnahme.» Seine Wertschätzung für Frida sei größer als je zuvor. «Dennoch glaube ich, daß ich auf diese Weise dazu beitrage, Fridas zukünftiges Leben auf die bestmögliche Weise zu fördern. Sie ist jung und hübsch. Sie hat bereits in den anspruchsvollsten Kunstzentren der Welt Erfolge gehabt. Ihr stehen alle Möglichkeiten des Lebens offen, während ich aufs Alter zugehe und ihr nicht mehr viel zu bieten habe. Frida zählt für mich zu den fünf oder sechs bedeutendsten Malern der Gegenwart.»

Derselbe Reporter interviewte die Kahlo in Coyoacán. Sie sagte nicht viel: «Wir leben seit etwa fünf Monaten getrennt. Unsere Schwierigkeiten haben begonnen, als ich von Paris und New York nach Mexico zurückkehrte. Wir sind nicht mehr richtig miteinander ausgekommen.» Sie fügte hinzu, daß sie nicht die Absicht hätte, noch einmal zu heiraten, und führte persönliche und intime Gründe, die man nicht gut erklären könne, als Motive für die Scheidung an.

Genau wie damals bei der Auseinandersetzung wegen Diegos Affäre mit Cristina war die Beziehung der Riveras trotz der Scheidung durchaus nicht abgebrochen. Sie besuchten sich oft, und ihre Lebenswege blieben weiterhin eng miteinander verknüpft. Frida kümmerte sich um Diegos Korrespondenz, sorgte sich noch immer um sein Wohlergehen und half auch bei seinen geschäftlichen Transaktionen. Als der amerikanische Ingenieur Sigmund Firestone zwei lebensgroße Selbstbildnisse der beiden Riveras in Auftrag gab zum Dank für die Gastfreundschaft, die er mit seinen Töchtern bei ihnen erfahren hatte, war Frida die Vermittlerin der Kommission. Am 9. Januar 1940, als die Scheidung bereits ausgesprochen war, schrieb Firestone an Rivera: «Ich nehme an, daß Sie und Frida dabei sind, die Selbstbildnisse für mich zu malen. Bitte führen Sie sie beide auf gleich großen Lein-

Erinnerungen an Sexualität und Schmerz und Todesahnungen haben sich 1938 in dem surrealistischen «Badewannenbild» *Was mir das Wasser gab* verdichtet, das einen Höhepunkt in Frida Kahlos Schaffen darstellt.

Fridas 1928
entstandenes Porträt
ihrer Schwester Cristina,
der sie zeitlebens
besonders verbunden
war.

1937 verarbeitete Frida
in *Gedächtnis* ihre Pein
über Diegos Untreue,
der eine Affäre mit ihrer
Schwester Cristina
hatte.

wänden aus, weil ich die Absicht habe, sie nebeneinander zu hängen zum steten Gedenken an unsere angenehme Bekanntschaft. Sie wissen, daß ich mit Frida gesprochen habe und daß verabredet wurde, die Gesamtkosten von 500 Dollar für beide Bilder zwischen Ihnen zu teilen.» Am 15. Februar antwortete die Kahlo in Riveras Namen, «denn», wie sie schrieb, «sein Englisch ist verheerend, und er schämt sich zu schreiben.» Sie erwähnte, daß sie einiges durchgemacht hätte, aber ihr Porträt sei inzwischen fertig, und sie würde es schicken, sobald Diego das seine beendet hätte. Im folgenden führt Frida höchst zurückhaltend aus, worin ihre Sorgen damals bestanden:

«Diego ist jetzt glücklicher als zur Zeit Ihres Besuches. Er ißt und schläft gut, und er arbeitet mit großem Fleiß. Ich besuche ihn oft, aber er mag nicht im selben Haus mit mir wohnen, weil er allein sein will und weil er meint, ich wolle immer nur Ordnung in seinen Papieren machen, worauf er gar keinen Wert legt. Jedenfalls kümmere ich mich aus der Entfernung um ihn, so gut es eben geht, und ich werde ihn mein Leben lang liebhaben, auch wenn es ihm lästig wird.»

Frida unterzeichnete den Brief, wie es ihre Gewohnheit war, mit magentafarbenen Lippenstiftküssen und fügte dem Brief einige leuchtend farbige Federn als Zeichen ihrer Zuneigung bei.

Das geschiedene Ehepaar ging auch weiterhin zusammen aus und lud auch gemeinsame Gäste ein. Der Freundeskreis der Riveras erinnert sich des Aufsehens, das Diego und Frida erweckten, wenn sie – freilich immer zu spät – in Riveras Loge im Konzertsaal des Palasts der Schönen Künste eintrafen, begleitet von Diegos Töchtern, einer gerade in Gunst stehenden Geliebten des Meisters sowie entweder von Cristina Kahlo oder von Lupe Marín. Der Kunsthistoriker Parker Lesley erinnert sich an einen solchen Abend: «Niemand schien auf die Tanzvorführung der Carmen Amaya zu achten; alle schauten bloß auf Frida, die ihre Tehuanatracht und Diegos ganzen Goldschmuck trug. Wenn sie sich bewegte, klirrte es wie eine Ritterrüstung. Sie hatte eine feierliche Ausstrahlung wie die Kaiserin Theodora: eine Mischung aus Eleganz und Barbarei. Sie trug zwei Goldkronen im Gebiß, und wenn sie sich besonders schön machen wollte, nahm sie sie heraus und ersetzte sie durch zwei Zahnkronen mit rosafarbenen Diamanten, damit auch ihr Lächeln richtig funkelte.»

Frida ließ ihre verführerischen Reize ganz ungeniert spielen. Sie liebte «das Menuett des Flirts» und tanzte es gut, aber zutiefst blieb sie Diego verbunden. So, wie ihr Tehuanakostüm ihre körperlichen Gebrechen verbergen mußte, dienten ihr edelsteinblitzendes Lächeln und ihre ausschweifende Koketterie nur dazu, den Schmerz der Zurückgewiesenen zu verstecken. In der Öffentlichkeit gab sie sich kühndraufgängerisch und ließ sich ohne Rücksicht auf bürgerliche Vorstellungen in Liebesaffären ein – besonders heftig mit Ricardo Arias Viñas, einem Flüchtling aus Spanien, den sie wahrscheinlich während ihrer Arbeit in der Hilfsorganisation für die spanischen Republikaner kennengelernt hatte. In der Vertrautheit des privaten Umgangs jedoch verheimlichte sie keineswegs ihren Kummer vor ihren Freunden. Und natürlich kam er auch in ihrer Kunst zum Vorschein.

Den ganzen Herbst und Winter 1939/1940 war Frida krank und deprimiert. Sie hatte sich eine Pilzinfektion an den Fingern der rechten Hand zugezogen, wodurch sie zeitweise an der Arbeit gehindert war, aber noch schlimmer waren die immer wiederkehrenden schrecklichen Schmerzen in ihrem Rückgrat.

Einige Ärzte, die sie konsultierte, empfahlen eine Operation, andere hielten nichts von einem solchen Eingriff. Dr. Juan Farill verordnete ihr absolute Ruhe und ließ ihr das Rückgrat mit einem Zwanzig-Kilo-Zuggewicht strecken. Ein Foto, von Nick Muray aufgenommen, der noch im September in Mexico gewesen war, zeigt die Patientin in einen orthopädischen Apparat eingespannt, durch den ihr Kopf vom Körper weggezogen wird. Fridas Gesichtsausdruck läßt Resignation erkennen, zugleich aber auch die Qual darüber, daß sie sich nicht bewegen kann. Ende 1939 war sie so verzweifelt, daß sie täglich bis zu einer Flasche Brandy trank.

Die Malerin litt zwar unter ihrer Einsamkeit, aber dennoch mied sie die Gesellschaft, vor allem die Bekannten und Freunde, die zuvor mit beiden Riveras Umgang gepflogen hatten. Im Oktober heißt es in einem Brief an Muray, daß sie mit den Covarrubias und mit Juan O'Gorman keinen Kontakt mehr gehabt hätte, weil «ich niemanden um mich haben mag, der Diego nahesteht», und an Wolfgang Paalen schrieb sie, daß sie ihn und Alice Rahon nicht empfangen könne, weil es ihr so schlecht wie noch nie ginge; in ihrem Zustand, meinte sie, wäre es das beste für ihre Bekannten und sie selbst, wenn sie sich nicht sähen. Im Januar schrieb sie an Muray: «Ich habe keinerlei Besuch und bin fast den ganzen Tag zu Hause. Neulich kam Diego mal und versuchte mich zu ‹überzeugen›, daß es niemanden wie mich auf der Welt gäbe! Lauter Quatsch, Junge. Ich kann ihm einfach nicht verzeihen, und damit hat sich's . . .»

Viele Jahre später erinnerte sich Rivera in seiner Autobiographie an die Scheidung von seiner dritten Frau. Die Darstellung ist eine für diesen Mann typische Mischung aus Selbstanklage und Selbstgefälligkeit. Immerhin läßt er erkennen, daß ihm, zumindest in der Rückschau, Fridas Leiden durchaus bewußt waren:

«Ich bin nie ein treuer Ehemann gewesen, auch nicht für Frida. Genau wie bei Angelina und bei Lupe gab ich den sich bietenden Versuchungen nach und hatte mancherlei Liebesabenteuer. Als ich Frida in ihrem schlimmen Gesundheitszustand sah, mußte ich mich natürlich fragen, ob ihr denn mit einem solchen Ehepartner wie mir gedient sein könne: Ich wußte, daß wenig für mich sprach, und zugleich war klar, daß ich mich nicht mehr ändern konnte.

Einmal entdeckte Frida, daß ich eine Affäre mit ihrer besten Freundin [gemeint ist Cristina] hatte, und für eine Weile trennte sie sich von mir, kam dann aber mit gedämpftem Stolz, doch unverminderter Liebe zu mir zurück. Ich liebte sie viel zu sehr, als daß ich ihr immer neue Leiden verursachen wollte. Deshalb entschied ich mich für die Trennung.

Anfangs erwähnte ich die Möglichkeit einer Scheidung bloß gesprächsweise, aber als derlei Anspielungen nichts fruchteten, machte ich ganz offen entsprechende Vorschläge. Inzwischen hatte Frida ihre Gesundheit wiedererlangt, und sie antwortete mir, daß sie lieber alles mögliche ertragen wolle, als mich ganz zu verlieren.

Nun wurde die Situation immer schlimmer. Eines Abends rief ich sie ganz spontan an und bat sie um ihre Einwilligung zur Scheidung. In meiner Hilflosigkeit erfand ich einen plumpen und dummen Grund. Ich fürchtete mich so sehr vor herzzerreißenden Auseinandersetzungen, daß ich instinktiv die rascheste Lösung anstrebte. Und siehe da, es wirkte. Frida erklärte, daß sie ebenfalls alsbald die Scheidung wünsche.

Meines ‹Sieges› konnte ich mich allerdings nur kurz erfreuen. Wir waren dreizehn Jahre [de facto nur zehn Jahre] verheiratet gewesen und liebten uns immer noch. Eigentlich wollte ich ja bloß frei sein, um mich jeder Frau zuwenden zu können, nach der mir der Sinn stand. Aber Frida empörte sich gar nicht einmal so sehr über meine Untreue. Sie konnte vor allem nicht verstehen, daß ich mir Frauen aussuchte, die sie meiner für unwürdig hielt und die ihr nicht ebenbürtig schienen. Sie empfand es als Kränkung, daß ihr irgendwelche leichtfertigen Weiber vorgezogen wurden. Aber wäre es nicht eine Beschränkung meiner Freiheit gewesen, wenn ich ihr das Recht zugestanden hätte, mir Vorschriften über meinen Umgang zu machen? Oder war ich nur das verkommene Opfer meiner Lüsternheit? War es am Ende gar nur ein fauler Trost, wenn ich mir einbildete, daß die Scheidung Fridas Leiden beenden könnte? Mußte sie vielleicht auf diese Weise sogar mehr leiden?

Während der beiden Jahre, die wir getrennt lebten, hat Frida einige ihrer besten Arbeiten geschaffen und so den Kummer in ihrer Malerei sublimiert.»

An dem Tage, als die Scheidungsdokumente ausgehändigt wurden, hatte die Malerin das wohl bekannteste ihrer Bilder nahezu beendet: *Die beiden Fridas.* Der amerikanische Kunsthistoriker MacKinley Helm war damals bei ihr zu Besuch und berichtet:

«Ich war bei Frida Kahlo de Rivera zum Tee eingeladen; es war ein Dezembertag im Jahre 1939. Gerade während meines Besuchs in ihrem Atelier wurden ihr die Papiere gebracht, in denen die endgültigen Bedingungen der Scheidung von Rivera festgehalten waren. Frida war sichtlich betroffen. Der Wunsch nach Trennung sei nicht von ihr ausgegangen, sagte sie. Ihr Mann hätte ihr die Scheidung nahegelegt, weil dies für sie beide das beste wäre. Aber es war ihm offensichtlich nicht gelungen, sie davon zu überzeugen, daß sie mit der neuen Lebensweise glücklicher würde oder daß sich die Trennung günstig auf ihre Karriere als Malerin auswirken könnte.

Die Künstlerin arbeitete damals an ihrem ersten großen Bild, einem riesigen Gemälde mit dem Titel *Die beiden Fridas* . . . Es zeigt zwei Selbstdarstellungen in voller Größe. Die eine ist die Frida, die Diego geliebt hatte . . . die andere ist die Frau, von der er sich abwandte. Die verstoßene Frida hat eine aufgerissene Arterie, und sie versucht den Blutstrom, zumindest provisorisch, mit einer Operationszange zum Stillstand zu bringen. Wir waren gerade in die Betrachtung dieses Bildes vertieft, als die Scheidungsurkunde kam, und ich hätte mich in diesem Moment kaum gewundert, wenn Frida das blutüberströmte Instrument gepackt und in die Ecke geschleudert hätte.»

«Ich habe das Bild vor drei Monaten angefangen, und gestern ist es fertig geworden», sagte die Kahlo ein paar Tage danach zu einem Reporter. «Dies ist alles, was ich Ihnen dazu sagen kann.» *Die beiden Fridas* sitzen nebeneinander und halten sich bei der Hand in einer etwas steifen, aber nicht minder ergreifenden Geste. Die verstoßene

Frida trägt ein weißes viktorianisches Kleid; die andere ist mit einem Tehuanarock und einer Bluse bekleidet, und ihr Gesicht ist um einen Ton dunkler als das ihrer mehr spanisch wirkenden Gefährtin, wodurch die Herkunft der beiden aus verschiedenen Kulturkreisen zum Ausdruck kommt.

Beide Fridas haben ein frei sichtbares Herz – wie in *Gedächtnis* scheut die Malerin sich nicht, dieses rein literarische Bildelement zu verwenden, um Liebespein vor Augen zu führen. Das Mieder der ungeliebten Frida ist aufgerissen, wodurch sich ihre entblößte Brust und das gebrochene Herz dem Blick darbieten. Das Herz der anderen Frida ist heil.

Irgendwann hat die Künstlerin einmal gesagt, *Die beiden Fridas* zeige die Dualität ihrer Persönlichkeit. Wie andere Selbstbildnisse, auf denen sie zwiefach vorkommt – *Zwei Akte im Wald* und *Baum der Hoffnung*, zum Beispiel – ist auch dieses Gemälde ein Bild der Selbstheilung: Frida tröstet, bewacht und stärkt sich selbst.

Im Januar 1940 schreibt die Kahlo an Muray, daß sie «wie besessen» arbeite, um ein großes Bild für die Surrealistenausstellung fertigzubekommen, und am 6. Februar berichtet sie von ihrer Absicht, eben dieses Gemälde an Julien Levy zu schicken. Levy hatte ihr für den folgenden Oktober oder November eine weitere Ausstellung in seiner Galerie zugesagt, die dann aber wegen des Kriegsausbruchs in Europa nicht mehr zustande kam. Das Werk, auf das sie in ihrem Brief anspielte, war das Bild *Verwundeter Tisch*, in dem ebenfalls Blut fließt. Wie *Die beiden Fridas* ist es eine Dramatisierung des Alleinseins. Die Künstlerin stellt sich hier zusammen mit ihrer Nichte und dem Neffen dar, dazu ihr Lieblingskitz, ein Judas, eine präkolumbische Götzenfigur und ein Skelett – alles in allem also keine sehr erbauliche Tischrunde.

Fridas Beschäftigung mit dem Tod zur Zeit ihrer Scheidung zeigt sich auch in *Der Traum* von 1940. Hier sieht man die Malerin schlafend in ihrem Himmelbett, das in dem lavendelfarbenen, wolkendurchzogenen Himmel ihres Traums schwebt. Auch auf diesem Bild erscheint die Malerin wieder zusammen mit einem Skelett, diesmal in Form eines Judas, den sie ja tatsächlich auf dem Baldachin ihres Bettes liegen hatte. Sein Kopf ruhte auf zwei Kissen, und den erstaunten und beunruhigten Besuchern erklärte sie, daß diese Puppe für sie nur eine lustige Erinnerung an ihre eigene Sterblichkeit sei.

In fast allen Selbstbildnissen des Scheidungsjahres stellt sich Frida zusammen mit merkwürdigen Begleitern dar. Besonders auffallend sind dabei die Affen, die die Künstlerin umarmen, wie es vertraute

Freunde tun würden. Nach der Scheidung wurden Fridas Affen eine Art Ersatzliebesobjekt, besonders der Klammeraffe Carmito de Guyabel, den ihr Diego aus dem Süden des Landes mitgebracht hatte. In der Kunst der Kahlo spielen Affen eine komplizierte und bedeutungsreiche Rolle. 1939 fing die Künstlerin an, sich als Halbfigur darzustellen; ihr Hals wird dabei immer wieder von etwas umschlossen, von Bändern, Venen, Weinranken, dornigen Zweigen, Affenpfoten oder auch von Strähnen ihres eigenen Haares. Der Betrachter empfindet, daß diese «Schlingen» sie zu erwürgen drohen und daß durch sie das Gefühl von Klaustrophobie noch gesteigert wird, das die dichten Dschungelwände hinter ihrem Rücken hervorrufen. Auch wenn die Affen sie trösten und ihr Gesellschaft leisten, unterstreichen sie doch nur das beängstigende Alleinsein der Malerin. Die physische Nähe der Tiere ist beunruhigend, denn bei aller kinderähnlichen Unschuld sind sie eben doch keine Kinder, sondern wilde Dschungeltiere. In Fridas Bildern erhöht die animalische Unruhe der Affen die Spannung zu ihrer eigenen entschiedenen Teilnahmslosigkeit, und zugleich erinnern die Tiere an mögliche ungezähmte Regungen, die verborgen im Wesen der Malerin auf der Lauer liegen.

In einem *Selbstbildnis* von 1940, das Nickolas Muray von Frida kaufte, stellte sie sich zusammen mit Carmito de Guyabel und einem schwarzen Kater dar. Von ihrem Dornenhalsband hängt ein toter Kolibri herab. Der Affe scheint in seiner Erscheinung ein fast menschlich zu nennendes Mitgefühl für seine verstoßene Herrin und zugleich äffische Unberechenbarkeit zu vereinen. Wie er da so zierlich an Fridas Dornenhalsband herumfingert, kann er ihr – so kommt es dem Betrachter vor – jeden Moment weitere Wunden aufreißen. Und auch der Kater ist eine Bedrohung. Er ist zum Sprung geduckt und hat die Ohren gespannt nach vorn gestellt, seine Augen sind auf den Kolibri gerichtet, der an Fridas nackter, bereits blutender Haut hängt. Der Kolibri ist nicht nur ein Symbol für eine Tierart, mit der sich Frida eng verbunden fühlt, sein lebloser Körper ruft auch ins Gedächtnis, daß Frida sich «vom Leben gemordet fühlte», wie sie sagte. Schließlich sei noch daran erinnert, daß Kolibris in Mexico zur Beschwörung von Liebesglück dienen.

Die Künstlerin trägt die Dornenkrone Christi als Halsband auch in einem weiteren *Selbstbildnis* aus demselben Jahr. Eine handförmige Brosche hält ein Spruchband, auf dem man liest: «Ich malte mein Porträt im Jahre 1940 für Dr. Eloesser, meinen Arzt und besten Freund. Mit ganzer Liebe, Frida Kahlo.» Es ist ein Zug in vielen ihrer Selbstbildnisse, daß sie ihren persönlichen Jammer dadurch übersteigert vor Augen führt, daß sie ihn mit christlicher Bedeutung auflädt. Sie stellt sich als Märtyrerin dar. Obgleich sie sich von der Religion losgesagt hatte, ist ihre Bildwelt von Elementen christlicher Ikonographie durchsetzt, besonders aus dem Bereich der theatralisch blutrünstigen Märtyrerszenen, die in der mexikanischen Kunsttradition häufig vorkommen.

Die Kahlo versuchte zu jener Zeit, ihr Schaffen zu beschleunigen, um ihren Lebensunterhalt davon bestreiten zu können. Nun gibt es zwar Ähnlichkeiten zwischen ihren verschiedenen Selbstbildnissen als Halbfigurenkomposition, was das Format betrifft, aber die Künstlerin arbeitete keineswegs etwa nach einer einmal entwickelten Formel. Gewiß, der Winkel, in dem ihr Kopf dem Betrachter zugewendet ist, wechselt kaum. Dies läßt sich jedoch leicht aus dem Bedürfnis ableiten, allzu weite Bewegungen beim Hin und Her vom Blick in den Spiegel und auf die Leinwand zu vermeiden. Aber jedes Gemälde ist als eine ganz eigene und jeweils neue Konfrontation mit sich selbst behandelt worden. Jedes dieser Porträts unterscheidet sich vom andern durch die gewissenhafte Aufmerksamkeit für Details, beispielsweise für die Art, wie der Kolibri am Dornenhalsband aufgehängt ist, oder für die Auswahl und Anordnung von Pflanzen oder auch für den genauen Rhythmus und die Straffheit eines umschnürenden Bandes. Die Malerin wirkt immer ernst und hält den Kopf hoch in der für sie charakteristischen Vornehmheit. Das Gesicht sieht jetzt älter und angespannt aus, auch müder als vor der Scheidung. Man spürt eine geballte Ladung von Gefühl hinter der Maske eines beherrschten Äußeren, mit der die Kahlo ihre Verwundbarkeit zu schützen sucht, nicht ohne jedoch den Betrachter ihre Leiden mitempfinden zu lassen. Ihre komplizierte, selbstmythologisierende Darbietung gewährt hinreichend psychologische Distanz von allem, was in einer anderen Darstellungsweise nur als überwältigender Schmerz wirken müßte. Vielleicht kommt in den Bildern auch noch die katholische Kindheit der Malerin zum Vorschein, wenn sie sich in ein Heiligenbild verwandelt, das sie selbst und andere anbeten können, und so über ihre Schmerzen hinauswächst.

Die Selbstbildnisse aus den vierziger Jahren lassen auch deutlich erkennen, in welch hohem Maße die Künstlerin inzwischen die Kunst beherrschte, die Farbe zur Mitteilung von Empfindungen zu gebrauchen. Freilich, wer an die französische Farbkultur in der bildenden Kunst gewöhnt ist, wird die Farbwahl der Kahlo – Oliv, Orange, Purpur, sowie zahlreiche Erdfarben und ein geradezu halluzinatorisches Gelb – als schockierend empfinden. Diese seltsame Palette spiegelt zunächst nur ihre Vorliebe für die höchst unakademischen Farbkombinationen der mexikanischen Volkskunst wider. Daneben setzt die Malerin Farben auch zur psychologischen Dramatisierung ein. So gebraucht sie Rosa oft als ironischen Gegensatz zu Gewalt und Tod; in mehreren Selbstbildnissen dient ein gelbliches Oliv dazu, das Gefühl von klaustrophobischer Beklemmung zu steigern; das Graublau ihrer Himmel, das Lavendel und die gebrannte Siena ihrer Erde bringen Entfremdung und Verzweiflung zum Ausdruck. Da die Künstlerin nur ganz wenig Schwarz gebraucht, um Formen zu modellieren, haben ihre Gemälde oft eine visionäre Leuchtkraft.

In ihrem Tagebuch aus der Mitte der vierziger Jahre erläutert die Kahlo die Bedeutung ihrer Farben in einer Art von Prosagedicht. «Ich will versuchen», so schreibt sie, «die Stifte zu gebrauchen, die zur äußersten Spitze geschärft sind, die stets nach vorne weist.» Danach folgt eine Aneinanderreihung von Farbtönen, die teilweise durch kleine Musterfelder aus farbigen Linien, teilweise auch durch namentliche Nennung bezeichnet werden:

Grün	warmes, gutes Licht
Rötlicher Purpur	aztekisch, Tlapali*, altes Blut des Birnenkaktus, die lebendigste und älteste Farbe
Braun	Farbe des Muttermals, des vergehenden Blattes, die Erde
Gelb	Wahnsinn, Krankheit, Angst. Ein Teil der Sonne und der Freude
Kobaltblau	Elektrizität und Reinheit. Liebe
Schwarz	nichts ist schwarz, wirklich überhaupt gar nichts
Laubgrün	Blätter, Trauer, Wissenschaft. Ganz Deutschland hat diese Farbe
Grünliches Gelb	noch wahnsinniger und Geheimnis; alle Gespenster tragen Anzüge in dieser Farbe, oder zumindest kommt die Farbe in der Unter-Kleidung vor

---

* Tlapali ist das aztekische Wort für Farbe und wird für Zeichnung wie Malerei gebraucht.

Dunkelgrün	die Farbe von schlechten Nachrichten und guten Geschäften
Marineblau	Entfernung. Auch Zartheit kann dieses Blau verkörpern
Magenta	Blut? Na, wer weiß?!

1940 malte die Künstlerin noch ein weiteres Selbstporträt, in dem durch beunruhigende Farbe ihr Kummer über die Trennung von Diego zum Ausdruck gebracht wird: *Selbstbildnis mit abgeschnittenem Haar* zeigt die Malerin, wie sie auf einem leuchtend gelben mexikanischen Stuhl sitzt inmitten eines Flecks rotbrauner Erde, die mit den Strähnen ihres abgeschorenen schwarzen Haares bedeckt ist. Einen Monat nach ihrer Scheidung wiederholte Frida, was sie schon 1934 als Antwort auf Riveras Affäre mit ihrer Schwester getan hatte: Sie schnitt sich die Haare ab. Am 6. Februar schrieb sie an Nickolas Muray: «Ich muß Dir etwas Schlimmes mitteilen. Ich habe mir das Haar abgeschnitten und sehe wie eine Elfe aus. Na, es wird hoffentlich wieder wachsen!» Frida soll Diego damit gedroht haben, daß sie ihr von ihm so geliebtes langes Haar abschneiden würde, falls er seine gerade laufende Liaison nicht abbräche; möglicherweise handelte es sich damals um Paulette Goddard. Er ließ natürlich nicht davon ab, und so machte sie ihre Drohung wahr. Ob die Sache nun bloß erfunden ist oder nicht, sie ist jedenfalls typisch für die ungestümen Reaktionen der Kahlo, und eine Stimmung von wütender Rache spricht gewiß deutlich genug aus dem *Selbstbildnis mit abgeschnittenem Haar*. Für dieses Bild hat die Künstlerin auch das von Diego geschätzte Tehuanakostüm abgelegt; statt dessen trägt sie einen viel zu großen Männeranzug – der Größe nach zu urteilen, muß es sich um einen von Riveras Anzügen handeln. Wie ein Mann mit gespreizten Beinen sitzt sie da, hat ein Herrenhemd an und hochgeschnürte Herrenschuhe. Die Ohrringe sind die einzigen noch verbliebenen Spuren ihrer Weiblichkeit.

Riveras Bemerkung, daß Frida manche ihrer besten Werke während der Zeit ihrer völligen Trennung vollendet hat, ist durchaus zutreffend. Die Malerin arbeitete damals so eifrig, weil sie entschlossen war, kein Geld mehr von ihrem Mann anzunehmen.

In dem bereits erwähnten Brief vom 13. Oktober an Muray schrieb sie: «Mein Lieber, ich muß Dir leider sagen, daß ich Miguel [Covarrubias] das Bild nicht mitgeben kann. Letzte Woche mußte ich es über Misrachi an jemanden verkaufen, weil ich das Geld benötigte, um einen Rechtsanwalt konsultieren zu können. Seitdem ich aus New

York zurück bin, habe ich von Diego keinen Cent mehr angenommen. Du wirst schon begreifen, warum. Ich werde überhaupt von keinem Mann mehr Geld annehmen, bis zu meinem Tode. Ich bitte Dich um Verzeihung, daß ich so mit einem Bild umgegangen bin, das doch für Dich bestimmt war; aber ich werde mein Versprechen noch erfüllen und Dir ein anderes Bild malen, sobald ich mich wieder besser fühle. Das ist abgemacht.»

Die Malerin versuchte also, von ihren Bildern zu leben, und sie unternahm größere Anstrengungen, ihre Bilder zu verkaufen. In kleinen Gruppen schickte sie ihre Werke an Julien Levy. Ihre Freunde und Bekannten organisierten Hilfe für sie und traten für sie ein, wenn sie etwas für sie tun konnten. So schrieb ihr beispielsweise Conger Goodyear am 3. März 1940: «Ich glaube, Sie haben vollkommen recht, wenn Sie von Diego nichts annehmen wollen. Falls Sie in Geldschwierigkeiten sind, schreiben Sie mir nur, und ich werde Ihnen eine Summe überweisen. Ich will ohnehin wieder ein Bild von Ihnen haben. Würden Sie mir eine Option auf die Arbeiten gewähren, die Sie [an Julien Levy] schicken?» Anita Brenner schrieb ihrer Freundin, daß sie ihr bei den Kosten für medizinische Behandlung helfen wollte, und sie fragte im Namen von Dr. Valentiner an, ob sie Geld benötigte. Mary Sklar und Nickolas Muray schickten ihr monatlich Geld. «Liebster Nick», schrieb sie am 18. Dezember an Muray, «Du mußt mich ja für ein Mistvieh halten! Erst bitte ich Dich um Geld, und dann bedanke ich mich nicht einmal dafür. Junge, Junge, so was ist wirklich die Höhe! Kannst Du mir noch einmal verzeihen? Ich war vierzehn Tage krank – mein Fuß und die Grippe. Aber jetzt möchte ich mich tausend Mal bei Dir bedanken und Dich bitten, daß Du mir die Rückzahlung bis Januar erläßt. Der Arensberg* aus Los Angeles will ein Bild kaufen. So kann ich sicher sein, daß ich nächstes Jahr auch die nötigen Moneten habe, und ich werde sie Dir dann umgehend zurückzahlen. Hoffentlich kannst Du das akzeptieren. Falls Du das Geld aber vorher benötigen solltest, läßt sich vielleicht auch etwas anderes organisieren. Jedenfalls möchte ich Dir noch einmal sagen, wie lieb ich es von Dir fand, daß Du mir das Geld geliehen hast, wo ich es gerade so nötig brauchte ... Ich glaube, ich werde mit der Zeit meine Probleme lösen, und es wird schon weitergehen!»

Um Geld aufzutreiben, dachte die Künstlerin auch einmal daran,

---

* Walter F. Arensberg war ein bekannter Kunstsammler, der bei der Armory Ausstellung 1913 für sich den Kubismus entdeckte, später sein Interesse auch auf den Surrealismus ausdehnte.

ihr Haus an Touristen zu vermieten, aber daraus wurde nichts, weil es viel zuviel gekostet hätte, das Haus für diesen Zweck herrichten zu lassen. «Ich habe weder das Geld dafür, noch wird es Misrachi mir leihen», teilte sie Muray mit, «außerdem ist meine Schwester die denkbar ungeeignetste Person für so ein Geschäft. Sie kann kein Wort Englisch, und sie würde bestimmt nicht zurechtkommen. So bleibt mir als einzige Hoffnung bloß meine Malerei.»

Aus ihrem Freundeskreis wurde die Kahlo ermuntert, an dem von der Guggenheim-Stiftung ausgeschriebenen Interamerikanischen Kunstwettbewerb von 1940 teilzunehmen. Als ihre Befürworter traten gewichtige Leute auf: der Kritiker und Kunsthistoriker Meyer Schapiro, übrigens Mary Sklars Bruder, und der Komponist Carlos Chávez. Außerdem verfügte Frida über Empfehlungsschreiben von William Valentiner, Walter Pach, Conger Goodyear, André Breton, Marcel Duchamp und natürlich von Diego Rivera. Das Bewerbungsschreiben der Künstlerin fiel unerhört bescheiden aus. Vielleicht hätte sie mehr erreicht, wenn sie sich etwas komplizierter und selbstsicherer geäußert hätte, denn sie wurde bei dem Stipendium nicht berücksichtigt.

Obwohl Frida von ihrer Malerei leben wollte, machte sie keine Kompromisse, um ihre Bilder besser verkaufen zu können. Nur echte Freunde ihrer Kunst konnten so grausame und blutrünstige Bilder erwerben wie jenes Selbstporträt, das Muray von ihr kaufte. Und bei den seltenen Gelegenheiten, wenn tatsächlich ein Auftraggeber ein Bild malen ließ, schuf sie nicht ohne weiteres genau das, was der Mäzen haben wollte; oft geriet ihr der Auftrag wieder zum Ausdruck ihrer persönlichen Betroffenheit. Auch wenn sie das Porträt einer anderen Person zu malen hatte, konnte Frida gar nicht anders, als daraus eine Aussage über sich selbst zu machen – zumindest wurde es eine Darstellung, die engstens mit den Vorgängen ihres eigenen Lebens verknüpft war.

Dies trifft zweifellos auf ein Gemälde zu, das die Kahlo während der Trennung von Diego geschaffen hat. Es ist *Der Freitod der Dorothy Hale*. Was für ein grausiges Werk! Der Suizid wird in drei aufeinanderfolgenden Momenten gezeigt. Zunächst erkennt der Betrachter die winzige, aufrecht stehende Gestalt neben dem hohen Fenster des Hampshire House, von dessen Obergeschoß Dorothy Hale am 21. Oktober 1938 heruntergesprungen war. Als nächstes sieht man, jetzt viel größer, eine mit dem Kopf nach unten fallende Person. Die stürzende Frau hat die Augen offen und begegnet dem Blick des Zuschauers. Der freie Fall durch den Raum wird durch einige flockige Wolken verdeutlicht, die die Figur teilweise verdecken. Schließlich liegt die Herabgestürzte in einer dritten Phase steif wie eine Puppe auf dem Boden in einer Blutlache. Blut sickert aus Ohr, Nase und Mund; doch die Schönheit ihres Gesichts wird davon nicht beeinträchtigt, ja geradezu erhöht. Ihre Augen sind noch immer geöffnet und schauen auf den Betrachter mit der stummen Klage eines verwundeten Tieres.

Clare Boothe Luce, die das Porträt bei der Eröffnung von Fridas New Yorker Ausstellung in Auftrag gab, berichtet, die Künstlerin hätte Dorothy gekannt und sei ihr in Mexico und New York begegnet. Die Hale gehörte zum engeren Freundeskreis von Clare Boothe Luce, zu welchem auch das Ehepaar Covarrubias, Muray und Noguchi zählten. Mrs. Luce hat die Geschichte des Bildes wie folgt beschrieben:

«Dorothy Donovan Hale war eine der schönsten Frauen, die ich je gekannt habe. Nicht einmal die junge Elizabeth Taylor, mit der sie eine gewisse Ähnlichkeit hatte, war schöner als die Hale. Sie fing als Showgirl bei Ziegfeld an und heiratete dann Gardiner Hale, der ein beliebter Porträtmaler in New York war. Das junge Paar hatte viele Bekannte und Freunde nicht nur in der Gesellschaft, wo Hale sich seine Aufträge besorgte, sondern auch unter den Künstlern der damaligen Zeit, darunter Diego Rivera und Frida Kahlo.

Mitte der dreißiger Jahre kam Gardiner Hale bei einem Autounfall an der Westküste ums Leben. Er hinterließ Dorothy nur sehr wenig Geld. So versuchte sie es in Hollywood beim Film, wurde aber nicht angenommen und kehrte wieder nach New York zurück, wo sie auf das Geld von Freunden – also auch von mir – angewiesen war, um den Lebensstandard halten zu können, an den sie durch ihr Leben mit ihrem Mann gewöhnt war.

Jeder von uns glaubte, ein so charmantes Mädchen und eine so ungewöhnliche Schönheit wie sie würde nicht lange brauchen, bis sie ihre eigene Karriere aufbaute oder einen neuen Mann fände. Leider hatte Dorothy aber so wenig Glück wie Talent. Ich erinnere mich noch, wie sie mir im Frühjahr 1938 frohgestimmt anvertraute, daß sie der großen Liebe ihres Lebens begegnet sei. Der Mann hieß Harry Hopkins und war der vertrauteste politische Berater und engste persönliche Freund von Präsident Franklin D. Roosevelt. Die Verlobung sollte bald bekanntgegeben werden. Sie und Hopkins würden die Fahrt zur Trauung vom Weißen Haus aus antreten. In der Zwischenzeit freilich brauchte sie noch Geld, um die Miete für die Suite im Hampshire House bezahlen zu können.

In den Klatschspalten erschienen einige Andeutungen über die mögliche Verlobung mit Hopkins. Andere Klatschkolumnisten glaubten dagegen aus dem Weißen Haus gehört zu haben, daß die Hopkins-Hale-Beziehung nicht vor dem Altar enden würde. Und aus der erhofften Ehe wurde tatsächlich nichts. Eingeweihte Kreise behaupteten, daß Hopkins die Verbindung mit Dorothy auf ausdrücklichen Wunsch von Franklin D. Roosevelt beendete, um Lou Macy, eine Freundin der Roosevelts, zu heiraten. Die meisten Klatschspalten sprachen denn auch offen aus, daß Dorothy sitzengelassen wurde.

Also mußte die arme Dorothy wieder um Geld für ihre Miete bitten gehen. Und wieder bekam sie von mir die notwendige Summe, aber ich mahnte sie auch: ‹Du brauchst unbedingt einen Job, Dorothy.› Wir kamen überein, daß sie sehr gut als Hostess im Pavillon der amerikanischen Kunst bei der Weltausstellung fungieren könnte. Ich hatte über Bernard Baruch Beziehungen zu Bob Moses, der der Obermacher der Ausstellung war. Deshalb schickte ich Dorothy zu meinem Freund Baruch, damit er ihr ein Empfehlungsschreiben an Moses gäbe.

Ein paar Tage danach hatte ich in der Modellkleiderabteilung von Bergdorf Goodman eine Anprobe. Ein Mannequin kam mit einem ganz phantastischen Abendkleid hereingetänzelt. Es sollte zwischen 500 und 600 Dollar kosten, was damals, vor vierzig Jahren, ein enormer Preis für ein Kleid war. ‹Schade›, sagte ich, ‹aber für mich zu teuer.› Die Verkäuferin meinte dazu nur: ‹Mrs. Gardiner Hale hat es gerade bestellt.› Ich war natürlich verärgert und dachte bei mir: ‹So also schmeißt sie das Geld zum Fenster hinaus, das sie angeblich dringend für die Miete braucht.›

Als ich kurz darauf mit ihr am Telefon sprach, hatte ich eine solche Wut auf sie, daß ich kaum zuhörte, was sie sagte. Es ging darum, daß sie sich auf eine lange Reise begeben wollte. Sie mochte noch nicht sagen, wohin es gehen sollte, da sie aber eine lange Zeit wegbleiben würde, plante sie eine Cocktailparty zum Abschied für ihre engsten Freunde, und ob ich dazu kommen könnte. Sie fragte mich auch noch: ‹Was meinst du, was ich bei der Gelegenheit anziehen soll?› Natürlich lag es mir auf der Zunge zu sagen: ‹Wie wäre es mit dem bezaubernden Kleid von Bergdorf, das du mit meinem Geld für die Miete gekauft hast?› Aber ich bezähmte mich. Wenn sie tatsächlich vorhatte, für länger zu verreisen, war es mit der leidigen Mietgeldgeschichte ohnehin vorbei. So sagte ich nur etwas frostig: ‹Es tut mir leid, aber ich kann an dem Abend nicht. Du siehst am besten in deinem Madame-X-Kleid aus schwarzem Samt aus. Hoffentlich bringt dir die

Reise, was du dir davon erwartest.› Und damit hängte ich den Hörer auf.

Am frühen Morgen des Tages nach der Party rief die Polizei bei mir an. Dorothy war etwa gegen sechs Uhr morgens aus einem Fenster ihres Apartments im Hampshire House gesprungen. Da die letzten Gäste der Cocktailparty schon vor Mitternacht aufgebrochen waren, war ihr also noch viel Zeit zum Nachdenken geblieben. Bei ihrem Sprung in den Tod hatte sie das Kleid getragen, in dem ich sie am liebsten mochte, jenes Femme-Fatale-Kleid aus schwarzem Samt, und dazu ein kleines Bukett aus gelben Rosen, das ihr Isamu Noguchi geschickt hatte. Als einzige Mitteilung hatte sie in ihrer Wohnung eine an mich adressierte Notiz hinterlassen. Darin bat sie mich, ihre Mutter zu benachrichtigen, die irgendwo draußen im Bundesstaat New York lebte. Sie wollte gerne im Familiengrab beigesetzt werden.

Es war jammerschade um Dorothy. Wie schön war sie doch gewesen – und wie verletzbar! Mein Freund Bernie Baruch rief mich sofort an, als er aus der Zeitung von ihrem Tod erfuhr. Er erzählte mir, wie Dorothy zu ihm gekommen sei und ihn gebeten habe, seinen Einfluß bei Bob Moses geltend zu machen und ihr zu dem gewünschten Job zu verhelfen. Er hatte ihr aber gesagt, es sei für sie zu spät, sich jetzt noch nach einem Job umzusehen, der ihr den Lebensstandard gewährleisten könnte, an den sie gewöhnt war. Nicht einen Job, sondern einen Ehemann müsse sie finden, und das ließe sich am besten bewerkstelligen, wenn sie viel zu Parties ginge und sich so hübsch wie möglich machte. Mit diesen Worten gab er ihr 1000 Dollar unter der Bedingung, daß sie sich das schönste Kleid in ganz New York aussuchen würde.

Nicht lange danach ging ich zu einer Ausstellungseröffnung, bei der Bilder der Frida Kahlo gezeigt wurden. Es waren eine Menge Leute gekommen. In dem Gedränge sprach mich Frida Kahlo an, und sie kam sehr bald auf Dorothys Freitod zu sprechen. Mir war das Thema gar nicht angenehm, weil mein Gewissen noch sehr darunter litt, daß ich Dorothy in Gedanken fälschlich beschuldigt hatte, sie wollte mich nur ausnutzen. Die Kahlo schlug kurzerhand vor, mir ein *recuerdo* von Dorothy zu malen. Ich konnte nicht genug Spanisch, um zu verstehen, was ein *recuerdo* eigentlich bedeutet. Ich stellte es mir als eine Art Porträt aus der Erinnerung vor und rechnete damit, daß es so ähnlich in der Komposition ausfallen würde wie die Selbstbildnisse der Kahlo, die ich in der Ausstellung sah.

Mir erschien es plötzlich eine gute Idee, mit dem Porträt der Hale von einer bekannten und befreundeten Malerin könnte ich Dorothys

Mutter eine Freude machen. Ich äußerte diesen Gedanken, und die Kahlo war derselben Meinung. So fragte ich nach dem Preis, fand ihn angemessen und gab den Auftrag. Sie sollte das Bild erst mir schicken, damit ich es an Dorothys Mutter weiterleiten konnte.

Nie werde ich den Schock vergessen, der mir durch die Glieder fuhr, als ich das fertige Bild aus seiner Verpackung zog. Mir wurde buchstäblich körperlich schlecht. Was sollte ich bloß mit dem grausigen Bild vom zerschmetterten Körper meiner Freundin machen, mit all dem Blut, das hervorsickerte bis auf den Rahmen! Zurückgeben konnte ich es nicht, denn oben am Bild sah man einen Engel, der ein Spruchband schwenkte. Darauf stand auf Spanisch, daß es sich um den Freitod der Dorothy Hale handle und im Auftrag von Mrs. Clare Boothe Luce für Dorothys Mutter gemalt sei. Solch ein blutrünstiges Bild hätte ich mir nicht einmal von meinem ärgsten Feind gewünscht, geschweige denn von meiner unglücklichen Freundin.

Zu Dorothys vielen Bewunderern gehörten Constantin Alajalov, ein bekannter Titelbildgestalter für den *New Yorker*, und Isamu Noguchi, der Bildhauer. Ich weiß heute nicht mehr, wen von beiden ich damals anrief und bat, er müsse unbedingt in Sachen Dorothy Hale zu mir kommen. Wer auch immer kam, ich erklärte ihm jedenfalls, daß ich das Bild mit einer Schere zerstören wollte und einen Zeugen brauchte. Es gab eine lange Diskussion. Zum Schluß war ich jedoch bereit, das Bild heil zu lassen, falls mein Name als Auftraggeberin aus dem Spruchband getilgt würde. Mein Gesprächspartner nahm das Bild mit und übermalte die peinliche Legende.»

Fridas *recuerdo* von Dorothy Hale war mehr zu einer Art von *retablo* geworden, da es das Unglück selbst darstellte und ursprünglich auch eine himmlische Erscheinung am oberen Bildrand zu sehen war. Ein grauer Streifen entlang dem unteren Rand des Bildes trägt eine Inschrift mit blutroten Buchstaben: «Um sechs Uhr morgens am 21. des Monats Oktober 1938 verübte Mrs. Dorothy Hale Selbstmord und stürzte sich aus einem der oberen Fenster des Hampshire House Building. Im Gedenken an sie wurde dieses Retablo ausgeführt von Frida Kahlo.» Auf der rechten Seite der Inschrift unter dem Wort Selbstmord und über dem Namen Kahlo sieht man einen roten Fleck, von dem Blut herunterzurinnen scheint. Wie in *Nur ein paar kleine Dolchstiche* geht die Malerin so weit, daß sie sogar illusionistisch Blutflecken auf dem Bildrahmen darstellt. Man könnte meinen, die Künstlerin hätte in ihren beiden grausigsten Bildern, die vom gewaltsamen Tode einer Frau handeln und typischerweise in Zeiten gemalt wurden, als Diego seiner Frau besonderen Kummer verursachte, das Bedürfnis gehabt, den Bildrahmen zu erweitern und in den Lebensraum des Betrachters hinein auszudehnen, um ihn aus seiner unbeteiligt sicheren Zuschauerrolle hochzuschrecken. Dieser direkte Griff nach den Gefühlen des Publikums zeigt sich auch darin, wie die Kahlo den einen, unbeschuhten Fuß gemalt hat: Er scheint in die reale Welt hinauszuragen und wirft als *trompe-l'oeil*-Wirkung einen Schatten auf den Namen «Hale».

Trotz aller Grausigkeit hat das Bild doch eine erstaunlich sensible und lyrische Seite. Die zarte, frische Schönheit der Toten ist auch nach ihrem Sturz noch wie unberührt, ebenso die Zeichen von Dorothys weiblichem Charme – das Madame-X-Femme-Fatale-Kleid und das Bukett von gelben Rosen, in dem sich die Bewunderung eines Mannes ausdrückte. Sicher war die Hale ein Opfer von Wertmaßstäben geworden, die die Kahlo nicht teilen konnte, aber Fridas Mitgefühl für Dorothys Sturz – im wörtlichen und übertragenen Sinne – und ihre Identifikation mit dem Schicksal der Toten gibt dem *Freitod der Dorothy Hale* eine besondere Eindringlichkeit. Nachdem sie selbst sich von Diego verlassen sah, konnte sie sich nur zu gut vorstellen, wie eine sitzengelassene Frau eine Abschiedsparty veranstaltet und dann, angezogen mit ihrem hübschesten Kleid, in den Tod springt. In den Monaten nach der Trennung von Rivera dachte die Malerin oft, wie schon damals nach dem Unfall, daß es besser gewesen wäre, *la pelona* hätte sie dahingerafft. Aber Frida hing viel zu zäh am Leben: *«No hay remedio*, damit muß man fertig werden.» An Nickolas Muray schrieb sie: «Ich muß Dir sagen, Kleiner, daß dies die schlimmste Zeit meines Lebens ist, und ich wundere mich, wie man so etwas aushalten kann.»

Aber natürlich hat sie es ausgehalten.

Mit grausamer Eindringlichkeit schildert das 1939 als Auftragswerk entstandene
Bild *Der Freitod der Dorothy Hale* den tödlichen Sturz einer bekannten
New Yorker Schönheit.

Frida im Kreise von Trotzki
(sitzend), Diego, Natalia
Trotzki, Reba Hansen,
André Breton und Jean van
Heijenoort in Mexico City
im Juni 1938.

Bei Diegos geschiedener
Frau Lupe Marín (3. v. r.);
neben Frida sitzen
Jacqueline und André
Breton. 1938.

18 Die Wiedervermählung

Am 24. Mai 1940 schlugen die Kugeln aus einem Maschinengewehr in Trotzkis Schlafzimmer. Eine Gruppe von Stalinisten – darunter auch der Maler David Alfaro Siqueiros – trachtete dem Verfehmten nach dem Leben. Der Anschlag mißlang; Trotzki und seine Frau Natalia konnten sich noch rechtzeitig in Deckung bringen. «Sie benahmen sich, wie wenn sie mit Feuerwerk spielen wollten», kommentierte Frida. «Ein Gringo namens Shelton Harte kam bei der Aktion um. Sie verscharrten ihn im Desierto de los Leones und ergriffen die Flucht. Natürlich wurden sie von der Polizei erwischt. Siqueiros kam ins Gefängnis, aber Cárdenas war mit ihm befreundet.» So kam es, daß Siqueiros schon nach weniger als einem Jahr freigelassen wurde, freilich mit der Auflage, daß er das Land verließ. Er ging damals nach Chile und malte dort große Wandbilder.

Wegen seiner vielbeachteten Entzweiung mit Trotzki wurde Rivera sofort der Mitwisserschaft und des Komplotts gegen seinen ehemaligen Freund verdächtigt. Kurze Zeit nach dem Attentat beobachtete Paulette Goddard von ihrem Hotelfenster aus, wie die Polizei das Atelier Riveras abriegelte. Kurz entschlossen rief sie ihn an, um ihn zu warnen. Irene Bohus, die gerade bei ihm war, ließ Rivera sich auf den Boden ihres Wagens legen, packte eine Menge Bilder auf ihn und fuhr unbehelligt an Polizeihauptmann de la Rosa und seinen dreißig Mann vorbei.

Rivera verbrachte mehrere Wochen in einem Versteck, und außer Irene Bohus sei Paulette Goddard die einzige Person gewesen, die wußte, wo er sich befand. «Bei ihren häufigen Besuchen brachte sie Wein und Delikatessen mit. Allein schon ihre liebenswürdige Gegenwart machte mir den Aufenthalt in meinem Versteck zu einer wahren Lust», erzählte Rivera später. Genau wie Siqueiros hatte auch der Meister seine Freunde unter den Regierungsbeamten. Zwei von ihnen erfuhren, wo Diego sich aufhielt, und besuchten ihn, um ihn zu warnen. Sie brachten ihm, wie er sagte, einen Paß, damit er in die Vereinigten Staaten ausreisen konnte. «So verdrückte ich mich stillschwei-

gend aus Mexico und machte mich nach San Francisco auf die Reise.»
In Wirklichkeit ging die Abreise keineswegs so unauffällig vor sich.
Rivera flog mit einer Linienmaschine vom Flughafen in Mexico City
ab, und er trat die Reise auch mit einem ganz normalen Paß an.
Außerdem hatte er den Auftrag in der Tasche, für die Bibliothek des
San Francisco Junior College ein Wandbild zu malen. Das Fresko
sollte im Rahmen einer internationalen Ausstellung als Kunstaktion
unter den Augen der Öffentlichkeit entstehen.

Es dauerte nicht lange, bis er sich mit Irene Bohus in einem Stu-
dioapartment am Telegraph Hill installiert hatte. Eigentlich wollte er
ein Porträt der Bohus in sein Wandbild einfügen. Sie verließ ihn aber
vor der Beendigung des Auftragswerks, angeblich, weil ihre Mutter
Einwände gegen ihr illegitimes Zusammenleben mit Rivera machte. Der Maler ersetzte daher ihr Porträt durch das der Emmy Lou
Packard, einer anderen Assistentin, die nicht bei ihm wohnte.

Nach dem Attentat auf Trotzki und Riveras Abreise in die Vereinigten Staaten wurde Frida ziemlich krank. Als Trotzki drei Monate
später tatsächlich einem Mordanschlag zum Opfer fiel – Ramón Mercader, der schließlich doch noch Fridas Vertrauen und Freundschaft
gewonnen hatte, schlug ihm einen Eispickel in den Schädel –, war die
Künstlerin völlig außer sich. Sie rief Diego in San Francisco an und
benachrichtigte ihn über die Tat. «Heute morgen ist Trotzki ermordet
worden», rief sie weinend in den Apparat. *«Estúpido,* du bist schuld,
daß sie ihn umgebracht haben. Ohne dich wäre er nie hergekommen!»

Wegen ihrer persönlichen Beziehung zu dem Attentäter wurde Frida der Mittäterschaft verdächtigt. Man verhaftete sie, und sie wurde
zwölf Stunden lang verhört. «Sie haben in Diegos Haus alles durch-
wühlt», erinnerte sie sich. «Eine herrliche Uhr, die ich ihm geschenkt
hatte, haben sie gestohlen, desgleichen Zeichnungen, Aquarelle, Gemälde, Malfarben, Anzüge – sie haben das Haus von unten bis oben
ausgeplündert. Siebenunddreißig Polizisten waren da, die überall ihre
Nase hineinsteckten. Ich hatte schon geahnt, daß sie kommen würden, und deshalb rasch die Papiere, so gut ich konnte, geordnet. Alle
politischen Schriften hatte ich in den Keller unter der großen Küche
geworfen. Dann ging der Sturm los, und meine Schwester und ich
wurden ins Gefängnis gesteckt. Meine Nichte und mein Neffe waren
zwei Tage allein und hatten nichts zu essen. So flehten wir einen
Polizisten an, er möchte doch hingehen und ihnen was zu essen geben.
Endlich ließen sie uns wieder laufen, nachdem sie hatten einsehen
müssen, daß wir mit dem Attentat auf Trotzki nichts zu schaffen
hatten.»

Nach dem Krieg, als sich die Riveras um Wiederaufnahme in die Kommunistische Partei Mexicos bemühten, behauptete Diego, er habe das Asyl für Trotzki bloß arrangiert, damit er dort umgebracht werden konnte. Es hat auch Leute gegeben, die die Riveras wirklich in Zusammenhang mit Trotzkis Tod gebracht haben. Aber dies scheint sehr an den Haaren herbeigezogen. Die Riveras mögen nicht mit herkömmlichen moralischen Maßstäben zu messen gewesen sein, aber sie waren ganz bestimmt nicht amoralisch. Sie liebten das Leben viel zu sehr, um Hand zu einem Mord zu bieten, mag dieser auch von der Komintern beschlossen gewesen sein. Riveras abenteuerliche Aufschneiderei war im Gegenteil typisch für seinen clownesken politischen Opportunismus. So erzählte er unter anderem, wie er Seite an Seite mit Zapata und mit Lenin gekämpft haben wollte. Dem chilenischen Dichter Pablo Neruda gegenüber behauptete er sogar, als dieser 1940 zu einem Besuch in Mexico weilte, daß er, Diego, jüdisches Blut habe und der wirkliche Vater des deutschen Generals Rommel sei, und Neruda solle das Geheimnis bloß nicht ausplaudern, weil ein Bekanntwerden der Zusammenhänge katastrophale internationale Konsequenzen haben müßte. Diego war politisch eine Wetterfahne. Als er in den fünfziger Jahren vom Mord an Berija, dem Chef der sowjetischen GPU, hörte, sagte er zu der mit ihm befreundeten Kunstkritikerin Raquel Tibol: «Raquelita, jetzt müssen wir eine Flasche Wodka aufmachen und darauf anstoßen, daß die Trotzkisten in der Sowjetunion wieder an die Macht kommen.»

Was Rivera damals über die Langzeitfolgen und die politische Tragweite des Mordes an Trotzki dachte, ist uns nicht überliefert; aber die weitere Entwicklung für die absehbare Zukunft schien ihm klar und für ihn persönlich bedrohlich: Solange er in Treasure Island an dem Fresko arbeitete, ließ er sich von einem Schutzbeauftragten bewachen, weil er davon überzeugt war, daß er Anschläge auf sein Leben zu befürchten hätte.

Auch wenn Diego sich nicht lange mit der Trauer um seinen ehemaligen Freund aufhielt, so war er um so entsetzter, als er von Fridas Verhaftung und der Verschlechterung ihres Gesundheitszustandes erfuhr. Er wandte sich an Dr. Eloesser um Rat, und der Arzt meinte, daß Frida nach San Francisco kommen sollte. Er rief sie auch an und gab ihr zu verstehen, daß er nicht mit der Behandlung einverstanden sei, die man ihr in Mexico angedeihen ließ. Im Grunde hielt er ihre Krankheit für die Folge einer Nervenkrise und wollte daher von einer Operation, zu der die mexikanischen Ärzte geraten hatten, nichts wissen.

«Diego liebt Sie sehr», schrieb ihr Dr. Eloesser, «und ich weiß, daß auch Sie ihn lieben. Gewiß, es besteht kein Zweifel daran – und wem wäre das bewußter als Ihnen –, daß Diego außer Ihnen nur zwei Dinge liebt: 1. die Malerei und 2. Frauen im allgemeinen. Er war nie – und wird es auch nie sein – jemand, der in einer dauerhaften Zweierbeziehung lebt, was ja ohnehin töricht und wider die Natur ist.

Denken Sie mal darüber nach, Frida, was sich auf dieser Basis machen ließe! Möglicherweise könnten Sie doch die Fakten hinnehmen, wie sie sind, und unter diesen Voraussetzungen trotzdem mit ihm zusammenleben; vielleicht könnten Sie sogar, um ein unbeschwertes, friedliches Gemüt zurückzugewinnen, ihre natürliche Eifersucht umlenken in neue Arbeitskraft für Ihr Werk, für die Malerei, für die Arbeit als Lehrerin, oder für was weiß ich sonst noch ... Das würde Sie so stark beanspruchen, daß Sie abends rechtschaffen müde ins Bett fallen könnten. Entscheiden Sie sich, liebe Frida, entweder für das eine oder andere.»

Frida entschied sich, und im September flog sie nach San Francisco, wo sie von Diego und Dr. Eloesser am Flugplatz empfangen wurde. Sie wohnte einige Tage bei Diego und wurde dann im Saint Luke's Hospital aufgenommen. Dr. Eloesser wies die Diagnose der Ärzte in Mexico City zurück und verordnete Bettruhe und Alkoholabstinenz. Außerdem empfahl er eine Behandlung mit Elektrotherapie und Kalzium. Bald spürte sie Besserung, und ihre Lebensgeister begannen wieder zu erwachen. Sie konnte im November sogar nach New York reisen, um mit Julien Levy die für 1941 vorgesehene Ausstellung vorzubereiten. Auch trat sie als Zeugin in dem Prozeß auf, den Lupe Marín gegen Bertram Wolfe und gegen den Verleger der Rivera-Biographie angestrengt hatte, weil sich die ehemalige Frau des Meisters auf vielerlei Weise verunglimpft fühlte.

Frida gab ihre Wiedervermählung mit Diego in einer betont nüchternen Weise bekannt. Aber ganz so einfach war diese Entscheidung nicht gewesen. So wurden die Dinge zum Beispiel durch eine Liebesgeschichte kompliziert, die sich mit dem damals blutjungen Heinz Berggruen anbahnte, der inzwischen ein hochangesehener Kunsthändler und Sammler geworden ist. Als er Frida kennenlernte, war er ein fünfundzwanzigjähriger Flüchtling aus Nazi-Deutschland. Er machte Diegos Bekanntschaft in seiner Eigenschaft als Pressereferent der internationalen Ausstellung am Golden Gate und freundete sich mit dem mexikanischen Maler an. Eines Tages erwähnte Diego, daß Frida Kahlo nach San Francisco kommen und bei Dr. Eloesser ihr Bein untersuchen lassen wollte. «Er nahm mich mit zum Krankenhaus», erinnert sich Berggruen, «und ich werde nie seinen Blick vergessen, kurz bevor wir zu ihr ins Zimmer traten und er zu mir sagte: ‹Sie werden sehr von ihr beeindruckt sein.› Er sagte das in einer merkwürdig betonten Weise – Diego war nämlich unheimlich sensibel und einfühlsam. Er muß gespürt haben, was kam; vielleicht hat er sogar gewollt, daß es geschah. Er hatte ja etwas Diabolisches an sich. Jedenfalls nahm er mich bei der Hand und führte mich hinein.»

Als der schlanke junge Mann mit seinen großen verführerischen Augen, seiner zarten, poetischen Schönheit und seiner fast weiblich romantischen Empfindsamkeit das Krankenzimmer betrat, durchzuckte es ihn: «Sie war einfach umwerfend, genauso schön wie auf ihren Bildern. Ich blieb bei ihr, als Rivera nach Hause ging, und ich besuchte sie jeden Tag während des Monats, den sie im Hospital verbrachte.»

Es gab natürlich keine wirkliche Privatsphäre für die beiden, denn Patienten durften, wie das üblich ist, ihre Tür nicht abschließen, und an diesen Krankenzimmern waren sogar nur Schwingtüren; «aber das Risiko einer möglichen Entdeckung», sagt Berggruen, «erhöhte den Reiz unseres Zusammenseins. Für wirklich ungestüme junge Leute – und Frida war eine ziemlich leidenschaftliche Frau – bedeutet Gefahr nur einen zusätzlichen Ansporn.»

Als Frida nach New York fuhr, reiste Heinz Berggruen mit ihr, wobei sie, um nicht aufzufallen, in verschiedenen Zügen abfuhren, sich dann aber unterwegs trafen. Das Paar verbrachte fast zwei Monate im Hotel Barbizon-Plaza. «Wir waren sehr glücklich miteinander. Frida war eine Erleuchtung für mich. Sie schleppte mich zu allerlei Parties; in Julien Levys Milieu wurden viele Parties veranstaltet. Obwohl ihr Bein immer schmerzte, konnte sie sich doch recht gut bewegen.»

Was die beiden verband, war ihr Sinn für Humor und der Blick des Ausländers für die Absurditäten des Lebens in den Vereinigten Staaten. Wenn sie morgens ihre Zeitung lasen, konnte Frida sich amüsieren über die kleinen Fotos der Leute, die die Spalten geschrieben hatten. «Schau dir doch bloß mal diese verrückten Köpfe an!» rief sie. «Wie kann man nur solche Bilder publizieren! Die Leute in diesem Land müssen verrückt sein.» Unwahrscheinlich komisch fand Frida auch das automatische Frühstück im Hotelzimmer. Wenn man die Bestellung aufgab, drückte man auf einen Knopf, «und wumm», erläuterte Berggruen, «schon zog man eine Thermosflasche mit Kaffee und ein Tablett mit Toast aus der Klappe. ‹Mein Gott, diese Amerikaner›, rief Frida, ‹in diesem Land ist aber auch alles mechanisiert, selbst das Frühstück!›»

Aber die Wochen verliefen nicht immer nur friedlich, und es gab sogar heftige Streitereien. «Frida war eine stürmische Person. Ich dagegen war leicht zu beeinflussen und noch völlig unreif.» Trennungen und Versöhnungen folgten einander. Da die Liebe Frida nicht so tief erfaßte wir ihren acht Jahre jüngeren Begleiter, gab sie sich auch nonchalanter. «Sie nahm unser Verhältnis nicht so ernst wie ich», sagt Berggruen. «Das hat mir damals viel Kummer verursacht, aber vielleicht hatte sie auch mehr von mir erhofft, als was ich ihr bieten konnte. Ich war nicht erwachsen genug, um sie zu lenken. Auch wollte ich in meinem eigenen Leben vorankommen, und ich spürte, daß mir Frida eine Menge Komplikationen und Hindernisse bescheren könnte. Sie wiederum durchlitt schreckliche Qualen. Ihr Verhältnis zu Diego war äußerst schwierig. Sie verstanden sich nicht mehr wie früher, und sie war zutiefst unglücklich mit ihm. Zugleich verlangte ihr ganzes Wesen nach jemandem, der stark genug war, daß sie sich an ihn anlehnen konnte. Von seiner Statur her war Diego ein schwerer Mann; in gewisser Weise war er wie ein riesiges Tier. Frida dagegen wirkte körperlich und geistig zart und zerbrechlich. Er war der Halt, auf den sie sich stützten konnte.»

Das Idyll in New York ging schmerzlich zu Ende. Frida nahm Riveras Angebot an und willigte in die Wiedervermählung ein. Berggruen reiste nach San Francisco, bevor Frida dorthin zurückkehrte. Sie haben sich nie wieder gesehen.

Tatsächlich hatte Diego mehrfach um ihre Hand angehalten, wobei Dr. Eloesser als Vermittler diente. Er war es auch, der ihr immer wieder klarmachte, daß Rivera sich nicht ändern könne. Umgekehrt führte er Rivera vor Augen, daß die Scheidung Fridas Krankheit verschlimmert hätte und eine Wiederverehelichung helfen würde, daß ihr Gesundheitszustand sich besserte. «Ich werde sie heiraten», sagte er zu Emmy Lou Packard, «weil sie mich unbedingt braucht.» In Tat und Wahrheit brauchte Diego Frida ebensosehr. «Das getrennte Leben», so sagte er, «hatte uns beiden nicht gutgetan.»

Die Kahlo wurde auch von anderen Freunden beraten. Anita Brenner nannte Diego einen Narren und beschrieb ihn vom Standpunkt einer Frau aus, die nicht nur wußte, was wahre Unabhängigkeit bedeutet, sondern die auch über eine tiefe Kenntnis der menschlichen Natur verfügte:

«Im Grunde ist er ein trauriger Mensch. Er sucht nach Wärme und einer bestimmten Ausstrahlung, die für ihn das Zentrum des Universums bedeutet. Deshalb verlangt es ihn immer nach Dir, wenn ich auch nicht weiß, ob ihm klar ist, daß Du die einzige bist, die ihn (vielleicht mit Ausnahme von Angelina Beloff) wirklich geliebt hat. Natürlich verstehe ich, daß Du zu ihm zurückkehren willst, aber ich würde mich an Deiner Stelle nicht darauf einlassen; denn was Diego an Dir reizt, ist, was er selbst nicht hat, und solange er Dich nicht völlig an sich binden kann, wird er sich nach Dir sehnen und Verlangen nach Dir haben. Natürlich will man ihm nahe sein, ihm helfen, ihn versorgen, ihn begleiten; aber genau das kann er nicht ertragen. Laß Dich bloß nicht ganz festlegen! Mach etwas aus deinem Leben, denn das ist es, was uns abschirmt gegen die Schläge und Stürze, wenn sie mal kommen. Vor allem, in unserem Bewußtsein ist jeder Schlag leichter zu ertragen, wenn wir sagen können: Hier bin ich, und ich bin etwas wert, ich werde nicht so vollkommen mit jemandes Schatten identifiziert, daß ich nichts mehr bin, sobald ich aus dem Schatten heraustrete, weil ich spüre, es geht nicht mehr weiter so mit den unerträglichen Erniedrigungen und Beleidigungen. Also, was ich meine, ist im Grunde dies: Man darf sich nur auf sich selbst verlassen, und alles muß aus dem eigenen Wesen kommen, was man braucht, um mit den Dingen fertig zu werden, um etwas leisten zu können, um seinen Humor nicht zu verlieren, ja für überhaupt alles.»

Dem guten Rat der Brenner zum Trotz telegrafierte Frida am 23. November 1940 von New York aus an Dr. Eloesser und teilte ihm mit, sie werde am 28. d. M. in San Francisco eintreffen, und er möchte ihr doch ein Zimmer in einem «nicht zu vornehmen Hotel» besorgen. Die Wochen in Manhattan hatten ihr die frühere geistige Spannkraft wiedergegeben. Sie hatte Freunde und Bekannte besucht, es war ihr sogar gelungen, einige Bilder fertigzustellen. In ihrem Telegramm bat sie Dr. Eloesser, niemandem etwas über ihr Kommen zu sagen. «Ich möchte um keinen Preis zur öffentlichen Enthüllung des Freskos gehen müssen. Ich mag Paulette und anderen Damen jetzt nicht begegnen.» Der Arzt antwortete ihr, sie solle ihr Gepäck ruhig zu ihm schicken. Sein Haus stünde ihr zur Verfügung.

Aus Riveras Erinnerungen geht hervor, daß Frida einige Bedingungen an die Wiederverehelichung knüpfte; offenbar war Anita Brenners Rat doch nicht so spurlos an ihr vorübergegangen:

«Sie wollte finanziell für sich selbst aufkommen und vom Erlös ihrer Arbeit leben; ich sollte die Hälfte des Haushaltsgeldes beisteuern, weiter nichts; Geschlechtsverkehr war ausgeschlossen. Sie erklärte diese Bedingung damit, daß es ihr unmöglich sei, die psychologische Barriere zu überwinden, die sich vor ihr aufbaue, wenn sie an alle meine anderen Frauen denken müsse.

Ich war so glücklich, Frida wieder bei mir zu haben, daß ich mit allem einverstanden war.»

Am 8. Dezember 1940, an Diegos vierundfünfzigstem Geburtstag, heirateten die beiden zum zweiten Mal. Die Zeremonie dauerte nicht lange. Sie hatten die Genehmigung zur Eheschließung am 5. Dezember eingeholt. Ein Beamter brachte die Heiratsurkunde in den Saal, der ausnahmsweise für eine Sonntagsfeier geöffnet worden war. Die Trauung wurde von einem städtischen Justizbeamten vorgenommen. Als Trauzeugen waren anwesend Diegos Assistent Arthur Niendorff und dessen Frau Alice. Frida trug ein spanisches Kostüm mit einem langen grün-weißen Rock und einem braunen Schal. Ihr Gesicht sah hübsch aus, zeigte aber die Spuren monatelanger Leiden. Ein Empfang fand nicht statt. Rivera begab sich vielmehr unmittelbar danach wieder an seine Arbeit. Frida blieb etwa vierzehn Tage bei ihrem Mann in Kalifornien, bevor sie nach Mexico zurückkehrte, um mit ihrer Familie Weihnachten zu verbringen.

Im Februar 1941 waren Riveras öffentlich gemaltes Fresko und einige andere Aufträge beendet. Da inzwischen auch der Mörder Trotzkis gefaßt war und Rivera nicht als Komplizen belastet hatte, packte Diego seine Sachen und fuhr zurück nach Mexico zu seiner Frau. Er zog wieder ins blaue Haus, während San Angel ihm weiterhin als Atelier diente.

Frida richtete in Coyoacán für ihren Mann liebevoll ein Schlafzimmer ein. Darin stand vor allem ein dunkles Holzbett, groß genug für Diego und alle seine lustig bunt bestickten Kissen. An einer Wand hatte Frida einen altmodischen Kleiderrechen anbringen lassen, sicher in der Hoffnung, Rivera würde von nun an seine Overalls, seinen Stetson und seine anderen Kleider an die Haken hängen, anstatt sie einfach auf die Erde fallen zu lassen. Außerdem befanden sich in dem Raum noch Regale für Riveras präkolumbische Tonfiguren, ferner ein niedriger Schrank für Diegos riesige Hemden und ein Tisch, an dem er schreiben konnte.

Die Versöhnung der Riveras miteinander drückte sich bald in einer

Frida und Diego nach ihrer Wiederverheiratung
in San Angel.

bequemen und relativ glücklichen, gemeinsamen Lebensweise aus. Freilich war diese Umgangsform nicht mehr ausschließlich von Diegos Bedürfnissen bestimmt; von jetzt an setzte Frida selbst die Maßstäbe, nach denen sie ihr Leben einrichten wollte. Sie hatte an Selbstvertrauen gewonnen, weil sie sich finanziell und sexuell unabhängig gemacht hatte, und so entwickelte sie ein eher mütterliches Verhältnis zu Diego.

Zusammen mit Rivera war auch Emmy Lou Packard nach Mexico gekommen, um weiter bei dem Meister zu arbeiten. Sie wohnte fast ein Jahr in San Angel. Sie berichtet, wie die Tage damals normalerweise verliefen. Bei dem ausgedehnten Frühstück las eine der beiden Frauen die Morgenzeitung vor, die meist an erster Stelle Kriegsberichte brachte. Rivera hörte zu, denn er wollte seine Augen möglichst wenig belasten, nachdem seine Sehkraft angefangen hatte, nachzulassen. Zwischen zehn und elf Uhr fuhr der Meister mit Emmy Lou zu seinem Atelier, von wo sie gegen zwei Uhr zurückkehrten. Manchmal, wenn Diego den Morgen über am Marktplatz gezeichnet hatte, brachten sie allerlei einheimische Kost für die mittägliche Zubereitung mit. Das Essen bestand meist aus schlichten Fleisch- oder Geflügelgerichten; immer gab es genug *guacamole* zu den *tortillas*, und Frida trank einige *copitas*, von denen sie munter und fröhlich wurde. Diego, der damals sehr um seine Gesundheit besorgt war, nahm keinen Alkohol zu sich. Neben seinem Augenleiden verursachte ihm neuerdings die Schilddrüse Beschwerden. Außerdem litt er an Hypochondrie und sah sich bereits mit einem Bein im Grab stehen.

Wenn Frida den Morgen über gemalt hatte, kam sie den beiden nicht im gewohnten langen, weiten Rock entgegen, sondern in ihrer Arbeitskleidung mit Jeans und Arbeiterjacke. Dann lud sie die beiden zuerst in ihr Studio ein, um noch vor dem Lunch mit ihnen anzuschauen, was sie gemacht hatte. «Ihrem Werk gegenüber schien Diego immer eine Art Ehrfurcht zu empfinden. Nie äußerte er etwas Negatives, und er war immer voller Staunen über ihren Phantasiereichtum», erinnert sich Emmy Lou. «Oft genug meinte Diego: ‹Sie ist eine bessere Malerin als ich.›»

Wenn Frida vormittags nicht malte, ging sie vielleicht mit Bekannten oder mit einer ihrer Schwestern zum Markt, kaufte Blumen, Dinge für den Haushalt oder wonach ihr sonst der Sinn stand. Sie kannte die Handwerker und Ladeninhaber persönlich. Besonders gern mochte sie Carmen Caballero Sevilla, die ganz außergewöhnliche Judasfiguren und andere Handarbeiten aus eigener Anfertigung verkaufte. Bei ihr gab es Spielsachen und *piñatas*. Auch Diego kaufte gelegentlich bei ihr ein. Aber Señora Caballero erinnert sich, «die *niña* Fridita war diejenige, die mich von den beiden am meisten verwöhnt hat. Sie hat mir mehr gezahlt als der Maestro. Als mir einmal ein Mann ein paar Zähne ausgeschlagen hatte, schenkte sie mir zur Belohnung für einige Arbeiten die Goldzähne, die ich jetzt trage. Ich bin ihr sehr dankbar.

Von mir hat sie auch das Gerippe bekommen. Sie hat ihm dann Kleider angezogen und ihm sogar einen Hut aufgesetzt.» Señora Caballero war nicht die einzige, der die Kahlo solche Hilfe gewährt hat. Und wenn sie mit dem Wagen zum Markt fuhr, steckte sie den armen Leuten, die um ein paar Centavos bettelten, immer etwas zu, auch wenn es sechs oder sieben waren. «Sie mochte sie alle gern und sprach mit ihnen auf eine Weise, die ihnen mehr bedeutete als das kleine Geldgeschenk, das sie von ihr erhielten», sagte Jacqueline Breton, die Mitte der vierziger Jahre ein zweites Mal in Mexico war.

Haushaltsarbeiten machten der Kahlo Spaß. Ihr Haus für ihren Mann hübsch herzurichten, war ihr keine lästige Pflicht, sondern bereitete ihr ausgesprochen Vergnügen, und Rivera nahm übrigens interessiert an Haushaltsentscheidungen teil; bevor Frida die Küche neu gestaltete, sprach sie zuerst mit Diego darüber. Natürlich war er damit einverstanden, daß die Wände nach Art einer alten Landhausküche mit blauen, weißen und gelben Kacheln bedeckt wurden. Nach der Umgestaltung enthielt die Küche alle typisch mexikanischen Elemente: Tisch und Stühle aus gelbem Holz, große irdene Töpfe und Krüge auf dem gekachelten Wandvorsprung und viele winzige Tonkrüglein, die an der Wand so angeordnet waren, daß sie die Initialen von Frida und Diego bildeten.

Auch das Speisezimmer war so eingerichtet, daß die Vorliebe der Riveras für die mexikanisch ländliche Tradition sichtbar wurde. An den Wänden hingen naive Stilleben, Masken und andere volkstümliche Gegenstände. Die Kiefernholzdielen waren in demselben Gelb gestrichen, wie man es auch in den einheimischen Bauernhäusern sehen konnte, und darauf lagen Matten aus geflochtenem Stroh. Wie bei armen Leuten hingen als Lampen einfache Glühbirnen mit ihren Strippen von der Decke, und Frida legte beim Essen ein einfaches mexikanisches, mit Blümchen bedrucktes Wachstuch auf das rohe Holz des Eßtischs. In diesem Raum saßen die Gäste oft stundenlang, tranken aus roten Tonschalen und aßen von irdenen Tellern.

Emmy Lou Packard erinnert sich, daß die Kahlo den Eßtisch «jeden Tag für Diego in ein Stilleben verwandelte». Sie ordnete Schüsseln, Früchte und manchmal bis zu sieben große Blumensträuße in Tonvasen zu einer Komposition, wobei sie nicht einmal immer das Papier entfernte, das die Marktleute um die Stiele gewickelt hatten. Diego saß diesem prachtvollen Arrangement gegenüber am Kopfende, die beiden Frauen an den Längsseiten des Tisches.

Frida liebte es auch, diese Tableaus mit Getier zu beleben – etwa durch ein amerikanisches Eichhörnchen in seinem Käfig oder durch den frei herumfliegenden Bonito, einen kleinen Papagei, der damals ihr Lieblingstier war. Während der Mittagsmahlzeit ließ Bonito seine schnarrenden Töne hören, richtete sein Köpfchen hoch auf und schaute die Tischgenossen mit seinen runden fragenden Augen scharf an, bevor er ihnen seine Schnabelküßchen verteilte. Seine Lieblingsspeise war Butter. Frida und Diego bauten ihm immer wieder Hindernisbahnen aus Gegenständen, die gerade zur Hand waren, und jedesmal wenn Bonito sich dann in seinem taubenähnlichen Schritt um allerlei Tongefäße und Schüsseln herum seinen Weg bahnte, um endlich an die gebutterte Belohnung zu gelangen, konnten die Gäste sich vor Lachen nicht mehr halten. Währenddessen saß draußen auf dem Hof ein großer männlicher Papagei. Er trank eine Menge Bier oder Tequila, fluchte und plärrte: *«No me pasa la cruda!»* (Mein Kater hört ja überhaupt nicht auf.) Wenn sein Käfig offen war, hing er oft mit dem Kopf nach unten an einer Stange und machte sich gern über die appetitlichen Fußgelenke von ahnungslosen Besucherinnen her.

Nach Tisch legte sich Frida gerne im Hof in die Sonne, breitete ihre Tehuanaröcke über die warmen Tonziegel und lauschte den Vögeln. Oder sie durchwanderte mit Emmy Lou die Gartenpfade, beobachtete mit liebevoller Aufmerksamkeit jede kleinste Blüte, die sich öffnete; sie spielte mit den kahlen aztekischen Hunden, hielt ihre Hand für Tauben aus oder für ihren zahmen Fischadler, den sie «Gertrude Caca Blanca» nannte, weil der Vogel überall seine weißen Exkremente hinterließ. Am unterhaltsamsten war das graue Truthahnpaar, das in dem Garten frei herumspazierte. Die Tiere waren für Frida wie Kinder, und sie nahm sehr an ihrem Schicksal Anteil.

Am Nachmittag, wenn Diego und Emmy Lou wieder ins Atelier nach San Angel gefahren waren, ruhte Frida manchmal noch eine Weile. Danach besuchte sie Freunde, kümmerte sich um Diegos und ihre eigenen Angelegenheiten, oder sie malte weiter. An manchen Nachmittagen ging sie ins Kino, hin und wieder auch zu einem Boxkampf. Ihr Mann mochte gerne Symphoniekonzerte, an denen sie nicht interessiert war. So steckte sie Emmy Lou in ihre Kleider und schickte sie an ihrer Stelle in die Loge. Sie selbst zog die volkstümlichen Konzerte der *mariachi*-Kapellen vor, die man auf dem Garibaldi-Platz zu hören bekam. Frida schwelgte dort in *tacos* [Tortillas mit Pastetenfüllung] und ließ sich für ein paar Pesos ihre Lieblingslieder von ambulanten Musikanten vorsingen. Die Leute konnten sich gar nicht genug tun im schmelzenden Vortrag und versuchten sich gegenseitig auszustechen, indem sie sich besonders schick anzogen, mit den engsten Hosen, knallbunten Halstüchern und riesigen Hüten.

Am Abend kehrte Diego dann nach Coyoacán zu einem späten Nachtmahl zurück. Da gab es heiße Schokolade und *pan dulce*, kleine süße Wecken und Kuchen, die in den verschiedensten Formen gebakken und auf einem großen Tablett serviert wurden. Zum Spaß waren allerlei menschliche Körperteile in dem Gebäck dargestellt. Frida und Diego unterhielten sich damit, *cadavres exquis* zu zeichnen oder *corridas* zu singen. Obgleich Diego keine Stimme halten konnte, machte ihm das Singen doch Freude, und er hörte Frida gerne zu, denn sie war eine begeisterte Sängerin, die auch die Sprünge in die Falsettstimme beherrschte. Überdies genoß Diego Fridas Fähigkeit, die Dinge ohne Umschweife beim Namen zu nennen und geistesgegenwärtig treffende Antworten zu geben. Manchmal versuchte er sogar, solche Repliken zu provozieren, wenn er etwa Frida mit einer Anspielung auf seine Affäre mit ihrer Schwester neckte und sagte: «Frida hat die Ballade *El Petate* nur gesungen, weil da eine Zeile drin vorkommt, in der es heißt: ‹Ich liebe nicht dich, sondern deine Schwester›.» Nicht immer ließ sich Frida von solchen Bemerkungen herausfordern, aber meistens gab sie ihm doch eine entsprechende Antwort.

Die instinktive Bezogenheit der Riveras aufeinander kommt deutlich in einer von Emmy Lou Packards Geschichten zum Vorschein: Einmal wollten die drei sich bei einem Kino treffen, um einen Film über die deutsche Invasion anzuschauen. In dem Riesengewühl vor dem Filmtheater konnten Diego und Emmy Lou die kleine Frida nicht finden. Diego pfiff den ersten Takt der Internationale, und prompt kam von irgendwo aus der Menge der zweite Takt, ganz klar von Frida. Das gegenseitige Einander-Zupfeifen ging nun weiter, bis das Paar sich gefunden hatte und man sich gemeinsam zur Vorführung begeben konnte.

Der ruhige, sichere Ton, in dem Frida noch am 15. März 1941 an Dr. Eloesser über das neue Zusammenleben mit Diego geschrieben hatte, war am 18. Juli völlig verflogen, als sie ihm erneut einen Brief schickte. In der Zwischenzeit war ihr Vater gestorben, und ihr Gesundheitszustand hatte sich wieder verschlechtert. Trotzdem sprach sie in lässigmunterer Weise von ihrem Pech – selbst vor einem so langjährigen Freund wie Dr. Eloesser verbarg sie ihren Schmerz hinter einer Fassade von *alegría*.

«Die Ehe geht gut: nur noch wenig Streitigkeiten, besseres gegenseitiges Verständnis und, was mich betrifft, keine lästigen Fragen und Vorhaltungen wegen anderer Frauen, die oft einen ziemlich großen

Platz in seinem Herzen einnehmen. So können Sie jetzt also sehen, daß ich endlich gelernt habe, wie das Leben so läuft, und alles andere ist bloß ‹gemaltes Brot› (d. h. Illusion). Würde ich mich gesundheitlich besser fühlen, könnte ich fast sagen, daß ich glücklich bin – aber dieses Gefühl, von Kopf bis Fuß ein solches Wrack zu sein, macht mich manchmal ganz verrückt und beschert mir bittere Augenblicke...

Der Tod meines Vaters war ein schrecklicher Schlag für mich. Ich glaube, daß es mir deshalb jetzt wieder so schlecht geht und ich schon wieder abnehme. Sie erinnern sich doch, wie schön er war und wie gut?!»

Außer über ihren Gesundheitszustand und den Tod ihres Vaters war Frida aber auch voll Kummer über den Krieg in Europa. Sie teilte Diegos Sorge wegen all der Menschen, Orte und politischen Werte, die damals bedroht oder vernichtet wurden. Diese Betroffenheit wuchs noch, als die Deutschen im Juni 1941 in Rußland einfielen. Rußland und die Russen hatten Diego schon immer viel bedeutet. Während seines Parisaufenthalts hatte Rivera Russisch gelernt, teils durch den Umgang mit seiner russischen Lebensgefährtin Angelina Beloff, teils durch die große Zahl russischer Freunde, die dort in der Emigration lebten. Seither hatten ihn die Ideale der Russischen Revolution bewegt; daran änderte sich auch nichts, als diese Ideale – wie er sagte – von Stalin verraten wurden.

Diegos prosowjetischer Eifer war nicht gleichbedeutend mit einer raschen Wiederanerkennung Stalins. Aber Rivera begann zu jener Zeit, seine Haltung zu dem Sowjetführer und zur kommunistischen Partei neu zu überdenken. Wenn auch sein Pakt mit Hitler Stalin als Verräter hatte erscheinen lassen, wurde er jetzt wegen der tapferen Verteidigung Rußlands als Held gefeiert. Die moralische Empörung über die großen sowjetischen Säuberungsmaßnahmen wich der Verwunderung darüber, daß zahlreiche Leute, die man längst tot geglaubt hatte, aus Straflagern wiederauftauchten, damit sie an der Front kämpften.

Frida, die weniger intensiv an den politischen Vorgängen teilnahm, verstand dennoch Diegos Empfindungen. «*Pobrecito* – der Arme!» sagte sie zu Emmy Lou. «Er ist so einsam, weil er nicht mehr der kommunistischen Partei angehört und somit vom Kern des Geschehens ausgeschlossen ist.»

Fridas allgemeine Betrübnis schlug sich am deutlichsten in ihrer Kunst nieder. *Selbstbildnis mit Zopf* von 1941 ist das erste Halbfigurenbild, das sie nach ihrer Rückkehr aus San Francisco in ihrer Heimat gemalt hatte. Man kann dieses Bild als ein Gegenstück zum *Selbstbildnis mit abgeschnittenem Haar*, als eine reflektierende Anmerkung zur Wiedervermählung lesen. Es ist, wie wenn all das abgeschnittene Haar aus dem in der Zeit ihrer Scheidung entstandenen Bild aufgesammelt und zu einem großen Zopf zusammengeflochten worden wäre, der jetzt, im jüngeren Bild, den Kopf der Künstlerin schmückt. Indem sie wieder ihr Haar zeigt, bekräftigt sie auch wieder ihre Weiblichkeit, die sie zuvor verleugnet hatte. Dennoch ist diese Bestätigung nicht fröhlich. Einige ungebändigte Strähnen scheinen ein irritierendes Eigenleben zu führen und wirken wie die Nervenenden einer gepeinigten Seele. Obgleich, wie Frida behauptete, ihre Ehe gut ging, wußte sie zugleich, daß sie auch ihre Schattenseiten hatte.

Im *Selbstbildnis mit Bonito* von 1941 ist Frida ganz untypisch gekleidet. Sie trägt eine schwarze Bluse, die an Trauerkleidung gemahnt – für ihren Vater, für die Opfer des Weltkrieges, vielleicht auch für den kleinen Bonito, der ihr im Porträt auf der Schulter sitzt? Das Blattwerk, das ihr Gesicht umgibt, wimmelt von Leben. Raupen haben Löcher in die Blätter gefressen, und die Vergänglichkeit des Lebens ist die alles bestimmende Botschaft des Bildes.

Wenn Frida traurig war, suchte sie immer nach Möglichkeiten, sich ihres Halts am Leben zu vergewissern. Mit fortschreitenden Jahren wurde ihre Bewegungsfreiheit durch Krankheit zunehmend beschränkt. Als Antwort darauf betonte sie immer stärker ihre Verbundenheit mit der Natur, was nicht bloß in der gewohnheitsmäßigen Pflege von Tieren und Pflanzen oder im Drapieren von Früchtestillleben seinen Ausdruck fand, sondern sich zu einer Form von Gläubigkeit entwickelte.

Es geschah wohl aus dieser Naturgläubigkeit heraus und aus dem Wunsch, in einer von Tod und Zerstörung heimgesuchten Welt etwas Bleibendes zu gestalten, daß die Riveras 1942 begannen, Anahuacalli zu bauen, ein seltsam finsteres Tempelmuseum auf einer Lavaebene im Pedregal-Gebiet [*pedregal* bedeutet «Steiniger Boden»] in der Nähe von Coyoacán. «Frida und ich errichteten eine besondere Art von Farm», erzählt Rivera. «Wir wollten dort unsere eigenen Lebensmittel herstellen, Milch, Honig und Gemüse aus eigener Produktion, und zugleich unser Museum erbauen. Während der ersten Wochen stellten wir einen Stall für unsere Tiere auf. Das Gebäude wurde während des Krieges ein Zuhause für uns beide. Nach dem Kriege war es dann ausschließlich eine Heimstätte für meine präkolumbischen Plastiken.»

Die gemeinsame Arbeit an ihrem «Zuhause» half die Ehe der Riveras zu festigen. Das großangelegte Vorhaben gestattete ihnen, der bürgerlichen Gesellschaft und der kriegsgepeitschten Welt zu entfliehen und ihre Wurzeln weiter in den mexikanischen Boden zu senken. Was schließlich nach mancherlei Verzögerung entstand, war ein anthropologisches Museum, das im Jahre 1964 der Öffentlichkeit erstmals zugänglich gemacht wurde. Man kann es auch als ein Denkmal der Leidenschaft eines Mannes für die Kulturtradition seiner Heimat sehen. Rivera errichtete aus dem grauen vulkanischen Gestein der Gegend ein Gebäude, das brutal und elegant zugleich erscheint. Den Stil des Gebäudes bezeichnete Rivera als eine Mischung aus Azteken- und Mayaarchitektur mit «Riverascher Tradition». Wegen der feierlich-ernsten Großartigkeit ist Anahuacalli auch «Diegos Pyramide» oder «Riveramausoleum» genannt worden. Jeden Peso, den der Maestro erübrigen konnte, steckte er in das Unternehmen, und seine Frau tat alles, was in ihrer Macht stand, um ihm dabei zu helfen. Sie verkaufte Teile ihres Besitzes und versuchte auch anderweitige Hilfe zu mobilisieren. Am 14. Februar 1943 schrieb sie an Marte R. Gómez, den damaligen Landwirtschaftsminister, mit dem sie befreundet war und den sie bereits einmal porträtiert hatte:

«Diego macht mir seit einiger Zeit Sorge, teils wegen seiner angegriffenen Gesundheit, teils wegen wirtschaftlicher Schwierigkeiten, die er jetzt als indirekte Kriegsfolge zu spüren bekommt, zu einem Zeitpunkt seines Lebens, wo ich ihm gewünscht hätte, in Ruhe und Geborgenheit malen und sich den Dingen seiner Neigung zuwenden zu können, wie er es nach einem Leben in rastloser Arbeit verdient hätte. Es geht nicht um das tägliche Auskommen; vielmehr handelt es sich um eine Sache, die für Diego von enormer Wichtigkeit ist und bei der ich nicht weiß, wie ich ihm helfen kann.

Sie wissen ja, daß nächst seiner Malerei nur eine einzige Sache ihn mit Freude und Begeisterung erfüllt: seine Plastiken. Seit mehr als fünfzehn Jahren hat er fast alles, was er in unermüdlicher Arbeit verdienen konnte, darauf verwandt, diese wunderbare Sammlung archäologischer Stücke zusammenzutragen. Ich glaube, es gibt keine bedeutendere Sammlung in ganz Mexico. Ja selbst im Nationalmuseum fehlen bestimmte wichtige Stücke, die in seiner Sammlung enthalten sind. Seit langem hat Diego den Plan gehegt, für diese Sammlung ein Haus zu bauen, und vor einem Jahr fand er endlich einen Platz, der für das ‹Haus der Idole› wie geschaffen scheint, nämlich im Pedregalgebiet bei Coyoacán. In der kleinen Stadt San Pablo Tepetlapa hat er ein Stück Land gekauft, und vor acht Monaten hat er mit

Die unerfüllte Sehnsucht der kinderlosen Frau nach Fruchtbarkeit
teilt die Malerin in ihrem erdhafte Sinnlichkeit ausstrahlenden Bild
Wurzeln von 1943 mit.

Die starke sinnliche Natur Fridas zeigt der unverhüllte sexuelle Symbolismus des Stillebens *Sonne und Leben* von 1947.

dem Bau begonnen. Sie stellen sich nicht vor, mit welcher Hingabe und Begeisterung er die Pläne ausgearbeitet hat, ganze Nächte lang, nach vollen Arbeitstagen. Ich bin davon überzeugt, daß es noch nie jemanden gegeben hat, der mit so viel Lust und Eifer ans Werk ging, wie Diego Rivera es tut, sobald er sich mit etwas befaßt, das er wirklich schätzt und bewundert. Außerdem eignet sich auch das Landstück großartig für den Plan, und die Landschaft, die man von der Baustelle aus überblickt, ist äußerst imposant mit dem Ajuscoberg im Hintergrund. Sie müssen es sich unbedingt anschauen, weil es wirklich unbeschreiblich ist.

Leider sieht sich Diego bei den jetzigen Verhältnissen nicht in der Lage, das notwendige Geld aufzutreiben, um den Bau fortzuführen und zu beenden. Bislang ist die Hälfte des ersten Stockwerks vollendet. Ich kann Ihnen gar nicht sagen, welche Tragödie es für Diego bedeutet, daß die Sache nicht vorangeht, und welchen Kummer ich leide, weil ich ihm nicht helfen kann. Das einzige, was ich beisteuern konnte, war, daß ich ein kleines Haus verkauft habe, das ich noch besaß. Damit ließ sich zwar der Druck der Ausgaben mildern, aber es half ja nur für eine kleine Weile.»

Frida fuhr in dem Brief damit fort, daß sie von der Regierung finanzielle Unterstützung erbat, damit das archäologische Museum für Riveras Sammlung gebaut werden konnte. Sie schlug vor, das Museum in Staatseigentum zu übernehmen und Diego das Recht einzuräumen, dort im obersten Stock der Pyramide zu wohnen und zu arbeiten. Solch ein Museum, so argumentierte Frau Rivera, müsse der Stolz der gegenwärtigen Zivilisation werden.

Auch sechs Jahre später, als sie ihr *Porträt von Diego* schrieb, hatte Frida ihre Begeisterung für Anahuacalli nicht verloren: «Das gewaltige Werk, das er aufführt, wächst in der unglaublich schönen Pedregal-Landschaft wie ein enormer Kaktus, der zum Ajusco hinüberschaut, elegant und nüchtern, edel und streng, uralt und dauerhaft zugleich; aus seinem vulkanischen Innern ruft die Stimme der Tage und Jahrhunderte: ‹Mexico lebt!› Wie Coatlicue enthält es Tod und Leben, wie das herrliche Terrain, auf dem es steht, umfängt es die Erde mit der Festigkeit einer lebenden und überdauernden Pflanze.»

Genauso, wie sie es hier beschreibt, umfängt Frida selbst die steinerne Erde in dem Bild *Wurzeln*. Es ist ein Gemälde, das ihre und Diegos Liebe zu dem weiten Feld von Vulkangestein ausdrückt, wo sie zusammen Anahuacalli bauten; tatsächlich hieß das Bild ursprünglich *El Pedregal*. Unter diesem Titel wurde es zusammen mit vier weiteren Gemälden in einer Ausstellung mexikanischer Kunst in der Londoner Tate Gallery gezeigt, die 1953 vom British Council veranstaltet wurde. Überhaupt erscheint von 1943 an häufig die Pedregal-Landschaft mit ihren ausgehöhlten Felsen als Hintergrund in Fridas Selbstbildnissen. Wir wissen nicht, ob die Riveras auf ihrem Pedregal-Gelände tatsächlich Gemüse gezüchtet haben; aber in *Wurzeln* pflanzt die Malerin dort ihren eigenen Körper ein. Indem sie ihre Wurzeln in den von Rivera so geliebten Boden senkte, gelang es ihr, sich ihm noch enger als zuvor anzuschließen. Daß ihr dies Sicherheit und eine relative Zufriedenheit verschaffte, zeigt sich ganz deutlich an dem kleinen Gemälde, das eines der am wenigsten quälerischen Selbstbildnisse der Künstlerin ist.

Wurzeln ist ein ausgezeichnetes Beispiel für Fridas wachsendes Bedürfnis, ganz in der Natur aufzugehen. In ihrem Tagebuch von 1944 notierte sie sich den Gedankensplitter: «Pflanzenwunder meiner Körperlandschaft.» Ihr Wunsch nach Fruchtbarkeit verwandelte sich in den fast religiösen Glauben, daß alles unter der Sonne innig miteinander verbunden sei und daß sie selbst daher am ewigen Fließen im All teilnehmen könne. *Wurzeln* ist wie eine Umkehrung des Themas von *Meine Amme und ich*. In dem Bild von 1937 war Frida ein Säugling an der naturhaften Brust der Mutter Erde. In *Wurzeln* ist es Frida, die der Natur Nahrung gibt, indem sie einen Weinstock aus sich hervortreiben läßt.

In den vierziger Jahren breitete sich der Ruf der Kahlo als Malerin rasch aus. Durch ihre Teilnahme an Ausstellungen im Ausland und bei der internationalen Surrealistenschau in Mexico City hatte sie viel Beifall gefunden. Sammler und Mäzene interessierten sich zunehmend für ihre Arbeit, sie erhielt Aufträge, eine Dozentur wurde ihr angetragen, ihr wurden ein Preis und ein Stipendium zugesprochen; sie nahm Teil an Konferenzen und an der Organisation kultureller Veranstaltungen sowie an künstlerischen Projekten. Gelegentlich wurde sie auch um Beiträge für Zeitschriften gebeten. All dies muß für die Kahlo ein Ansporn gewesen sein, sich in ihrer Rolle als Künstlerin ernster zu nehmen. Außerdem wollte sie sich ja ihren Lebensunterhalt mit Bildern verdienen, weshalb sie fleißiger als je zuvor arbeitete.

Im Format waren ihre Bilder jetzt allgemein größer als ihre Arbeiten aus den dreißiger Jahren, und sie waren wohl auch mehr für ein großes Publikum bestimmt, nicht mehr wie früher bloß eine Art privater Talismankunst oder Votivbilder für den eigenen Seelenhaushalt oder für Diegos persönliches Vergnügen. Die Künstlerin wurde jetzt immer sicherer in der Beherrschung der malerischen Mittel, ihre gegenständlichen Bildelemente wurden immer genauer in Struktur und Volumendarstellung, ihre Bildsprache gewann an Komplexität und verlor ein wenig von ihrem ursprünglich mädchenhaften Reiz. Werke wie die *Gebrochene Säule* und *Baum der Hoffnung*, auf denen die Malerin sich in ganzer Gestalt, meist in phantastischen, immer jedoch in schmerzvollen Situationen nach Art der Votivbilder darstellte, wurden erheblich seltener, viel häufiger dagegen die detailfreudigen Halbfigurenbildnisse, die wohl auch vergleichsweise leichter verkauft werden konnten.

Die Malerei blieb für die Kahlo das wichtigste Ausdrucksmittel; dennoch war sie auch jetzt noch in den Äußerungen über ihre Kunst kritisch und übermäßig bescheiden. «Was die Malerei betrifft, so bleibe ich daran», schrieb sie am 18. Januar 1941 an Dr. Eloesser. «Ich male wenig, aber ich spüre, daß ich wieder etwas dazulerne.» Sie benötigte noch immer Ansporn verschiedenster Art, um sich zur Arbeit zu bringen. Rivera half ihr dabei meist durch lobende Kritik, manchmal auch dadurch, daß er ihr Geld vorenthielt, bis sie etwas geschaffen hatte; aber die unregelmäßige Arbeitsweise und ihre körperlichen Leiden erlaubten es ihr nicht, rasch genug zu arbeiten, um genügend verkäufliche Werke für eine weitere Einzelausstellung in einer kommerziellen Galerie zusammenzubringen. Immerhin beteiligte sie sich an mehreren wichtigen Gruppenausstellungen. 1940 nahm sie außer an der Surrealistenschau in Mexico City auch an der Internationalen Ausstellung am Golden Gate von San Francisco teil. Ferner schickte sie *Die beiden Fridas* für die Ausstellung «2000 Jahre mexikanische Kunst» zum Museum of Modern Art nach New York. 1941 wurde ihr Bild *Frida und Diego Rivera* auf der Ausstellung «Moderne mexikanische Maler» im Bostoner Institut für Gegenwartskunst gezeigt, die noch in fünf weitere amerikanische Museen reiste. «Das Porträt im 20. Jahrhundert» hieß eine andere Ausstellung im Museum of Modern Art, die von Monroe Wheeler 1942 zusammengebracht wurde. Frida schickte dazu ihr *Selbstbildnis mit Zopf*. Im Jahre 1943 war die Kahlo mit drei bedeutenden Werken in der Schau «Mexikanische Gegenwartskunst» im Kunstmuseum von Philadelphia vertreten. Ferner beschickte sie die Ausstellung «Women Artists» (Künstlerinnen) in der Art-of-This-Century-Galerie der Peggy Guggenheim in New York*.

Da das Werk der Frida Kahlo in ihrer mexikanischen Heimat erst spät und zu Lebzeiten der Künstlerin nur geringe Aufnahme fand, hat die Malerin stets dankbar anerkannt, daß sie dem Publikum in den Vereinigten Staaten ihre Bestätigung als Künstlerin verdankte. Doch wuchs ihr Ruhm auch in Mexico. Im Januar und Februar 1943 organisierte die Benjamin-Franklin-Bibliothek, ein Institut zur Pflege der englischen Sprache am Paseo de la Reforma in Mexico City, eine Ausstellung, die «ein Jahrhundert mexikanische Porträtkunst» zum Thema hatte. Im darauffolgenden Jahr gab es im selben Institut einen weiteren historischen Überblick unter dem Titel «Das Kind in der mexikanischen Malerei». An beiden Veranstaltungen nahm Frida mit Exponaten teil, 1944 mit dem nicht erhaltenen Bild *Sonne und Mond*. Auch kurzlebige Privatgalerien zeigten Werke der Kahlo, beispiels-

---

* In Peggy Guggenheims Memoiren *Ich habe alles gelebt* wird die Kahlo lobend erwähnt. Bei ihrem Mexicoaufenthalt konnte die Guggenheim mit den riesigen Fresken eines Rivera, Orozco und Siqueiros nicht viel anfangen; dagegen fand sie die Kahlo begabt und ordnete sie der echten surrealistischen Tradition zu.

weise 1944 die Galería de Arte Maupassant am Paseo de la Reforma. Die Malerin folgte auch der Einladung, im «Salón de la Flor» mit auszustellen. Es handelte sich um eine Ausstellung von Blumenstillleben im Rahmen der jährlichen Blumenschau in Mexico City. Wenn man bedenkt, wie sich Fridas besonderes Verhältnis zur Natur in jenen Jahren vertiefte, wird ihr gerade die Aufforderung, Blumen zu malen, besonders willkommen gewesen sein. Sie zeigte *Blume des Lebens*. Wahrscheinlich hatte sie auch die Absicht, die Bilder *Magnolien* und *Sonne und Leben* bei der Schau von 1945 einzuschicken. Man kann sich vorstellen, wie verwundert das Publikum und die Blumenliebhaber in Mexico City gewesen sein müssen, als sie den unverhüllt sexuellen Symbolismus in den Bildern der Kahlo wahrnahmen. Sowohl in *Blume des Lebens* wie auch in *Sonne und Leben* hat Frida tropisch aussehende Pflanzen in männliche und weibliche Genitalien verwandelt.

Von der zweiten Hälfte der Dekade an war Fridas Bekanntheit so groß, daß sie in ihrem Heimatland bei jeder größeren Gruppenausstellung beteiligt wurde. Auch wandelte sich damals die mexikanische Kunstszene. Zwar malten noch immer einige Maler sozial-realistische Fresken, aber sie überschatteten nicht mehr die der Moderne und dem Surrealismus zuneigende Staffeleimalerei. Rufino Tamayo, dessen Werk zuvor noch als zu europäisch verschrieen gewesen war, führte nun die Avantgarde an. Fremde Einflüsse galten nicht mehr als so suspekt, und man nahm mit größerem Interesse an der Entwicklung der Kunst in anderen Ländern teil. Vormals war die Inés Amor Galería de Arte Mexicano die einzige nennenswerte Ausstellungsmöglichkeit in Mexico City gewesen; jetzt machten mehrere neue Galerien auf. Und da diese Galerien von der Ausstellung und vom Verkauf transportabler Gemälde lebten, kam auch die Staffeleimalerei unter den Künstlern wieder zu Ehren, nachdem sie zeitweise als bürgerlich dekadente Kunstform betrachtet worden war. Die Kahlo hatte natürlich schon immer in diesem Genre gearbeitet und hatte es nicht nötig, einen Wandel zu vollziehen.

Ihr wachsender Ruf führte 1942 dazu, daß sie als eines der Gründungsmitglieder des Seminario de Cultura Mexicana gewählt wurde. Dies war eine vom Kultusministerium geförderte Institution zur Pflege und Verbreitung der mexikanischen Kulturtradition. Anfangs gehörten ihr etwa fünfundzwanzig Künstler und Intellektuelle an, die sich der gestellten Aufgabe mit Vorträgen, Ausstellungen und gedruckten Veröffentlichungen widmeten. Als das noch anspruchsvollere Colegio Nacional, das man etwa mit der Académie Française vergleichen könnte, gegründet wurde, schlug Alejandro Gómez Arias Frida als Gründungsmitglied vor, konnte sich aber mit seinem Vorschlag nicht durchsetzen. In seiner Erinnerung heißt es: «Als mich der Kultusminister 1942 bat, bei der Gründung des Colegio Nacional mitzuwirken, schlug ich zwei Frauen vor – die eine war eine berühmte Biologin und hatte ein klassisches Werk über Kakteen verfaßt, die andere war Frida. Beide wurden abgelehnt; Frida deshalb, weil bereits zwei Maler im Colegio Nacional waren, nämlich Orozco und Rivera, und die Biologin, weil ihr Lehrer schon in dem Gremium saß.» Dies waren die offiziellen Gründe. Gómez Arias deutet an, daß sie bloß abgelehnt wurden, weil sie Frauen waren.

Das Seminario de Cultura Mexicana veröffentlichte eine wissenschaftliche Fachzeitschrift. In der zweiten Ausgabe wurde Riveras Artikel *Frida Kahlo und die mexikanische Kunst* abgedruckt. Fridas Schulfreund Miguel N. Lira, der in dem Gremium den Vorsitz führte, bat sie um monatliche Beiträge für Rundfunk und Presse. 1943 half sie, die erste juryfreie Ausstellung in Mexico City zu organisieren; dies war der sogenannte «Salón Libre 20 de Noviembre», der zur Jahresfeier der Mexikanischen Revolution im Kunstpalast abgehalten wurde. Die Kahlo half auch bei der Organisation einer nationalen Kunstmesse im Alameda-Park. 1944 wurde sie vom Erziehungsministerium eingeladen, an einer Konferenz über populäre Wandmalerei teilzunehmen.

Im Jahre 1946 gehörte Frida zu den sechs Künstlern, denen die Regierung ein Stipendium gewährte. Die größte Ehrung wurde ihr im September desselben Jahres bei der alljährlichen nationalen Ausstellung im Palast der Schönen Künste zuteil, als sie für das Bild *Moses* einen zweiten Preis zugesprochen erhielt. Die Künstlerin mußte damals zwar ein Gipskorsett nach einer Rückgratoperation tragen, aber es war für sie Ehrensache, wie eine Prinzessin gekleidet bei dem Empfang zu erscheinen und persönlich den Preis entgegenzunehmen.

Bereits 1941 hatte Frida einen bemerkenswerten Regierungsauftrag erhalten, den sie indessen nie zu Ende führte. Sie sollte die Porträts der fünf Mexikanerinnen malen, die sich in der Geschichte des Volkes am meisten hervorgetan hatten. Die Bilder waren für den Speisesaal im Nationalpalast gedacht. An Dr. Eloesser schrieb die Kahlo damals:

«. . . jetzt bin ich dabei, rauszukriegen, was diese Frauen für komische Heilige waren – was hatten die wohl für Gesichter? Was mag denen auf der Seele gelegen haben? Denn wenn ich sie jetzt zusammenpinsele, muß das Publikum sie ja doch von den ‹vulgären und gewöhnlichen› Weibern in Mexico unterscheiden können; dabei können Sie mir glauben, sind unter denen bestimmt viel interessantere und beeindruckendere Frauen zu finden als in der Gruppe besagter edler Damen. Falls Sie unter Ihren Raritäten auch irgendein dickes Buch über diese Personen haben, dann schicken Sie mir doch bitte einige brauchbare Fakten, Fotos, Radierungen usw. von der jeweiligen Zeit und den ach so bedeutenden Persönlichkeiten . . . Mit diesem Auftrag werde ich wieder einige Batzen verdienen. Die will ich für den Ankauf von Ziegenböcken verwenden, die meine Augen, meinen Geruchs- und meinen Tastsinn erfreuen sollen. Außerdem will ich mir einige große Blumentöpfe leisten, die ich neulich auf dem Markt gesehen habe.»

Die Porträts der fünf bedeutenden historischen Frauengestalten wurden nie fertiggestellt. Ein weiterer, kleinerer Auftrag von Regierungsseite erging 1942 an die Kahlo, und zwar sollte sie ein Stilleben für das Speisezimmer von Präsident Manuel Avila Camacho malen, aber Fridas ungewöhnliches Tondo wurde zurückgewiesen. Wahrscheinlich war es für Señora Camacho zu voll von Früchten, Gemüsen und Blumen, die beunruhigend deutlich an die menschliche Anatomie erinnerten.

Trotz aller Anerkennung war es für die Malerin nicht leicht, genügend Kunden zu finden. Rivera schickte oft die Amerikaner, die gruppenweise zu seinem Studio kamen, anschließend zu Frida nach Coyoacán, damit sie sich dort auch das Werk seiner Frau anschauten. Meist schnupperten sie aber bloß in Fridas Atelier herum, ohne etwas zu kaufen. Walter Arensberg zum Beispiel, von dessen Kaufabsicht die Künstlerin in einem Brief an Muray berichtet hatte, war auch zwei Jahre später noch unentschlossen. Am 15. Dezember 1941 schrieb die Kahlo an Emmy Lou Packard:

«. . . was die Anfrage wegen Arensberg betrifft, muß ich Dir sagen, daß das Bild *Geburt* bei Kaufmann ist. Mir wäre es lieb, wenn sie *Meine Amme und ich* kaufen wollten. Das brächte mir wenigstens einiges Geld. Gerade jetzt, wo mir so absolut elend ist. Wenn Du kannst, hau sie doch mal an wegen der Sache; aber tu so, als ob es von Dir käme. Mach ihnen klar, daß ich das Bild zur selben Zeit wie *Geburt* gemalt habe und daß Du und Diego es sehr gerne mögen. Du weißt doch, welches ich meine? Das Bild, auf dem ich bei meiner Amme reine Milch suckele. Ich hoffe, Du erinnerst dich noch. Es wäre schön, wenn Du sie dazu bringen könntest, es von mir zu kaufen. Du machst dir keine Vorstellung, wie nötig ich gerade jetzt die Moneten brauche. Sag ihnen, daß es 250 Dollar wert ist. Ich schicke Dir ein Foto, damit Du ihnen lauter schöne Sachen erzählen kannst. Vielleicht erweckst Du ihr Interesse für dieses ‹Kunstwerk›. Alles klar, mein Kind?! Übrigens kannst Du sie auch noch auf das Bild mit dem Bett [gemeint ist *Der Traum*] aufmerksam machen, das zur Zeit in New York ist; vielleicht sind sie ja an dem interessiert – es ist das mit dem Skelett oben drauf, erinnerst Du Dich? Das kostet 300 Dollar. Schau mal zu, ob Du sie ein bißchen in Bewegung bringen kannst, meine Liebe, denn ich sag Dir ganz ehrlich, ich brauche dringend die Knete . . .»

Selbst als Mitte der vierziger Jahre die Verkäufe zunahmen, war es nicht immer leicht für die Malerin, ihren Lebensunterhalt zu verdienen. Aus ihrem Wirtschaftsbuch mit Einnahmen und Ausgaben von 1947 geht hervor, daß sie *Die beiden Fridas* an das Museum für Moderne Kunst in Mexico City zum Preis von 4000 Pesos verkaufte. Fernando Gamboa, der Direktor des Museums, sagte dazu, daß der Ankauf getätigt wurde, weil die Malerin in beträchtlichen Geldnöten steckte und niemand anders das Bild erwerben wollte. Damals hatte Frida jedoch schon einige begeisterte Mäzene, die sich gelegentlich sogar Konkurrenz machten, wenn es darum ging, ein Bild von der Kahlo an sich zu bringen. Der wichtigste dieser Mäzene war Eduardo Morillo Safa, ein Landwirtschaftsingenieur und Diplomat, der im Laufe der Jahre an die dreißig Bilder von der Künstlerin kaufte. 1944 gab er die Porträts seiner beiden Töchter Mariana und Lupita in Auftrag. Später ließ er von der Kahlo seine Mutter, Doña Rosita Morillo, sowie seine Frau, seinen Sohn und sich selbst malen.

Fridas Bildnisse von anderen Menschen sind fast immer von geringerer Lebendigkeit und Originalität, als wenn die Künstlerin ihre eigenen Bildgegenstände wählte oder Selbstbildnisse schuf. Möglicherweise fühlte sie sich nicht so frei, wenn sie ein ganz bestimmtes Individuum malte; sie vermochte nicht, ihre persönlichen Gefühle und ihre komplexe Phantasie – eben das, was für sie Realität war – auf das Bild von einer anderen Person zu übertragen.

Immerhin gibt es auch hierzu eine große Ausnahme. Zweifellos ist das *Bildnis der Doña Rosita Morillo* das ungewöhnlichste Porträt, das die Malerin je von einer Bekannten gemalt hat. In diesem Werk scheut sie sich nicht, das Bild zum Ausdruck tiefer persönlicher Anteilnahme zu machen. Fridas Stil entwickelte sich nicht linear. Sie konnte in ein und demselben Jahr Porträts von peinlich genauem Naturalismus malen und daneben Bilder in primitivistischer Vereinfachung. *Doña Rosita*

Morillo ist ein Beispiel für die sich allmählich durchsetzende Tendenz zu einem hochraffinierten, miniaturhaften Naturalismus, der sehr stark von der flächig abstrahierenden Malweise der früheren Jahre abwich.

Doña Rosita verkörperte das Wesen des Großmütterlichen. Sie schaut abgeklärt, doch mit klug forschendem Blick auf den Betrachter; dabei wirkt sie machtvoll in sich ruhend und zugleich verbraucht. Sie erscheint als Personifizierung der fundamentalen menschlichen Sehnsucht nach familiären Werten wie Trost, Gemeinschaft und Dauer. Die Künstlerin hat sich in diesem Bild außergewöhnlich viel Mühe mit den verschiedenen Strukturen gegeben. Das Gemälde ist mit dichten Pigmentschichten aufgebaut, und jede Einzelheit weist eine eigene Strichführung auf. Die Wolligkeit von Doña Rositas Sweater und Schal, auch die blühende Pflanze und andere Bildteile sind sorgfältig mit zahllosen winzigen Pinselzügen gemalt. Jedes einzelne der weichen Haare der alten Frau scheint für sich ausgeführt zu sein. Der Reichtum der Oberflächengestaltung in diesem Bild ist tatsächlich kaum zu überbieten. Es ist, wie wenn Frida versucht hätte, Doña Rosita selbst heraufzubeschwören. Die Kahlo ist hier das Gegenteil der Künstler, die die sichtbare Welt kürzelhaft vereinfachen, die tatsächlichen Eindrücke durch synthetische ersetzen und mit breit hingesetzter Bravour Ähnlichkeiten entstehen lassen. Frida malte jedes winzige Detail, das sie wahrnahm, Stück für Stück, Quadratzentimeter um Quadratzentimeter, Strich nach Strich. Es war ein ursprüngliches Bedürfnis in ihr, die Welt neu erstehen zu lassen, indem sie auf der Leinwand eine solide, greifbare Wirklichkeit schuf.

Dieselbe Konzentration auf winzige Einzelheiten zeigt sich auch im Bildnis der Mariana Morillo Safa, der Enkelin von Doña Rosita. Frida liebte Kinder über alle Maßen. Sie behandelte sie wie ihresgleichen, und wie im Leben ließ sie sie auch in der Kunst ihre eigene Würde zur Schau tragen. Schon 1928 hatte Rivera ihr eine Stelle als Lehrerin besorgt, damit sie sich etwas Geld verdienen konnte, und seit jener Zeit hatte sich ihr Verhältnis zu Kindern nicht geändert. Zu den Schülern hatte sie sich damals verhalten, wie wenn sie selbst ein Kind unter Kindern gewesen wäre; als Erwachsene mochte sie sich nicht in die kindliche Kreativität einmischen. Wie Rivera, der eine Elegie auf die Kinderkunst schrieb, meinte auch Frida, daß Kinder über eine reinere Ausdruckskraft als Erwachsene verfügten, solange sie noch nicht von ihren Mammis und von der Schule verdorben würden. «Diego besorgte mir einen Job als Zeichenlehrerin», erzählte die Künstlerin, «und ich lag mit all den kleinen Jungen auf dem Boden, und wir zeichneten, und ich sagte ihnen: ‹Ihr sollt nicht mehr abzeichnen. Malt doch eure Häuser, eure Mütter, eure Brüder, den Omnibus, überhaupt Sachen, die wirklich passieren.› Wir spielten mit Marmeln und Kreiseln, und wir wurden immer bessere Freunde.»

Später konnte Frida nicht mehr mit Marmeln spielen, aber ihre Einstellung änderte sich nicht. So erinnerte sich Roberto Behar, ein Vetter zweiten Grades, wie er die Künstlerin während des Jahres besuchte, als er in einem katholischen Internat war. Bei irgendeiner Gelegenheit zeigte Roberto seiner Verwandten eine Landkarte, die er als Hausaufgabe gezeichnet hatte. «Wie, du paust so etwas durch? Kommt nicht in Frage, so etwas zeichnet man mit der freien Hand!» sagte sie voll Mißbilligung. Roberto ließ sich, wenn auch nur zögernd, darauf ein; er fürchtete, daß er die Ländergrenzen nicht akkurat genug zeichnen konnte. Und darin hatte er sich nicht getäuscht. Sein Lehrer gab ihm null Punkte für die Hausaufgabe. Als Roberto das Resultat bei seinem nächsten Besuch vorführte, setzte Frida kurzerhand eine Eins vor die Null und verkündete: «Der Lehrer bin ich!»

Frida hatte das Bedürfnis, im Leben «ihrer» Kinder eine wichtige Rolle zu spielen; das bestimmte ihr Verhalten zu Roberto und auch zu Mariana Morillo Safa. Vor nicht langer Zeit erzählte Mariana, wie sie damals für die Kahlo Modell gesessen hatte: «Ich mochte sie sehr gern, und sie war sehr lieb zu mir. Sie fuhr mir übers Haar und streichelte mich. Ich glaube, sie wandte sich mir und meiner Schwester so sehr zu, weil sie keine eigenen Kinder hatte. Mein Vater hatte uns gesagt: ‹Seid nett zu Frida. Sie hat keine Kinder und mag euch sehr gut leiden.›»

Marianas Eltern setzten ihre Tochter samstags morgens bei Frida ab und kamen erst am Spätnachmittag wieder, um sie abzuholen. Die Künstlerin konnte damals nie länger als eine Stunde ohne Unterbrechung malen. Zwischendurch mußte sie immer lange Pausen einlegen. So dauerte es zwei bis drei Monate, bis das Porträt von Mariana vollendet war.

Ein weiterer Mäzen war José Domingo Lavin, der 1942 ein Porträt seiner Frau auf einer Leinwand in kreisrundem Format malen ließ. Er war es auch, der im Jahre 1945 *Moses* in Auftrag gab. Die Idee dazu ergab sich aus einer zufälligen Unterhaltung, die sich während einer Mahlzeit im Hause Lavin entspann. Der Gastgeber zeigte Frida ein Buch, das er kurz zuvor erworben hatte; es handelte sich um Freuds *Der Mann Moses und die monotheistische Religion*. Die Künstlerin blätterte ein wenig darin, las einige Seiten an, und bat dann darum, das Buch ausleihen zu dürfen. Sie war von der Lektüre fasziniert, und als sie sie beendet hatte, regte Lavin an, sie sollte doch einmal versuchen, ihre Ideen über Moses in einem Gemälde aus sich herauszustellen. Schon nach drei Monaten war *Moses* beendet. Jahre danach hielt Frida einen kleinen Vortrag über das Bild im zwanglosen Rahmen einer Gesellschaft im Hause Domingo Lavins. Die ersten Abschnitte von Fridas Erklärungen zu ihrem Bild sind insofern interessant, als sie die nüchterne und völlig unprätentiöse Art erkennen lassen, wie die Malerin über ihre Kunst nachdachte:

«Da dies das erste Mal in meinem Leben ist, daß ich vor einem größeren Publikum versuche, eines meiner Bilder zu ‹erklären›, werden Sie es mir wohl verzeihen, wenn nicht alles ganz folgerichtig erscheint oder meine Sätze etwas trocken klingen . . .

Ich habe Freuds Buch nur einmal gelesen und das Bild nach den ersten Eindrücken gemalt, die mir die Lektüre hinterlassen hatte. Als ich nun gestern für Sie diese Gedanken niederschrieb, habe ich mir das Buch noch einmal vorgenommen, und ich muß gestehen, ich finde jetzt mein Bild sehr unvollständig und eigentlich ganz verschieden von den Interpretationen, die Freuds wunderbare Analyse seines Moses verlangt. Aber nun läßt sich das nicht mehr ändern; man kann nichts mehr wegnehmen oder hinzufügen, und so will ich Ihnen einiges darüber sagen, was ich gemalt habe und was Sie hier in dem Bild vor sich sehen. Natürlich ist das Hauptthema Moses oder auch die Geburt des Helden. Aber ich habe auf meine – die Dinge im Schwebezustand lassende – Weise die Taten und Bilder verallgemeinert, die mich bei der Lektüre am meisten beeindruckt haben. Es liegt bei Ihnen zu entscheiden, inwieweit ich bei der Darstellung dessen, was auf mein Konto geht, danebengegriffen habe . . .»

Wegen des weitgefaßten Themas und wegen der Vielfalt von Figuren haben manche Betrachter Fridas *Moses* mit einem Fresko verglichen. Aber dies Bild hat nicht das geringste mit Kunst für die Massen und für die breite Öffentlichkeit zu tun. Die Malerin hat den historischen Gegenstand in so freier und individueller Weise behandelt, daß er zum Ausdruck ihrer persönlichen Spekulation und gefühlsmäßigen Beschäftigung mit der Fortpflanzung als einem Teil des Lebenszyklus wurde. *Moses* läßt auch den Drang der Künstlerin erkennen, alle Zeiten und allen Raum in einer einzigen Vision erschaubar zu machen. Wie in *Wurzeln* handelt es sich hier um den Ausdruck von Fridas religiöser Anschauung, eine vitalistische Form des Pantheismus, die sie weitgehend mit Diego teilte. Fridas Credo war eine allumfassende Sicht des Universums als eines komplizierten Gewebes von «leitenden Fäden», einer «Harmonie von Form und Farbe», wo «alles sich nach einem einzigen Gesetz bewegt – dem Gesetz des Lebens; denn niemand ist getrennt von anderen vorstellbar. Niemand kämpft allein. Alles stützt sich gegenseitig und bildet eine Einheit. Angst und Schmerz, Lust und Tod sind nichts anderes als Vorgänge im Ablauf des Seins.»

Diese Passage aus dem Tagebuch der Künstlerin stammt von 1950 und lautet weiter:

«Keiner ist mehr als nur ein kleines Rädchen im großen Getriebe. Wir bewegen uns auf unser eigenes Selbst zu durch Millionen von Wesen – Steine – Vogelkreaturen – Sterngeschöpfe – Mikroben – Lebensbrunnen von uns selbst. Mannigfaltigkeit des einen, Unfähigkeit dem Zweifachen, dem Dreifachen zu entgehen, dem Etcetera des Immerwährenden – um zur Einheit zurückzukehren. Aber nicht zur Summe, die manchmal Gott heißt, manchmal Freiheit, manchmal Liebe – Nein – Wir waren schon immer Haß-Liebe-Mutter-Kind-Pflanze-Erde-Licht-Blitz-usw-Weltspender von Welten – Universen und die in nichts festgelegten Zellen.»

«La Esmeralda» klingt zwar nach Edelstein, hat aber nichts mit einem Smaragd oder einem Juweliergeschäft in Mexico City zu tun. Der Name bezieht sich vielmehr auf die Maler- und Bildhauerschule des Erziehungsministeriums. Die Studenten nannten sie so, weil sie ursprünglich in der Esmeralda-Straße lag. Als die Schule im Jahre 1942 eröffnet wurde, gab es zunächst mehr Lehrkräfte als Studenten. Antonio Ruiz, ein Maler von kleinen humorvollen und phantastischen Werken, wurde zum Direktor ernannt und begann, einen beachtlichen Stab von zweiundzwanzig Leuten um sich zu scharen. 1943 gehörten zum Lehrkörper so prominente Künstler wie Jesús Guerrero Galván, Carlos Orozco Romero, Agustín Lazo, Manuel Rodríguez Lozano, María Izquierdo, Diego Rivera und Frida Kahlo. Fridas Anfangsgehalt belief sich auf 252 Pesos für zwölf Lehrstunden wöchentlich, die auf drei Tage verteilt waren. Obwohl sie ihren Lehrverpflichtungen nach den ersten drei Jahren nur noch unregelmäßig nachkommen konnte, hat man sie dennoch über zehn Jahre lang in der «Esmeralda» als Lehrerin geführt.

Der erste Auftritt der Künstlerin in der Kunstschule machte großes Aufsehen. Einige Studenten bewunderten sie von Anfang an, andere –

wie beispielsweise Fanny Rabel, die damals noch Fanny Rabinovich hieß – verhielten sich zunächst skeptisch:

«Es ist eine alte Unsitte, daß Frauen kein Zutrauen zu Frauen haben. Deshalb war ich auch nicht begeistert, als ich erfuhr, daß ich eine Lehrerin haben sollte. Bis dahin war ich immer von Lehrern unterrichtet worden und hatte nur männliche Mitstudenten gekannt. In Mexico wurde alles vom männlichen Geschlecht bestimmt, und in der Schule gab es nur wenige Mädchen. Mein Lehrer in der Landschaftsklasse hieß Feliciano Peña, und er kam einmal herein und erzählte uns: ‹Na, da habe ich eben diese Frau Kahlo im Büro getroffen. Sie hat mich angeschaut und gefragt: ‹Sind Sie hier Lehrer?›, was ich natürlich bejahte; dann hat mich die Kahlo gefragt: ‹Und wie geht das mit dem Unterrichten? Ich habe keine Ahnung davon.› Peña war ziemlich ärgerlich und meinte: ‹Wie kann sie bloß Lehrerin werden, wenn sie keine Ahnung vom Unterrichten hat?!›

Aber kaum war ich mit Frida zusammen, war ich schon fasziniert von ihr; denn sie hatte eine Begabung, Leute zu fesseln. Sie war einmalig. Es steckte unheimlich viel *alegría* in ihr, Humor und Lebenslust. Sie hatte ihre eigene Sprache entwickelt, ja sogar eine eigene Art, Spanisch zu sprechen. Ihre Ausdrucksweise war äußerst lebendig, von Gesten begleitet, von Schauspielerei, Lachen, witzigen Bemerkungen und einem hochentwickelten Sinn für Ironie. Das erste, was sie zu mir sagte, war: ‹Ach, du bist also eine von den *muchachitas* hier? Du sollst bei mir studieren? Ja, hör mal, wie geht das eigentlich, wenn man Unterricht gibt? Ich weiß das nämlich nicht. Aber wir werden das schon zusammen irgendwie hinkriegen.› Ich war völlig entwaffnet von dieser Offenheit. Sie war sehr freundlich, und ihre Beziehung zu den Studenten begann sofort auf der Basis von Gleichberechtigung und mit dem familiären Du. Sie wurde eine Art große Schwester für uns oder wie eine Mutter, die ihre *muchachitas* betreut.»

Wie sich der Maler Guillermo Monroy erinnert, war Frida «für alle ein guter Kamerad und eine ungewöhnliche Lehrerin. Sie war wie eine wandelnde Blume. Sie ließ uns die Dinge malen, die wir daheim hatten: Tonkrüge, Volkskunst, Möbelstücke, Spielsachen, Judasse. So fühlten wir uns auch in der Schule mehr zu Hause.» Monroy schrieb verschiedene begeisterte Artikel über seine geliebte *maestra*. Darunter befindet sich auch eine Beschreibung ihres ersten Tages als Lehrerin an der «Esmeralda»:

«. . . Sie erschien dort ganz plötzlich wie ein überwältigend schöner Blütenzweig. Sie strahlte Freude, Freundlichkeit und Bezauberung aus. Gewiß hatte das auch etwas mit der Tehuanatracht zu tun, in die sie gekleidet war und die sie stets mit so viel Grazie trug. Die jungen Leute, die ihre Schüler werden sollten, empfingen sie mit echter Begeisterung und Zuneigung. Nach der Begrüßung plauderte sie eine Weile liebenswürdig mit uns, sagte dann aber sehr bald: ‹Also, Kinder, jetzt wollen wir mal anfangen. Ich werde eure sogenannte Lehrerin sein. Das bin ich natürlich überhaupt nicht, ich will bloß eure Freundin sein, denn ich bin noch nie Mallehrerin gewesen und werde es wohl auch nie werden, wo ich doch selber dauernd noch lerne. Malen ist jedenfalls das Herrlichste, was es gibt, aber es ist sehr schwer, und daher ist es notwendig, daß man das Handwerk richtig lernt, daß man sich sehr unter Kontrolle hat und vor allem, daß man die Malerei wirklich liebt. Ich sage euch jetzt ein für allemal: Wenn das bißchen Erfahrung, das ich im Malen gewonnen habe, für euch irgendwie nützlich ist, könnt ihr es mir sagen. Bei mir werdet ihr alles malen, wonach ihr Lust habt und was euch das Gefühl sagt. Ich will versuchen, euch so gut wie möglich zu verstehen. Von Zeit zu Zeit werde ich mir erlauben, ein paar Bemerkungen über eure Arbeit zu machen; als echte *cuates* müßt ihr das aber auch bei meinen eigenen Arbeiten tun. Ich werde euch nie den Bleistift abnehmen und in euren Arbeiten herumkorrigieren. Ihr müßt nämlich wissen, daß es auf der ganzen Welt keinen Lehrer gibt, der wirklich ‹Kunst lehren› kann. Das ist völlig unmöglich. Wir werden eine Menge über die eine oder andere theoretische Frage sprechen, über die verschiedenen Techniken der bildenden Künste, über Form und Inhalt der Kunst und über alles, was eng mit unserer Arbeit zu tun hat. Hoffentlich langweile ich euch nicht. Falls das dennoch passiert, haltet um Gottes willen nicht still!› Diese einfachen und eindeutigen Worte sprach sie in einer völlig unaffektierten Art und ohne jede lehrerhafte Pedanterie.

Nach einer kurzen Pause fragte uns *maestra* Frida, was wir denn nun malen wollten. Bei dieser direkten Frage herrschte in der Gruppe erst einmal verwirrtes Schweigen. Wir schauten uns gegenseitig an und wußten nicht, was wir sagen sollten. Dann fiel mir ein, wie hübsch unsere Lehrerin war, und ich fragte sie in aller Offenheit, ob sie nicht für uns Modell sitzen wollte. Sie war sichtlich bewegt, und auf ihren Lippen spielte ein Lächeln, als sie um einen Stuhl bat. Kaum hatte sie sich gesetzt, war sie schon von den Studenten mit ihren Staffeleien umringt. Frida Kahlo saß vor uns, sehr ernst und erstaunlich ruhig. Sie schwieg so nachhaltig und beeindruckend, daß niemand von uns gewagt hätte, die Stille zu unterbrechen.

Die Studenten der Kahlo sind sich darin einig, daß ihre Unterrichtsweise völlig spontan war. Sie zwang niemandem ihre eigenen Ideen auf. Sie ließ alle Temperamente und Talente gelten, und sie lehrte die Studenten, ihre Arbeiten selbstkritisch zu prüfen. Sie machte scharfsinnige Bemerkungen, war jedoch immer freundlich und milderte sowohl Lob wie Tadel, indem sie es nicht absolut setzte. «Mir scheint, daß dies hier stärker durch Farbe wirken sollte», sagte sie etwa, oder auch: «Dies hier sollte mit jenem dort mehr ausgeglichen werden. Dieser Teil ist nicht so gut, das würde ich anders machen, aber ich bin ja ich, und du bist du. Es ist meine Meinung, und ich kann mich täuschen. Wenn es dir hilft, kannst du es übernehmen, und wenn nicht, läßt du es eben bleiben.»

«Die eigentliche Hilfe, die sie uns gab, bestand darin, daß sie uns anregte, und dies in hohem Maße», sagte Arturo García Bustos, ein anderer ihrer Schüler. «Sie ließ keine Silbe verlauten darüber, wie wir malen sollten, oder über Stilfragen, wie man das von Diego Rivera kannte. Sie versuchte erst gar nicht, theoretische Dinge zu erklären, aber sie äußerte sich immer spontan über unsere Arbeiten. So sagte sie etwa: «Wie schön du das gemacht hast!», oder: «Die Stelle ist noch zu häßlich.» Im Prinzip hat sie uns beigebracht, die einfachen Leute gern zu haben und die Bedeutung der Volkskunst zu erkennen. Beispielsweise sagte sie: «Schaut euch diesen Judas an! Wie wunderbar! Diese Proportionen! Was würde Picasso darum geben, wenn er etwas mit solchem Ausdruck machen könnte, etwas so Starkes!»

Fanny Rabel glaubt, daß Fridas Leistung als Lehrerin darin bestand, daß sie ihre Studenten lehrte, die Welt mit den Augen eines Künstlers zu sehen. «Sie öffnete uns den Blick für unsere Umwelt, für unser Mexico. Nicht etwa durch ihre eigene Malweise hat sie uns gefördert, sondern durch das Vorbild ihres Lebens, durch ihre Art, auf die Leute, die Welt und die Kunst zu reagieren. Sie bewirkte in uns, daß wir eine bestimmte Art von Schönheit des mexikanischen Landes spürten und verstanden, die wir ohne sie nicht wahrgenommen hätten. Solche Sensibilität hat sie uns nicht mit Worten vermittelt. Wir waren damals jung, noch ziemlich unkompliziert und formbar. Einer unserer Mitstudenten war noch nicht einmal fünfzehn Jahre alt, ein anderer kam vom Lande und hatte überhaupt keine Schulbildung genossen. Intellektuelle waren wir alle nicht. Frida Kahlo hat uns nichts aufoktroyiert. Sie forderte uns nur auf, das zu malen, was wir sahen, was wir gerne malen wollten. Jeder von uns malte verschieden, folgte seinem eigenen Weg. Niemand kopierte die *maestra*. Während der Stunden wurde viel geschwatzt und gelacht. Es war ein fröhliches Beisammensein, denn sie legte keinen Wert auf die sonst übliche Förmlichkeit von Lehrstunden. Rivera konnte aus allem und jedem im Handumdrehen eine Theorie entwickeln. Die *maestra* dagegen war instinktiv und spontan. Wo immer sich ihr etwas Schönes darbot, ließ sie sich davon anregen und beglücken.»

«*Muchachos*», kündigte sie einmal an, «solange wir hier in der Schule eingeschlossen sind, können wir nichts zuwege bringen. Wir wollen auf die Straßen hinausgehen und das Leben draußen malen.» Und so gingen und fuhren sie oft hinaus auf die Marktplätze, in die Elendsviertel, zu den Klöstern der Kolonialzeit und zu den Barockkirchen, manchmal auch zu Nachbarstädten und zu den Pyramiden von Teotihuacán. Einmal begleitete Frida ihre Studenten, auf Krücken gestützt, nach Xochimilco hinaus, um Francisco Goitia zu besuchen. Jahre zuvor hatte er den Regierungsauftrag erhalten, die Indios und ihre Trachten in Bildern zu dokumentieren. Inzwischen hatte er die Malerei fast völlig aufgegeben, wohnte in einer primitiven Hütte und unterrichtete Dorfkinder.

Auf dem Wege zum jeweiligen Studienziel und auf dem Heimweg lehrte die *maestra* ihre Schüler *corridos* und mexikanische Revolutionslieder; sie sang mit ihnen auch die Lieder der kommunistischen Jugendorganisation. Nicht selten machten sie Pause in *pulquerías*, wo Balladensänger Volkslieder für ein paar Pesos vortrugen. Der Maler Hector Xavier, der an der «Esmeralda» studierte, aber nicht in der Klasse der Kahlo war, nahm an einem solchen Ausflug nach Teotihuacán teil. «Als wir uns auf die Heimfahrt zur Stadt begaben», erinnert er sich, «hielt der Lastwagen vor einer *pulquería*. Frida saß vorne neben dem Fahrer, teils, weil sie entdeckt hatte, was für ein interessantes Gesicht er hatte, teils, weil es vorn auf dem Fahrersitz bequemer für sie war als bei uns hinten auf der Ladefläche. Sie rief, wir sollten herunterkommen: ‹Auf, alle *muchachos* in die *pulquería*›, sagte sie, ‹ich bleibe hier bei dem Herrn.› Also sprangen wir herunter. Sie gab uns eine kleine Geldbörse, und wir setzten uns in die Kneipe. Ich sah damals zum ersten Mal die Becher, aus denen man *pulque* trinkt, und ich kam mir vor, wie wenn wir die ganze Welt zum Trinken hätten einladen können. Frida bezahlte es ja. Zum Schluß rief sie vom Lastwagen her: ‹Alle Mann an Bord!›, und wir stiegen wieder auf. Sie schwatzte derweil mit dem Fahrer, der ihr allerlei lustige Anekdoten

In *Die Liebesumarmung des Universums, die Erde (Mexico), Diego, ich und Señor Xolotl* hat die Malerin 1949 ihren tiefsten Seinsgrund in der Verbindung aller Dinge dargestellt.

erzählte. Zwei Häuserblocks vor der Schule ließ sie anhalten und sagte: ‹Wer in der Verfassung ist, daß er meint, er kann weiterfahren und mit zur Schule kommen, bleibt oben; alle andern steigen hier aus.› So kamen wir mit einer zusammengeschrumpften Gruppe zurück; aber wir waren glücklich über den erlebnisreichen Tag mit Frida in Teotihuacán und in der *pulquería.*»

Nach einiger Zeit wurde der Kahlo die lange Fahrt zwischen Coyoacán und der «Esmeralda» zu beschwerlich. Trotz ihrer angegriffenen Gesundheit wollte sie aber nicht ihre Lehrtätigkeit aufgeben. Sie bat daher ihre Studenten, zu ihr nach Hause zu kommen. Anfangs fuhren auch viele nach Coyoacán hinaus, aber mit der Zeit verließen die meisten ihre Klasse, weil ihnen die lange Busfahrt zuviel wurde. Im Leben der vier Studenten aber, die bei ihr blieben – Arturo García Bustos, Guillermo Monroy, Arturo Estrada und Fanny Rabel –, wurde Frida eine so zentrale Figur wie für Mariana Morillo und für Roberto Behar. «Wir gewöhnten uns dermaßen an Frida und mochten sie so gerne, daß es uns so vorkam, als ob wir immer bei ihr gewesen wären», erinnert sich Fanny. «Alle liebten wir sie auf unsere eigene Weise. Für uns war ihr Leben so eng mit dem unseren verknüpft, daß wir es uns ohne sie kaum vorstellen konnten.» Die Getreuen sollten noch Jahre mit ihr zusammenbleiben, auch nachdem sie ihre Studienzeit an der «Esmeralda» beendet hatten. Wie Riveras Schüler «Los Dieguitos» hießen, nannte man Fridas Studenten «Los Fridos».

Als sie zum ersten Mal bei ihr in Coyoacán ankamen, sagte die Kahlo zu ihnen: «Der ganze Garten steht zu unserer Verfügung, wir wollen malen. In diesem Raum hier könnt ihr eure Sachen verstauen. Ich werde derweil in meinem Studio arbeiten, und ich werde auch nicht jeden Tag Korrekturen geben.» Ihr Zeitplan war in der Tat sprunghaft und unvorhersehbar. Manchmal besprach sie die Arbeiten der Studenten dreimal in einer Woche, manchmal verstrichen vierzehn Tage bis zur nächsten Korrektur. Gelegentlich war Rivera mit dabei und gab seinen Kommentar zu den Arbeiten ab. Der Unterricht war mehr wie ein geselliges Zusammensein: Die Kahlo sorgte für Speise und Trank, und es kam auch vor, daß sie nachher alle ins Kino gingen. «Ich erinnere mich noch besonders an eine Gelegenheit, bei der sie ganz in Schwarz gekleidet mit einem Spazierstock in der Hand in den Garten kam. Ihr Kopf war über und über mit Blumen geschmückt», sagt García Bustos. «Wir waren alle in sie verliebt. Sie hatte eine besondere Grazie und Anziehungskraft. Sie war so heiter, daß sie allenthalben Poesie um sich her verbreitete.» An einen anderen Morgen im Juni 1944 kann sich Monroy besonders gut erinnern.

Er kam sich wie behext vor. Der Garten war etwas nebelverhangen, und er hatte sich schon ganz früh daran gemacht, eine Amaryllispflanze neben einem kleinen Fischteich zu malen. Er war so vergnügt und in seine Arbeit vertieft, daß er laut zu singen anfing. «Und dann», so hat es sich ihm eingeprägt, «hatte ich eine seltsam beunruhigende Empfindung an der Schulter, eine Art Schauder, dann das Gefühl von Wärme und etwas wie einen leichten elektrischen Schlag, bis meine Schulter wie von einem blauen Blitz getroffen wurde. Als ich mich umwandte, war Frida Kahlo bei mir. Sie lachte, schaute mir in die Augen und sagte: ‹Sing ruhig weiter, Monroycito, du weißt ja, daß ich auch gerne singe. Wie schön dein Bild wird; laß dir nur nichts von dem aufregenden Vergnügen mit der kleinen Amaryllis entgehen ... Wie erregend das Malen doch sein kann, nicht wahr? Und was für eine herrliche Pflanze!» Mit einem Lächeln küßte Frida Monroy auf die linke Wange und sagte noch vor dem Weitergehen. «Mach nur weiter, hör nie auf zu malen und zu singen!»

Für die Studenten war das blaue Haus in Coyoacán ein Lehrmaterial ganz besonderer Art. Alle Modelle waren greifbar zur Hand: Affen, Hunde, Katzen, Fische, Frösche, Vögel, die Pflanzen des Gartens und die Kunstwerke, die das Haus barg. Die Kahlo versuchte ihren Studenten eine ästhetische Haltung dem täglichen Leben gegenüber anzugewöhnen, indem sie sie die Stilleben aus Früchten, Blumen und Gefäßen am Eßtisch immer neu arrangieren ließ. Es wurde ein regelrechter Wettbewerb daraus, wer wohl die wirksamste Komposition zu schaffen verstand. «Sie hielt die Szenographie der Dinge um sie her in ständiger Veränderung», heißt es bei Fanny Rabel. «Sie konnte an einem Tag zwanzig verschiedene Ringe tragen und zwanzig weitere am Tag darauf. Ihre Welt war voll von Dingen, und sie fügte sie stets in einer bewußten Ordnung zusammen.»

Frida Kahlo machte ihre Studentengruppe zu einer Familie, man möchte fast sagen, zu ihrer Familie, und das Haus der Künstlerin wurde ein exotisches Heim für sie, wo sie einer ganz neuen Welt begegneten. «Wenn sie krank war und zu Hause bleiben mußte, waren stets Leute da», weiß Fanny zu berichten. «Das war etwas, was mich sehr beeindruckte – all diese Leute, überspannte Typen wie etwa Jacqueline Breton, [die seit 1947 in Mexico lebende surrealistische Malerin] Leonora Carrington, [der surrealistische spanische Maler] Esteban Frances, Benjamin Péret, überhaupt all die Künstler und Sammler und Freunde. Wenn ich große Augen machte, zwinkerte mir Frida zu, weil sie sah, wie beeindruckt ich war. Ich weiß noch, wie ich nach vielen Jahren einmal zu ihr sagte, daß ich es mit all den Leuten nicht aufnehmen könnte und sicher niemals eine Künstlerin werden würde. Frida gab mir zur Antwort: ‹Du weißt doch genau, warum sie all die verrückten Sachen machen. Sie haben keine eigene Substanz und müssen sie durch irgend etwas ersetzen. Du entwickelst dich zur Künstlerin, weil du Talent hast. Und weil du aus dir heraus schaffst, brauchst du all diese Mätzchen nicht.»

Genau wie Frida bei ihren Studenten die möglichst enge Beziehung zwischen Kunst und Leben in jeder Weise förderte, regte sie sie auch zur Lektüre an, empfahl ihnen beispielsweise Walt Whitman und Majakowski. Sie lenkte die Aufmerksamkeit ihrer Schüler auf die Kunstgeschichte, indem sie präkolumbische Plastiken im anthropologischen Museum skizzieren ließ oder sie zum Kopieren von Kunstwerken aus der Kolonialzeit in anderen Museen anhielt. Sie nannte die vorspanische Kunst «die Wurzel unseres zeitgenössischen Schaffens». Dabei vernachlässigte sie es keineswegs, ihre Schüler auch mit der europäischen Kunsttradition vertraut zu machen, zeigte ihnen z. B. Bildreproduktionen nach Rousseau oder Brueghel. Picasso führte sie als einen großen und vielseitigen Maler an. Daneben vermittelte sie ihren Schülern auch ein Interesse an der Biologie. Sie führte Abbildungen von Mikroorganismen aus der Tier- und Pflanzenwelt vor. Da sie selbst von der Fortpflanzung des Lebens fasziniert war, zögerte sie nicht, auch Sexualkunde in ihr Curriculum aufzunehmen. Sie lieh ihren Schülern Bücher, die die Entwicklung des menschlichen Embryos darstellten, aber auch Bücher über erotische Kunst, an der sie naturgemäß Gefallen fand.

Einige von Fridas Studenten hatten bei Diego Rivera an der «Esmeralda» Wandmalerei studiert, und da sie das Interesse ihrer Studenten an dieser Tätigkeit kannte, organisierte die Kahlo mehrfach Gelegenheiten für sie, bei denen sie Wandbilder gestalten konnten. Nicht weit vom blauen Haus, in derselben Straße, in der auch der abgedankte rumänische König Carol wohnte, gab es die *pulquería* «La Rosita». Wie in den meisten *pulquerías* hatte die Regierung die Wände dieses Ausschanks aus sozialhygienischen Gründen übertünchen lassen. Frida erwirkte nun die Erlaubnis, an der Fassade zur Straße hin neue Wandbilder malen zu dürfen, und bald waren die «Fridos» zusammen mit mehreren anderen Studenten der «Esmeralda» im Alter von vierzehn bis neunzehn Jahren am Werk. Pinsel und Farbmaterial wurden von Frida und Diego beigesteuert. *El maestro* und *la maestra* kamen häufig, um die jungen Leute bei der fortschreitenden Arbeit zu beraten. Sie legten aber nicht selbst Hand mit an. Das ganze Projekt war auf Spaß und Freude an der Sache aufgebaut, und niemand erwartete, daß dabei ein großes Kunstwerk entstehen würde. Im Stil orientierte man sich an dem stark vereinfachenden Realismus Riveras und an der naiven Malerei, in der auch früher schon die Bilder in den *pulquerías* ausgeführt worden waren. Die Motive waren Stadt- und Landszenen, die von dem Namen der Bar abgeleitet waren – Rosita, das Röschen – und von der Bedeutung des volkstümlichen Getränks, das dort ausgeschenkt wurde. Die Arbeit wurde auf die einzelnen Mitarbeiter nach Begabung und Vorliebe der Studenten verteilt. Fanny Rabel erinnert sich, daß sie ein junges Mädchen malen mußte. Sie malte auch Rosen auf einer Wiese. In jenen Jahren hielt man es noch für angemessen, daß eine Malerin sich mit der Darstellung von Kindern hervortat, und es ist kein Wunder, daß Fanny sich tatsächlich auf das Malen von Kindern spezialisiert hat.

Das Fest zur Einweihung der neugestalteten *pulquería*-Fassade wurde eine unerwartet große Attraktion für «ganz Mexico». In der Menge, die sich versammelte, waren Prominente aus der Welt der Kunst, der Literatur, der Musik und vom Film. Natürlich waren auch die Studenten der «Esmeralda» und die Leute aus Coyoacán sehr zahlreich vertreten. Feuerwerk wurde abgebrannt, man ließ Luftballons aufsteigen, und es gab einen Festzug. Frida und die Kunststudentinnen kamen alle in Tehuanakleidung. Die *pulquería* und die Straße waren mit leuchtend farbigen Transparenten und Girlanden aus Seidenpapier geschmückt. Es regnete Konfetti. Auf den Straßen wurde musiziert und getanzt. Ein Schnappschuß zeigt Rivera mit dem Sombrero auf dem Kopf, die Hände im Nacken verschlungen, wie er eine *jarana* aus Yucatán tanzt. Auch Frida, die die Schmerzen im Rückgrat und im Fuß mit Hilfe von Tequila in der allgemeinen Festeuphorie zu vergessen suchte, tanzte mit Diego *jaranas, danzones* und *zapateados*. Hector Xavier erinnert sich: «Die tollste Geschichte an jenem Nachmittag passierte, als ich zu Rivera hinging und sagte: ‹Maestro, der Französischlehrer, Benjamin Péret, der da drüben sitzt, möchte unbedingt einen *zapateado* mit Ihnen tanzen.› Und Rivera mit seinem gewaltigen, schwankenden und dennoch behender Bewegungen fähigen Körper pflanzte sich vor dem Mann auf und sagte: ‹Darf ich zum Tanz bitten!› Péret sagte: ‹Nein, ich tanze nicht! Ich weiß ja gar nicht, wie das geht.› Er war ja auch erst kurz zuvor aus Europa gekommen. In Rivera steckte aber ein Kobold, der zu derben Scherzen neigte und zu den heftigsten Drohgebärden fähig war. Als Péret ihn wegschicken wollte, nahm Rivera seine Pistole aus der Tasche und sagte: ‹Ich werd dir zeigen, wie der *zapateado* geht.› Und dem Französischlehrer blieb gar nichts anderes übrig, als mit dem Koloß zu tanzen, der sich

langsam und graziös wie ein Elefant auf den Hinterbeinen bewegte.»
Es ist begreiflich, daß die Studenten von ihrem Erfolg ganz hinge-
rissen waren. Die Leute in der Gemeinde mochten die Wandbilder an
der *pulquería* so gerne, daß den «Fridos» noch mehrere Aufträge angeboten wurden. Dem «La Rosita»-Erfolg war auch ein anderes Projekt
zu danken, das die «Fridos» 1944 in Angriff nahmen. Ein langjähriger
Bekannter der Riveras hatte ein Luxushotel gebaut, das Posada del
Sol, und er wünschte sich, daß Diego und Frida in der Halle, wo die
Hochzeitsbankette gefeiert wurden, Fresken malen sollten. Der Maestro war an dem Auftrag nicht interessiert, und Frida konnte sich
wegen ihres Gesundheitszustandes nicht mit der Sache befassen. Dennoch lehnten sie die Arbeit nicht ab, sondern sagten, sie wollten sie
unter Mitwirkung der «Fridos» durchführen. Der Hotelbesitzer nannte das Thema, das er bearbeitet wissen wollte: große Liebesszenen aus
der Weltliteratur. Die jungen Künstler führten denn auch ihre Skizzen
vor und fingen mit der Arbeit an. Da sie aber die Themenstellung für
albern und altmodisch hielten, änderten sie unter der Hand die Pläne
und malten Liebesszenen aus dem mexikanischen Alltag, z. B. eine
Liebeswerbung während einer Fiesta oder die verzweifelte Leidenschaft von Soldaten während der Revolution. Dem Hotelbesitzer wollte das überhaupt nicht gefallen. Er kündigte kurzerhand den Vertrag
und ließ die angefangene Arbeit übertünchen.

Im Jahre 1945 besorgte die Kahlo einen wesentlich geeigneteren
Auftrag für ihre Studenten. Um die Arbeitsbedingungen von Wäscherinnen zu verbessern, die sich gewöhnlich aus armen Witwen und
unverheirateten Müttern rekrutierten und die bis dahin ihre Wäsche
zuweilen in lehmigen Bächen waschen mußten, hatte Präsident Cárdenas öffentliche Waschhäuser errichten lassen. Die Wäscherei in
Coyoacán bestand aus mehreren kleinen Gebäuden, die jeweils verschiedenen Zwecken dienten: das eine zum Bügeln, das andere als
Kinderhort, ein drittes als Kantine, ein weiteres war Versammlungs-
raum für öffentliche und soziale Aufgaben. Hier malten die «Fridos»
ihre Wandbilder.

Nachdem sie zwei Jahre lang durch den Umgang mit der Kahlo
und mit Rivera auf soziale und politische Probleme aufmerksam gemacht worden waren, fühlten sich die «Fridos» beglückt, an einem
Kunstprojekt für das öffentliche Wohl arbeiten zu können. Frida besorgte Pinsel und Farben, und die Wäscherinnen kamen für Erfri-
schungen auf. Zunächst entwickelten die Studenten ihre Skizzen nach
einem gemeinsam gefaßten Plan. Dann kam der Augenblick, an dem
sie mit Hilfe der *maestra* alles zu einem Ganzen zusammenfügten,

wobei von allen das Beste ausgewählt und der Einheit des Themas untergeordnet wurde.

García Bustos erinnert sich, wie jeder Frida und einer großen Gruppe von Waschfrauen seinen Plan vorzeigte und darlegte: «Mein eigenes Projekt rührte die Frauen so sehr, daß sie weinen mußten, weil sie sich, wie sie sagten, an die Kümmernisse ihres eigenen Lebens erinnert fühlten. Sie fragten mich, ob wir den Jammer ein wenig zudecken könnten, zumal einige von ihnen in den Fresken abgebildet werden sollten. Zum Schluß wurde aber Monroys Plan angenommen, weil er in seinen Bildgegenständen weniger schmerzlich war.» Jeder Maler übernahm die Verantwortung für die Bildgestaltung der Wand, deren Komposition er vorgezeichnet hatte; aber alle arbeiteten dennoch an allen Wänden mit, wobei sie besonderen Wert darauf legten, die bildnerische Persönlichkeit des jeweiligen Zeichners zu respektieren.

Nichts ließ die Kahlo unversucht, um die Laufbahn ihrer Schützlinge zu fördern. Sie half ihnen, Arbeitsplätze als Künstlergehilfen zu finden und Ausstellungen ihrer Werke zu veranstalten. Die vier ältesten Schüler der Frida Kahlo halten auch heute noch zusammen. Sie sind stolz darauf, wenn sie «Los Fridos» genannt werden; und doch hat keiner von ihnen seinen Stil an dem der Kahlo orientiert. Jeder aus dieser Kerngruppe arbeitet auf seine ganz individuelle Weise. Was sie miteinander verbindet, ist ihre Sympathie und ihr Mitgefühl für die einfachen kleinen Leute in Mexico und ihre begeisterte Liebe zur mexikanischen Kultur. Als die «Fridos» ihre Studien an der «Esmeralda» beendet hatten, sagte Frida zu ihnen: «Mir wird ziemlich traurig zumute sein, wenn ihr nicht mehr da seid.» Rivera suchte seine Frau zu beruhigen: «Sie haben jetzt den Punkt erreicht, von dem aus sie ohne Hilfe gehen können. Aber auch wenn sie ihren eigenen Weg zurücklegen, werden sie doch immer wieder zu uns kommen und uns besuchen; denn sie sind doch unsere Kameraden geworden.»

Frida hatte ihre Studenten tatsächlich stets wie ihre «Kameraden» behandelt, und es war von Rivera keineswegs übertrieben, als er von den politischen Impulsen sprach, die Frida ihren Schülern mitgab: «Sie ermutigte die Entwicklung eines persönlich-individuellen Stils in der Malerei», schrieb er, «und sie drängte ihre ‹Gefolgsleute›, feste politische und soziale Vorstellungen zu entwickeln und danach zu handeln. Die meisten ihrer Schüler sind Mitglieder der kommunistischen Partei.» Frida übertrug ihre politische Linksorientierung allein schon durch ihr persönliches Beispiel und indem sie ihren Mann als Vorbild hinstellte. Von 1944 an bewarb sich Rivera mehrfach um die

Wiederaufnahme in die Kommunistische Partei Mexicos, und Frida, obwohl anfangs nur zögernd, folgte ihm wie gewöhnlich. Jemand hat dazu einmal treffend bemerkt: «Wenn Diego gesagt hätte, er sei der Papst, wäre Frida mit Sicherheit eine fromme Anhängerin des Papstes geworden.» Die Künstlerin hat diese Abhängigkeit von der politischen Haltung ihres Mannes noch besser ausgedrückt. Unter ihren Papieren fand sich ein hingekritzelter Reim: *Yo creí a D. R./Con el burgués una fiera;/pero adoro sus ideas/porque no escoge a las feas.* (Ich glaube an Diego Rivera / der Teufel hol die Bourgeoisie / aber seine Ideen bewundere ich / weil er sich nicht die falschen aussucht.) So war es denn eine Ironie des Schicksals, daß Riveras Anträge auf Wiederzulassung bis 1954 zurückgewiesen wurden, während Frida, die sich nie offiziell zum Trotzkismus bekannt hatte, bereits 1948 wieder in die kommunistische Partei aufgenommen wurde, nachdem sie sich dem üblichen, demütigenden Ritual der Selbstkritik unterzogen hatte, das von allen Rechtgläubigen verlangt wird.

Obwohl kein Zweifel daran bestehen kann, wo die Sympathien der Kahlo lagen, bleibt die Intensität ihrer politischen Überzeugungen ein umstrittenes Problem für ihre Biographen. Es gibt Leute, die sie als linksradikale Heldin sehen wollen; andere glauben, daß sie im Grunde ihres Wesens apolitisch war. Offenbar wird die Stärke ihres politischen Einsatzes je nach dem eigenen politischen Engagement der berichtenden Person eingeschätzt. So tendieren linksorientierte Leute dazu, die Malerin als glühende Kommunistin zu sehen, während Menschen mit politisch naiven Vorstellungen und solche, die Fridas Kommunismus nicht gerne sehen, die Künstlerin als eine unpolitische Person ausgeben wollen. Was man jedoch mit Bestimmtheit sagen kann, ist, daß die Kahlo seit den vierziger Jahren den sozialen Inhalt in ihrer Kunst sehr wichtig nahm und daß sie sich sehr um die Ausbildung eines politischen Bewußtseins bei den ihr anvertrauten Studenten kümmerte, wobei sie ihnen marxistische Literatur empfahl und sie an den politischen Diskussionen zwischen Diego und ihr teilnehmen ließ. Malerei, so sagte sie, sollte eine Funktion in der Gesellschaft haben. Sie war zwar gerne bereit zuzugeben, daß sie selbst keine politischen Bilder schuf, trotzdem ermutigte sie ihre Studenten, der Rivera-Tradition mit ihrem sozialorientierten «mexikanischen» Realismus zu folgen, anstatt sich auf die gerade laufende Mode der von Europa inspirierten modernistischen Staffeleimalerei einzulassen.

Es ist übrigens interessant, wenn man feststellt, daß die männlichen Studenten die Kahlo als eine politisch engagierte Persönlichkeit schildern, daß die Studentin Fanny Rabel dagegen meint, ihre Lehrerin habe politisch nie wirklich Partei ergriffen: «Sie war eine Humanistin und keine politisierte Frau.»

Seither hat sich um die «Fridos» eine Gruppe von linksgerichteten Malern gebildet, deren gemeinsames Ideal darin besteht, die Kunst dem Volke nahe zu bringen. Sie sind bekannt geworden als die «Jungen Revolutionären Künstler Mexicos». Auf dem Höhepunkt ihrer Entwicklung zählte die Vereinigung siebenundvierzig Mitglieder. Sie veranstalten «fliegende» Ausstellungen an Markttagen in verschiedenen Arbeitervierteln von Mexico City. Bis zum heutigen Tage schreiben sie die Entwicklung ihrer politischen Gruppierung ihrer ehemaligen Lehrerin zu. Jahre nach ihrem Tod schwärmte Arturo Estrada bei der Eröffnung einer Retrospektive ihrer Arbeiten: «Sie hatte ihre Wurzeln in der Tradition ihres Volkes, und sie blieb stets wachsam für die Sorgen und Probleme der Mehrzahl der Menschen. Sie hatte ein Herz für die besonderen Sorgen ihrer Nachbarn, der einfachen Leute aus dem El-Carmen-Viertel in Coyoacán, wo junge und alte Frauen in Frida eine Freundin hatten, die ihnen geistige und materielle Hilfe gewährte und die sie liebevoll ihre *niña* Fridita nannten . . .

Durch ihr aktives politisches Eintreten erwies sich die *maestra* Frida Kahlo als eine wahre Tochter des Volkes, mit dem sie sich in all seinen Äußerungen identifizierte.»

Als Frida Kahlo 1944 ihre Lehrtätigkeit zeitlich beschränkte, geschah dies nicht ohne triftige Gründe. Ihr Gesundheitszustand wurde immer bedenklicher. Die Schmerzen im Rückgrat und im Fuß meldeten sich mit immer größerer Heftigkeit. Der Knochenspezialist Dr. Alejandro Zimbrón verordnete absolute Ruhe und ein Stahlkorsett, das gleiche, wie es in *Die gebrochene Säule* dargestellt ist. Die Leiden ließen daraufhin tatsächlich etwas nach, aber ohne diese Stütze konnte sie kaum noch sitzen oder stehen. Frida hatte keinen Appetit mehr und nahm innerhalb eines halben Jahres fast sechs Kilo ab. Ständiges leichtes Fieber und Ohnmachtsanfälle zwangen sie, Bettruhe einzuhalten. Nach einer weiteren Serie von Testuntersuchungen erklärte der Arzt Dr. Ramírez Moreno, sie litte an Syphilis, und verordnete Bluttransfusionen, Sonnenbäder und ein Wismutmedikament. Andere Ärzte führten neue Untersuchungen durch; Frida wurde geröntgt und am Rückenmark punktiert. Dr. Zimbrón entschied, daß das Rückgrat verstärkt werden müßte, und empfahl eine Operation.

Irgendwann im Jahre 1945 sollte Frida ein Gipskorsett tragen, das ihr Dr. Zimbrón hatte anlegen lassen, aber die Schmerzen in ihrer Wirbelsäule und im Bein wurden nur noch schlimmer. So mußte die Stütze bereits nach zwei Tagen wieder entfernt werden. Aus Fridas Krankenbericht geht hervor, daß ihr für eine Rückenmarkspunktierung Lipidol injiziert wurde. Fridas Organismus konnte aber das Mittel nicht oder nicht genügend ausscheiden, und der Effekt war ein Druck im Hirn und ständige Kopfschmerzen. Auch seelische Aufregungen hatten eine verstärkende Wirkung auf Fridas Schmerzen im Rückgrat.

Gegen Ende ihres Lebens beschrieb die Künstlerin die Folge orthopädischer Korsetts, die sie von 1944 an hatte tragen müssen, und die mit diesen Apparaten verbundenen Behandlungsmethoden als eine regelrechte Serie von Folterstrafen. Insgesamt waren es achtundzwanzig Stützhüllen, die sie tragen mußte, darunter eine aus Stahl, drei aus Leder, alle anderen aus Gips. Eines dieser Folterinstrumente erlaubte ihr weder zu sitzen noch sich zurückzulehnen. Sie wurde davon so aggressiv, daß sie es abnahm und statt dessen eine Schärpe benutzte, mit der sie sich an die Lehne eines Stuhles binden ließ, um ihr Rückgrat abzustützen. Einmal verbrachte die Malerin drei Monate lang in einer nahezu senkrechten Stellung mit Sandsäcken an den Füßen, um ihre Wirbelsäule zu strecken. Ein andermal empfing sie Adelina Zendejas nach einer Operation im Krankenhaus; da hing sie an Stahlringen, so daß ihre Füße nur knapp den Boden berühren konnten. Trotzdem hatte sie ihre Staffelei vor sich. «Wir waren entsetzt», erinnert sich die Zendejas, «sie aber malte, erzählte Witze und lustige Geschichten. Als sie zu müde wurde und es nicht länger in dieser Aufhängung aushielt, kam das Pflegepersonal und ließ sie herunter. Sie wurde zu Bett gebracht, aber auch hier mit den Streckringen, damit sich ihre Wirbelsäule nicht zusammenziehen konnte und keine Wirbel zusammenwuchsen.»

Eine weitere grausliche Geschichte wird von der Pianistin Ella Paresce über Fridas Leiden berichtet. Ein mit Frida befreundeter spanischer Arzt, der noch nicht genügend Erfahrung mit der Orthopädie hatte, fertigte für die Patientin ein neues Gipskorsett an. «Für mich war das aufregend, und es war ein ulkiges Ding, über das wir viel lachen mußten. Während der Nacht wurde es, wie vorgesehen, hart. Ich war zufällig im Nachbarzimmer, und gegen vier oder fünf Uhr morgens drang ein Jammern und Schreien zu mir herüber. Ich sprang aus dem Bett und lief zu Frida hinüber. Sie litt an Atemnot und sagte immer wieder: ‹Ich kriege keine Luft, ich kriege keine Luft!› Nachdem der Gips durchgehärtet war, drückte das Korsett auf ihre Lunge. Es saß so stramm, daß es ihr die Haut in Falten preßte. Zuerst versuchte ich, einen Arzt herbeizurufen, aber um diese Zeit war niemand aufzutreiben. Da nahm ich ein Rasiermesser, kniete mich über Frida aufs Bett und schnitt ganz vorsichtig das Korsett über der Brust auf. Es gelang mir, einen Einschnitt von etwa fünf Zentimetern zu machen, damit sie wenigstens wieder Atem schöpfen konnte. Danach warteten wir, bis endlich ein Arzt eintraf und alles andere besorgte. Später haben wir noch Tränen gelacht über das unselige Ding. Noch heute ist es übrigens im Kahlo-Museum in Coyoacán zu bewundern.»

Nach außen versuchte Frida, sich wenig anmerken zu lassen und ihre Leiden auf die leichte Schulter zu nehmen; aber sobald sie allein war, drehte sich natürlich alles um ihren körperlichen Zustand. Sie wollte auch alles möglichst genau wissen und verstehen, wie es um sie stand. Sie las medizinische Artikel und Bücher, konsultierte zahlreiche Ärzte und informierte sich bei so vielen Quellen, daß daraus mehr

Verwirrung als Klarheit erwuchs. Nun, man wird einer so schwer Kranken ihre hypochondrischen Anwandlungen verzeihen können. Bei Frida kam freilich noch ein narzißtisches Element hinzu. Man könnte fast sagen, daß Invalidität ein wesentliches Element ihres Selbstverständnisses war. Die Malerin hätte ihre körperlichen Leiden gewiß nicht in Kunst umsetzen können, wenn sie wirklich so groß gewesen wären, wie Frida selbst sie immer schilderte. Kein Geringerer als Dr. Eloesser meinte, daß die meisten der chirurgischen Eingriffe bei Frida unnötig gewesen seien. Manches spricht seiner Meinung nach dafür, daß die Künstlerin an einem aus der Psychologie geläufigen Syndrom gelitten hat, bei dem der Patient den dringenden Wunsch nach Operationen hegt. Immerhin kann man durch die Notwendigkeit eines chirurgischen Eingriffs Aufmerksamkeit und Zuwendung auf sich lenken. Manche Beobachter glauben, Rivera hätte Frida verlassen, wenn sie nicht so krank gewesen wäre, und Frida war durchaus dazu fähig, einer unnötigen Operation zuzustimmen, wenn sie auf diese Weise bloß Rivera fester in den Griff bekam.

Außerdem ist zu bedenken, daß ein chirurgischer Einschnitt etwas ist, woran man nicht zweifeln kann. Auch in dieser Form kann ein Mensch eine Art von Gewißheit über sich gewinnen, wenn er dazu neigt, Zweifel an seiner Realität zu hegen und über das tatsächliche Sein und die eigene Rolle in der Wirklichkeit zu grübeln. Operationen erlauben es auch dem Patienten, sich passiv zu verhalten, selbst keine Entscheidungen treffen zu müssen und dennoch das Gefühl zu haben, daß etwas Entscheidendes und Konkretes geschieht. Ferner können chirurgische Eingriffe auch eine sexuelle Komponente haben. Schließlich entspringt wohl der Wunsch nach einer Operation auch der unersättlichen Hoffnung, der jeweils nächste Arzt, die nächste Diagnose oder die nächste Behandlung werde endgültig das Heil bringen.

Die Selbstporträts der Malerin mit Verletzungen an ihrem Körper sind für sie eine Form des lautlosen Klagens. In diesen Bildern, in denen sie sich blutend, aufgebrochen, ohne Fuß oder ohne Kopf darstellt, verwandelt sie ihre Schmerzen in die dramatischsten Bildvorstellungen, die man sich denken kann, um ihre Mitwelt von der Intensität ihrer Leiden zu überzeugen. Indem sie den Schmerz nach außen auf die Leinwand projiziert, scheidet die Malerin ihn symbolisch aus ihrem lebenden Körper aus. Die Selbstbildnisse sind ja dauerhaft gemachte Spiegelbilder, und weder der Spiegel noch die Leinwand können Schmerz empfinden.

Als Gegenmittel gegen die physischen Leiden mögen die Selbstdarstellungen mit Verletzungen auch noch auf andere Weise gedient haben. Man denke an die Erfahrung, die wohl jeder einmal macht, daß man sich in einem Moment von Schmerzempfindung oder Angst im Spiegel wahrnimmt. Das reflektierte Bild wirkt erstaunlich unbeteiligt; es sieht zwar aus wie wir, teilt aber nicht unsere Angst oder unseren Schmerz. Diese Aufspaltung unseres Bewußtseins in die Erfahrung der eigenen Leiden und in die Wahrnehmung der äußeren Erscheinung eines anscheinend unbetroffenen Wesens kann einen stabilisierenden Einfluß auf das Selbstverständnis haben. Das Spiegelbild bringt uns das gewohnte Selbst vor Augen und spendet uns auf diese Weise ein Gefühl von Kontinuität. Wenn Frida von Spiegeln angezogen wurde, weil sie ihr auf die erwähnte Art Trost spendeten, so verschaffte sie durch das Malen der Selbstbildnisse dem aus dem Spiegel zurückgeworfenen Bild Dauer. Die Selbstdarstellung war eine Hilfe, um sich selbst zu objektivieren – um sich gleichzeitig in die Leidende und in deren Betrachterin aufzuspalten. Beim Blick auf die unter ihrer Hand entstehenden Bilder konnte für sie die Illusion entstehen, daß sie als Außenstehende, gewissermaßen unbeteiligt, einem fremden Unglück zuschaute.

In dem Bild *Mir bleibt nicht die geringste Hoffnung* von 1945 inszeniert Frida ihr Drama in der weiten, wellenartig gelagerten Vulkanlandschaft um Pedregal. Die Risse und Brüche im Gelände symbolisieren die Gewalt, die ihrem Körper angetan wird. Die dramatische Handlung ist nicht eindeutig auszumachen, aber an dem vorherrschenden Schrecken gibt es keinen Zweifel. Frida liegt weinend im Bett. Zwischen den Lippen hält sie die Spitze eines riesigen, transparenten trichterförmigen Gebildes – eine Art von gräßlichem Füllhorn; darin erkennt man allerlei Tiere, die zur Nahrung dienen, sowie Tierfleisch, Innereien, Wurst, aber auch einen Schädel aus Zuckerguß mit ihrem Namen auf der Stirn. Vielleicht erbricht die Malerin all dies über die Staffelei, die über ihr Bett gestellt ist, oder sie zeigt, wie sie aus all der «Schlächterei» ihre Kunst macht; vielleicht bezieht sie sich in dem Bild auch auf die präkolumbischen Sprachsymbole, die wie die Sprechblasen unserer heutigen Comics aussehen. Dann wäre die Trichterform mit all dem Geschlachteten ein Symbol für einen Wut- und Schreckensschrei. Nicht auszuschließen ist auch der Gedanke, daß die Künstlerin das Bild nach einer Operation malte. Der Trichter und sein Inhalt könnte in diesem Zusammenhang ihren Ekel bedeuten, der sie gepackt haben mag, als der Arzt ihr wohlmeinend verkündete, jetzt müsse sie wieder zunehmen und zu Kräften kommen: «Sie können jetzt wieder alles essen!» Da Frida so stark abgenommen hatte, gab man ihr nämlich alle zwei Stunden pürierte Nahrung. Auf die

Rückseite des Bildes hat die Kahlo zwei Reimzeilen geschrieben: *A mí no me queda ya ni la menor esperanza . . . Todo se mueve al compás de lo que encierra la panza.* (Mir bleibt nicht mehr die geringste Hoffnung / alles dreht sich darum, was der Bauch enthält).

Am 15. Februar 1946 schrieb die Kahlo an die Wolfes in New York: «Der Komet ist wahrhaftig wieder erschienen! Doña Frida Kahlo, obgleich Ihr es wohl kaum für möglich gehalten hättet. Ich schreibe Euch von meinem Bett aus, denn ich war jetzt vier Monate in schlechter Verfassung mit meinem krummen Rückgrat, und nachdem ich jetzt so viele Ärzte in diesem Land besucht habe, bin ich nunmehr entschlossen, nach New York zu gehen und dort einen zu konsultieren, der angeblich ganz fabelhaft sein soll . . . Jeder hier unter meinen Orthopäden und ‹Knochenmännern› sagt mir, daß ich operiert werden muß; aber das ist wohl doch sehr gefährlich, weil ich schon so dünn und schwach bin und mit mir fast alles vorbei ist. In solchem Zustand lasse ich mich nicht operieren, wenn es nicht von einer ganz großen Kapazität in ‹Gringolandia› durchgeführt wird. Deshalb bitte ich Euch um einen sehr großen Gefallen: Ich lege eine Kopie meines Krankenberichts bei. Aus ihm könnt Ihr entnehmen, was ich in meinem verdammten Leben alles habe leiden müssen. Aber bitte, zeigt den Bericht, wenn möglich bald, Dr. Wilson, den ich demnächst persönlich aufsuchen will. Er ist Knochenspezialist . . .»

Am 10. Mai schickte Frida an Ella ein Telegramm, in dem sie ankündigte, daß sie am 21. d. M. nach New York fliegen wolle, um sich von Dr. Wilson operieren zu lassen. Da Frida keine Anästhesie vornehmen ließ, wenn ihr dabei nicht ihre Schwester Cristina die Hand hielt, mußte diese auch mit nach New York kommen.

Die Operation wurde im Juni in einem Spezialkrankenhaus durchgeführt. Vier Rückenwirbel wurden fest miteinander verbunden, teils durch eine Knochenverpflanzung, teils mit Hilfe eines 15 cm langen Metallstücks. Nachdem Frida die Operation überstanden hatte, ging ihre Genesung zunächst ohne Komplikationen voran. Während der Heilung, die immerhin zwei Monate in Anspruch nahm, war sie guter Dinge. Das Malen war ihr allerdings verboten, und so verlegte sie sich aufs Zeichnen. Aber es dauerte nicht lange, bis sie die Anweisung der Ärzte nicht mehr beachtete, und noch während des Krankenhausaufenthalts malte sie ein (nicht identifiziertes) Bild, das sie später zum «Salón del Paisaje» schickte, einer Ausstellung von Landschaftsmalerei in Mexico City.

Im Krankenhaus wurde sie von vielen Freunden und Bekannten

besucht, darunter auch von Noguchi. Es sollte für ihn die letzte Begegnung mit der Künstlerin werden. «Sie war mit Cristina zusammen», erinnert sich der Bildhauer, «und wir sprachen eine lange Zeit von diesem und jenem. Natürlich war sie älter geworden. Ihre Vitalität schien ungebrochen, und ihr Lebensgeist war bewundernswert.» Noguchi schenkte ihr bei diesem Besuch einen Schmetterlingskasten, den sie über die Tür ihres Krankenzimmers hängen ließ und später unter dem Baldachin eines ihrer Himmelbetten anbrachte.

Am 30. Juni schrieb sie an Alejandro Gómez Arias:

«Liebster Alex, ich darf nicht viel schreiben, aber ich möchte Dir doch wenigstens kurz mitteilen, daß die Operation stattgefunden hat. Das Schneiden und Knochensägen liegt bereits wieder drei Wochen zurück. Und dieser Arzt ist wunderbar und mein Körper so voller Lebenskraft, daß sie mich bereits für zwei Minuten auf meine eigenen Füße gestellt haben. Ich kann es fast nicht glauben. Die beiden ersten Wochen nach dem Eingriff waren leidvoll und kosteten mich manche Träne. Ich kann so etwas niemandem wünschen. Diese stechenden Schmerzen sind wirklich bösartig, aber diese Woche habe ich schon nicht mehr so viel schreien müssen. Mit Hilfe von Tabletten habe ich es mehr oder weniger gut überstanden. An meinem Rücken sind zwei riesige Schnitte in dieser Form. [Hier zeichnete die Malerin ihren nackten Körper mit zwei langen Einschnitten im unteren Bereich des Rückens mit den typischen Einstichmalen der chirurgischen Naht.] ... Leider dauert es ziemlich lange, bis die Knochenverpflanzung anwächst und sich die Dinge regulieren. Ich soll noch sechs Wochen zu Bett liegen, bevor sie mich entlassen und ich aus dieser schrecklichen Stadt in mein geliebtes Coyoacán zurückkehren kann.

Wie geht es Dir? Du mußt mir unbedingt schreiben, und schicke mir ein Buch. Vergiß mich nicht! Was macht Dein kleines Mamachen? Alex, laß mich nicht allein in diesem fürchterlichen Hospital und schreib mir.

Cristi langweilt sich zu Tode, und die Hitze bringt uns noch um. Es ist so heiß, daß wir nicht mehr wissen, was wir tun sollen ...»

Im Oktober war Frida zurück in Coyoacán und schon wieder recht tatenfroh. Am 11. Oktober schrieb sie an ihren Mäzen Eduardo Morillo Safa, der damals in Caracas weilte:

«Mein lieber Herr Ingenieur, heute erhielt ich Ihren Brief. Vielen Dank für all Ihre Freundlichkeit und für die Glückwünsche zum Preis [der ihr für *Moses* verliehen wurde]; noch habe ich ihn nicht . . . Sie wissen ja, wie lange diese Gauner immer brauchen! Mit gleicher Post erhielt ich auch einen Brief von Dr. Wilson, der mich operiert hat. Er sagt, ich darf jetzt zwei Stunden am Tag malen. Ich komme mir also schon fast vor wie ein Maschinengewehr. Übrigens hatte ich bereits, ehe seine Anweisung kam, mit dem Malen angefangen, und ich schaffe auch sogar bis zu drei Stunden. Ihr Bild [*Baum der Hoffnung*] ist das erste, und ich habe es fast schon beendet, was natürlich nur der Erfolg dieser verdammten Operation ist . . .

Hören Sie, junger Mann, ich will mich dann mit allem Eifer daran machen, eine Miniatur von Doña Rosita zu malen. Da ich ohnehin immer Fotos von den Bildern machen lasse, kann ich das kleine Bild nach dem Foto von dem großen Porträt malen. [Frida hatte Safas Mutter bereits 1944 porträtiert.] Was halten Sie davon? Ich habe auch vor, das Altarbild mit der schmerzensreichen Jungfrau zu malen und die dazugehörigen Schalen für den grünen Weizen, die Gerste usw., denn meine Mutter richtete diese Art Altar jedes Jahr für uns her. Sobald ich mit dem letzten Auftrag fertig bin, fange ich, wie versprochen, mit Ihrem Bild an. Die Idee, den Tod mit der Frau und dem Schal zu malen, finde ich wunderbar. Ich will alles tun, damit die obenerwähnten Bilder richtig toll werden. Ihrem Wunsch entsprechend werde ich die Arbeiten in Ihrem Hause bei Ihrer Tante Julia abgeben, und Sie sollen auch von jedem ein Foto geschickt bekommen, sobald sie fertig sind. Die Farben müssen Sie sich allerdings dazudenken, mein Freund, aber das wird Ihnen ja nicht schwerfallen, wo Sie schon so viele Fridas besitzen. Wissen Sie, manchmal fällt mir das Pinseln freilich schwer, besonders, wenn ich diese stechenden Schmerzen spüre und es riskiere, länger als drei Stunden an der Arbeit zu bleiben. Ich hoffe aber, daß ich in einigen Monaten nicht mehr so rasch erschöpft sein werde . . .

PS: Vielen Dank übrigens für das Geld, das Sie mir schicken wollen. Ich kann es wahrhaftig gerade jetzt gut gebrauchen.»

Frida erwähnt stechende Schmerzen. Tatsächlich brachte ihr die Knochenverbindung im Rückgrat keine Erleichterung. Als sie aus dem Krankenhaus entlassen wurde und nach Mexico zurückkehrte, mußte sie zunächst wieder das Bett hüten; danach wurde sie acht Monate lang in ein Stahlkorsett gezwängt. Dr. Wilson hatte ihr aufgetragen, ein Leben mit sehr vielen Ruhepausen zu führen, aber die Kahlo hielt sich nicht an diese Anordnung. Bald verschlimmerte sich ihr Gesundheitszustand wieder. Die Schmerzen im Rückgrat wurden immer penetranter. Frida nahm ab, wurde blutarm, und auch die Pilzerkrankung an ihrer rechten Hand trat wieder auf.

Alejandro Gómez Arias glaubt, daß Dr. Wilson die falschen Wirbel miteinander verbunden habe. Auch einer von Fridas mexikanischen Ärzten ist der gleichen Meinung. Zudem sei das Metallstück an der falschen Stelle, nämlich unterhalb des kranken Wirbels, eingefügt worden. Frida mußte sich denn auch erneut in Behandlung begeben, damit das Metallstück entfernt und durch eine Knochenverpflanzung ersetzt werden konnte.

Cristina behauptet, die Operation in New York sei so schmerzhaft gewesen, daß Frida extrem hohe Morphindosen bekommen mußte, was bei ihr zu Halluzinationen geführt habe. Auch sei sie nach dem Eingriff drogensüchtig geworden. In der Tat kann man feststellen, daß die Handschrift der Kahlo um diese Zeit größer und fahriger wurde und daß ihre Tagebucheintragungen oft wild und euphorisch klingen.

Im Rückblick sieht Fridas Operation in New York zweifellos wie ein Fehlschlag aus. Aber die Künstlerin war von dem Chirurgen begeistert und fühlte sich nach eigener Aussage «fabelhaft». Es ist nicht auszuschließen, daß sie ihre Genesung dann selbst sabotiert hat. Lupe Marín sagt in ihren Erinnerungen, daß Frida durch die Operation bei Dr. Wilson wiederhergestellt wurde; aber während eines Verzweiflungsanfalls hätte sie eines Nachts – möglicherweise, weil Diego nicht nach Hause kam oder aus einem ähnlichen Grund – Hand an sich gelegt und ihre Wunden wieder aufgerissen. Ihr sei eben nicht zu helfen gewesen.

Eine ähnliche Geschichte wird von anderer Seite kolportiert; danach soll sich die Malerin nach dem gelungenen Zusammenwachsen der Wirbel in einem Wutanfall auf den Boden geworfen und den Erfolg des Eingriffs zunichte gemacht haben. Leider sind darüber keine medizinischen Berichte mehr aufzutreiben. Schließlich darf man nicht vergessen, daß die Kahlo an Osteomyelitis gelitten haben soll; diese Entzündung des Rückenmarks führt zu einem progressiven Abbau der Knochensubstanz, und dies allein hätte schon den Erfolg der Operation in Frage stellen müssen.

Das Gemälde *Baum der Hoffnung* von 1946, das die Künstlerin in ihrem Brief an Morillo Safa erwähnt, zeigt eine weinende Frida im Tehuanakostüm, die als Wache bei einer Frida sitzt, die nackt und zum Teil mit einem Tuch bedeckt auf einer Krankenbahre liegt. Die Liegende ist anscheinend noch nicht aus der Narkose erwacht. Man sieht an ihrem Rücken die Einschnitte der Operation, die gleichen, die

die Malerin auch in ihrem Schreiben an Alejandro gezeichnet hatte, nur daß sie hier noch offen sind und bluten. Die stolz aufrecht sitzende Frida hält ein orthopädisches Korsett in der Hand. Es ist in der für Frida typischen Ironie rosafarben gemalt und mit einer karminroten Schnalle versehen. Das Korsett stellt gewissermaßen die Trophäe für das medizinische Marathon der Kahlo dar. Daß sie zugleich noch ein weiteres Korsett am Leibe trägt, geht aus den beiden Haltern hervor, die sich um ihre Brust schließen. Aber nicht etwa diese Träger geben ihr den notwendigen Halt, sondern vielmehr eine kleine Fahne in ihrer rechten Hand, ein grünes Fähnchen mit Wörtern in roter Schrift. Es ist die Anfangszeile eines Volksliedes aus Veracruz, das die Kahlo häufig ihren Freunden gegenüber zitierte: «Baum der Hoffnung, bleibe stark!» Der Text heißt dann weiter: «Wein nicht, wenn ich Abschied nehme.» Offensichtlich ist der «Baum der Hoffnung» Metapher für eine Person, und im Fall dieses Gemäldes bezieht sich der Titel gewiß auf die wachende Frida, die zwar vor Mitleid weint, aber dennoch Haltung bewahrt. Die Idee, Bilder auf Liedzeilen aufzubauen, stammt von Riveras Fresken im Erziehungsministerium und wurde zuvor bereits von Posada in seinen Balladenblättern praktiziert. Die Kahlo verwendete die Liedzeilen allerdings immer nur als Ausgangspunkt für Bilder ihres persönlichen Dramas. «Baum der Hoffnung, bleibe stark!» war ihr Kampfruf und ihr Lebensmotto.

Auf dem Bild sind die beiden Fridas umschlossen von einem steilen Abhang im Vordergrund, in dessen unfruchtbarem Vulkangestein dennoch einige hoffnungsvolle Grasbüschel wachsen, und auf der anderen Seite von einem fast rechtwinkeligen Graben (ein Grab?), der in seinen Umrissen zwar regelmäßiger begrenzt erscheint, im übrigen aber den Rissen gleicht, die die öde Landschaft durchziehen. Die Risse wird man wohl als Metapher für Fridas verletzten Leib verstehen müssen. Aber bei allem Schrecken und bei aller deutlich sichtbaren Gefahr stellt das Bild einen Akt des Glaubens dar wie ein *retablo*. Der Glaube der Kahlo ruht allerdings in ihr selbst, nicht in irgendeiner himmlischen Heilsgestalt. Die wachende Frida in ihrer strahlenden Tehuanatracht ist ihr eigener Wundertäter.

Ein weiteres Bild aus dem Jahre 1946, das in gewisser Weise die Leiden der Rückgratoperation reflektiert, ist *Das kleine Wild*. Hier stellt sich die Malerin mit dem Körper eines jungen Rehbocks dar. Ihr Menschengesicht geht nach oben zu in den Tierkopf mit Geweih und Rehohren über. Ursprünglich war das Gemälde im Besitz von Arcady Boytler, der selbst an Beschwerden der Wirbelsäule litt und Frida Dr. Wilson empfohlen hatte. Wie *Die gebrochene Säule* gebraucht auch *Das kleine Wild* ganz schlichte Metaphern, um auszudrücken, daß Frida Opfer von Leiden ist. Das Reh springt über eine Lichtung und wird von neun Pfeilen getroffen, deren Verletzungen es erliegen muß. Es handelt sich um eine offensichtliche Anspielung auf den eigenen Lebens- und Leidensweg der Künstlerin. Auch sie fühlte sich von den Verletzungen ihres Körpers verfolgt, die mit zunehmender Gewißheit ihr Schicksal zu besiegeln drohten. Die Wunden des kleinen Wilds bluten, doch Fridas Gesichtsausdruck ist ruhig und gefaßt.

Indem sie sich in Tiergestalt darstellt, drückt die Malerin neben anderen Vorstellungen auch ihre Einheit mit aller lebenden Kreatur aus. Wenn auch das Drama nur in der Phantasie der Künstlerin stattfindet, so besteht doch kein Zweifel, daß sie im «Kleinen Wild» konkret auf ihr eigenes Leben Bezug nimmt: die Vorstellung, ein Opfer wie ein verletztes Wild zu sein, kommt auch in einer Tagebucheintragung aus dem Jahre 1953 vor. Damals betrauerte sie den frühen Tod der Malerin Isabel (Chabela) Villaseñor, mit der die Kahlo befreundet war. Sie zeichnete ein Selbstporträt in ihr Tagebuch, wobei sie sich mit einer Taube in der Hand darstellt; ihr Körper ist vielfach mit langen Linien durchkreuzt, die wie Lanzen aussehen. «Chabela Villaseñor», schrieb sie dazu, «bis auch ich davongehe, bis ich dir auf deinem Weg folge – Mach's gut, Chabela! Karmin Karmin Karmin, Leben Tod.» Auf der folgenden Seite steht ein Gedicht in memoriam ihrer verstorbenen Freundin:

> Du hast uns verlassen, Chabela Villaseñor
> Aber deine Stimme
> Deine elektrische Spannung
> Dein ungewöhnliches Talent
> Deine Poesie
> Dein Licht
> Dein Geheimnis
> Deine Olinka
> Alles, was dein Wesen ausmacht, bleibt am Leben
> Isabel Villaseñor, Malerin, Dichterin, Sängerin
> Karminrot
> Karminrot
> Karminrot
> Karminrot
> Wie das Blut
> Das fließt
> Wenn sie das Opfer getroffen haben
> Das Wild.

Lange nach dem Tod der beiden Riveras erinnerten sich die Freunde und Bekannten des Ehepaares wie an zwei «heilige Ungeheuer». Ihre Eskapaden und Absonderlichkeiten bewegten sich in einer Sphäre jenseits von aller kleinkrämerischen Krittelei nach herkömmlichen Moralvorstellungen. Sie wurden in ihrem Verhalten nicht einfach bloß hingenommen, sondern waren hoch geschätzt und hatten fast schon den Rang von Sagenfiguren erreicht. Die «Ungeheuerlichkeiten» der Riveras sprengten jeden Rahmen: Sie beherbergten einen Trotzki, malten Triumphbilder für Stalin, bauten heidnische Tempel, schwenkten Pistolen, behaupteten, daß Menschenfleisch gut schmecke, und in ihrem Eheleben legten sie ein Wesen an den Tag, wie es den Göttern des griechischen Olymps wohl angestanden hätte. Schon in den vierziger Jahren war Diego längst eine mythische Figur, Frida hingegen noch weit von solcher Berühmtheit entfernt. Erst in späteren Jahren begann sich die Fama dieser zwei ungewöhnlichen Menschen miteinander zu verknüpfen.

Nach der Wiedervermählung der beiden vertiefte sich die Bindung zwischen Frida und Diego, zugleich aber wuchs auch ihre gegenseitige Unabhängigkeit. Selbst während der Zeit, als sie zusammen wohnten, blieb der Maestro nicht selten für eine ganze Weile dem gemeinsamen Heim fern. Beide unterhielten außereheliche Liebesbeziehungen, Diego in aller Öffentlichkeit, während Frida ihre Männergeschichten geheimhielt, um nicht die unberechenbare und unbeherrschte Eifersucht ihres Mannes zu reizen. Es verwundert nicht, daß das Eheleben der Riveras von heftigen Szenen und Auseinandersetzungen unterbrochen wurde; bittere Trennungen und süße Momente der Wiederversöhnung wechselten sich ab.

Beginnend mit jenem Hochzeitsbild von 1931 hat die Kahlo Schritt für Schritt die Geschichte ihrer Ehe in ihren Gemälden aufgezeichnet: *Frida und Diego Rivera*, 1931; *Selbstporträt als Tehuanafrau*, 1943; *Diego und Frida, 1929–1944*, 1944; *Diego und ich*, 1949; *Die Liebesumarmung des Universums: die Erde (Mexico), Diego, ich und Señor Xolotl*, 1949. Immer wieder zeigen Bilder die Künstlerin zusammen mit ihrem Mann. Einige bringen Diego auch nur implizit ins Bild, etwa wenn sein Gesicht in den Tränen erscheint, die über Fridas Wangen herunterrinnen. Alle diese Zeugnisse des Zusammenlebens der Riveras führen sowohl die Wandlungen wie auch die Konstanten in dieser Beziehung vor Augen. In jedem Gemälde wird die vorherrschende Verbindung zwischen den ungewöhnlichen Eheleuten auf andere Weise verdeutlicht. Im frühesten Dokument, in dem Hochzeitsbild, ist die Haltung ganz steif, die Brautleute schauen wie in der naiven Volkskunst aus dem Bild heraus auf den Betrachter. Zwischen den beiden Figuren ist viel Platz gelassen, und die Berührung besteht in einem leichten Händedruck; noch haben die Ehepartner nicht die kompliziert ineinandergreifenden Schritte des gemeinsamen Lebenstanzes erlernt. 1943, in dem *Selbstporträt als Tehuanafrau*, kommt Fridas obsessive Liebe zu ihrem unbesitzbaren Ehemann zum Ausdruck, indem sie sein Abbild als einen in ihrer Stirn eingefangenen «Gedanken» erscheinen läßt. Ein Jahr später, in *Diego und Frida, 1929–1944*, hat sich die Malerin so eng mit Diego verbunden, daß ihre beiden Gesichter einen gemeinsamen Kopf bilden, ein symbiotischer Zustand, der wohl kaum jemals zu einem bequemen und harmonischen Miteinander führen kann. In *Diego und ich* von 1949 wirkt Fridas Verzweiflung über Riveras Seitensprünge geradezu hysterisch; sein Porträt ist ihr in die Stirn geschrieben, er selber befindet sich an ganz anderer Stelle, Fridas Blick aber ist der einer Frau, die vor Einsamkeit vergeht. Als sie *Die Liebesumarmung* malte, flossen noch ihre Tränen, doch scheint sich die Beziehung gefestigt zu haben. Frida hält Diego um-fangen, nicht ge-fangen.

In dem Bild von 1931 spielte die Künstlerin noch fast eine Tochterrolle zu ihrem Mann, 1944 wirkte das Verhältnis ausgeglichen, 1946 aber, in der *Liebesumarmung*, hält Frida den geliebten Mann in einer besitzenden Weise fest, die offenbar beiden am besten bekam: Er liegt wie ein großes, sattes Baby in ihrem mütterlichen Schoß.

Vieles hatten die Riveras gemeinsam: Humor, Intelligenz, «Mexicanidad», soziales Gewissen, unbürgerliche Lebensanschauungen. Das tiefste Band jedoch zwischen ihnen mag wohl ein nicht alltäglicher gegenseitiger Respekt für ihre Arbeit gewesen sein. Rivera war immer stolz auf die beruflichen Erfolge seiner Frau, und er bewunderte ihre wachsende künstlerische Könnerschaft. Es war ihm eine Freude, darauf hinweisen zu können, daß Frida schon ein Bild im Louvre hatte, ehe ihm selber und seinen Kollegen diese Ehre zuteil wurde. Rivera liebte es, seinen Freunden gegenüber mit Frida anzugeben. Eine Besucherin erinnert sich daran, wie der Maestro als erstes nach ihrem Eintreffen sagte, sie müsse unbedingt Frida Kahlo kennenlernen, denn in ganz Mexico gäbe es keinen Künstler, der sich mit ihr messen könnte. Als Rivera in Paris gewesen war, habe Picasso eine Zeichnung von Frida in die Hand genommen, sie eine Weile aufmerksam betrachtet und dann gesagt: «Schau dir doch diese Augen an, weder du noch ich können so etwas malen.» Bei dieser Erinnerung seien dem Meister die Tränen in seine hervorquellenden Augen getreten.

Wenn Rivera Fridas Genie herausstreichen wollte, sagte er: «Wir sind alle bloß Lehmklumpen im Vergleich mit ihr. Sie ist die größte Malerin dieser Epoche.»

Die Malerin gab ihrem Mann die Komplimente reichlich zurück. Für sie war Diego der «Architekt des Lebens». Mit belustigtem Skeptizismus hörte sie seinen Geschichten und Theorien zu. Nur selten warf sie ein: «Aber Diego, das stimmt doch überhaupt nicht!» Meist brach sie einfach in ihr ansteckendes Lachen aus. Während er sprach, machte sie häufig seltsame kleine Gesten mit den Händen. Dies waren Signale, damit die Zuhörer unterscheiden sollten, was wahr und was erfunden war in dem Garn, das der Meister spann. In ihrem *Porträt von Diego* schrieb sie:

«Seine angebliche Mythomanie steht in direktem Bezug zu seiner unheimlichen Vorstellungskraft. Das heißt, man darf ihn genausowenig einen Lügner nennen, wie man das von einem Dichter sagen würde oder von Kindern, die noch nicht von Müttern und Lehrern verdummt worden sind. Ich habe Diego schon alle möglichen Geschichten spinnen hören, von der harmlosesten bis zur verzwicktesten Erzählung über Leute, die er in seiner Vorstellung durch die seltsamsten Situationen und Handlungen miteinander in Beziehung brachte, stets mit einem hohen Maß von Humor und einem wunderbaren kritischen Verständnis; aber es ist nicht vorgekommen, daß er sich jemals eine einzige dumme oder banale Geschichte hätte einfallen lassen. Wenn er auf seine Weise die Dinge erfand und mit phantastischen Vorstellungen spielte, geschah es nicht selten, daß er Leute demaskierte, indem er den inneren Mechanismus von Menschen bloßlegte, die im Gegensatz zu ihm tatsächliche Betrüger waren. Das Merkwürdigste an Diegos sogenannten Lügen ist, daß die betroffenen Leute ärgerlich werden, nicht, weil Diego lügt, sondern weil durch ihn der wahre Kern einer Sache zum Vorschein gebracht wird.

... Er ist ein ewiger Frager und wird nie der Gespräche müde, in die er seine Partner verwickelt. Er kann Stunden und Tage ohne Unterbrechung an seinen Bildern arbeiten, und während der Arbeit redet er drauflos. Er redet und streitet über alles, wirklich über alles – wie Walt Whitman. Es macht ihm Vergnügen, auf jeden einzureden, der bereit ist, ihm zuzuhören, und seine Unterhaltung ist nie langweilig. Manche seiner Aussprüche können einen in Erstaunen setzen. Sie können auch verletzend sein oder im Zuhörer tiefe Bewegung auslösen, aber nie bleibt man als Gesprächspartner ausgeschlossen mit dem Gefühl von Leere und Überflüssigkeit. Diegos Worte können gerade deshalb so heftig irritieren, weil sie lebendig und wahr sind.»

Die Kahlo duldete die egozentrischen Vorstellungen ihres Mannes, ja, gelegentlich förderte sie diese sogar. Sie stellte sich schützend vor Diego, wo sie konnte, und verteidigte ihn vehement, wenn ihm beispielsweise vorgeworfen wurde, er verkaufe seine Kunst an Millionäre und sei selbst ein Millionär. Aber nicht nur mit Worten trat Frida für ihren Mann ein, sie war auch bereit, sich körperlich schützend vor ihn zu stellen. Ein Betrunkener am Nachbartisch eines Restaurants fing einmal Streit mit Diego an und nannte Rivera einen verdammten Trotzkisten. Diego schlug den Kerl nieder; aber einer seiner Gesinnungsgenossen zog eine Waffe. Da sprang Frida wutentbrannt dazwischen und brüllte Beleidigungen. Ein Schlag in die Magengrube setzte sie außer Gefecht. Glücklicherweise kamen die Kellner rechtzeitig zu Hilfe. Immerhin hatte Frida durch ihr Geschrei genügend Aufmerksamkeit auf die Sache gezogen, so daß die Angreifer das Weite suchten.

Wenn man sagen kann, daß das Gemälde *Wurzeln* einen Moment von häuslichem Frieden und von Ausgeglichenheit festhält, muß man umgekehrt dem kleinen Bild mit dem Titel *Diego und Frida, 1929–1944* entnehmen, daß mit letzterem Datum für die Künstlerin «alles zu Ende» war. In der Tat lebten die Riveras während eines Großteils des Jahres getrennt. Wie auch bei anderer ähnlicher Situation besuchten sie sich jedoch häufig, und trotz der Trennung feierten sie ihren fünfzehnten Hochzeitstag mit einem großen Fest und tauschten die üblichen Geschenke. Das Bild *Diego und Frida, 1929–1944* war bei dieser Gelegenheit Fridas Jubiläumsgabe an ihren Mann. Die Künstlerin hat in diesem Gemälde ihre Sehnsucht fixiert, mit Diego zu verschmelzen, ja buchstäblich eins mit ihm zu werden, indem sie sich und ihren Mann als einen einzigen Kopf malte, der bloß senkrecht in zwei Hälften geteilt ist. Ein «Halsschmuck» aus einem Baumstamm mit spießartigen Ästen umschließt den gemeinsamen Hals. Offensichtlich hat die Zerbrechlichkeit der ehelichen Bindung Fridas Bedürfnis noch gesteigert, von Diego Besitz zu ergreifen und ihre Identität mit der seinen gleichzusetzen.

Auf den winzigen Muschelschalen, die den lilienförmigen Rahmen des Gemäldes schmücken, hat die Malerin die Namen der Eheleute und die Ehejahre festgehalten. Die schwellenden Formen und die geschwungene Rundung des Rahmens erinnern an die gebärmutterartige *Blume des Lebens*, ebenfalls von 1944. Wir können nicht sagen, ob die Künstlerin den Rahmen als Blumenform oder als Symbol einer Gebärmutter verstanden wissen wollte. Sie selbst nannte sich «den Embryo, der ihn erzeugte», und es kann kein Zweifel daran bestehen, daß die winzigen roten und rosafarbenen Muschelschalen und die perlmuttglänzenden Schneckenhäuser, die auf die Rahmenoberfläche geklebt sind, in den Bereich der Sexualsymbole gehören. Für die Kahlo waren Muscheln gleichbedeutend mit Liebe, Fruchtbarkeit und Geburt. Sie erscheinen nicht nur auf dem Rahmen, sondern auch im Bild selbst: Zwei unterschiedliche Muschelformen sind vom Wurzelwerk eingefaßt, das zu dem «Halsband-Baum» gehört. «Die beiden

Die Riveras in häuslicher Harmonie
im blauen Haus.

Muscheln», sagte Frida in bezug auf *Moses,* wo ähnliche Symbole vorkommen, «stellen die beiden Geschlechter dar, die in Wurzeln verwickelt sind, immer neu und lebendig.»

Drei Monate später lebte das Paar noch immer getrennt. Am Weihnachtstag schrieb Rivera ein Briefchen «an die berühmte Malerin und hochangesehene Dame Doña Frida Kahlo de Rivera in liebevoller Verbundenheit, Verehrung und tiefem Respekt von Deinem unübertrefflichen Wunderkind». Auf der Rückseite des Blattes heißt es dann: «Meine liebe *niña fisita,* vergiß ein bißchen die Wut über unsere Entzweiung. Ich jedenfalls habe das Bedürfnis, dir meine Zuneigung auszudrücken, und ich wünsche mir, mit dir wieder wie letztes Jahr gemeinsam auf die Welt zu blicken, dich wieder lächeln zu sehen und zu spüren, daß du glücklich bist. Gib deinem Cupido seinen Sockel wieder und mach, daß diese Freundschaft und Anhänglichkeit nie mehr aufhört.»

Die Riveras haben wieder zusammengefunden, und im tiefsten Sinn hat ihre Liebe tatsächlich niemals aufgehört – genausowenig allerdings wie der Schmerz. Die meisten kummervollen Zeiten im Eheleben der Malerin wurden durch das unberechenbare, eigensüchtige Wesen ihres Mannes ausgelöst. Irgendwer oder irgendwas entzückten den Meister, und nachdem er mit der Sache oder der Person sein Vergnügen gehabt und sie besessen hatte, ließ er sie achtlos beiseite, so wie ein Kind mit seinem Spielzeug umgeht, wenn es den Reiz des Neuen verloren hat. Als ihn der Arzt der Treue für unfähig erklärte, nahm Rivera diese «Diagnose» glücklich auf wie ein Rezept für sein weiteres Leben.

Einige Freunde der Riveras behaupten, Frida hätte amüsiert zugehört, wenn Diego von seinen Liebesabenteuern erzählte, und sie hat in der Tat oft über den unkorrigierbaren Drang ihres Mannes nach Seitensprüngen gewitzelt. In der Öffentlichkeit sagte sie achselzuckend dazu: «Es ist wirklich herrlich, mit Diego verheiratet zu sein ... Von mir aus soll er doch mit irgendwem ein bißchen Mann und Frau spielen. Diego wird sich deswegen doch nie von jemandem als Ehemann festnageln lassen; aber er ist ein großartiger Kamerad.»

In ihrem *Porträt von Diego* hat sie diese Haltung zu den Dingen noch weiter erläutert:

«Ich werde von Diego nicht als von ‹meinem Ehemann› sprechen, weil das einfach lächerlich wäre; denn Diego war nie und wird nie irgend jemandes ‹Ehemann› sein. Ich will auch nicht über ihn als Liebhaber sprechen, weil sein Wesen für meinen Begriff den Bereich des Sexuellen überschreitet. Und wenn ich über ihn als meinen Sohn schreibe, habe ich nichts anderes getan, als meine Empfindungen darzustellen und auszumalen: Ich zeichne damit fast mein eigenes Porträt, nicht das von Diego. ... Wahrscheinlich erwarten manche Leute von mir eine sehr persönliche, ‹feminine›, anekdotenhafte und unterhaltsame Beschreibung, gewürzt mit Klagen und einer gewissen Menge an Klatsch, eben gerade so viel Intimes, wie es als ‹schicklich› und für die krankhafte Neugier des Lesers noch als zumutbar empfunden wird. Vielleicht hoffen sie, von mir ein Lamento darüber zu hören, wie viel man leiden muß, wenn man mit einem Mann wie Diego verheiratet ist. Aber ich glaube nicht, daß die Ufer eines Flusses leiden, weil sie das Wasser fließen lassen, oder daß die Erde leidet, weil es regnet, oder daß das Atom leidet, wenn es seine Energie entlädt ... Für mich hat alles seinen natürlichen Ausgleich. In meiner schwierigen und geringen Rolle als Verbündete eines ungewöhnlichen Wesens wird mir der gleiche Lohn zuteil wie einem grünen Punkt in einer Menge Rot: das Maß des Lohnes bestimmt sich aus dem Gleichgewicht. Ich habe nichts zu schaffen mit den Schmerzen und Freuden, die das Leben dieser verlogenen Gesellschaft regulieren. Wenn ich trotzdem Vorurteile hege und mich die Handlungen anderer, auch die Diegos, verletzen, muß ich mich selbst verantwortlich machen für meine Unfähigkeit, genügend Klarblick für die Wirklichkeit aufzubringen. Doch wenn ich keine derartigen Vorurteile habe, dann muß ich zugeben, daß es für die roten Blutkörperchen normal ist, daß sie die weißen ohne die geringsten ‹Vorurteile› bekämpfen und daß dieses Phänomen stets für normal und gesund erachtet wird.»

Diese großzügige Haltung mag für Frida gegen Ende ihres Lebens gegolten haben und vor allem dann, wenn der Anlaß zu möglicher Eifersucht harmlos war, aber ihren engsten Freundinnen gegenüber beklagte sie sehr wohl die Schwierigkeiten ihrer Ehe. «Wenn ich mit ihr allein war», erinnert sich Ella Wolfe, «erzählte sie mir oft, wie traurig ihr Leben mit Diego verlief. Sie hat sich niemals mit seinen Liebesgeschichten abfinden können. Jedesmal riß es ihr eine neue Wunde, und sie hat bis zu ihrem Ende darunter gelitten. Ihr Mann hat sich nicht daran gestört. Er behauptete, Geschlechtsverkehr sei eine Körperfunktion wie Wasserlassen, und er begriff nicht, warum Leute so viel Aufhebens davon machten. Er seinerseits aber war eifersüchtig auf seine Frau. In dieser Hinsicht kannte er keine Gleichberechtigung.»

Wie sehr die Künstlerin auch weiterhin litt, tritt in ihren Selbstbildnissen hervor, ganz besonders in den beiden, in denen sie den festlichen Tehuana-Kopfschmuck trägt. *Selbstporträt als Tehuanafrau* von 1943 und *Selbstbildnis* von 1948. In beiden Gemälden zeigen Fridas Züge etwas Perverses, fast Dämonisches mit dem durchdringenden Blick unter den dunklen, durchgängigen Augenbrauen, mit den sinnlich aufgeworfenen Lippen und dem sanften Bartflaum auf der Oberlippe. 1948 war Frida vierzig Jahre alt, und die Konturen ihres Gesichts waren voller geworden, härter und weniger oval als früher. Man sieht, welchen Tribut die fünf Jahre zwischen den beiden Porträts gefordert haben. Die Malerin aber begegnete diesen Zeichen des Alterns ohne den Trost kosmetischer Selbsttäuschungsversuche.

Im Jahre 1945 malte Frida das Bild *Die Maske*. Die Künstlerin hält sich darin vor ihr Gesicht eine rosafarbene Maske mit orangegefärbten Haaren und teigigen, puppenartigen Zügen. Ganz offensichtlich wurde auch dieses Selbstporträt zu einer Zeit gemalt, als sie sich von Diego betrogen fühlte. Ihre Tränen fallen auf die Wangen der Maske, und ihre eigenen schwarzen Augen blicken durch die zwei Löcher, die in die Augen der Maske gebohrt sind und wie zwei tatsächliche Öffnungen in der Leinwand wirken. Die Übertragung der Tränen der Weinenden auf die Maske ist unerhört befremdlich. Die Künstlerin reflektiert hier über die Unbrauchbarkeit einer Maske, um Gefühle zu verbergen, wenn der Träger der Maske starker emotionaler Belastung ausgesetzt ist. Die hysterische Stimmung des Bildes wird noch verstärkt durch die schwere grau-grüne Wand von häßlichen Blättern und stacheligen Kakteen, die Frida vom Hintergrund her zu bedrängen scheint.

Zwei Zeichnungen aus den vierziger Jahren verraten ebenfalls Fridas fortdauernde Ängste. In einem *Selbstporträt* von 1946 weint sie, und in dem Bild *Zerstörung* kann man ihren Kummer sogar an dem Straßennamen ablesen: Avenida Engaño (Betrugstraße).

Wie wir bereits gesehen haben, war die Kahlo keineswegs nur das passiv leidende Opfer von Diegos unberechenbaren Lustanwandlungen. Sie konterte seine Untreue mit zahlreichen flüchtigen Tändeleien und in einem Fall mit einer ganz und gar nicht flüchtigen Affäre. Obwohl sie wegen ihrer Empfindlichkeit, wegen ihrer Krankheit und den häufigen Operationen schon rein zeitlich wenig Gelegenheit fand, sich sexuell auszuleben, hatte Frida so gar nichts von der Passivität, die – zumindest in der Literatur – mit dem stereotypen Bild von der geduldig leidenden Mexikanerin verbunden ist. Einer ihrer Liebhaber erinnert sich, daß ihre physischen Beschwerden für sie nicht im geringsten eine Behinderung bedeuteten. «Nie habe ich jemanden erlebt, der mich so kraftvoll wie Frida umarmt hätte.» Wenn sie hinter einem Mann her war, legte sie sich keinerlei Zurückhaltung auf. Sie glaubte, daß *la raza*, die einfachen Leute, die nicht von der Zivilisation und ihren scheinheiligen Forderungen verdorben sind, in ihrer Sexualität weniger gehemmt wären, und da sie sich wünschte, zu den einfachen Leuten zu gehören, legte sie Wert darauf, in sexuellen Dingen keine Beschränkung anzuerkennen. Über ihre eigenen sexuellen Erfahrungen blieb sie dennoch verschwiegen. Daß der Malerin sexuelle Wünsche oft in den Sinn kamen, ist allerdings unschwer zu erkennen, wenn man ihre Bilder und Zeichnungen betrachtet und ihre Tagebucheintragungen liest.

Fridas längste Liebesaffäre, die sie auch sehr tief bewegte, entwickelte sich mit einem aus Spanien emigrierten Maler, der nicht genannt sein will. Er berichtet, daß er in Mexico lebte und in Fridas Haus Aufnahme fand. Rivera habe das Arrangement gelassen hingenommen; aber Fridas Briefe lassen erkennen, daß sie die Liaison vor Diego geheimzuhalten suchte. Im Oktober 1946 schrieb Frida, nachdem sie zuvor bei ihrem Geliebten in New York gewesen war, an Ella Wolfe, sie möchte doch als Postbotin zwischen ihrem Freund und ihr wirken:

«Du wirst überrascht sein, daß dieses faule und schamlose Mädchen Dir wieder einmal schreibt; aber Du weißt, daß ich Dich mit und ohne Briefe auf meine Weise immer sehr herzlich liebhabe. Hier gibt es nicht viel Neues zu berichten. Mir geht es etwas besser, ich male schon wieder (was ganz Idiotisches!), aber es ist doch wenigstens etwas und besser als gar nichts . . .
Ich möchte Dich um einen besonderen Gefallen bitten, einen so großen wie die Pyramide von Teotihuacán. Wirst Du meinen Wunsch erfüllen? Ich werde an B. schreiben und den Brief an Dich adressieren. Du müßtest den Brief an ihn dorthin weiterleiten, wo er sich gerade aufhält, oder Du bewahrst die Briefe auf, damit Du sie ihm geben kannst, wenn er wieder in New York auf der Durchreise ist. Gib sie um keinen Preis aus der Hand, es sei denn direkt in seine. Du weißt, was das bedeutet, Mädchen! Mir wäre es sogar schon schlimm, wenn Dein Mann etwas von der Sache erführe, aber vielleicht läßt sich das nicht vermeiden. Es wäre nämlich besser, Du würdest das Geheimnis alleine hüten, nicht wahr?! Hier weiß niemand etwas außer Cristi, Enrique – Du, ich und der Mann, um den es geht. Wenn Du mich wegen ihm etwas fragen willst, benutze bitte den Namen

Sonja, gelt? Bitte, schreibe mir, wie es ihm geht, was er macht, ob er glücklich ist, ob er auch richtig auf sich achtgibt usw. Dir kann ich es ja sagen, daß ich ihn zutiefst liebe und daß er in mir den Wunsch geweckt hat, weiterleben zu können. Sag ihm was Nettes von mir, damit es ihn aufmuntert und damit er weiß, daß ich jemand bin, auf den man sich verlassen kann, auch wenn sonst nicht viel mit mir los ist. Tausend Küsse und alles Liebe. Vergiß nicht, den Brief zu zerreißen. Man weiß ja nie, wie später einmal etwas mißverstanden werden kann. Versprichst Du's mir?»

Die Bindung an den spanischen Emigranten währte bis 1952, aber als im Laufe der Jahre Fridas körperliche Gebrechlichkeit die Beziehungen zum anderen Geschlecht immer schwieriger machte, spielten Frauen eine größere Rolle in ihrem Leben. Raquel Tibol beschrieb das so: «Sie tröstete sich, indem sie die Freundschaft mit Frauen pflegte, die zu Diego ein Liebesverhältnis hatten.»

Wie man an den Selbstporträts ablesen kann, trat Fridas maskuline Seite in den späten vierziger Jahren deutlicher hervor; die Künstlerin gab ihren Gesichtszügen einen immer männlicheren Ausdruck, wobei sie bewußt den Anflug von Bartflaum auf ihrer Oberlippe verstärkte. Beide Riveras, sowohl Frida wie auch Diego, hatten hermaphroditische Züge, beide ließen sich von gleichgeschlechtlicher Ausstrahlung im Wesen ihrer Partner bezaubern. Rivera liebte die Knabenhaftigkeit seiner Frau und war auch von ihrem «Zapata-Schnurrbart» entzückt. Er wurde sogar einmal richtig wütend, als sie ihn abrasierte. Sie wiederum liebte seine sanfte, verwundbare Art und betrachtete seine feiste Männerbrust mit Wohlgefallen. Für sie war dies der Anteil an Diegos Wesen, der am meisten nach ihr verlangte. Sie schrieb: «Von seiner Brust darf man wohl sagen, daß, wäre er auf Sapphos Insel verschlagen worden, die Kriegerinnen ihn mit Sicherheit verschont hätten. Die Empfindsamkeit seiner wundervollen Brüste hätte ihm die Zulassung garantiert. Dennoch macht ihn seine besondere und seltsame Männlichkeit auch begehrenswert für die von männlicher Liebe verwöhnten Diven.»

Eine dieser «Diven» war der Filmstar María Félix, deren Beziehung zu dem großen Maler einen öffentlichen Skandal heraufbeschwor. Die Schwierigkeiten fingen an, als Rivera seine Retrospektive für den Palast der Schönen Künste in Mexico City vorbereitete. Er plante, das Porträt der María Félix, an dem er gerade arbeitete, zum Kernstück der Ausstellung zu machen. Naturgemäß erregte dieser Plan Aufsehen, noch bevor die Arbeit beendet war. Vierzig Sitzungen, zu denen niemand zugelassen war, fanden statt und ließen die Frage offen, ob María Félix ihm unbekleidet Modell stand. Die Presse mutmaßte, daß ihr durchschimmerndes Kleid die Konturen ihres Körpers kaum verhüllte. Es wurden Fotos veröffentlicht, die Rivera zeigten, wie er liebevoll in die Augen seines Modells blickte. Zu guter Letzt weigerte sich María Félix, ihr Porträt in der Ausstellung zeigen zu lassen, und Rivera ersetzte es durch ein genauso provozierendes Bild, einen lebensgroßen Akt, zu dem ihm die Dichterin Pita Amor, eine andere bekannte Schönheit, Modell gestanden hatte.

Allen Dementis des Meisters zum Trotz verkündete die Presse, daß der *muy distinguido pintor* die Schauspielerin zu ehelichen gedächte, sobald er seine Scheidung durchgesetzt hätte. Drei große Zeitungen veröffentlichten die «Neuigkeit», daß María Félix Diegos Antrag unter der Bedingung angenommen hätte, daß sie ihre zweiundzwanzigjährige Freundin als dritten Partner in die Ehe mitbringen könne. Diese Freundin war eine aus Spanien emigrierte Schönheit, die zeitweise bei Frida als Gesellschafterin und Krankenpflegerin wirkte. Rivera wiederum hielt an der Behauptung fest, daß seine romantische Beziehung zu der Félix nichts mit seiner Absicht zu tun hätte, sich von Frida zu trennen. «Ich finde Frida großartig», sagte er beschwichtigend, «aber ich fürchte, daß meine Gegenwart für ihre Gesundheit nur schädlich sein kann.» Seine Anbetung für die Félix leugnete er nicht. Wie Tausende von Mexikanern sei auch er in sie verliebt.

Die Erinnerungen an diese Geschichte sind so zahlreich wie die Leute, die davon erzählen. Die meisten, die darüber berichten, glauben, daß Rivera sich in María Félix verliebt hatte, ihr aber nicht wirklich verfallen war, auch daß die Félix nie ernstlich die Absicht gehabt habe, Rivera zu heiraten. Sie soll aber das Aufsehen genossen haben, das aus dem Skandal erwuchs. Eine Augenzeugin berichtet, daß Frida damals für einige Monate eine Wohnung in der Nähe des Revolutionsdenkmals bezog, um von Diego unabhängig leben zu können. Dort wäre sie beinahe in einem Brand umgekommen. Eine Kerze, die sie nicht gelöscht hatte, steckte einen ihrer Röcke an, und sie wurde mit knapper Not von einem Hausangestellten gerettet, der ihre Schreie gehört hatte. Diese Episode soll Diego veranlaßt haben, zu ihr zurückzukehren. Andere Beobachter behaupten, Frida sei von der Affäre nur amüsiert gewesen und Rivera habe sie über den Fortgang seiner Beziehung immer auf dem laufenden gehalten, indem er ihr Zeichnungen und kleine Kommentare schickte: «Dies ist von Deinem verliebten Unken-Frosch.» Oder ein paar Zeilen mit einer Zeichnung von sich selbst als einer weinenden Unke: «So weint Dein Unken-Frosch.» Frida tat so, als ob ihr die Sache nichts ausmachen würde. Sie schrieb sogar einen Brief an María Félix, in dem sie ihr Diego als Geschenk anbot, was die Félix allerdings zurückwies. Es ist typisch für die Kahlo, daß ihre Beziehung zu María Félix während dieser Zeit weiterging und auch danach nicht aufhörte. Tatsächlich waren Frida, María Félix und Pita Amor, mit der Rivera ebenfalls eine Affäre gehabt haben soll, eng miteinander befreundet. Das Foto von Pita Amor war am Kopfteil von Fridas Bett angeheftet, und María Félix' Name ist der erste auf der Liste, die das Schlafzimmer der Kahlo in Coyoacán schmückte.

Adelina Zendejas berichtet davon, wie sie als Reporterin der Illustrierten *Tiempo* zu Diego geschickt wurde, um ihn über seine Affäre mit María zu interviewen. Sie fragte ihn, ob er sich scheiden lassen wolle. Er fragte bloß zurück: «Von wem?» – «Von Frida, denn Sie wollen doch vermutlich die göttliche María Félix heiraten.» Darauf Diego: «Sie können gleich von hier aus anrufen. Ich wette, daß María und Frida soeben zusammen sind und miteinander plaudern.» Adelina hielt ihm entgegen, es sei doch bekannt, daß er bereits die Scheidung beantragt habe, aber Rivera sagte dazu nur: «Das kann bloß von der FHF kommen.» Die Zendejas schaute ratlos drein, und Rivera erklärte, dies sei die Abkürzung für die «Front Häßlicher Frauen»; die seien nämlich eifersüchtig auf Fridas und Marías Schönheit. Nun hatte Adelina die Information aber von der hübschen Lupe Marín. Den «FHF-Vorwurf» konnte sie also zurückweisen. «Wenn es nicht die FHF war», sagte Diego, «dann muß es die FSF gewesen sein.» Wieder mußte sich Adelina die Abkürzung erklären lassen. Die FSF sei die «Front Sitzengebliebener Frauen». Von denen müsse die Information gekommen sein. Als die Zendejas später wieder mit ihrer hübschen Informantin zusammenkam, sagte Lupe: «Frida ist schön dumm, daß sie María in ihr Haus kommen und sich Diego wegnehmen läßt. Diego ist zwar gemein, aber für ihre Dummheit ist Frida ganz allein verantwortlich.»

Wenn man alles genau besieht, war Frida vielleicht doch kein Dummkopf, denn sie verlor weder die Freundschaft der María Félix noch ihren Mann. Rivera beschrieb in seiner Autobiographie das Ende der Liaison mit für ihn ganz untypischer Kürze. Danach habe er sich, als die Félix ihn nicht heiraten wollte, wieder Frida zugewendet, die bekümmert und tief in ihrer Ehre gekränkt war. Nach kurzer Zeit sei jedoch alles wieder gut gewesen. Rivera verschmerzte den Korb, den ihm María gegeben hatte, und die Kahlo freute sich, ihren Mann wieder für sich zu haben. Diego aber war froh, noch immer mit Frida verheiratet zu sein.

Keine der anekdotenreichen Geschichten, die über Diegos Affäre mit der Félix erzählt wurden – ob sie nun wahr oder erfunden sind –, kann den Kummer und den Verdruß auslöschen, die aus Fridas weinenden Selbstbildnissen von 1948 bis 1949 zu uns sprechen. *Diego und ich* war noch nicht viel mehr als eine Skizze, als das Gemälde bereits von der Fotografin und Schriftstellerin Florence Arquin und ihrem Ehemann, Samuel A. Williams, in Mexico gekauft wurde. Das farbig ausgearbeitete Werk, das dem Ehepaar nach seiner Rückkehr in die Vereinigten Staaten übersandt wurde, zeigte eine weinende Frida mit viel lose hängendem Haar, das sich so um ihren Hals schlang, daß es sie zu erwürgen drohte. Ähnlich wie in dem Gemälde *Selbstporträt als Tehuanafrau* ruht ein kleines Bildnis von Diego auf ihrer Stirn, denn Diego war ihr ständiger Gedanke. Wie immer sie sich in der Öffentlichkeit äußerte, ob sie nun lachte oder die Schultern zuckte, *Diego und ich* bleibt ein Beleg für die einsame Leidenschaft der Malerin und für die verzweifelte Angst, sie könne ihren Mann möglicherweise verlieren.

Auch in ihrem Tagebuch, dessen Eintragungen selten datiert sind, ist diese Fixierung ihrer Gedanken nachweisbar. Viele Seiten enthalten, was man am ehesten als ein Prosagedicht an Diego bezeichnen könnte. Allenthalben taucht sein Name auf. «Ich liebe Diego – sonst niemanden», schrieb sie auf, oder sie rief in einem Moment verzweifelter Einsamkeit: «Diego, ich bin allein!» Einige Seiten weiter steht nur der Name in Großbuchstaben «DIEGO», und schließlich finden sich Tage, Monate oder möglicherweise auch Jahre später die Sätze: «Mein Diego, jetzt bin ich nicht mehr allein. Du bist bei mir. Du legst mich schlafen. Du rufst mich ins Leben zurück.» An anderer Stelle, nach einer Seite automatisch hingeschriebener Wörter und Sätze, liest man Gedankensplitter Fridas im Zusammenhang mit ihren Einsamkeitsgefühlen, wenn Diego fern von ihr war: «Ich gehe mit mir allein; ein Moment der Abwesenheit; du bist mir gestohlen worden, und ich weine um dich. Er ist ein Schürzenjäger.»

Viele Leute behaupten, die Riveras hätten gar keine sexuelle Bindung zueinander gehabt und wären eigentlich nur Kameraden gewesen. Gewiß hatte Kumpelhaftigkeit einen großen Anteil an Fridas Haltung gegenüber ihrem Mann, aber ihre starke Zuneigung zu ihm war auch unverkennbar erotisch geprägt. Dies traf auch noch zu, als nach den ersten Ehejahren sein körperliches Verlangen nach ihr abebbte und obwohl sie bei der Wiederverehelichung darauf bestanden hatte, die Verbindung dürfe nur noch platonisch sein. Fridas Liebe zu Diego läßt große Teile ihres Tagebuchs wie einen erotischen Liebesbrief erscheinen: «Diego, nichts kann es mit Deinen Händen aufnehmen, und nichts läßt sich mit dem Goldgrün Deiner Augen vergleichen. Tagelang füllt sich mein Körper mit Dir. Du bist der Nachtspiegel, das heftige Licht des Blitzes, die Feuchtigkeit der Erde. In Deinen Achselhöhlen finde ich Zuflucht, meine Fingerspitzen berühren Dein Blut. Welche Lust zu spüren, wie Dein Leben aus Deiner Brunnenblume hervorschießt, während ich es aufnehme, bewahre und in all meinen Nervenfasern wirken lasse.» Oder, einige Seiten später:

«Mein Diego, Nachtspiegel, Deine grünen Schwertaugen in meinem Fleisch; Wellen zwischen unseren Händen; Du ganz im Reich der Töne und Geräusche – in Schatten und Licht. Du sollst heißen AUXOCROMO, der die Farbe anzieht. Ich aber bin CROMOFORO, die die Farbe spendet. Du bist die Zahl in jeder Form, das Leben. Ich wünsche mir, Linie, Form und Bewegung zu durchschauen. Du füllst, und ich empfange. Dein Wort durchmißt allen Raum und erreicht meine Zellen, die meine Sterne sind, die ich aus vielen Jahren in unserem Körper bewahrt habe. Angekettete Wörter, die wir nicht auszusprechen vermöchten, es sei denn zwischen den Lippen des Schlafes. Alles war umgeben von dem vegetativen Wunder Deiner Körperlandschaft. Auf Deine Form antworten die Bewegungen der Blumenwimpern und das Rauschen der Flüsse. Im Saft Deiner Lippen sind alle Früchte enthalten, das Blut des Granatapfels, der Brüste und der reinen Ananas. Ich habe Dich an meinen Busen gedrückt, und das Wunder Deiner Form ist durch meine Fingerspitzen und durch mein ganzes Blut gedrungen. Duft vom Wesen der Eiche, Erinnerung an Walnuß, grüner Atem der Asche. Horizonte und Landschaften, die ich mit einem Kuß überquerte. Erst wenn wir die geläufigen Worte vergessen, finden wir die Sprache, die uns die Blicke unserer geschlossenen Augen verstehen läßt.

Du bist gegenwärtig, unberührbar, und Du bist das ganze Universum, das ich im Raum meines Zimmers umfasse. Deine Abwesenheit läßt mich erzittern, sie fällt mich an im Ticken der Uhr, im Pulsieren des Lichts. Dein Atem durch den Spiegel. Von Dir bis zu meinen Händen überquere ich Deinen ganzen Körper. Ich bin eine Minute, einen Augenblick bei Dir, und mein Blut ist das Wunder, das in den Gefäßen der Luft von meinem Herzen zu Deinem fließt.

Als Jubiläumsgabe zum 15. Hochzeitstag malte Frida
1944 das Doppelbildnis *Diego und Frida, 1929–1944,* auf
dem sie mit dem geliebten Mann eins geworden ist.

Auf einem Wandbild im
Erziehungsministerium
stellte Diego Rivera 1928
Frida als Waffen verteilende
Revolutionärin dar.

Das politisch engagierte
Ehepaar Rivera 1946 bei einer
Kundgebung.

Der Mann

Das pflanzliche Wunder meiner Körperlandschaft ist in Dir die ganze Nähe. Ich durchquere sie in einem Flug, der mit meinen Fingerflügeln die runden Hügel streichelt, die Täler: Ich werde von der Sehnsucht nach Besitznahme bedeckt, von der Umarmung der frischen sanften grünen Zweige. Ich dringe ein in das Geschlecht der Erde, seine Wärme umfängt mich, und in meinem Körper fühlt sich alles wie die Frische zarter Blätter an. Sein Tau ist der Schweiß eines unermüdlichen Liebhabers. Es ist nicht Liebe, Zärtlichkeit, auch nicht Anhänglichkeit, worum es geht, es ist das ganze Leben, mein Leben, das ich in Deinen Händen gesehen habe, in Deinem Mund und in Deinen Brüsten. In meinem Mund habe ich den Mandelgeschmack Deiner Lippen. Unsere Worte sind immer bei uns geblieben. Nur ein Berg kennt das Innere eines anderen Berges. Manchmal fließt Deine Gegenwart ständig, als wollte sie mein ganzes Wesen in ein schreckliches Warten auf den Morgen fassen. Und ich spüre, daß ich bei Dir bin. In solchen Momenten voller Gefühle tauchen meine Hände in Orangen, und mein Körper ist von Dir umfangen.»

Bei solcher Intensität von Fridas körperlicher Liebe zu Diego ist es nicht verwunderlich, daß sie von seiner sexuellen Untreue tief verletzt war. Um damit fertig zu werden, übernahm sie die Rolle der nachsichtigen Mutter, wobei dies Verhältnis nicht minder sinnlich war, als wenn sie Diegos Geschlechtspartnerin gewesen wäre. Die Beziehung war nur anders. Anstatt daß sie Diegos «grüne Schwertaugen in ihrem Fleisch» spürte, anstatt daß sich ihr Körper von ihm «umfangen und durchdrungen» fühlte, war sie es, die ihn in ihrem Schoß hielt, ihn badete und wie eine Mutter pflegte. Dieses Mutter-Sohn-Verhältnis war so körperlich real, daß die Malerin in ihrem Tagebuch den Wunsch ausdrückte, sie möchte Diego gebären können. «Ich bin der Embryo, der Keim, die erste Zelle, die ihn mächtig zeugte. Ich bin *er*, angefangen bei den einfachsten und ältesten Zellen, aus denen er mit der Zeit entstand», schrieb sie 1947. Bei anderer Gelegenheit vertraute sie ihren Blättern an: «In jedem Augenblick ist er mein Kind, mein stets neu geborenes Kind, mein Tagebuch, er lebt aus mir heraus.» Und in *Porträt von Diego* sagt sie: «Frauen ... darunter auch ich – wollen ihn immer in ihren Armen halten wie ein neugeborenes Baby.» Genau so stellt sie die Dinge dar in dem Gemälde *Die Liebesumar-*

mung des Universums: die Erde (Mexico), Diego, ich und Señor Xolotl. Hier ist die Künstlerin eine Art mexikanischer Mutter Erde, und Diego ist ihr Kind. Eine hellrote Spalte öffnet sich von ihrem Hals bis zur Brust, und eine magische Milchquelle entspringt der Stelle, wo ihr Herz sein müßte, und speist das große blasse Diegokind in ihrem Schoß. Er hält eine Amaryllispflanze in der Hand. Die Farben der Blume sind ein intensives Orange, Gelb und Grau. Sie ist das Symbol für Diegos «Brunnenblume», Fridas Metapher für sein Geschlecht. Rinnende Tränen lassen Frida als weinende Madonna erscheinen, eine Madonna, die ihr Kind verloren hat oder fürchtet, es zu verlieren.

In *Porträt von Diego*, das sie im selben Jahr verfaßte, in dem auch die *Liebesumarmung* entstand, beschrieb sie minutiös den Diego, den sie in jenem Bild gemalt hatte. Mit der Sinnenlust ungehemmter Mütterlichkeit ließ sie nicht das Geringste aus:

«Seine Form: Sein Kopf mit den asiatischen Zügen, auf dem sein schwarzes Haar so dünn wächst, daß es wie in der Luft zu fließen scheint. Diego ist ein übergroßes Baby mit einem lieben Gesicht und einem melancholischen Blick ... ganz selten nur verschwindet das ironisch zarte Lächeln, die Blüte seines Gesichts, von seinem buddhaartigen Mund mit den fleischigen Lippen.

Sieht man ihn nackt, so muß man unwillkürlich an einen jungen Frosch denken, der auf seinen Hinterbeinen steht. Seine Haut ist von einem grünlichen Weiß wie die Farbe eines Amphibs. Nur seine Hände und sein Gesicht sind dunkler, weil die Sonne sie gegerbt hat. Seine kindlichen Schultern, engstehend und abgerundet, gehen mit einer sanften Biegung in weibliche Arme über. Sie setzen sich fort in wundervollen Händen von kleinem und zartem Wuchs, so fein und empfindsam wie Antennen, die mit dem Weltall kommunizieren. Es ist kaum zu glauben, daß diese Hände die schwere Arbeit des vielen Malens bewältigt haben und daß sie noch immer unermüdlich an der Arbeit sind.»

Es war Fridas Lust, sich über Diego sorgende Gedanken zu machen. Sie konnte sich vor Lachen ausschütten, wenn sie ihm aus billigem Baumwollzeug seine gewaltigen Unterhosen machen ließ, am liebsten in leuchtendem mexikanischem Rosa. Rivera war von viel zu mächtiger Gestalt, als daß ihm irgendwelche Fertigware hätte passen können. Manchmal schimpfte sie gutmütig mit ihm: «Also, dieser Junge! Jetzt hat er doch schon wieder sein Hemd kaputt gemacht.» Wenn Rivera, wie üblich, seine Kleider einfach auf den Boden fallen ließ, wurde er von Frida sanft gemahnt. Aber auch wenn sie wirklich ärgerlich war, senkte er stets nur schuldbewußt den Kopf wie ein Kind, dem man Vorhaltungen macht.

Rivera spielte gerne die Rolle des bemutterten Kindes. Wieviel von einem kleinen Jungen in ihm steckte, zeigte er in dem Wandbild des Prado-Hotels, wo er sich 1947/48 als Lausbub in Kniehosen darstellte, wobei er in der einen Tasche einen Frosch hat und eine Schlange in der anderen. Dabei steht er vor Frida, die als reife Frau in dem Bild zu sehen ist und ihre Hand auf seiner Schulter ruhen läßt. Einer der angenehmsten Momente in seinem Tageslauf war das tägliche Bad. Schon als Schulmädchen hatte die Kahlo ihrer Freundin Adelina anvertraut, wie sehr sie Rivera liebte. Damals hatte sie geäußert: «Ich werde ihn baden und waschen!» Ihr damaliger Wunsch sollte tatsächlich in Erfüllung gehen, denn wie schon seine früheren Frauen entdeckte Frida, daß man Diego daran erinnern mußte, ein Bad zu nehmen. Sie kaufte allerlei Spielzeug, das sie auf dem Badewasser herumschwimmen ließ, und es wurde ein Haushaltsritual, daß sie ihren Mann mit Schwamm und Bürste bearbeitete.

Wie alle Kinder machte Diego ein großes Theater, wenn er nicht bekam, was er wollte. Antonio Rodríguez erinnert sich an einen Besuch bei Frida. Er hatte seinen kleinen Sohn bei sich, um den sich die Malerin sehr liebevoll kümmerte. Rivera war nicht im Hause, und die Künstlerin gab dem Jungen ein Spielzeug, um ihn zu beschäftigen. Es war ein Modellpanzer, wie man ihn während des Krieges in Mexico zu kaufen bekam. Dabei sagte sie: «Zeig ihn bloß nicht Diego, denn wenn er kommt und dich damit sieht, ärgert er sich bestimmt und nimmt ihn dir weg.» Der kleine Rodríguez hörte aber nicht auf sie und spielte mit dem Ding, bis Rivera tatsächlich zurückkam und den Jungen mit dem Spielzeug sah. Er machte ein Gesicht wie ein Kind, wenn es zu weinen anfängt, und er sagte zu Frida: «Warum schenkst du mir erst etwas und nimmst es mir dann wieder weg?» Die Kahlo suchte ihn zu begütigen und erklärte: «Ich kaufe dir doch wieder einen neuen.» Aber Diego ging brummig aus dem Zimmer. Man hätte meinen können, er sei wahrhaftig noch ein Kind.

In *Porträt von Diego* schilderte die Malerin den kindlichen Egoismus Riveras:

«Die Bilder und Ideen fließen in seinem Gehirn mit einem Rhythmus, der ganz verschieden ist von allem, was wir als normal empfinden. Daraus folgt, daß man ihn nicht mehr halten kann, wenn er sich einmal auf eine Sache kapriziert hat. Zugleich ist er entschei-

dungsschwach, aber diese Unentschiedenheit ist bloß ganz ober-
flächlich, denn zum Schluß gelingt es ihm immer, alles wohlüber-
legt durchzusetzen, was er sich einmal vorgenommen hat. Nichts
drückt dies besser aus, als was mir einst seine Tante Cesarita, die
Schwester seiner Mutter, über ihn gesagt hat. Sie wußte noch, wie
Diego als kleines Kind in einen Laden gegangen war. Es war einer
von den kleinen Kramläden, in denen es allerhand Überraschendes
und Zauberhaftes zu kaufen gab, alles, was sich Kinder nur wünschen können. Der kleine Diego stand vor dem Ladentisch, hatte
nur wenige Centavos in der Hand und durchmusterte immer wieder das ganze Angebot des Lädchens. Dabei rief er ein über das
andere Mal verzweifelt und wütend: ‹Was will ich bloß haben?›
Diese Form der Unentschlossenheit hat ihn sein ganzes Leben lang
nicht losgelassen. Aber wenn er auch äußerlich nie zu einem Entschluß zu kommen scheint, hat er in sich doch einen Kompaß, der
ihn direkt zum Zentrum seines Willens und seiner Wünsche leitet.»

Um Diego in seinem zielgerichteten Handeln zu helfen, gab sich die
Kahlo sowohl schützend wie aufopfernd: «Niemand kann sich jemals
eine Vorstellung davon machen, wie sehr ich Diego liebe», schrieb sie
in ihr Tagebuch. «Ich will nicht, daß ihn irgend etwas verletzt. Nichts
soll ihm Kummer bereiten und ihn der Energien berauben, die er zum
Leben benötigt – er soll so leben können, wie er es sich wünscht,
schauen, malen, lieben, essen, schlafen, allein sein oder sich Gesellschaft leisten lassen – aber ich möchte ihm alles geben. Wenn ich ihm
meine Gesundheit schenken könnte, würde ich sie ihm ganz überlassen, und wenn ich Jugend zu vergeben hätte, sollte er sie haben, ganz
und gar.»

Solcher Opfer wäre Frida nicht bloß einer romantischen Liebe wegen fähig gewesen oder aus überschwenglicher Zuwendung zu ihrem
«Sohn». Sie verhielt sich so, weil sie auch in Riveras kindischen Anwandlungen noch den Beweis seiner Überlegenheit wahrnahm. Ein
«gewöhnlicher» Mann, also einer, dessen jungenhafte Willkür durch
Reife kontrolliert wird, war für sie längst nicht so aus der Tiefe bewegt
wie Diego, dessen Wünsche «unbezähmbar» waren. Ein starker Wille
kann in der Tat einhergehen sowohl mit Größe wie auch mit Kind-
lichkeit. Für die Kahlo war ihr Mann ein geradezu übernatürliches
Wesen, ein Mensch, dessen Blick das ganze Universum umfing wie
umgekehrt das Universum ihn in der *Liebesumarmung* umschlossen
hielt.

Wie stets in den Gemälden der Künstlerin ist auch hier wieder der

Inhalt auf konkrete und besondere Weise mit einem aktuellen Ereignis ihres Lebens verbunden, mit der María-Félix-Affäre. Aber das ist noch nicht die ganze Wahrheit, denn obgleich sich Frida verletzt und weinend darstellt, ist sie doch auch in eine Folge von Liebesumarmungen einbezogen, wobei eine in die andere greift. Auf diese Weise bringt sie nicht nur die gegenseitige Verbindung aller Dinge des Universums untereinander zum Ausdruck, sie beschreibt hierdurch auch den Seinsgrund, der sie mit ihrem Ehegemahl verbindet und trägt. Die Basis ist der Erde entrückt, sie schwebt vom Himmel, so daß die Wurzeln der Kakteen an ihren Rändern frei in der Luft hängen. Diese Wurzeln, einige davon so rot wie Blutgefäße, wirken – wie so häufig bei der Malerin – seltsam belebt. In einem Fall hat sie ihre Vorstellung von Liebe wie ein Gewirr von nach unten wachsenden Wurzeln gemalt, und in der *Liebesumarmung* bedeuten diese herabhängenden Wurzeln die Dauerhaftigkeit ihrer Liebesbindung an Diego.

Die Kahlo war sehr wohl imstande, ihren Mann festzuhalten und an sich zu binden. Sie war denn auch die Frau, die von Diego mehr als alle anderen geliebt wurde. «Wenn ich gestorben wäre, ohne sie kennengelernt zu haben, hätte ich nie erfahren, was eine richtige Frau ist», vertraute Rivera einmal Carmen Jaime an, und bei einer anderen Gelegenheit hörte die Jaime, wie Frida zu Diego sagte: «Wozu lebe ich bloß? Was soll das nur für einen Sinn haben?» worauf Rivera antwortete: «Damit ich leben kann.» Für die Kahlo war ihr Diego alles. So schrieb sie auch in ihr Tagebuch:

«Diego, Anfang
Diego, Erbauer
Diego, mein Baby
Diego, mein Freund
Diego, Maler
Diego, mein Geliebter
Diego, «mein Ehemann»
Diego, mein Vertrauter
Diego, meine Mutter
Diego, ich
Diego, das All
Die Vielfalt in der Einheit
Wie kann ich ihn bloß ‹meinen Diego› nennen? Niemals hat er mir gehört, und ich werde ihn nie besitzen. Er gehört sich selbst.»

Zu Beginn des Jahres 1950 war Frida so krank, daß sie sich in Mexico City in stationäre Behandlung begeben mußte. Erst ein Jahr später konnte sie das Krankenhaus wieder verlassen.

Während eines kurzen Aufenthalts in Mexico stattete Dr. Eloesser der Künstlerin einen Besuch ab, bevor sie sich in die Hände der Ärzte begab. Unter dem Datum des 26. Januar 1950 machte sich Dr. Eloesser einige Notizen über den Gesundheitszustand der Malerin. Danach hatte Frida am 3. Januar beim Aufwachen wahrgenommen, daß die vier Zehen ihres rechten Fußes an den Spitzen schwarz geworden waren. «Am Vorabend, bevor sie zu Bett ging, war ihr an den Zehen noch nichts aufgefallen. Ein Arzt kam am Tag danach und wies sie in ein Krankenhaus ein . . . Im letzten Jahr hat sie zuwenig gegessen und stark abgenommen. Über einen Zeitraum von drei Jahren hat sie Seconal in großen Mengen genommen. Drei Jahre lang kein Alkohol.» Dr. Eloesser erwähnt auch, daß die Kahlo noch drei Monate vor seinem Besuch gemalt hatte, daß sie unter Kopfschmerzen litt und während eines längeren Zeitraums nie ganz frei von Fieber war. Ihr Bein verursachte ihr ständige Schmerzen. Die übrigen Zeilen der Notizen sind unleserlich bis auf das Wort «Wundbrand».

Am 12. Januar schrieb die Malerin wegen einer gebrochenen Brükke in einem Brief an Dr. Fastlich, ihren Zahnarzt: «Bitte verzeihen Sie mir die Mühe, die ich Ihnen mache. Ich liege noch immer im Krankenhaus, denn man hat mich ‹zur Abwechslung› mal wieder am Rückgrat operiert. Ich soll erst morgen, am Sonnabend, wieder nach Coyoacán entlassen werden. Ich trage noch ein Korsett und fühle mich ziemlich eingezwängt, aber ich will mich nicht entmutigen lassen und fange sobald wie möglich mit dem Malen an.» Abgesehen von den Beschwerden in ihrem Rückgrat litt Frida auch an schlechter Durchblutung im rechten Bein, was die «schwarzen Zehenspitzen» und den «Wundbrand» erklären würde.

Am 11. Februar schrieb die Malerin an Dr. Eloesser, daß sie fünf Ärzte konsultiert hätte, darunter auch Dr. Juan Farill. Sie vertraute sich ihm an, weil sie den Eindruck gewonnen hatte, daß er ihre Krankheit sehr ernst nahm. Dr. Farill empfahl ihr, sich den Fuß bis zur Ferse amputieren zu lassen.

«Mein lieber, lieber Doctorcito,
... Hier im Bett habe ich den Eindruck, daß ich wie ein Kohlkopf dahinvegetiere. Gleichzeitig hoffe ich jedoch, daß mein Fall genau untersucht wird, damit man wenigstens auf eine mechanische Weise einen positiven Effekt erzielt. Das soll heißen, daß ich zumindest wieder laufen und arbeiten kann. Aber leider höre ich, daß das Bein in so schlechtem Zustand ist, daß die Verheilung und Vernarbung lange dauert, und ich muß vielleicht noch Monate warten, ehe ich wieder gehen kann.

Ein junger Arzt, Dr. Julio Zimbrón, schlägt mir eine merkwürdige Behandlung vor, wegen der ich Sie zu Rate ziehen möchte, denn ich weiß nicht recht, wieviel ich mir davon erhoffen darf. Er sagt, daß er mir garantiert den Wundbrand zum Stillstand bringen kann. Es handelt sich um eine subkutane Injektion von Helium, Wasserstoff und Ozon. Was halten Sie davon? Glauben Sie, daß man damit tatsächlich etwas erreichen kann? Entstehen dabei nicht möglicherweise Embolien? Ich habe Angst davor. Jedenfalls meint er, daß mir die Behandlung die Amputation ersparen könnte. Halten Sie das für möglich? ...»

Nicht lange nach diesem Brief an Dr. Eloesser begab sich Frida erneut in das englische Hospital zur Behandlung bei Dr. Farill, und sie war bereits wieder zwei Mal operiert worden, als ihre Schwester Matilde Mitte April in Fridas Namen an Dr. Eloesser schrieb:

«Die arme Frida hat einen wahren Leidensweg hinter sich, und ich kann mir nicht vorstellen, wie das weitergehen soll, denn ich schrieb Ihnen bereits in meinem ersten Brief, daß man ihr drei Wirbel mit Hilfe eines Knochenstücks von irgend jemandem zusammengefügt hat. Die ersten elf Tage waren schlimm für sie. Ihre Verdauungsorgane waren gelähmt, und sie hatte ständig über 39° Fieber. Dazu kamen anhaltende Übelkeit, Erbrechen und unaufhörliche Schmerzen im Rücken, sobald ihr das Korsett angepaßt worden war und sie auf der operierten Stelle lag. Um ihr etwas Ruhe zu schenken, bekam sie eine doppelte Injektion von Demerol und anderen Medikamenten, nur kein Morphin, weil sie das überhaupt nicht vertragen kann. Ihre Temperatur blieb weiterhin hoch, und sie litt unter Schmerzen in ihrem kranken Bein. Die Ärzte sagten, es sei eine Venenentzündung. Zunächst unternahmen sie nichts, hielten dann einen Kriegsrat und gaben ihr darauf erneut alle möglichen Spritzen und Arzneien. Das Fieber hörte dennoch nicht auf. Außerdem merkte ich, daß von ihrem Rücken ein ganz übler Geruch ausging. Ich sagte dies dem behandelnden Arzt bei der Visite. Als sie das Korsett öffneten, hatte sich ein Abszeß oder Tumor gebildet, die Wunde war tief entzündet, und sie mußten wieder operieren. Das wirkte sich erneut auf die Verdauung aus. Sie litt schreckliche Schmerzen, und statt Fortschritten in der Gesundung gab es nur noch neue Komplikationen. Danach wurde ihr ein neues Gipskorsett angepaßt. Es brauchte vier bis fünf Tage zum Durchhärten, und diesmal fügten sie eine Dränage für die Wundsekretion ein.

Frida bekam alle vier Stunden Chloromycetin, worauf ihre Temperatur etwas sank. Aber so ist alles seit dem 4. April geblieben, als sie Frida zum zweiten Mal operierten. Ihr Korsett sieht aus wie ein Schweinestall, weil aus der Wunde am Rücken ständig Sekret austritt. Es riecht wie ein toter Hund, und die ‹Herren Ärzte› stellen bloß fest, daß die Heilung sich verzögert. Das arme Kind ist ihr Opfer. Jetzt braucht sie endlich ein neues Korsett und eine Operation oder eine Behandlung, die ihr wirklich Heilung bringt. Ich kann mir nicht helfen, Herr Dr. Eloesser, aber ich glaube (ohne daß ich mit Frida darüber sprechen würde), daß diese Entzündung nichts Oberflächliches ist, sondern daß es an der nicht gelungenen Knochenverpflanzung liegt, wenn jetzt immer wieder neue Infektionen auftreten. Ich behalte natürlich meine Gedanken für mich, weil die arme Seele ohnehin genug auszustehen hat und Mitleid verdient . . .

Wenn ich sehe, wie sie leidet, würde ich ihr gern mein Leben schenken; aber die ‹Herren Ärzte› sagen bloß immer wieder, daß alles gut wird. Trotzdem habe ich das Gefühl, Dr. Eloesser, auch wenn ich nicht viel von Medizin verstehe, daß es nicht gut um Frida steht. Jetzt müssen wir abwarten, bis sie den dritten Eingriff überstanden hat und was dabei herauskommt. Die Wundnähte verheilen nicht, und die Wunde sieht nicht so aus, als ob sie sich schließen würde. Frida hat davon keine Ahnung . . . Eigentlich hätte sie sich das meiste ersparen können, denn der Wundbrand ist schon zurückgegangen und die schwarzen Zehenenden bereits abgefallen . . .»

Während Fridas Jahr im englischen Krankenhaus nahm Rivera einen kleinen Raum neben ihrem Krankenzimmer, damit er die Nacht in der Nähe seiner Frau verbringen konnte. Über längere Zeit schlief er jede Nacht im Krankenhaus – mit Ausnahme der Dienstage, die für die Arbeit an dem Anahuacalli-Bau reserviert waren. Zumindest war dies die Begründung für seine Abwesenheit. Diego konnte außerordentlich zärtlich sein. Er schaukelte Frida in seinen Armen in Schlaf, wie wenn sie ein kleines Mädchen gewesen wäre, und er las ihr am Bett Gedichte vor. Als sie einmal schreckliche Kopfschmerzen hatte, lenkte er sie ab, indem er um ihr Bett herumtanzte, ein Tamburin schwenkte und sich wie ein Bär aufführte. Aber es gab auch Zeiten, in denen er ihr sehr wenig Aufmerksamkeit zuwandte. Wenn man Dr. Velasco y Polo glauben darf, war die Kahlo nur deshalb im Krankenhaus, weil es Rivera so in den Kram paßte und er seine Freiheit haben wollte. «Und das Auf und Ab ihres Gesundheitszustandes im Krankenhaus hing völlig davon ab, wie sich Diego verhielt.» Sobald er ganz für sie da war, strahlte sie vor Glück, und ihre Schmerzen schienen zu verfliegen. Wenn er aber fernblieb, weinte und klagte sie, und ihre Schmerzen wuchsen ins Unermeßliche. Wahrscheinlich spürte sie, daß, wenn sie nur krank genug war, er an ihr Krankenlager zurückeilen mußte. Velasco y Polo sagte: «Sie konnte ihre Schmerzen nicht der Heiligen Jungfrau darbringen, also breitete sie sie vor Diego aus. Er war ihr Heiland.»

Eine gewöhnliche Patientin war die Kahlo keineswegs. Die Schwestern liebten sie wegen ihrer Fröhlichkeit und wohl auch wegen der großzügigen Trinkgelder, die sie spendierte. Die Ärzte wiederum mochten sie gerne, weil sie sich, wie Velasco y Polo sagte, «niemals ernstlich beklagte. Nie beschwerte sie sich darüber, daß etwas schlecht gemacht worden war. Mit mexikanischer Genügsamkeit hielt sie alles aus und litt ohne Protest.» Frida ließ sich immer von ihrem Gefühl für das Lächerliche leiten. Sobald sich eine Gelegenheit zum Theaterspielen bot, an Tagen, an denen ihre natürliche Überschwenglichkeit die Schmerzen überwog, benutzte sie den halbkreisförmigen Apparat, der dazu diente, ihr rechtes Bein hochzuhalten, um mit ihrem Fuß Kasperlespiele zu veranstalten. Einmal schickte die Knochenbank ein Knochenstück, das einer Leiche entnommen worden war. Auf dem Konservierungsglas stand der Name des Spenders, Francesco Villa. Sofort fühlte sich Frida so lebendig und aufrührerisch wie der Revolutionsbandenführer Pancho Villa. «Mit dem neuen Knochen», rief sie, «komme ich mir vor, wie wenn ich mir den Weg aus dem Krankenhaus freischießen und meine eigene Revolution ausrufen könnte.»

Das Krankenzimmer der Kahlo war fast so ungewöhnlich wie die Patientin. Es war mit Zuckerschädeln geschmückt, ein grellbunter

Kerzenleuchter in der Form eines Lebensbaums stand darin, und weiße Tauben mit Papierflügeln hingen herum – für die Künstlerin Symbole des Friedens –, dazu eine sowjetische Fahne. Bücher stapelten sich auf ihrem Nachtschränkchen neben Farbtöpfchen und einem Gefäß mit Pinseln. An der Wand hingen große Papierbögen, und die Kahlo versuchte immer, ihre prominenten Besucher für irgendwelche Unterschriftenaktionen zu gewinnen, beispielsweise für einen Text zur Unterstützung des Stockholmer Friedenskongresses, der in der Zeit von Stalins Kampagne für friedliche Koexistenz stattfand. Natürlich mußten die Besucher auch ihre Signaturen auf Fridas diversen Gipskorsetten hinterlassen, und die Künstlerin schmückte sie selbst mit allem möglichen, mit Federn, Spiegeln, Abdrücken, Fotografien, Steinchen und Tuschezeichnungen. Als ein Arzt den ganzen bunten Zauber beseitigen ließ, malte Frida ihren Gipsverband wieder mit Lippenstift und Jod an. Es gibt ein Foto von Rivera, der seiner bettlägrigen Frau zuschaut, wie sie gerade Hammer und Sichel auf ein Korsett malt, das ihren Rumpf umgibt.

Während der Krankenhauszeit entstand unter der Hand der Malerin eine Serie von sogenannten «Gefühls-Zeichnungen». Sie gehörten zu einem Experiment, das ihre Freundin Olga Campos veranstaltete, die damals an der Universität Psychologie studierte. Die Campos wollte ein Buch über die Beziehungen schreiben, die im menschlichen Bewußtsein zwischen Empfindungen und den Bildelementen Linie, Form und Farbe bestehen. Zwei Serien von je zwölf Zeichnungen lassen erkennen, wie die Malerin und ihr Mann in spontanen Bildern auf bestimmte Reizwörter reagierten – Schmerz, Liebe, Freude, Haß, Lachen, Eifersucht, Ärger, Angst, Furcht, Panik, Sorge und Frieden. Die Zeichnungen der Kahlo sind aus zahlreichen Linien zusammengesetzt und machen die Faszination der Künstlerin für komplizierte Gewebe und wurzelartige Formen deutlich. Diego dagegen brachte seine Reaktionen auf die verschiedenen Impulse mit wenigen breiten, rasch hingeworfenen Strichen zu Papier.

Sobald die Malerin sich kräftig genug fühlte und die Ärzte es gestatteten, arbeitete sie an ihren Bildern. Dabei verwendete sie eine besondere Staffelei, die an ihrem Bett so befestigt wurde, daß sie im Liegen malen konnte. Anfang November, nach mittlerweile sechs Operationen, konnte Frida fast vier oder fünf Stunden täglich arbeiten. Damals entstand das Gemälde *Meine Familie*, eine zweite Version des Familienstammbaums. Sie hatte diese Arbeit bereits Jahre zuvor begonnen, sollte sie aber nicht mehr vollenden. Mit Ungeduld erwartete die Künstlerin eine Zeit, in der sie wieder regelmäßig malen konnte, denn die Arbeit an den Bildern war inzwischen eine der wichtigsten moralischen Stützen ihres Lebens geworden. «Wenn ich in zwei Monaten aus dem Krankenhaus entlassen werde», sagte sie, «gibt es nur drei Dinge, die ich tun will: erstens malen, zweitens malen und drittens malen.»

Das Krankenzimmer der Künstlerin war selten ohne Besucher. Dr. Velasco y Polo erinnert sich, wie sehr sich Frida vor Einsamkeit und Langeweile fürchtete. Klatschgeschichten und unanständige Witze waren ihr zur Erheiterung stets willkommen. «Sie war sehr spontan und launisch,» erzählt der Arzt, «und sie konnte sich leicht über etwas erregen. Dann hieß es beispielsweise: ‹Hör einer sich diesen Kerl an! Schmeißen Sie ihn doch bitte hinaus, er soll sich zum Teufel scheren!› Sie unterhielt sich gerne über Medizin, Politik, über ihren Vater und natürlich über Diego; andere beliebte Themen waren bei ihr Sexualität, freie Liebe und die Übel des Katholizismus.»

Eine besondere Begabung der Künstlerin bestand darin, daß sie zuhören konnte. Elena Vásquez Gómez war eine enge Vertraute der Malerin während ihrer letzten Jahre. Sie berichtet: «Wir gesunden Leute, die wir bei ihr zu Besuch waren, verließen sie getröstet und geistig gestärkt. Wir hatten sie alle nötig.» Ganz ähnlich erinnert sich auch Fanny Rabel: «Nie sprach sie nur von sich selber, deshalb war man sich bei ihr selten ihrer Leiden und ihrer Probleme bewußt. Sie wandte sich mit ihrem ganzen Interesse den Anwesenden zu und der Welt um sie her. So sagte sie etwa: ‹Komm, erzähl mir was. Wie war das in deiner Kindheit?› Frida behauptete, daß ihr solche Erzählungen mehr bedeuteten als ein Gang zum Kino. Sie konnte ganz gerührt zuhören, manchmal mußte sie sogar weinen, und nie konnte sie davon genug bekommen. Einmal besuchte ich sie im Krankenhaus, und sie war soeben aus der Narkose erwacht. Als sie mich und meinen Jungen durch die Glasscheibe erkannte, wollte sie unbedingt mit uns sprechen. Bei einer anderen Gelegenheit erzählte sie von anderen Patienten im Krankenhaus, und es klang fast so, als ob diese die wirklich besorgniserregenden Fälle gewesen wären, während Frida sich bloß wie eine Besucherin vorkam.»

Über den Besuch von Kindern freute sich die Malerin ganz besonders. Sie hatte einen kleinen Schüler, einen neun Jahre alten Indiojungen aus Oaxaca namens Vidal Nicolas, der häufig zu ihr ins Krankenhaus kam. Er stand dann neben ihrem Bett und schaute ihr mit seinen großen, bewundernden Augen beim Malen zu. «Er ist sehr begabt», sagte sie, «ich werde für seine ganze Erziehung aufkommen und ihn auf die San-Carlos-Akademie schicken.» Die Künstlerin starb indessen, bevor Vidal sein Talent unter Beweis stellen konnte; aber die Episode macht deutlich, wie sie damals noch in die Zukunft schaute und Pläne machte. Fast alle ihre damaligen Hoffnungen blieben allerdings unerfüllt, denn um 1950 war die Kahlo bereits viel zu krank, um all das in die Tat umsetzen zu können, was sie sich von der Zukunft versprach.

Das Kino war immer eine beliebte Unterhaltung für die Künstlerin gewesen. Um ihr dieses Vergnügen auch im Krankenhaus zu ermöglichen, besorgte sich Rivera einen Filmprojektor, und jede Woche ließ er verschiedene neue Filme kommen. Besonders gern mochte die Kahlo Laurel und Hardy, Charlie Chaplin und die Streifen, die El Indio Fernández gedreht hatte. An diesen Filmen konnte sie sich gar nicht satt sehen und schaute sie auch gerne mehrfach an. Ihre Schwestern und Freundinnen leisteten ihr bei diesem Zeitvertreib Gesellschaft. Olga Campos erinnert sich, daß Cristina einen großen Picknickkorb mitbrachte: «Jeden Tag waren wir als Gruppe bei Frida und nahmen mit ihr zusammen unsere Mittagsmahlzeit ein. Wir schauten uns bei ihr die neuesten Filme an. Immer stand eine Flasche Tequila bereit, und es war wie eine tägliche Party.»

Über das Jahr im Krankenhaus sagte die Malerin selber: «Ich habe nie den Mut verloren. Viel Zeit verbrachte ich mit Malen, denn ich erhielt ständig Demerol, das eine belebende und euphorisierende Wirkung hatte. Ich malte meine Bilder, verzierte meine Gipskorsette mit Farben, alberte herum, schrieb oder schaute mir die Filme an, die man mir mitbrachte. Die drei Jahre im Krankenhaus [eine von Fridas typischen Übertreibungen] vergingen wie eine Fiesta, und ich darf mich wirklich nicht beschweren.»

Auch wenn es so aussieht, als ob Fridas medizinische Behandlung ungezielt und von gelegentlichen Irrtümern gekennzeichnet war, ließ man ihr dennoch die beste Pflege angedeihen, die zu jener Zeit zu Gebote stand. Dr. Wilson war ein Bahnbrecher auf dem Gebiet der orthopädischen Chirurgie und eine weithin bekannte Kapazität bei Erkrankungen der Wirbelsäule. Dr. Farill seinerseits war einer der bedeutendsten Chirurgen Mexicos. Er hatte ein Behandlungszentrum für gelähmte Kinder gegründet, wo mittellose Patienten sogar kostenlos aufgenommen und gepflegt wurden. Den Heilungsuchenden begegnete Dr. Farill mit der angemessenen Mischung aus Autorität und Freundlichkeit. Die Kahlo hielt sich nie an Formen, auch nicht gegenüber ihren Ärzten. Dr. Farill belegte sie mit dem Spitznamen *chulito* (schlaues Kerlchen), aber sie befolgte seine Anweisungen äußerst gewissenhaft. Wenn Frida nicht auf Rivera hören wollte, wählte Diego nicht selten den Umweg über Dr. Farill, um Frida dazu zu bringen, bestimmte Dinge zu tun oder zu unterlassen. Der Kontakt mit Dr. Farill brach auch nicht ab, nachdem sie bereits wieder daheim im blauen Haus war. Sie sah Dr. Farill fast täglich. Vielleicht fühlte sie sich ihrem Arzt so besonders verbunden, weil er selbst gehbehindert war. Auch er hatte Operationen an seinem einen Bein und Fuß über sich ergehen lassen müssen. Jahrelang hatte er zum Gehen Krücken gebraucht, und später mußte er ständig orthopädische Stützen tragen.

Die Künstlerin schenkte Dr. Farill zwei Bilder. Das eine ist ein *Stilleben* von 1953 mit einer Friedenstaube und einer mexikanischen Flagge. Es trägt die Inschrift «*Viva la vida* /Dr. Farill und ich haben dies zusammen gemalt / in treuem Gedenken, Frida Kahlo.»

Das andere ist das außerordentliche *Selbstbildnis mit dem Porträt von Dr. Farill*, das Frida zu Hause malte, als sie sich von mehreren Rükkenoperationen erholte, die Dr. Farill ausgeführt hatte. Frida stellt sich auf dem Bild dar, wie sie den Arzt gerade malt. Es ist ein weltliches *retablo* mit Frida als der aus drohender Gefahr wundersam Erretteten und Dr. Farill an Stelle der wundertätigen himmlischen Erscheinung. Die starke Ausdruckskraft dieses Bildes überzeugt uns von der hohen Bedeutung, die dieses Werk für ihr inneres Wohlbefinden hatte. Wie ein Votivbild stellt es einen Moment aus ihrem tatsächlichen Leben dar, aber nicht mit der Bitte um Mitleid, sondern als eine Bestätigung ihres Glaubens. Fridas Tagebuch beschreibt den gedanklichen Kontext dazu:

«Ich bin ein Jahr lang krank gewesen . . . Dr. Farill hat mich gerettet. Er hat mir meine Lebensfreude wiedergegeben. Ich bin noch im Rollstuhl, und ich weiß nicht, ob ich bald wieder laufen kann. Ich muß ein Gipskorsett tragen, das zwar ziemlich lästig ist, aber es entlastet mein Rückgrat. Ich brauche keine Schmerzen zu erleiden, nur eine gewisse Müdigkeit . . . und wie nicht anders zu erwarten, immer wieder Verzweiflungsanfälle. Unbeschreibliche Verzweiflung. Dennoch: Ich will leben. Ich habe schon mit dem kleinen Gemälde begonnen, das ich Dr. Farill schenken möchte. Ich arbeite daran mit der ganzen Zuneigung, die ich für ihn empfinde.»

Nach der Rückkehr aus dem Hospital verschlechterte sich Fridas Zustand wieder. Was auch immer ihre Ärzte versuchten, so half doch keine Behandlung auf die Dauer. Meist blieb sie zu Hause, wo sie der Monotonie und den Schmerzen ausgeliefert war. Nur mit dem Rollstuhl konnte sie sich durch die Räume bewegen. Wenn sie des vielen Sitzens müde war, vermochte sie zwar aufzustehen, aber mit dem Stock oder den Krücken kam sie nicht weit. Regelmäßig mußte sie sich Betäubungsmittel injizieren lassen. Anfangs wurde sie von einer indianischen Schwester namens Señora Mayet betreut; von 1953 an übernahm die Costaricanerin Judith Ferreto diese Aufgabe. Gewiß wurde die allgemeine Ödnis ihres Lebens durch Besucher und durch die Stunden ihrer eigenen Kreativität unterbrochen, aber diese Ablenkungen waren viel zu selten und konnten nicht das vorherrschende Grau des Alltags einer Schwerbehinderten aufheitern.

Wie damals nach dem Busunglück hatte Frida Todeswünsche. Nur die Kraft der geradezu mythischen Persönlichkeit, zu der sie sich im Laufe der Jahre entwickelt hatte, gab ihr den notwendigen Halt. Ihre herausfordernde *alegría* bekam jedoch in den späteren Jahren einen verzweifelten Unterton, die strahlende Maske wurde brüchig und dünn wie Papier.

Der Tageslauf der Künstlerin begann mit einem Tee, den ihr die Pflegerin ans Bett brachte. Nach einem leichten Frühstück malte sie gewöhnlich entweder im Liegen oder, falls sie sich dazu in der Lage fühlte, in ihrem Atelier oder im Hof in der Sonne. Nachmittags empfing sie Besuch. Häufige Besucher waren damals María Félix, Dolores del Rio und ihr Mann, der Filmstar Jorge Negrete. Ihre drei Schwestern kamen sehr oft, die treue Cristina sogar täglich. Während Fridas letztem Lebensjahr war Cristina diejenige, die Tag und Nacht bei ihrer Schwester ausharrte, sich mit der Pflegerin abwechselte und die Patientin fast nie allein ließ. Wenn Cristina kam, wurde sie von Frida liebevoll begrüßt, und Cristina, genauso anhänglich, flocht ihrer Schwester Blumen ins Haar und versicherte ihr, daß die anstehenden Haushaltsgeschäfte ordentlich erledigt würden.

Wenn Frida stark genug war, empfing sie ihren Besuch im Wohnzimmer oder im Speiseraum. Andernfalls aßen die Freunde an einem kleinen Tisch in Fridas Schlafzimmer. Elena Martínez, die von 1951 bis 1953 im blauen Haus als Köchin wirkte, kann sich noch gut an die Besuche der María Félix erinnern. Die Filmschauspielerin mochte Fridas Gesellschaft, weil sie bei ihr die Haare offen tragen durfte. Anstatt sich als Primadonna aufführen zu müssen, konnte sie hier den Hanswurst spielen, tanzen und singen, womit sie die Patientin erheiterte und zum Lachen brachte. «María Félix war sehr vertraut im Umgang mit Frida und lag oft eine Weile neben ihr auf dem Bett.»

Hin und wieder kam es zu einem Ausflug in die Nähe von Mexico

City. Dr. Velasco y Polo nahm sie manchmal in seinem offenen Lincoln Continental mit, und die Künstlerin schwelgte in dem Gefühl von Frische und Freiheit, das die Geschwindigkeit und der Fahrtwind vermittelten. Das zurückgeschlagene Verdeck gestattete einen ringsum ungehinderten Blick in die Landschaft. Gelegentlich stiegen sie aus und gingen ein paar Schritte, bevor Frida sich wieder hinsetzen mußte. An Tagen, an denen sich die Künstlerin besser fühlte, ließ sie sich von ihrer Pflegerin zu den kleinen umliegenden Städten mitnehmen, etwa nach Pueblo oder Cuernavaca, wo sie sich an den Marktständen und den dort feilgebotenen Dingen erfreute. «Wohin auch immer sie kam, es dauerte nie lange, bis sie einen Schwarm von Leuten um sich hatte», erinnert sich Judith Ferreto. «Jedesmal, wenn wir zu einer Filmvorstellung gingen, waren Schuhputzerburschen und Zeitungsjungen da. Die taten Frida leid. ‹Die Jungen gehen so gerne ins Kino›, sagte sie dann immer, ‹ich weiß doch, wie ich selbst früher war; also, lad sie nur ein, und kauf ihnen auch Zigaretten.› Sie waren alle noch sehr jung, aber Frida hatte keinen Zweifel daran, daß jeder von ihnen schon rauchte . . . An den Gesichtern konnte man ablesen, daß sie Frida verehrten.»

Mitunter fühlte sie sich sogar kräftig genug, um abends auszugehen. Dann lud Diego Freunde ein und ging mit Frida in ein Restaurant. In der Erinnerung der Fotografin Bernice Kolko heißt es: «Wir tanzten, sangen, tranken, speisten und waren guter Dinge miteinander. Wir halfen Frida, sich an den Tisch zu setzen. Diego tanzte mit mir oder mit einer anderen Begleiterin, und sie war recht glücklich. Sie liebte Heiterkeit um sich her.»

Fridas Hauspersonal in Coyoacán ging für sie durchs Feuer, denn wenn es irgend ging, arbeitete sie mit den Leuten zusammen in der Küche, und sie behandelte jeden, als ob er zur Familie gehörte. Der *mozo* Chucho, der schon fast zwanzig Jahre für sie arbeitete, war beinahe in seine Herrin verliebt. Er war, genau wie Frida, kein Feind des Alkohols, und so lud sie ihn nicht selten ein, ein Gläschen mit ihr zusammen zu leeren. «Ich mag ihn aus vielen Gründen», sagte Frida, «aber vor allen Dingen deshalb, weil er die schönsten Körbe flechten kann, die es je gegeben hat.» Chucho half seiner Herrin ins Bad, wenn sie zu schwach war, für sich selbst zu sorgen. Er entkleidete sie sehr vorsichtig und trug sie in die Badewanne. Wenn sie gewaschen und abgetrocknet war, zog er sie wieder an, frisierte sie und trug sie zurück zu ihrer Liege wie ein kleines Kind.

In dem Maße, wie ihre Gesundheit nachließ, wuchs Fridas Bedürfnis, an allem mit großem Nachdruck festzuhalten, an den Dingen, die ihr vertraut waren, am politischen Leben, an der Malerei, an ihren Freunden und an Diego. Sie hatte einen Horror davor, allein zu sein. Wenn niemand bei ihr war, empfand sie diese Leere wie eine Bresche, durch die der Schrecken in ihr Leben eindringen konnte. Deshalb hing sie so sehr an allem, was sie mit dem Leben verband.

Ein Schränkchen und ein Frisiertisch im Schlafzimmer der Kahlo sind mit einer Ansammlung von vielerlei Kleinkram vollgepackt: Puppen, Puppenmöbel, Spielsachen, winzige Glastiere, präkolumbische Idole, Schmuck, diverse Körbchen und Schachteln. Es machte der Malerin Freude, diese Dinge immer aufs neue umzugruppieren und anders anzuordnen, und dabei kündigte sie an: «Ich werde mal eine kleine alte Frau, die in ihrem Haus herumläuft und immer die Sachen in Ordnung hält.» Mitbringsel aller Art nahm Frida wie ein kleines Kind entgegen; ungeduldig riß sie die Verpackung auf und äußerte laut ihr Entzücken über den Inhalt. «Da sie selbst das Haus kaum verlassen konnte, kam die Welt zu ihr herein», sagt Fanny Rabel. «Die Schachteln mit den Geschenken waren alle säuberlich angeordnet. Sie wußte genau, wo jedes einzelne Stück sich befand.»

Genauso impulsiv, wie sie um Geschenke bitten konnte, war sie auch beim Verschenken an andere. «Wenn man etwa ein Geschenk nicht von ihr annehmen wollte, konnte sie sehr zornig werden, und es blieb einem gar nichts anderes übrig, als es dankbar zu empfangen», weiß Jesús Ríos y Valles zu berichten. In den Geschenken, die sie erhielt, und in dem, was sie verschenkte, lag für sie eine Möglichkeit, ihr eigenes beschränktes Wesen nach draußen auszudehnen und ihre Beziehungen zu den Menschen bestätigt zu sehen.

Die Politik bot in dieser Hinsicht eine weitere Chance. Während ihrer letzten Lebensjahre nahm die Verbundenheit der Künstlerin mit der kommunistischen Partei geradezu religiösen Charakter an. Diese Partei trat ja mit dem Anspruch auf, die Vergangenheit und die Zukunft der Menschheit erklären und in einem System erfassen zu können. Das Tagebuch der Kahlo läßt erkennen, daß ihr Glaube an die gegenseitige Verknüpfung aller Dinge miteinander ständig wuchs und in dem Maße zunahm, wie Fridas körperliche Kräfte schwanden. Die Partei wurde allmählich zum Vermittler dieser Glaubenshoffnung für sie: «Die Revolution ist die Harmonie der Form und der Farbe, und alles existiert und bewegt sich nach einem einzigen Gesetz, dem Gesetz des Lebens. Niemand ist mehr als bloß ein kleiner Teil des Ganzen», notierte sie, und etwas später, am 4. November 1952, heißt es:

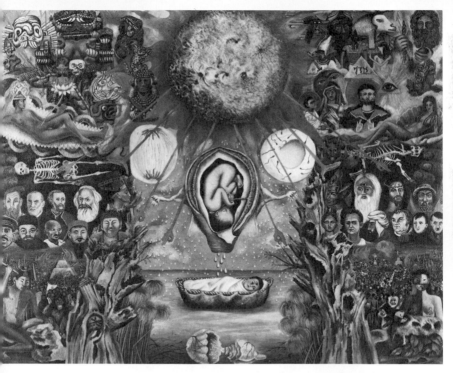

Eine allumfassende Sicht des Universums, in dem sich alles nach dem Gesetz des Lebens bewegt, drückt das 1945 entstandene, vielschichtige Werk *Moses* aus.

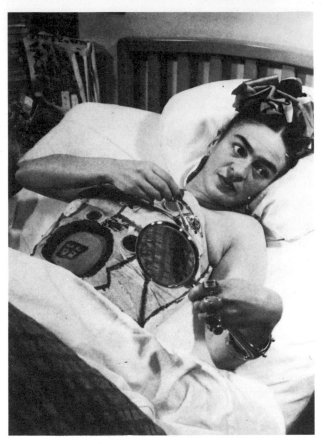

Während ihres einjährigen Krankenhausaufenthalts
1950/51 pflegte Frida ihre Gipskorsetts bunt zu bemalen.

«Heute bin ich wie nie zuvor geborgen in einer Gemeinschaft; ich bin jetzt Kommunistin . . . Ich habe die Geschichte meines Landes und den historischen Werdegang von fast allen Nationen gelesen . . . Ich kenne ihre Klassenkonflikte und ihre ökonomischen Probleme. Ich verstehe klar die materialistische Dialektik von Marx, Engels, Lenin, Stalin und Mao Tse. Ich verehre sie als die Säulen der neuen, kommunistischen Welt . . . Ich bin nur eine Zelle im komplexen Revolutionsmechanismus der friedlichen Völker, jener jungen sowjetischen, chinesischen, tschechoslowakischen, polnischen Völker, die mit meiner Person und mit den einheimischen Bewohnern Mexicos blutsverwandt sind. In diesen riesigen Massen der asiatischen Völker werden immer wieder meine, d. h. die mexikanischen Gesichter vorkommen, die dunkle Haut, die wunderschöne Form, die grenzenlose Eleganz; auch die Schwarzen werden befreit werden, sie sind so schön und tapfer . . .»

Eine Eintragung vom 4. März 1953 lautet: «Stalins Hinscheiden hat mir einen schweren Stoß versetzt – ich hatte mir immer gewünscht, ihm einmal persönlich gegenübertreten zu können, aber jetzt ist das auch nicht mehr wichtig – nichts bleibt, wie es war, alles wird von Grund auf erneuert.» Vermischt mit solchen Gedanken erscheinen chaotische Zeichnungen – Frida in zwei Hälften, halb dunkel, halb hell, und ein großer Teil ihrer Gestalt ausradiert; eine Weltkugel mit Hammer und Sichel; Frida mit einer Friedenstaube auf der Hand und langen, lanzenartigen Linien, die ihren von Flecken überzogenen Kopf umschließen. Einige dieser Zeichnungen zeigen sprechblasenartig hinzugefügte Texte. Man liest: «Friede, Revolution!» oder: «Es lebe Stalin, es lebe Diego!» Oder auch: «Engels, Marx, Lenin, Stalin, Mao!» Fotoporträts dieser fünf Männer hängen noch immer in einer Reihe nebeneinander am Fußende von Fridas Bett in Coyoacán.

Schon in den frühen Jahren war Fridas politisches Engagement ein starkes Band zu Diego gewesen. Jetzt aber, da sie in den Schoß der Partei zurückgekehrt war, während Diego vorläufig noch ausgeschlossen blieb, hatte die Kahlo einen schwierigen Stand. Im nachhinein ließ sie kein gutes Haar an Trotzki. Sie beschuldigte den toten Sowjetführer mancherlei Sünden, von Feigheit bis Diebstahl, und sie behauptete, daß nur das Gebot der Gastfreundschaft sie daran gehindert hätte, Einspruch zu erheben, als Diego Trotzki einlud, in ihrem Haus zu wohnen. In einem Interview in der großen mexikanischen Zeitung *Excelsior* sagte die Malerin:

«Diego kündigte einfach an: ‹Ich werde Trotzki einladen.› Damals hielt ich ihm vor: ‹Aber Diego, du machst einen gewaltigen politischen Fehler.› Doch er brachte seine Gründe vor, und ich konnte sie nicht entkräften. Mein Haus war gerade neu hergerichtet worden. Dann kamen die alten Trotzkis und zogen mit vier anderen Gringos ein. Sie mauerten alle Türen und Fenster mit Ziegeln zu. Der Alte ging wenig aus, weil er ein Angsthase war. Von dem Moment seiner Ankunft an ist er mir auf die Nerven gegangen mit seiner Pedanterie und seiner Eingebildetheit, denn er hielt sich für etwas ganz Besonderes . . .

Als ich in Paris war, schickte mir der verrückte Kerl einen Brief. Darin hieß es: ‹Diego ist ein sehr undisziplinierter Mensch, der nicht für den Frieden, sondern bloß für den Krieg schafft. Seien Sie doch so nett und sorgen Sie dafür, daß er wieder zu seiner Partei zurückkehrt.› Ich habe ihm geantwortet: ‹Ich kann Diego gar nicht beeinflussen, denn er lebt getrennt von mir und er tut sowieso, was er für richtig hält. Ich mache es ja auch so, und obendrein sind Sie in mein Haus eingebrochen und haben mich bestohlen! Sie haben vierzehn Betten mitgenommen, desgleichen vierzehn Maschinengewehre und überhaupt je vierzehn Stück von allem.› Nur seinen Füllfederhalter hat er mir dagelassen; selbst die Lampen hat er mitlaufen lassen und einfach alles mitgenommen.»

Einer befreundeten Journalistin gegenüber erklärte sie:

«Schon bevor ich Diego kennenlernte, war ich Mitglied der kommunistischen Partei, und ich glaube, ich bin eine bessere Kommunistin, als er es ist und jemals sein wird. 1929 haben sie Diego aus der Partei hinausgeworfen, weil er auf Oppositionskurs war. Das war zur Zeit unserer Eheschließung. Damals hatte ich noch nicht viel Ahnung von Politik und folgte Diego, was natürlich ein Fehler war. Und erst vor zehn Jahren [in Wirklichkeit waren es nur fünf] haben sie mir mein Parteibuch wieder ausgehändigt. Unglücklicherweise konnte ich wegen meiner Krankheit kein aktives Mitglied sein; aber ich habe pünktlich jeden Beitrag gezahlt, und ich bin über jede Kleinigkeit im Fortgang der Revolution und Gegenrevolution informiert. Sie sehen in mir eine überzeugte Kommunistin und Anti-Imperialistin, weil ich für die Sache des Friedens eintrete.»

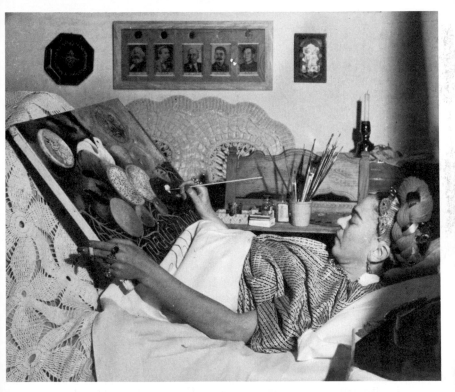

Frida 1952, als sie nur noch zu Hause im Bett liegend malte.

Selbstverständlich war auch die Malerei für Frida ein Mittel, ihre Beziehung zur Welt jenseits ihrer vier Wände lebendig zu erhalten. Die Künstlerin fühlte sich entspannt und glücklich, sobald sie malte. «Vieles in meinem Leben ist für mich langweilig geworden», sagte sie, «und es wäre schlimm für mich, wenn mir auch einmal das Malen zuviel würde. Aber ganz ehrlich: Es ist für mich nach wie vor völlig unwiderstehlich.»

Da die Malerin jetzt ans Haus gebunden war und oft sogar nicht einmal das Bett verlassen konnte, malte sie vor allem Stilleben und wählte dazu häufig Früchte, die vom Garten oder vom örtlichen Markt kamen. Das Arrangement fand jeweils auf einem Tisch neben ihrem Bett Platz. Verglichen mit den Stilleben aus den dreißiger und vierziger Jahren, waren die Früchte jetzt größer in den Proportionen, was den Eindruck erweckt, daß die Malerin buchstäblich näher an ihre Bildmodelle herangerückt ist, ja, daß sie ihr Gesicht an die Gegenstände ihrer Liebessehnsucht gedrückt hat. In der engen Welt der Bettlägerigen waren nur noch diejenigen Dinge wirklich wahr, die in ihrer Reichweite lagen. Es ist auch nicht ohne Bedeutung, daß ihre Früchte zwar reif und verführerisch erscheinen, stellenweise aber angestoßen und verletzt sind. Während sie die Früchte betrachtete und ihre sinnliche Schönheit genoß, erfuhr die Malerin ihr Einssein mit der Natur und erkannte zugleich deren Vergänglichkeit.

Immer, wenn die Künstlerin andere Dinge als sich selbst malte, gestaltete sie sie so, daß die Gegenstände ihrem eigenen Wesen ähnlich wurden. Ihre Melonen und Granatäpfel sind aufgeschlitzt, lassen ein saftiges und fleischiges Inneres mit Samen erkennen. Auf diese Weise erinnern sie an Fridas Selbstbildnisse mit Verletzungen ihres Körpers oder auch an die enge Verbindung, die sie zwischen Sexualität und Schmerz sah. Manchmal schält sie nur ein klein wenig von einer Fruchtschale ab, oder sie steckt einen winzigen Fahnenmast in das Fruchtfleisch, womit sie die Erinnerung wachruft an die Pfeile, Dornen und Nägel, die ihren eigenen Leib in ihren Selbstbildnissen quälen. In einem nicht erhaltenen Stilleben von 1951 ragt die Spitze eines Mastes bis ins dunkle Innere des weichen Fleisches der geteilten Frucht hinein. In einem thematisch verwandten Stilleben sickern drei Safttropfen aus der «Wunde», vergleichbar mit den drei Tränen auf Fridas Wangen in manchen ihrer Selbstporträts. Ganz nahe an die Melonen dieses Früchtearrangements hat die Künstlerin einen der präkolumbischen Keramikhunde aus Colima gerückt, und obgleich er nur aus Ton geformt ist, glitzern doch seine Augen recht schlau. In einer Anzahl später Stilleben kommen Kokosnüsse mit runden, asiatischen Augen vor, aus denen Tränen fließen. Die Identifikation der Künstlerin mit der Natur war so stark, daß sie die Früchte, die sie zum Malen bereitlegte, mit ihr zusammen weinen ließ.

In dem Maße, wie sich ihre Hinwendung zum Kommunismus verstärkte, wurde der Malerin die jahrelang gepflegte persönliche Darstellungsweise zum Problem. «Ich bin bekümmert über meinen Malstil», vertraut sie 1951 ihrem Tagebuch an. «Ich muß ihn vor allem deshalb ändern, damit ich etwas Nützliches mache, denn bisher habe ich nichts als den wenn auch ehrlichen Ausdruck meiner selbst gemalt, also etwas absolut anderes, als was ich mit meinen Bildern für die Partei leisten könnte. Mit aller meiner Kraft muß ich für das Positive kämpfen, soweit es meine Gesundheit zuläßt. Mein Werk muß der Revolution zugute kommen, denn das ist der einzige wahre Grund für mich zu leben.»

Die Kahlo versuchte ihre Stilleben zu politisieren, indem sie Fahnen oder politische Parolen einfügte und Friedenstauben zwischen den Früchten nisten ließ. Möglicherweise hat sie das Motiv von Rivera übernommen, der dieses Symbol damals ebenfalls gebrauchte. Im Herbst 1952 glaubte die Künstlerin, Fortschritte auf dem Weg zur sozialistischen Kunst gemacht zu haben. «Zum ersten Mal in meinem Leben versucht meine Kunst, die Parteilinie zu unterstützen. REVOLUTIONÄRER REALISMUS», lautet die entsprechende Eintragung in ihrem Tagebuch. Aber in Wahrheit sind Fridas Stilleben Hymnen an die Natur und an das Leben. Sie traf den Kern dieser eigentümlichen Belebtheit ihrer Stilleben, als sie einem dieser Bilder 1952 den Titel *Naturaleza Viva* gab, was im Gegensatz zu *naturaleza muerta,* der üblichen spanischen Bezeichnung für Stilleben, gebildet ist und das «Leben in den unbelebten Dingen» bewußt machen soll. Nicht nur sind die Früchte und die Art ihrer Darstellungsweise belebt, selbst der Titel, der über den unteren Rand des Bildes geschrieben ist, pulsiert mit Leben: Die Wörter sind aus Pflanzenranken gebildet.

Fridas Stilleben bis 1951 waren sauber und gewissenhaft gemalt. Es sind technische Meisterstücke; sie sind voll von witzigen Anspielungen, und sie enthalten kluge, raffinierte Details. Ab 1952 wandelt sich ihr Stil jedoch grundlegend. Die Stilleben sind jetzt nicht mehr bloß belebt, sondern wild bewegt. Der ungebändigte Pinselstrich wirkt, wie wenn die Künstlerin heftig um sich schlüge, als ob sie verzweifelt nach etwas Handfestem, einem Floß auf dem ewig unbeständigen Ozean suchte. Die Pinselzüge werden immer lockerer, und die kostbare Präzision der Miniaturistin verliert sich ganz. Der bis dahin für sie charakteristische langsame und liebevolle Farbauftrag in kleinen Pinselstrichen geht zunehmend in eine wild-chaotische Behandlung der malerischen Mittel über. Die Farben sind nun nicht mehr klar und lebendig, sondern werden schreiend und grell. Die Modellierung und die Oberflächenstruktur werden so summarisch erledigt, daß Orangen ihre feste, verlockende Rundheit verlieren, und die Wassermelonen sehen nicht mehr saftig aus. In manchen ihrer früheren Stilleben hockten Fridas Lieblingspapageien zwischen den Früchten. Sie schauten den Betrachter auf ihre rätselhafte Weise an und gaben den Bildern einen besonderen Charme. Nunmehr sind die Papageien durch Friedenstauben ersetzt und nur noch auf hastige Weise hingesetzt.

Auch inhaltlich sind die späten Stilleben so nervös belebt wie ihr Stil. Früchte sind nicht mehr hübsch auf einer Schale arrangiert, sie liegen vielmehr auf der Erde oder unter freiem Himmel. Mehrere dieser Bilder sind in eine Tages- und in eine Nachthälfte eingeteilt, wobei die Sonne und der Mond die Formen der Früchte widerspiegeln. Die Wahl der Früchtearrangements als Malanlaß vermittelt keineswegs mehr das Gefühl von häuslicher Fülle und Wohlergehen. Die Künstlerin malt auch nicht etwa, wie so viele andere Maler, die Früchte, weil sie die abstraktesten Bildmodelle überhaupt sind, deren gefühlsmäßig neutralen Formen und Farben sich der reflektierenden Manipulation viel freier darbieten als beispielsweise Landschaften und Porträtmodelle. Ganz im Gegensatz hierzu haben Fridas Stillleben einen apokalyptischen Hintergrund. Die Sonne erscheint mit einem Gesicht, dem Vollmond wird eine embryohafte, an ein Kaninchen erinnernde Kreatur einbeschrieben – die Gestalt erinnert an ein bekanntes Relief des aztekischen Pulque-Gottes, der auch in Riveras Bild *Tlazolteotle* (Gott der Erschaffung) vorkommt, das in den Jahren 1952 bis 1954 als Fresko am Volkshospital entstand.

Pulque, dieser Trank des Vergessens, der für die Armen und Leidenden in Mexico eine so wichtige Rolle spielt, war nebst Tequila und Brandy auch für Frida das Hausmittel gegen den Kummer. Außerdem nahm sie gegen die Schmerzen Drogen in immer stärkerer Dosierung. Der nachlässige Pinselstrich und die fortschreitende Einbuße ihrer künstlerischen Könnerschaft waren deutliche Anzeichen hierfür. «Der Stil ihrer letzten Gemälde ist von Angst geprägt», meint Dr. Velasco y Polo, «zwischendurch hatte sie dann wieder Zeiten von Euphorie und höchster Erregung, wie man sie bei Drogenabhängigen beobachten kann.» Während sie früher immer eine sorgfältige Malerin gewesen war, beschmutzte sie jetzt immer häufiger ihre Hände und Kleider mit Farbe, worüber sie, wie Judith Ferreto berichtet, oft genug in Verzweiflung geriet.

Der Malstil litt auch unter der Eile, mit der die Künstlerin jetzt arbeitete. Ständig war sie unter Druck, einen Auftrag zu beenden, um an das Geld für neue Drogen zu kommen oder auch, um Diego finanziell helfen zu können. Als Rivera einmal so sehr in Geldnöten war, daß er ein Geschenk von María Félix zu verkaufen bereit war, sagte Frida – so krank sie auch zu dieser Zeit war – zu ihrer Pflegerin: «Morgen muß ich unbedingt malen. Ich weiß zwar nicht, wie es gehen soll, aber ich muß Geld verdienen. Diego hat nicht mehr genug Moneten.» Sie beeilte sich aber wohl auch, weil sie wußte, daß sie immer nur während kurzer Zeitspannen malen konnte, entweder wegen der überhandnehmenden Schmerzen oder wegen der betäubenden Wirkung der Schmerzmittel. Vor allem aber drängte für sie die Zeit, weil ihr bewußt war, daß der Tod vor der Tür stand.

Nun wurden zwar die Bilder unharmonischer und weniger durchgeformt, Frida gab aber das Ringen um Ordnung und Gleichgewicht in ihrer Malerei nicht auf. In ihrem Tagebuch von 1953 finden sich zwei Studien zu Stilleben, in denen sie ganz bewußt den Goldenen Schnitt verwendet. Offenbar spürte sie, wie ihr die Kontrolle entglitt, und suchte nach einem absoluten Maßstab, an dem sie sich orientieren konnte.

Während jener Zeit hatte die Malerin vor allem mit Frauen Umgang. Zu ihren engsten Vertrauten gehörten außer María Félix die Sekretärin des Präsidenten Cárdenas, Teresa Proenza, die im Außenministerium tätige Elena Vásquez Gómez und die Künstlerin Machila Armida. Dies sind die Frauen, deren Namen zusammen mit dem von Diego und von Irene Bohus auf der Schlafzimmerwand in Coyoacán geschrieben stehen. Ihnen allen stand das blaue Haus stets offen, sagte Frida. Freilich hatte sie auch unter Männern noch treue Freunde. So kam der Dichter Carlos Pellicer oft zu ihr auf Besuch, und ebenso wurde sie häufig von einigen *cachuchas* aufgesucht.

Manche ihrer alten Freunde waren abgestoßen von dem Schwarm intimer Freundinnen, die Frida wie die Hofdamen einer Königin umgaben und abschirmten. Aber diese Versammlung von Frauen am Krankenlager der Künstlerin während ihrer letzten Lebensjahre hat einen archetypischen Zug: Frauen sind Helferinnen bei der Geburt, und sie sind auch seit jeher diejenigen, die beim Sterben Trost und Hilfe spenden. Diego ermunterte seine Freundinnen immer, mit Frida in ein gutes Verhältnis zu kommen. Er bat sie, seine Frau zu besuchen und auch während der Nacht bei ihr zu bleiben. Manchmal trat Fridas lesbische Seite recht fordernd zutage. Eine ihrer Freundinnen war, als Frida sie zum Abschied auf die Lippen küßte, so schockiert davon, daß sie die Kahlo mit einer heftigen Abwehrbewegung zu Boden stieß. Und Raquel Tibol kann sich noch gut an Fridas Verdruß erinnern, als sie die Avancen der Künstlerin zurückwies. Raquel, die damals bei den Riveras in Coyoacán wohnte, mußte in das Atelierhaus in San Angel umziehen, wodurch sie der Kahlo erneut Grund zur Aufregung gab. Sie vermutete nämlich, daß die Tibol eine Liebesbeziehung zu Diego hatte. Aus Eifersucht versuchte sie, sich an ihrem Betthimmel aufzuhängen. Wenn ihre Pflegerin sie nicht rechtzeitig gefunden hätte, wäre die Malerin damals wohl gestorben.

Während der letzten Jahre war außer Cristina ihre Pflegerin Judith Ferreto die Frau, die mit der Kahlo den engsten Kontakt hatte. Alejandro Gómez Arias erinnert sich, daß sie eine große, dunkelhaarige, gutaussehende Person war, die ihre Männlichkeit noch durch das Tragen hoher schwarzer Stiefel unterstrich. In Wirklichkeit war sie sehr weich. Wie dies häufig bei privaten Pflegerinnen der Fall ist, entwickelte auch sie eine besitzergreifende Zuneigung zu ihrer Patientin. Judith Ferreto war überzeugt, daß nur sie wußte, was für Frida gut war, während die Ärzte, Freundinnen, Diego und sogar Frida selber natürlich keine Ahnung hatten. Auf diese Weise bekam ihre aufopfernde Sorge zugleich etwas Tyrannisches, und Frida empörte sich gelegentlich gegen das strenge Regiment: «Du benimmst dich ja wie ein faschistischer General und kommandierst mit mir herum», protestierte sie. Kein Wunder, daß sie manchmal so wütend über ihre Pflegerin wurde, daß sie sie anschrie und sogar mit dem Fuß nach ihr trat. Mehrfach warf sie sie aus dem Haus, holte sie jedoch jedesmal reumütig zurück. Dann hieß es wieder: «Du bist doch die einzige, die mir helfen kann.» Judith erkannte, daß diese Attacken gewöhnlich dann auftraten, wenn es um Fridas Gesundheit besonders schlecht bestellt war.

Genau wie andere Leute, die die Malerin gern hatte, versuchte sie, auch die Pflegerin an sich zu binden, doch als ihr dies gelungen war, bekam sie Gewissensbisse: «Ich fürchte, ich habe die Gefühle, die du für mich hegst, zu meinem Vorteil ausgenutzt», sagte sie einmal zu Judith. «Ich wünsche mir ja auch, daß du mich lieb hast und dich so um mich kümmerst, wie du es tust, aber du sollst deswegen doch nicht so viel zu leiden haben . . . Viele meiner Freunde wissen, daß ich mein Leben lang gelitten habe, aber niemand teilt meine Leiden mit mir, nicht einmal Diego. Er weiß zwar, wie es mir geht, aber das Wissen ist etwas anderes als das tatsächliche Mit-leiden.» Die Pflegerin ging fast völlig im Dienst an Frida auf. Judith Ferreto wurde für die kranke Künstlerin eine weitere Möglichkeit, die Welt zu sich heranzuholen und ihre Fühler nach draußen auszustrecken. In ihrer Erinnerung heißt es:

«Ich mußte mich Tag und Nacht um sie kümmern, denn sie litt ständig unter Einsamkeitsängsten, vor allem während der Nacht, selbst wenn eine Menge von Leuten zugegen war . . . Unter meinen Händen benahm sie sich wie ein Kind, ja, oft kam sie mir wie mein eigenes Kind vor. Wie ein Baby ließ sie sich in den Schlaf lullen. Ich mußte ihr vorsingen oder Geschichten vorlesen. Unsere Betten standen im selben Raum. Bei Frida konnte man nicht wie eine normale Pflegerin arbeiten. Welche Krankenschwester legt sich schon zu ihrer Patientin ins Bett oder sitzt stundenlang am Bettrand einer Kranken? Bei Frida und Diego war wirklich alles anders. Ich mußte bei ihr liegen und ihr den Rücken stützen. Sie nannte mich ihr ‹kleines Kissen›. Manchmal sang ich ihr und auch Diego etwas vor, und auf diese Weise wurde sie schläfrig. Zum Einschlafen mußte sie immer Medikamente nehmen, deren Wirkung natürlich nur langsam eintrat; je nach Fridas Zustand konnte das bis zu zwei Stunden dauern. Während dieser ganzen Zeit blieb ich bei ihr. Sie ließ sich von mir eine Zigarette nach der anderen anstecken, und bis zum letzten Moment hatte sie gewöhnlich eine Zigarette in der Hand. Sobald sie sie nicht mehr gerade hielt, fragte ich sie, ob ich sie ihr jetzt wegnehmen sollte. Regelmäßig verneinte sie mit einer schwachen Geste, weil sie schon zu apathisch zum Sprechen war. Ich mußte dann genau aufpassen, wann ich ihr die Zigarette wegnehmen konnte, ohne daß sie es merkte. Endlich schlief sie ein.

Damit war es aber nicht vorbei, denn sie bat mich immer, ja nicht sofort nach ihrem Einschlafen fortzugehen: ‹Ich muß dich in meiner Nähe wissen. Ich spüre deine Nähe, auch wenn ich schon eingeschlafen bin; also verlasse mich nicht sofort.› So blieb ich meistens noch eine Stunde bei ihr, bis ich dachte, sie würde meine Abwesenheit nicht mehr wahrnehmen. Ich brachte sie noch in die richtige Lage, stützte ihren Körper mit allerlei Kissen, weil ihr doch die kleinste Verkrümmung Schmerzen bereitete, und rückte das Polster unter dem Kopf noch einmal gerade. So bekam ich auch ein gutes Ohr für ihren Atemrhythmus, und manchmal, wenn sie aufwachte, wurde sie ärgerlich: ‹Du schläfst bloß nicht, weil du mich im Schlaf belauschen willst›, hieß es dann; aber im Grunde war sie sogar froh darüber, daß jemand bei ihr wachte.»

Frida und Diego hatten zwangsläufig eine ganz verschiedene Tageseinteilung. Er ging um acht Uhr zur Arbeit und kam spät nach Hause, meist erst, nachdem Frida schon ihr Abendbrot gehabt hatte. Sie schliefen in weit auseinander liegenden Zimmern, Frida im ersten Stock des Anbaus und Diego zu ebener Erde in einem Raum neben dem Eßzimmer. «Sie lebten zwar unter einem Dach, aber doch getrennt», meinte dazu die Ferreto.

Als bettlägerige Patientin konnte Frida nur sehr wenig für ihren Mann tun. Früher hatte sie noch auf seine Launen eingehen, ihn bemuttern und mit Speisen verwöhnen können. Wenn er krank war, hatte sie ihn gepflegt. Jetzt war das nicht mehr möglich, beispielsweise 1952, als Diego ein Karzinom am Penis hatte und bestrahlt werden mußte. Jetzt war nur noch ihr Leiden das Band zwischen ihnen; und wahrscheinlich hatten Fridas wiederholte Suizidversuche hauptsächlich den Zweck, ihrem Mann zu zeigen, wie sehr sie litt. Nun war

Rivera aber ein Mensch mit einer leidenschaftlichen Lust nach allen Aspekten des Lebens, und er konnte sich nicht dazu verstehen, die Sorge und Pflege für Frida zu seiner einzigen Lebensaufgabe zu machen. Mal war er liebevoll zart, mal barsch und roh, jedenfalls immer unberechenbar. So gab es schreckliche Auseinandersetzungen und Zeiten der Trennung. Sie sagte zwar zu ihren Vertrauten, daß sie sich von seinen Affären nicht verletzt fühlte, denn «er braucht doch jemanden, der sich um ihn kümmert», und sie ermunterte sogar ihre Freundinnen, sie sollten lieb zu Diego sein, wenn er nicht bei ihr war. Dennoch liest sich die folgende Passage in ihrem Tagebuch wie ein Aufschrei:

«Wenn ich doch nur seine Zärtlichkeit bei mir hätte, so wie die Erde von der Luft gestreichelt wird. Die reale Gegenwart seiner Person würde mich glücklich machen. Sie würde das Grau aus meinem Alltag vertreiben. Nichts in mir könnte dann so tief mehr sinken, so absolut. Aber wie soll ich ihm nur mein unersättliches Bedürfnis nach Zärtlichkeit begreiflich machen? Die jahrelange Einsamkeit? Mein Wesen ist für die Verhältnisse untauglich, weil unharmonisch. Es ist wohl besser, wenn ich gehe, gehe, entfliehe ... Gebe Gott, daß alles in einem kurzen Moment vorbei ist.»

«Ich liebe Diego mehr als je zuvor», sagte sie noch kurz vor ihrem Tod zu der mit ihr befreundeten Journalistin Bambi. «Mein Wunsch ist, daß ich ihm wenigstens in irgend etwas nützlich sein kann. Deshalb bleibe ich mit *alegría* am Malen, und ich hoffe nur, daß ihm nichts passiert, denn wenn er stirbt, gehe ich mit ins Grab. Dann müssen sie uns beide fortbringen. Ich habe schon einmal gesagt: ‹Mit mir braucht niemand mehr zu rechnen, wenn Diego nicht mehr ist. Ohne Diego will und kann ich nicht leben. Für mich ist er mein Kind, mein Sohn, meine Mutter, mein Vater, mein Gebieter, mein Mann, mein alles.›»

Die Vereinsamung, die das Leben für Frida mit Grau erfüllte, geriet im Dezember 1952 ein wenig in den Hintergrund, als die Künstlerin sich um die Renovierung der «La Rosita»-Wandbilder kümmerte. Sie hatte beobachtet, daß die früheren Fresken verblaßt waren, und regte nun an, daß sie durch neue Malereien ersetzt wurden. An dem Unternehmen nahmen diesmal García Bustos und Estrada von den «Fridos» und eine Gruppe von Riveras Assistenten teil. Die Studenten machten Entwürfe und wählten mit Fridas Hilfe die besten Vorschläge aus. Auf Krücken schleppte sich die Malerin zur Bar, um ihren Schülern bei der Arbeit zuzusehen und guten Rat zu geben.

Die Fresken wurden nach entsprechender Vorbereitung an einem einzigen Tag aufgetragen. Auch inhaltlich waren die Bilder neu und zeigten die Herzensangelegenheiten von prominenten Größen der Zeit. María Félix wurde sogar zweimal porträtiert. Auf einer Tafel sah man sie auf einer Wolke sitzen, während unter ihr eine Gruppe von Männern auf dem Kopf steht, gewissermaßen eine wörtliche Übersetzung des Bildtitels *El mundo de cabeza por la belleza*. (Vor der Schönheit steht die Welt auf dem Kopf.) Eine andere Tafel zeigte Frida in ihrer Tehuanatracht neben Arcady Boytler. Sie hielt eine Friedenstaube in der Hand, und unter ihr war eine Schriftrolle ausgebreitet mit den Worten: «Wir lieben den Frieden!» Frida selbst wählte die Gruppe für Rivera aus, die ihn von María Félix und Pita Amor flankiert zeigte.

Die Kahlo behauptete, die Fresken wären zum Vergnügen für die einfachen Leute in Coyoacán gemalt worden. Sie sollten den bewußt mexikanischen und kritischen Geist wiederbeleben, der in den Malern und Grafikern des ersten Jahrhundertviertels wirksam gewesen war, den Geist eines José Guadalupe Posada und Saturnino Herrán. Die neuen Dekorationen von «La Rosita», die übrigens beim späteren Abbruch der Bar verloren gingen, waren allerdings viel weniger mexikanisch-volkstümlich als die Version von 1943. Eigentlich waren die Bildgegenstände mit ihren Anspielungen und Späßen nur für Eingeweihte verständlich, also für die prominenten Freunde der Riveras. Sie hatten wenig zu tun mit der Allgemeinverständlichkeit anonymer Volkskunst, wie man sie bei der Behandlung von Themen wie Pulque und Rosen hätte erwarten können. Die Renovierung von «La Rosita» wurde also eher zu einem Ereignis für die gebildete Gesellschaft als zu einem Versuch, die Volkstradition neu zu beleben.

Die Einweihung der neuen Wandmalereien wurde auf den 8. Dezember 1952 gelegt, damit sie mit Riveras sechsundsechzigstem Geburtstag zusammenfiel. Frida wünschte sich zu diesem Anlaß eine traditionelle Weihnachtsposada mit einer Parade von Gästen, die singend durch die Straßen zu der offenen Tür im Hause der Riveras zogen. Das Fest sollte womöglich noch aufwendiger gefeiert werden als jene erste Einweihung der «La Rosita»-Fresken zehn Jahre zuvor. Im nachhinein dachte man an jenes Ereignis als an ein großes surrealistisches Happening zurück. Die mit Frida befreundete Journalistin Rosa Castro schildert die glänzende, aber groteske Feier bei der Neueinweihung. Die Künstlerin sprach lange mit Rosa über die Misere, ständig in ein orthopädisches Korsett gezwängt zu sein. Dann brach der Abend herein, und plötzlich rief sie: «Aber jetzt nicht mehr!» Sie riß sich das Korsett vom Leibe und schickte sich an, auf die Straße hinunter zu laufen, wo vor dem Hause ein ungemeiner Trubel herrschte. Die Castro erinnert sich ganz besonders an die eigentümlich makabre Stimmung, die im Zimmer der Künstlerin herrschte. Da stand unter anderem ein Gerüst, das dazu diente, Frida aufrechtzuhalten, wenn ein neues Gipskorsett durchhärten mußte. Die Malerin hatte eine Anzahl von Judasfiguren, Gerippen und andere Ungeheuer daran aufgehängt und ihnen Kleidungsstücke von sich selbst und von Diego angezogen. Bei dem ständigen Hin und Her der Leute, die durch den Raum strömten, schaukelten und drehten sich die Figuren, als ob sie lebendig wären.

Von der Straße drang eine Stimme zu der Journalistin herein, die den ganzen Lärm übertönte. Sie ging zur Tür und sah die Kahlo in der Menge. Ihr Haar hatte sich gelöst und hing ihr über die Schultern. Auf ihrem Gesicht war höchste Erregung zu lesen, vor allem wohl als Folge der Drogen, die sie eingenommen haben mußte, um die Schmerzen beim Gehen ohne Stützkorsett überhaupt ertragen zu können. Mit unsicherem Schritt und mit hocherhobenen Armen bewegte sie sich auf das Haus zu, wobei ihre Stimme ständig zu hören war. Im Dämmerlicht stieg eine Staubwolke von den Feiernden auf. Fridas Stimme übertönte all dieses Singen, Lachen, Pfeifen der Leute um sie her, und ein über das andere Mal rief sie triumphierend: «Nie wieder!», womit sie die Einkerkerung im Korsett meinte. «Nie wieder, was auch immer passiert, nie wieder!»

23 Hommage à Frida Kahlo

Im Frühjahr 1953, wenige Monate nach der zweiten Eröffnung von «La Rosita», beschloß Lola Alvarez Bravo, in ihrer der zeitgenössischen Kunst gewidmeten Galerie eine Ausstellung von Gemälden der Kahlo zu veranstalten. Die Galeristin erinnert sich, daß sie von den mißglückten Operationen gehört hatte und daß Fridas baldiger Tod damals abzusehen war, und sie sagte sich, «daß man bedeutenden Leuten die ihnen gebührende Ehre zu ihren Lebzeiten zukommen lassen sollte und nicht erst, wenn sie schon gestorben sind». Frau Bravo setzte sich mit Rivera in Verbindung, der diese Idee begeistert aufgriff. Zusammen teilten sie Frida den Plan mit. «Sie nahm ihn mit sichtlicher Freude auf, und in den darauffolgenden Tagen trat eine deutliche Verbesserung ihres Gesundheitszustands ein, so stark wurde sie durch die Beschäftigung mit den vorbereitenden Überlegungen angeregt und belebt. Die Ärzte machten keine Einwände, weil, wie sie meinten, die Malerin ohnehin nichts mehr zu verlieren hatte. Der Gedanke an die Ausstellung konnte ihr nur Auftrieb geben.»

Die Präsentation ihrer Werke in der Galería Arte Contemporáneo sollte Frida Kahlos erste Einzelausstellung in ihrem Heimatland werden. Für die von der Krankheit gezeichnete Künstlerin war dies kein geringer Triumph. Sie verschickte reizende, folkloristische Einladungen – kleine auf farbigem Papier gedruckte Heftchen, die mit leuchtend farbigen Wollfäden gebunden waren. Die Galerie ließ eine Broschüre drucken, in der Lola Alvarez Bravo die Kahlo eine bedeutende Frau und Künstlerin nannte und in der sie die zweifellos richtige Meinung vertrat, die Malerin hätte diese Ehrung schon längst verdient.

Als der Eröffnungsabend nahte, war Frida in so schlechter gesundheitlicher Verfassung, daß die Ärzte ihr absolute Bettruhe verordneten. Aber um keinen Preis wollte sie die Vernissage verpassen. Auch schien ihre Teilnahme bei dieser Veranstaltung von besonderer Bedeutung zu sein, weshalb denn die Telefone der Galerie vor lauter Anfragen nicht zur Ruhe kamen: Ob die Künstlerin wohl kommen werde? Ob es ihr Gesundheitszustand überhaupt zulassen würde? Kunstreporter und Kritiker aus Mexico und aus dem Ausland riefen an und erkundigten sich. Selbst einen Tag vor der Ausstellungseröffnung schien die Anwesenheit der Künstlerin noch in Frage gestellt. Immerhin ließ sie bereits ihr Bett in die Galerie schaffen, und die Angestellten der Galerie mußten die Bilder umarrangieren, damit das Bett in die Ausstellung integriert werden konnte.

Auch am Tag der Vernissage ließ die Spannung nicht nach. Noch waren die Angestellten mit den letzten Vorbereitungen beschäftigt; sie hängten die Bilder gerade, überprüften die Beschriftungen, ordneten den dekorativen Blumenschmuck, sorgten dafür, daß die Bar gut bestückt war, und setzten die Gläser in säuberlichen Reihen auf. Das Eis stand bereit. Dann wurde, wie es der Gepflogenheit der Galeristin entsprach, der Zugang zur Galerie während der letzten Stunden vor der Eröffnung geschlossen, um ein wenig Ruhe vor dem Ansturm zu haben und ungestört letzte Hand anlegen zu können. Señora Bravo berichtet, wie sich schon sehr früh auf der Straße vor der Galerie eine Menschenmenge versammelte: «Es kam zu einem regelrechten Verkehrschaos, die Leute rüttelten an der Tür und verlangten Einlaß. Ich wollte sie so lange draußen lassen, bis die Künstlerin kam, weil ich mir vorstellte, sie würde es schwer haben, bei einem solchen Gedränge in die Galerie zu kommen.» Aber schließlich mußte die Galerie ihre Pforten öffnen, weil die vielen Menschen sie sonst eingedrückt hätten.

Kurz nachdem die Gäste sich in die Galerie gedrängt hatten, hörte man draußen die Sirene eines Ambulanzwagens. Es erregte kein geringes Aufsehen, als, von einer Motoradeskorte begleitet, das Krankenfahrzeug vorfuhr und Frida Kahlo auf einer Bahre in den Ausstellungsraum getragen wurde. «Die Presseleute und Fotografen waren so verdutzt, daß sie ihre Kameras stehen ließen und vergaßen, Aufnahmen von dem Ereignis zu machen.»

Glücklicherweise hat doch jemand die Geistesgegenwart besessen, den ungewöhnlichen Augenblick im Leben der Künstlerin dokumentarisch festzuhalten. Die Aufnahme zeigt die Kahlo in der heimischen Tracht und mit mexikanischem Schmuck auf der Bahre liegend. Von allen Seiten wird sie von Freunden begrüßt. Der lahme, weißbärtige Doktor Atl, der legendäre Revolutionär, Maler und Vulkanologe, schaut mit großer Anteilnahme auf sie nieder. In Fridas von Krankheit gezeichnetem Gesicht dominieren ihre weit geöffneten Augen; zweifellos hatte sie für diesen Abend eine große Dosis Betäubungsmittel nehmen müssen.

Sie wurde in das Himmelbett gelegt, das mitten in der Galerie stand. Unter dem mit einem Spiegel versehenen Baldachin hing ein Judasskelett mit dem Gesicht nach unten und grinste sie an, als ob es sie beobachten wollte. Drei weitere kleine Judasfiguren baumelten vom Betthimmel herab, und das Kopfteil der Bettstatt war mit Fotos von Fridas politischen Idolen bedeckt nebst Bildern von der Familie, von Freunden und von Diego. Eines ihrer Gemälde hing am Fußteil. Auch nach der Eröffnung blieb das Bett so stehen und war Bestandteil der Ausstellung. Seine bestickten Kissen dufteten nach Schiaparellis Parfüm «Shocking».

Von diesem «Thron» aus hielt die Kahlo Hof wie eine jener mit großzügigen Gewändern umhüllten, auf seidenen Kissen ruhenden Heiligen, die in Mexicos Kirchen verehrt werden. «Wir baten die Leute, nicht stehenzubleiben, sondern weiterzugehen», sagte die Galeristin. «Sie sollten wohl die Künstlerin begrüßen, sich dann aber wieder der Ausstellung zuwenden, weil wir Angst hatten, daß die Menge sie hätte erdrücken können. Es war wirklich ein ganz ungewöhnliches Gedränge – nicht nur die gesamte Kunstwelt, die Kritiker und Fridas Freunde waren an jenem Abend anwesend, es kam auch eine Anzahl völlig unerwarteter Leute. Der Andrang war so groß, daß wir Frida eine Weile mit dem Bett auf die Terrasse ins Freie stellen mußten, weil sie im Saal nicht genug Luft zum Atmen fand.»

Carlos Pellicer machte sich als «Verkehrsschutzmann» zu schaffen und versuchte, die Menge zu zerstreuen, wenn sie sich zu lange am Bett der Künstlerin staute. Er war es, der dafür sorgte, daß sich die Gäste in einer Reihe anstellten, um der Malerin einer nach dem anderen gratulieren zu können. Als ihre geliebten «Fridos» an ihr Bett traten, bat sie sie: «Bleibt doch ein wenig bei mir, *chamacos!*», aber auch sie durften nicht verweilen, da andere Besucher nachdrängten.

Der Alkohol floß in Strömen. Der Stimmenpegel der Unterhaltung wurde immer wieder durch Lachsalven unterbrochen, wenn sich Leute Witze erzählten oder Freunde einander unvermutet in die Arme liefen. Es war ein gesellschaftliches Ereignis, bei dem es zu einer ganz ausgelassenen Stimmung kam, und alle spürten, daß es ein großer Moment war, den sie da miterlebten. Carlos Pellicer hatte Tränen der Rührung in den Augen, als er ein Gedicht vorlas, das er Frida zu Ehren verfaßt hatte. Die Künstlerin ließ sich Getränke reichen und sang *corridos* mit den Gästen. Den Schriftsteller Andrés Henestrosa bat sie, das Lied von der weinenden Frau vorzutragen, und die Folk-Sängerin Concha Michel ließ andere ihrer Lieblingslieder erklingen. Nachdem die meisten ihrer Freunde sie umarmt hatten, standen die Gäste im Kreis um das Himmelbett und sangen:

«Esta noche m'emborraché
Niña de mi corazón
Mañana será otro día
Y verán que tengo razón.»
(Besauf ich mich heute noch
mein allerliebstes Herzenskind
ist doch auch morgen noch ein Tag
wirst sehn, daß man's richtig find't.)

Als Dr. Velasco y Polo Diego gegenüber eine Bemerkung fallen ließ, er
hielte es für angebracht, Frida endlich nach Hause zu bringen und sie
zur Ruhe kommen zu lassen, wollte Rivera überhaupt nichts davon
wissen; so sehr hatte er sich auf den festlichen Anlaß eingestellt. Mit
einer – nach seinen Maßstäben – harmlosen Verwünschung ver-
scheuchte er den Mahner: *«Anda, hijo, te voy a dar!»* (Mensch, hau ab,
sonst kannst du was erleben!)

Wie die Zuckerschädel, die sie so sehr liebte, oder wie jener grinsen-
de Judas, war auch Fridas Vernissage so makaber wie fröhlich. «Alle
Krüppel Mexicos kamen, um Frida einen Kuß zu geben», erinnert
sich Andrés Henestrosa und beschreibt die verschiedenen mexikanischen Maler, die an dem Eröffnungsabend teilnahmen. «María Izquierdo trat herein, die von ihren Freunden und Familienangehörigen
gestützt werden mußte, da sie gehbehindert war. Sie beugte sich vor,
um Frida auf die Stirn zu küssen. Goitia, krank und zum Gespenst
abgemagert, war aus seiner Hütte in Xochimilco in seiner Bauernklei-
dung und mit seinem langen Bart gekommen. Auch Rodríguez Lozano war da, der zu der Zeit bereits seine Wahnsinnsanfälle hatte. Dr.
Atl war dabei, achtzigjährig. Er trug einen weißen Bart und bewegte
sich auf Krücken, weil ihm kurz zuvor ein Bein amputiert worden
war, weswegen er jedoch den Kopf nicht hängen ließ. Er beugte sich
über Fridas Lager und lachte lauthals über irgendeinen Witz, der sich
auf den Tod und das Sterben bezog. Zusammen mit Frida machte er
Späße über sein amputiertes Bein und erzählte den Leuten, daß es
schon wieder wachsen und dann noch besser funktionieren würde als
das erste. ‹Der Tod›, so sagte er, ‹hat nur dann eine Chance, wenn
man ihm immer etwas vom Leben opfert.› Alles in allem war es eine
Prozession von Ungeheuern wie bei Goya, oder vielleicht auch noch
mehr wie in der präkolumbischen Welt aus Blut, Verstümmelung und
Opfern.»

«Frida hielt sich zwar sehr gut an dem Abend, war am Ende aber
völlig fertig und überanstrengt», erinnert sich Monroy. «Wir waren

zutiefst gerührt, als wir sahen, daß ihr Lebenswerk dort zusammengetragen und vorgeführt wurde und daß sie bei so vielen Menschen beliebt war.» Allerdings gewannen ihre früheren Schüler – wie auch viele ihrer übrigen Freunde – den Eindruck, daß die Eröffnung etwas Exhibitionistisches an sich hatte. «Es war alles etwas zu aufdringlich», bemerkt Raquel Tibol, «fast wie eine surrealistische Veranstaltung, wobei Frida die Sphinx der Nacht spielte, indem sie sich in der Galerie in ihr Bett legte. Es war eine theatralische Selbstdarbietung.»

Man muß zugestehen, daß die Anwesenheit der Künstlerin bei der Eröffnung mehr zu einer Schaustellung persönlicher Gefühle und Empfindungen wurde als zur Feier einer künstlerischen Leistung. Aber es lag im Wesen der Kahlo, daß sie gar nicht anders konnte, als diese Vorstellung zu geben, um ihre Schmerzen zu überspielen. Freilich war es eine Veranstaltung, wie sie ihr besonders lag: farbenfroh, voll von Überraschungen, zutiefst menschlich, ein bißchen krankhaft überspannt – eben ganz verwandt mit der von ihr geübten Selbstdarstellung in ihrer Kunst.

Über den Erfolg der Ausstellung war die Malerin genauso überrascht wie die Galeristin. Lola Alvarez Bravo erinnert sich: «Wir wurden von Paris, London und von verschiedenen Städten der USA aus angerufen und nach Einzelheiten über die Ausstellung gefragt ... und dabei setzte es uns schon in Erstaunen, daß überhaupt irgend jemand außerhalb von Mexico von dieser Veranstaltung Notiz genommen haben sollte.» Der Zustrom von Besuchern war so groß, daß die Galerie sich entschloß, die Ausstellung noch einen Monat länger hängen zu lassen. Auch die Presse zeigte sich enthusiastisch, rühmte Fridas tapfere Gegenwart bei der Eröffnung und reflektierte die Bewunderung, die ihrem Werk zuteil wurde.

Der Maler, Dichter und Kritiker José Moreno Villa gab in *Novedades* einem Gedanken Ausdruck, der während der folgenden Jahre immer wieder anklang. «Es ist unmöglich», so schrieb er, «Leben und Werk dieser einzigartigen Persönlichkeit voneinander zu trennen. Ihre Bilder sind zugleich auch ihre Biographie.» Das *Time*-Magazin berichtete über die Ausstellung in einem Artikel unter dem Titel: *Mexikanische Autobiographie*. Obwohl der Grad ihrer Bekanntheit damals noch viel damit zu tun hatte, daß sie die Frau des berühmten Rivera war, nannte man sie immerhin schon nicht mehr «die kleine Frida», und sie gelangte allmählich zu eigenständigem Ruhm. Der *Time*-Kritiker erwähnte Fridas Unfall, ihre Ehe und ihren Stolz auf ihre kommunistische Überzeugung. Der Artikel endet mit folgender ominöser Beurteilung von Fridas körperlicher und geistiger Verfassung:

«Beim Gang durch ihre Ausstellung letzte Woche erfuhr man so manches aus dem harten Leben der Frida Kahlo; und dies Leben wird immer härter. Neuerdings ist ihr Gesundheitszustand noch bedenklicher geworden, und ihre Freunde, die sie einmal als eine kraftvolle, untersetzte Person in Erinnerung hatten, sind entsetzt über ihre ausgemergelte Erscheinung. Die Künstlerin kann sich kaum zehn Minuten auf den Beinen halten, und ihr rechter Fuß ist von Wundbrand bedroht. Dennoch schleppt sich die Kahlo täglich an ihren Stuhl und malt – auch wenn es für noch so kurze Zeit ist. ‹Ich bin nicht krank›, sagt sie, ‹ich bin bloß zerbrochen. Aber ich bin glücklich über mein Leben, solange ich malen kann.›»

In seiner Selbstbiographie erinnerte sich Diego an Fridas Ausstellung mit Stolz und Vergnügen: «Für mich war das aufregendste Ereignis des Jahres 1953 Fridas Einzelausstellung in Mexico City im Monat April. Niemand, der die Bilder gesehen hat, kann ihr großes Talent bezweifeln, und jeder muß sie bewundern. Selbst ich war tief beeindruckt, als ich alle Arbeiten zusammen vor mir sah.» Er erinnerte sich aber auch daran, daß Frida bei jener Eröffnung sehr wenig sprach: «Im nachhinein habe ich mir gedacht – es muß ihr schon bewußt gewesen sein, daß sie im Begriff war, vom Leben Abschied zu nehmen.»

Mag sie noch so erschöpft und «zerbrochen» gewesen sein, zumindest nahm sie auf sehr tapfere Weise Abschied. In ihrem Tagebuch zählte die Künstlerin einige Titel von Bildern auf, die an den Wänden der Ausstellungsräume hingen. Die Liste liest sich wie ein Prosagedicht: *Das kleine Wild, Blume des Lebens* heißt es da unter anderem, und ganz am Schluß, bewußt von den anderen Titeln abgesetzt: *Baum der Hoffnung*.

«Frida hatte sich von mir einen Ring gewünscht, den ich nach ihrer Zeichnung anfertigte. Nun besuchte ich sie, um ihr den Ring zu bringen», berichtet Adelina Zendejas von einem Tag im August 1953. Nachdem etwa ein halbes Jahr Ungewißheit über Fridas weitere Behandlung geherrscht hatte, waren die Ärzte nunmehr entschlossen, ihr das rechte Bein zu amputieren. Adelina war anwesend, als Dr. Farill hereinkam. «Er war offensichtlich in Eile und sagte: ‹Wir wollen uns das Bein mal ansehen›, denn mittlerweile waren Fridas Schmerzen ganz unerträglich geworden. Diego war völlig verzweifelt, und die Menge von Drogen, die die Patientin täglich einnahm, war erschreckend.

Zum ersten Mal seit vielen Jahren sah ich ihr Bein. Es war so verkrüppelt und verkümmert, daß ich kaum begreifen konnte, wie sie damit in irgendeinen Stiefel kam. Es fehlten zwei Zehen. Dr. Farill untersuchte das Bein, berührte es an einigen Stellen und machte ein besorgtes Gesicht. Frida fragte ihn: ‹Na, Doktor, was wollen Sie wieder abschneiden? Noch einen Zeh? Oder die beiden da zusammen?› Aber er mochte nicht auf ihren scherzhaften Ton eingehen und sagte ganz ernst: ‹Hören Sie, Frida, ich fürchte, es reicht nicht mehr, Ihnen die Zehen abzunehmen. Bei diesem Wundbrand wird es leider nötig sein, das Bein zu amputieren.›

Man kann sich den Schrei kaum vorstellen, den Frida ausstieß. ‹Nein!› schrie sie entsetzt, und man spürte, daß diese Ankündigung sie im Innersten getroffen hatte. Ihr Haar war aufgelöst, sie trug einen Tehuanarock, und die Bettdecke lag über ihr, nur der kranke Fuß ragte unter dem Bettzeug hervor. Ihr dünnes Bein sah aus, wie wenn es abgebrochen wäre und nur noch an ihr dranhinge. Jetzt wendete sie sich zu mir und fragte mich: ‹Was hältst du denn davon? Sag mir, *Timida*, was meinst du dazu?›

Ich schaute Diego an; der hatte seine Hände um die hölzerne Kante am Fußteil des Bettes geklammert und mied meinen Blick, und ich sagte: ‹Also, Frida, du hast dich doch schon immer *Frida la coja, pata de*

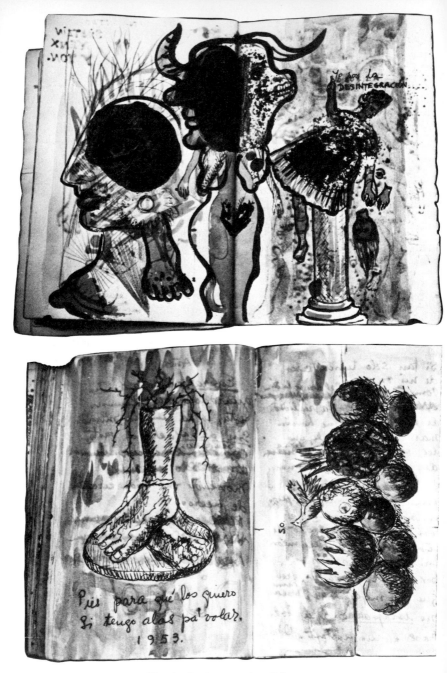

Tagebuchseiten aus dem Jahr 1953.

palo (die lahme Frida mit dem Holzbein) genannt. Lahm wirst du jedenfalls sein, aber jetzt bist du lahm und hast obendrein noch Schmerzen. Mit dem Bein, so, wie es ist, kannst du nicht laufen. Aber es besteht die Hoffnung, daß du mit einem künstlichen Bein besser laufen kannst als mit dem kranken, das zu nichts mehr taugt und nur noch wehtut. Jemand wie du kann mit so etwas leben. Und außerdem breitet sich die Krankheit nicht weiter aus. Dann bist du auch nicht mehr ‹die lahme, unbewegliche Frida›. Überleg es dir mal. Du solltest dich operieren lassen.›

Frida schaute Diego an. Ihm standen die Tränen in den Augen. Er wagte nicht, mich anzusehen. Dr. Farill blickte zu mir herüber, als wollte er mir für meine Worte danken. Dann sagte die Patientin: ‹Gut, wenn du meinst, dann wird es wohl richtig sein.› Sie wandte sich zu Dr. Farill und erklärte sich bereit: ‹Machen Sie alles für die Operation fertig!› Als Diego mich anschließend nach Hause brachte, sagte er zu mir: ‹Sie wird das nicht überstehen und dabei draufgehen.›»

Mit gewohnter Tapferkeit versuchte die Kahlo, die Sache durchzustehen. «Wißt ihr schon», rief sie Besuchern entgegen, als ob es ein Spaß wäre, «daß sie mir eine Pfote abschneiden wollen?» Sie konnte es nicht ertragen, bemitleidet zu werden. Aber die Tagebucheintragungen während der sechs Monate vor der Operation lassen ihre Angst und verzweifelte Hoffnung erkennen. «Immer wieder», heißt es da, «hat man mir gesagt, daß mein Bein amputiert werden muß, und ich wäre am liebsten gestorben.» In einer gräßlichen Zeichnung stellte sie sich als einbeinige Puppe dar, wie sie von einem klassischen Sockel herunterstürzt. Der Körper der Puppe ist mit zahlreichen Flecken bedeckt; im Fall lösen sich der Kopf und eine Hand von der Figur. Über dem grausamen Selbstporträt stehen die noch grausameren Worte: «Ich bin die personifizierte Auflösung.»

Aber im Juli, einen Monat vor der Operation, als sie mit Hilfe der Pflegerin in Cuernavaca war, um von dem günstigeren Klima für ihre Gesundheit zu profitieren, notierte die Künstlerin:

«Stützen
An meinem ganzen Körper gibt es nur eine, und ich benötige deren zwei. Um zwei zu haben, muß erst eine gekappt werden. Die eine, die ich noch nicht habe, brauche ich, damit ich wieder laufen kann; dann ist die andere schon tot! Für mich wären Flügel völlig ausreichend. Sollen sie sie doch abschneiden, dann kann ich wenigstens leichter fliegen!»

Zwei Seiten weiter sieht man eine Zeichnung von einem kopflosen, geflügelten Akt mit einer Taube anstelle des Kopfes und einer geborstenen Marmorsäule anstelle des Rückgrats. Ein Bein dieses Wesens ist eine Prothese, das andere ein natürliches Bein. An beiden Beinen ist ein Schildchen, auf dem man liest «Stütze Nr. 1» und «Stütze Nr. 2». Dazu schrieb Frida: «Die Taube hat einen Fehler gemacht . . . statt nach Norden, ist sie nach Süden geflogen . . . Weizen hat sie für Wasser gehalten . . . Das war ihr Fehler.» In einer weiteren Zeichnung von Frida als Akt mit Flügeln ist der Körper von einem Gewirr von Punkten und Kreuzschraffuren überzogen. «Willst du abhauen? Nein», steht über der Gestalt. Darunter gesetzt ist der Grund für die Antwort: «Die Flügel sind gebrochen.» In einer anderen Stimmung zeichnete die Malerin ihre Füße auf einem Sockel. Der rechte Fuß ist an der Wade abgeschnitten, und aus der Wunde bricht Dornengestrüpp hervor. Die Beine sind gelblich gefärbt und der Hintergrund rot wie Blut. Dazu notiert sie: «Wozu brauche ich Füße, wenn ich fliegen kann? 1953.»

In der vielleicht traurigsten Zeichnung des Tagebuchs sieht man die Künstlerin unter einem dunklen Mond weinen. Ihr zurückliegender Körper scheint sich in der Erde aufzulösen und zu einem Geflecht von Wurzeln zu werden. Über dem Bild steht ein Gedankensplitter: «Die Farbe des Gifts», womit sie möglicherweise auf den Wundbrand Bezug nimmt. Die Sonne taucht hinter dem Horizont unter, und im Himmel steht neben einem kleinen abgetrennten Fuß geschrieben: «Alles auf dem Abstieg, Sonne, Mond, Füße und Frida.» Dieser Zeichnung gegenüber sieht man einen entblätterten, sturmgezausten Baum, an dem der Wind rüttelt; zwar ist er gebeugt, aber nicht gebrochen, und seine Wurzeln graben sich tief in den Boden.

Das Thema dieser Zeichnung wird in dem Bild *Der Kreis* wieder aufgegriffen; es ist ein winziges, undatiertes Selbstbildnis. Gemalt ist es auf einem runden Stück Blech und zeigt Fridas nackten Rumpf, der an der Brust aufgesprungen ist und sich in der umgebenden nächtlichen Landschaft auflöst. Die Beine verwandeln sich in ihrem unteren Teil in Pilzformen, ihr Kopf verschwindet in moosgrünen und erdbraunen Mustern, hinter denen ein Rauch aufsteigt. Über ihre Brust geht ein roter Strich, und feuerrote Flammen schießen an der Stelle hervor, wo ihre rechte Schulter verschwindet. Ganz anders als in *Wurzeln*, dem hoffnungsfrohen Bild von der Beteiligung der Frau an der Lebenskette, ist *Der Kreis* eine schreckliche Vision von körperlichem und seelischem Verfall. Ihrem langjährigen Freund Andrés Henestrosa gegenüber äußerte die Künstlerin, daß sie ihr Motto «Baum der Hoffnung, halte stand!» durch ein anderes ersetzt habe, nämlich durch *Está anocheciendo en mi vida*. (Die Nacht bricht über mein Leben herein.)

Als die Ärzte im August endlich die Entscheidung gefällt hatten und auch Frida sich auf die bevorstehende Operation einzustellen begann, notierte sie in ihr Tagebuch: «Jetzt ist es gewiß, daß sie mir das rechte Bein amputieren werden. Ich weiß zwar nicht viel Genaues darüber, aber meine Ärzte, Dr. Luis Méndez und Dr. Juan Farill, haben sich die Entscheidung nicht leichtgemacht. Ich habe ziemliche Angst, und zugleich sagt mir die Vernunft, daß es eine Befreiung sein wird. Ich will nur hoffen, daß ich, wenn ich wieder laufen kann, genug Kraft habe, um für Diego leben zu können, alles für Diego!»

Am Abend vor der Operation saßen einige Freunde bei Frida am Bett, darunter auch der Kunsthistoriker Antonio Rodríguez, der so viele lobende Artikel über ihre Kunst und ihre menschliche Tapferkeit veröffentlicht hatte. Frida bemerkte, wie betroffen ihre Besucher waren, und versuchte, sie durch Anekdoten und Witze aufzumuntern. Rodríguez erzählt: «Wir waren den Tränen nahe, als wir diese schöne, lebensfrohe Frau vor uns liegen sahen und daran dachten, daß ihr das Bein amputiert werden mußte. Sie aber nahm unsere Niedergeschlagenheit wahr und sprach uns Mut zu: ‹Was ist denn bloß los mit euch? Wenn man eure Gesichter sieht, könnte man meinen, es handle sich um eine Tragödie. Ja was denn für eine Tragödie? Sie schneiden mir halt die Pfote ab. Was soll's?›»

Judith Ferreto allerdings erlebte Frida, wie sie war, nachdem die Gäste gegangen waren und sie ihre *alegría*-Maske fallen ließ. Sie war bei ihr während der zwei Vorbereitungstage im Krankenhaus und natürlich auch noch nach der Operation: «Am Vorabend der Operation waren wir allein, Diego, Frida und ich, in ihrem Krankenzimmer. Die Schwester kam, um das Bein für den Chirurgen vorzubereiten. Es herrschte Stille im Raum . . . wir sprachen kein Wort. Auch den ganzen Tag nach der Operation verbarg sie ihre Gedanken in Schweigen. Lieber hätte ich sie aufgeregt und empört gesehen, aber sie war ganz still, sagte nur, was unbedingt gesagt werden mußte, und sonst überhaupt nichts. Und obwohl Diego ihr ein und alles war, reagierte sie nicht einmal auf seine Anwesenheit.

Der Arzt ließ bei der Visite verlauten, die Patientin müsse Bewegung haben, ich solle sie in den Korridor mit hinausnehmen oder wenn möglich in den Chapultepec-Park. Das Beste für sie wäre jetzt, viel zu malen. Nachdem der Arzt wieder draußen war, brauchte Frida eine ganze Weile, um sich wieder zu beruhigen, so sehr hatte sie sich über dieses Ansinnen aufgeregt. Einige Zeit später trat der Psychiater der Klinik herein und erkundigte sich, was vorgefallen war. Ich berichtete ihm, daß sie zuvor ganz ruhig gewesen sei und daß die Aufforderung des Arztes, mit ihr in den Park zu gehen, wo sie malen sollte, sie völlig durcheinandergebracht habe. Der Psychiater sagte sofort: ‹Bitte, Judy, zwinge sie nur ja nicht zu irgend etwas. Sie hat jetzt keinen Lebenswillen, und es ist schon viel, daß wir sie zum Leben zwingen.›»

Es war eine schreckliche Verletzung für Fridas ästhetisches Empfinden, daß ihr Bein abgetrennt wurde. Ihr Selbstwertgefühl war zutiefst mit ihrer Eitelkeit verbunden gewesen, und ihre Eitelkeit war hart getroffen. Die Kahlo war so sehr entmutigt, daß sie überhaupt niemanden mehr empfangen mochte, nicht einmal Diego. «Sag ihnen, daß ich schlafe», wies sie Judith an, und wenn Diego sie besuchte, tat sie so, als ob sie ihn nicht bemerkte. Die meiste Zeit über schwieg sie und ließ keinerlei Wunsch oder Interesse erkennen. «Nach der Amputation des Beins», berichtet Rivera in seiner Autobiographie, «war Frida tief deprimiert. Selbst von meinen Liebesgeschichten wollte sie nichts mehr hören, mit denen ich sie seit unserer Wiederverehelichung immer hatte erheitern können. Ihre Lebenslust war verflogen.»

Als es endlich soweit war, daß Frida aus der Klinik wieder nach Hause entlassen werden konnte, mochte sie zunächst nicht gehen. Judith Ferreto erinnert sich, daß Rivera damals «eine Person bei sich im Atelier hatte. Frida respektierte zwar Diegos Recht, zu tun und zu lassen, was er wollte, sagte auch immer: ‹Ich bin ja selber schuld, wenn ich darunter leide›, und nahm es hin, daß Diego andere Frauen liebte. Diesmal war es aber so, daß die betreffende Person sich anmaßte, in Fridas Haus Anordnungen zu treffen. Niemand sonst hätte sich solche Freiheiten herausgenommen. Diese Frau besaß kein Taktgefühl und kränkte Frida. Deshalb mochte sie nicht in das blaue Haus zurückkehren.

An einem Morgen steigerte sich bei ihr das Gefühl, gekränkt zu sein, zu einer Krise. Am Abend zuvor war Diego bei ihr gewesen, und es war ihm sogar gelungen, sie etwas aufzuheitern. Dann war aber die Stationsschwester hereingekommen und hatte gesagt: ‹Señor Rivera, draußen wartet jemand auf Sie. Sie werden doch bei einer Ausstellungseröffnung erwartet.› Der ‹Jemand› war aber niemand anders als die Person aus dem Atelier. Frida empfand die Unterbrechung als verletzend; dennoch verabschiedete sich Diego von ihr und ging. Als ich am nächsten Morgen ins Bad kam, lag sie dort tief im Schlaf. Sie hatte versucht, sich umzubringen.»

Im Tagebuch der Kahlo lesen wir eine seltsame Reflexion über Schmerz, Einsamkeit und Freitod. Einerseits scheint die Künstlerin die Hand des Todes willkommen zu heißen, andererseits bringt sie aber auch ihre Reue über einen Suizidversuch zum Ausdruck. Der Tod ist für sie ein «riesiger» und «absolut stiller Ausgang»:

«Ruhig der Schmerz
heftig das Leiden
Das angesammelte *Gift* –
Liebe verließ mich
seitdem war mein Leben unheimlich
voll von bösem Schweigen
und aufmerksamen fremden Augen
die die wahren Übel nicht erkannten.
Dunkel die Tage
die Nächte lebte ich nicht
du bringst dich um!!
mit dem krankhaften Messer
derer, die dich behüten sollen
war es meine Schuld?
Ich bekenne meine große Verantwortung
so groß wie der Schmerz
Ich ging durch einen riesigen Ausgang, Liebster,
ein absolut stiller Ausgang
der mich zum Tode führte
Ich war so verlassen
daß darin mein ganzes Glück bestand
Du bringst dich um!!
Du bringst dich um
Es gibt auch welche, *die dich nie vergessen*
Ich nahm seine starke Hand
Hier bin ich, damit sie leben können.
Frida.»

Die wiederkehrende Zeile «Du bringst dich um!» mag ein Selbstgespräch Fridas sein, oder es ist ein Satz, den sie von Diego gehört hatte, weil er über die vielen Betäubungsmittel, die sie einnahm, verzweifelt war. Wir können nicht entscheiden, ob die Hand am Ende des Gedichts die des Todes oder des Lebens war.

Zwei Monate, nachdem «die Person»* aus Riveras Atelier ausgezogen war, begab sich die Kahlo wieder nach Coyoacán. Rivera tat alles nur Erdenkliche, um sie zu trösten. Judith Ferreto nannte ihn einen «wunderbaren Mitarbeiter». Obwohl, wie jeder wußte, es ihm verhaßt war, sich bei der Arbeit unterbrechen zu lassen, so eilte er doch auf einen Anruf hin sofort herbei, um Frida zu beruhigen und ihre Tränen zum Stillstand zu bringen, wenn alles andere versagt hatte. Rivera setzte sich an ihr Bett, unterhielt sie mit Geschichten von seinen Abenteuern, las ihr Gedichte vor, sang Balladen oder hielt ihr einfach die Hand, bis sie einschlief. In seiner Autobiographie beschreibt er das so:

«Oft wurde ich während Fridas Genesung von der Pflegerin angerufen, und sie sagte mir, daß Frida weinte und sterben wollte. Ich warf dann sofort den Pinsel hin und eilte nach Hause, um sie zu trösten. Sobald Frida wieder entspannt eingeschlafen war, kehrte ich an meine Arbeit zurück und versuchte, die verlorenen Stunden aufzuholen. Es gab Tage, da war ich so erschöpft, daß ich auf meinem Stuhl oben auf dem Gerüst einschlief.

Mit der Zeit organisierte ich für Frida einen Pflegedienst rund um die Uhr. Allerdings überstiegen die Ausgaben hierfür und für Fridas medizinische Behandlung die Summen, die ich durch die Wandbilder einnahm. Deshalb mußte ich mein Einkommen durch den Verkauf von Aquarellen aufbessern, und es gab Tage, an denen ich neben meiner übrigen Arbeit noch zwei große Aquarelle aufs Papier warf.»

Manchmal kehrte er auch nicht in sein Studio zurück, sondern blieb bis Mitternacht im Stuhl neben Fridas Bett sitzen, massig, erschöpft, mit einem Gesicht voller Falten, ein alter, erfahrener, resignierter Ochsenfrosch, der sich trotz allem nicht unterkriegen ließ.

Anfangs lehnte es die Kahlo ab, eine Prothese zu tragen. Sie empfand sie abscheulich und quälend; vor allem hatte sie auch Schwierigkeiten, damit zu gehen. Dr. Velasco y Polo weiß noch, wie sie sich einen Spezialstiefel anfertigen ließ, weil sie die Prothese haßte: «Ich sagte zu ihr: ‹Niemand kann die Prothese sehen, weil Sie doch immer lange Röcke tragen.› Doch sie beschimpfte mich nur und erklärte: ‹Sie haben mir zwar das Bein abgeschnitten, aber jetzt entscheide *ich*, was weiter gemacht wird!›»

* Es handelte sich um Emma Hurtado. Sie war seit 1946 die Agentin für Riveras Bilderverkäufe und sollte 1955 seine vierte Frau werden.

Drei Monate später hatte sie gelernt, mit dem künstlichen Bein zurechtzukommen. Sie konnte kürzere Entfernungen damit zurücklegen, und ihre Lebensgeister gewannen langsam die Oberhand. Vor allem begann sie wieder zu malen. Um die Prothese zu verbergen, ließ sie sich luxuriöse Stiefel aus rotem Leder anfertigen, die mit chinesischen Goldverzierungen und kleinen Schellen geschmückt waren. Mit diesen Stiefeln wollte Frida vor Freude tanzen, und sie drehte sich tatsächlich in einigen Tanzschritten vor ihren Freundinnen, um ihnen ihre neue Beweglichkeit vorzuführen. Die Schriftstellerin Carleta Tibón erinnert sich: «Frida war sehr stolz auf ihre kleinen Stiefel. Einmal nahm ich Emilio Puccis Schwester mit zu ihr auf Besuch. Die Kahlo trug ihr Tehuanakostüm und stand wohl unter Drogeneinfluß. Sie rief: ‹Was für wunderbare Beine! Und wie gut sie ihren Dienst tun!› Vor unseren Augen begann sie einen *jarabe tapatío* mit ihrer Prothese zu tanzen.»

An einem Sonntag nachmittag stattete Rosa Castro der Künstlerin einen Besuch ab. Bei ihrer Ankunft bot sich ihr ein ungewöhnliches Schauspiel dar. Sie öffnete die Tür zu Fridas Zimmer und erblickte die Malerin ganz in Weiß gekleidet; nur die Füße steckten in den roten Stiefeln. Über ihre weißbehandschuhten Finger hatte sie viele Ringe gestreift. Sie hob die Hände, schwenkte sie in der Luft umher und rief lachend: «Sind sie nicht hübsch? Es sind die ersten Handschuhe meines Lebens!»

Medizinisch gesehen, war die Amputation ein simpler Eingriff – das Bein war unterhalb des Knies abgetrennt worden –, aber trotz der roten Stiefel und trotz der zur Schau getragenen Ausgelassenheit erholte sich die Künstlerin nie mehr ganz von dem Schock. In einer Tagebucheintragung vom 11. Februar 1954 heißt es: «Vor einem halben Jahr haben sie mir das Bein amputiert. Sie haben mir damit manche qualvolle Stunde bereitet, und manchmal hätte ich beinahe den Verstand darüber verlieren können. Immer wieder wünsche ich mir den Tod herbei. Diego hält mich davon zurück, indem ich mir in meiner Eitelkeit einbilde, er würde mich vermissen. Gesagt hat er es mir, und ich glaube es ihm; aber nie ist mir mein Leben so schwer geworden. Ich will noch eine Weile durchhalten.» Auf der folgenden Seite findet sich ein Anflug der alten *alegría*:

«Mir ist eine Menge gelungen
Ich kann wieder gehen
Ich kann wieder malen
Ich liebe Diego mehr

als mich selbst
Mein Wille ist mächtig
Mein Wille setzt sich durch.»

Zu den letzten Zeichnungen in ihrem Tagebuch zählen zwei Selbstporträts als Aktfigur, bei denen sie sich mit ihrer Prothese darstellt.
Die eine ist ihrem «Kinde Diego liebevoll gewidmet». In der anderen
Zeichnung ist die Prothese nur mehr ein hölzerner Stelzfuß, eine *pata
de palo*. Zahlreiche Pfeile weisen auf verschiedene Stellen ihres Kopfes
und ihres Körpers hin und bedeuten wohl die Stellen, die ihr besondere physische und psychische Schmerzen verursachten.

Einmal notierte die Kahlo in den Blättern dieses Tagebuchs, daß
der Tod «nichts anderes ist als ein Prozeß, ohne den kein Leben
wäre». Bei ihr konnte der Tod, der langsame Verfall durch die Osteomyelitis und die Durchblutungsstörungen, nicht aufgehalten werden,
was auch immer die Ärzte an Operationen und medizinischen Behandlungsmethoden versuchten.

Am 27. April 1954 schrieb die Kahlo eine Passage in ihr Tagebuch,
aus der wir entnehmen, daß sie sich wieder von einer Krise erholte,
möglicherweise von einem erneuten Suizidversuch, vielleicht aber
auch nur von einem Tief in dem Auf und Ab ihres gesundheitlichen
Befindens. Was sie sagt, klingt nach einer Drogeneuphorie; dennoch
spürt man hinter der Dringlichkeit ihrer Danklitanei eine tiefe Verzweiflung, als sei ihr bewußt gewesen, daß ihr Abschied vom Leben
kurz bevorstand:

«Ich bin gesund entlassen worden – ich habe versprochen, nicht
wieder rückfällig zu werden, und ich will es auch so halten. Danken
muß ich Diego, zu danken habe ich meiner Tere [Teresa Proenza],
Gracielita, dem kleinen Mädchen, ebenso Judith, Isaua Mino, Lupita Zúñiga, danksagen will ich auch Dr. Farill, Dr. Polo, Dr.
Armando Navarro, Dr. Vargas, zu danken habe ich aber auch mir
selbst, meinem unheimlichen Lebenswillen, der mir erlaubt, zwischen all den lieben Menschen zu leben, die mich gernhaben und
die ich mag. Es lebe die *alegría*, das Leben, Diego, Tere, meine
Judith und alle Schwestern und Pflegerinnen, die mir in meinem
Leben schon geholfen und mich so wunderbar behandelt haben.
Dank auch, daß ich Kommunistin geworden bin, was ich im Innersten schon mein ganzes Leben gewesen war. Dank den Sowjetvöl-
kern, den Chinesen, Tschechoslowaken, den Polen und dem mexikanischen Volk, vor allem aber den Leuten in Coyoacán, dem Ort,

wo meine erste Zelle gezeugt wurde, die von Oaxaca aus dem Leib meiner Mutter kam, die in jenem Ort geboren wurde und meinen Vater, Guillermo Kahlo, heiratete – meine Mutter, Matilde Calderón, das brünette Mädchen vom Lande. Was haben wir für einen schönen Nachmittag hier in Coyoacán verbracht, in diesem Raum, der Frida, Diego, Tere und mir gehört; dazu noch Señorita Capulina, Señor Xolotl und Señora Kosti.» [Die drei letzten sind die Namen von Fridas Hunden.]

Die Malerin klammerte sich an den Ausdruck von Hoffnung und Dankbarkeit, als könnte sie sonst in Bitterkeit und Verzweiflung versinken. Vielleicht empfand sie diese Äußerungen freudiger Dankbarkeit, ähnlich wie Gebete oder das Aufhängen von *retablos*, als Devotionsgesten, denen eine magische Wirkung innewohnt, um sich der Zuwendung der Menschen noch mehr zu versichern.

Frida verlor zunehmend die Kontrolle über sich, sowohl körperlich wie geistig. Dadurch passierten allerlei Unfälle, zum Beispiel einmal, als sie Bettruhe einhalten sollte, aber dennoch etwas benötigte, was nicht in ihrer Reichweite war. Da sie nicht gerne fremde Hilfe in Anspruch nahm, stand sie doch auf. Darüber heißt es in ihrem Tagebuch: «Gestern, am 7. Mai . . . bin ich auf den Steinfliesen ausgeglitten und in eine Nähnadel gefallen, die mir dabei so tief in den Hintern fuhr, daß man sie nicht mehr sehen und herausziehen konnte. Ich wurde sofort mit einer Ambulanz in das Krankenhaus gebracht. Die Schmerzen waren schlimm, und ich schrie während der ganzen Fahrt zum englischen Hospital. Es wurden Röntgenaufnahmen gemacht, bis sie die genaue Lage der Nadel erfaßt hatten. Jetzt soll sie mit Hilfe eines Magneten herausgeholt werden. Wie danke ich Diego, der Liebe meines Lebens. Wie danke ich meinen Ärzten!»

Solange die Künstlerin nicht unter Drogen stand oder schlief, war sie gewöhnlich bis zur Hysterie reizbar und nervös. Ihr Verhalten war gänzlich unberechenbar. Sie konnte über Kleinigkeiten wütend werden, über alltägliche Dinge, die sie normalerweise nicht berührt hätten. Sie schlug auf Leute ein, brüllte Beschimpfungen, die sich selbst gegen Rivera richteten. Judith Ferreto erzählt, daß «manchmal ein Wort genügte, irgendeine Fehlhandlung, etwas Schmutz, ja sogar nur eine ihr unliebsame Haltung, um Frida explodieren zu lassen, weil sie so empfindlich geworden war. Wenn sie aber jemanden gerne mochte, durfte man sicher sein, daß es nicht gespielt war. Nie zeigte sie Gefühle, die sie nicht wirklich empfand. Nichts konnte sie für sich behalten, es sei denn ihre Schmerzen und Leiden.»

Es gab Momente, in denen Fridas krankhaft unkontrolliertes Verhalten Riveras Geduld auf eine harte Probe stellte. Raquel Tibol berichtet von einer Gelegenheit, als Frida wieder einmal sehr krank und vor lauter Drogen fast bewußtlos war: «Diego und ich waren unten im Wohnzimmer. Er war eigentlich nach Hause gekommen, um zu essen, konnte aber nichts hinunterbringen. Statt dessen fing er an zu weinen wie ein Kind. Er sagte, wenn er nur den Mut dazu hätte, würde er sie töten, weil er es nicht mehr aushielte, sie so leiden zu sehen. Er konnte gar nicht mehr aufhören zu weinen. Es war eine eigentümlich tiefe Beziehung, die er zu ihr hatte.»

Der Jammer, Fridas Leiden mit ansehen zu müssen, ließ ihn mitunter auch vor ihr flüchten. Dann blieb er tagelang weg, und Frida litt unter der Einsamkeit, wurde wütend und verzweifelt. «Sobald aber Diego wieder auftauchte», erzählt Rosa Castro, «war aller Kummer verflogen, und sie sagte bloß mit liebevollem Ausdruck in der Stimme: ‹Mein Junge, wo bist du denn so lange gewesen, mein Junge?› Dann ging Diego zu ihr hin und küßte sie. Neben dem Bett stand ein Tablett mit Früchten, und sie bot ihm davon an: ‹Will mein Jungchen nicht ein kleines Stück Obst haben?›, was Diego jedesmal mit ‹goch› statt ‹doch› beantwortete, als sei er tatsächlich ein kleines Kind.»

Einmal, als Adelina Zendejas und Carlos Pellicer im Hof des blauen Hauses bei einer Lunchmahlzeit saßen, warf Frida sogar eine Wasserflasche nach Diego. Er konnte sich rechtzeitig ducken, und das Wurfgeschoß flog an seinem Kopf vorbei. Erst der Lärm des Aufschlags, als das Glas zersplitterte, riß Frida aus ihrem Wutanfall ins Bewußtsein zurück, und sie fing an zu weinen. «Warum habe ich das nur getan?» rief sie immer wieder. «Sag doch, warum habe ich das bloß getan? Ehe ich so weitermache, möchte ich lieber sterben.» Als Rivera Adelina später nach Hause fuhr, meinte er: «Ich werde sie in ein Heim geben müssen. Es hilft alles nichts, aber so kann es nicht mehr lange weitergehen.»

Wie alle außer ihrer Schwester Cristina zog sich auch Rivera allmählich von seiner Frau zurück. Manchmal half ihr dann die Erklärung, daß er ihre Leiden nicht mit ansehen könne; mitunter aber reagierte sie bitter:

«Jeden Abend bleibt er lange im Atelier. Nie kommt er einmal früh nach Hause, nicht einen einzigen Abend. Wo bleibt er nur? Fragen will ich ihn nichts mehr. Vielleicht geht er mit seinen Architektenfreunden ins Theater oder zu irgendwelchen Vorlesungen. Jede Nacht kommt er erst gegen elf oder zwölf, manchmal aber auch um eins oder um vier. Woher wohl? Wer weiß? Am nächsten Morgen steht er auf und begrüßt mich am Bett: ‹Wie geht's, meine Hübsche?› – ‹Gut, und dir?› – ‹Besser.› – ‹Kommst du zum Mittagessen heim?› – ‹Weiß noch nicht, ich gebe dir Bescheid.› Aber meist ißt er im Studio. Oswaldo bringt ihm seinen Lunch, und ich esse allein. Abends sehe ich ihn nicht mehr, weil er so spät kommt. Ich muß meine Pillen nehmen und sehe ihn überhaupt nicht mehr. Er ist nie mehr bei mir. Er ist schrecklich. Er will nicht, daß ich rauche; er will nicht, daß ich Schlafmittel einnehme, und er macht wegen jeder Kleinigkeit einen Spektakel, daß man davon aufwacht. Er braucht seine Freiheit, und er hat sie ja auch.»

Fridas Gefühle für Diego wechselten von Stunde zu Stunde, ja fast von einer Minute zur anderen. «Niemand weiß, wie sehr ich Diego liebe», sagte sie, «aber genausowenig ahnt man, wie schwer es ist, mit diesem Señor zu leben. Er ist so unerklärlich in seiner Lebensweise, daß ich nur rätseln kann, ob er mich überhaupt mag; denn ich glaube, daß er mich liebt, wenn es auch nur ‹auf seine Weise› ist. Wenn von unserer Ehe die Rede ist, sage ich immer: ‹Wir haben den Hunger mit der Eßlust zusammengebracht.›» Wahrscheinlich meinte sie damit, daß sie hungrig, Diego aber gierig war – Hunger nimmt, was er kriegen kann. Freßlust aber greift nach dem, was ihr Vergnügen macht, pickt sich die Rosinen heraus.

Die Gefühlsexzesse der Kahlo hatten viel mit ihrer Drogenabhängigkeit zu tun. Mit offizieller Erlaubnis konnte sie diese Betäubungsmittel in einer Apotheke erwerben, aber ihr Bedürfnis war viel größer, als daß es auf diesem Wege allein hätte befriedigt werden können, und oft genug mußte Diego einspringen. Der wußte immer, wie er Nachschub besorgen konnte. Manchmal geriet Frida ganz aus der Fassung, wenn ihr die schmerzstillenden Mittel ausgingen. Dann rief sie verzweifelt bei Freunden und Bekannten an und bettelte auch um Geld. Eine Weile versuchte Rivera, bei Frida die Drogen durch Alkohol zu ersetzen. Dies führte jedoch nur dazu, daß sie bis zu zwei Litern Cognac täglich zu sich nahm, ohne indes auf die Drogen zu verzichten.

Sie nahm hohe Mengen und mischte sie auch auf völlig regelwidrige Weise. Mehrfach beobachtete Raquel Tibol, wenn sie zu Besuch bei Frida war und ihrer Schwester Cristina bei der Pflege half, wie die Patientin mehr als drei Ampullen Demerol und verschiedene andere Betäubungsmittel in eine riesige Spritze füllte. Sie ließ sich die Spritze von der Tibol injizieren; aber da sie von Einstichwunden und Operationsnarben bedeckt war, konnte man an ihr kaum eine Stelle finden, um die Nadel anzusetzen. Frida rief dann: «Fühl nur und faß an! Wenn du eine weiche Stelle findest, spritz rein.»

«Ich bin einmal mit Lupe Marín zu ihr auf Besuch gegangen», erzählt Jesús Ríos y Valles. «Sie war völlig aus dem Häuschen und verlangte, daß ich ihr eine Injektion machen sollte. Ich fragte sie, wo ich denn die Medikamente finden würde, Diego und die Ärzte hätten doch verboten, daß sie noch Spritzen bekäme. Als ich das sagte, gebärdete sie sich wie von Sinnen und flehte mich verzweifelt an. So ließ ich mich denn erweichen und erkundigte mich: ‹Also, wo ist das Zeug?› Ich mußte eine Schublade aufziehen, und hinter einem Stoß von Diegos Zeichnungen fand ich einen Kasten mit Tausenden von Demerolampullen.»

Fast ein Jahr lang hatte Frida nichts mehr gemalt, als sie sich im Frühjahr 1954 aufraffte und in ihrem Atelier wieder mit einem Werk begann. Zunächst arbeitete sie im Rollstuhl, wobei sie sich mit einer Schärpe an die Lehne binden ließ. Wenn die Schmerzen zu stark wurden, malte sie im Liegen weiter.

Das Malen war jetzt eine Art Gottesdienst für sie geworden. Es entstanden Gemälde, die die politische Überzeugung der Kahlo demonstrierten, und einige der «belebten Stilleben». Alle diese Bilder haben eine apokalyptische Note und eine Art von Überschwenglichkeit, die kaum ohne die euphorisierende Wirkung des Demerol vorstellbar ist. In ihren politischen Visionen wendete die Malerin wieder das *retablo*-Muster an, um die geeignete Szenerie für den Ausdruck ihrer Gläubigkeit zu schaffen. In dem Gemälde *Frida und Stalin* sitzt sie vor einem großen Stalinporträt, das auf ihrer Staffelei steht; in *Der Marxismus spendet den Kranken Heilung* wird die Hauptperson Frida – im orthopädischen Korsett – durch den wundertätigen Heiligen, Karl Marx, gerettet.

Obgleich in diesen Gemälden Fahnen wehen, Friedenstauben flattern und marxistische Helden den Himmel bewölken, bleiben auch diese letzten Werke durchaus persönlich und dienen der Selbstfindung der Malerin. Nie könnten sie der politischen Propaganda dienen. Statt dessen bekräftigen sie wie Gebete den Glauben. Dies war der Künstlerin bewußt, denn bei ihrer Pflegerin beklagte sie sich bitter über ihre Unfähigkeit, Bilder zu malen, die für die Gesellschaft von Bedeutung sein würden: «Ich schaffe es nicht, ich schaffe es nicht, ich schaffe es nicht!» Sie wußte, daß es ihr nicht möglich war, auch wenn sie Antonio Rodríguez gegenüber äußerte: «Ich will, daß mein Werk ein Beitrag zum Kampf für Frieden und Freiheit wird.» Oder sie sagte: «Wenn ich nicht mehr gedanklichen Inhalt in meine Bilder packe, dann liegt das bloß daran, daß ich nicht mehr zu sagen habe und mich nicht dazu berufen fühle, anderen Lektionen zu erteilen. Ich bin aber ganz und gar nicht der Meinung, die Kunst sollte stumm bleiben.» Dabei sind die Werke der Kahlo keineswegs stumm. Sie schreien ihre persönliche Botschaft so leidenschaftlich heraus, daß keine Stimme mehr übrigbleibt für Propaganda.

Wie das *Schaufenster in Detroit* war auch das seltsam häßliche Landschaftsbild *Die Ziegelbrennöfen* von einem Ausflug inspiriert. An einem Frühlingstag hatte Dr. Farill sie zu einer Ausfahrt an den Stadtrand mitgenommen. Unterwegs waren sie an einer Gruppe von Brennöfen vorbeigekommen, und die düstere, archaische Schönheit dieser runden Öfen hatte ihre Aufmerksamkeit auf sich gezogen. Dr. Farill äußerte, er würde die Brennöfen gerne malen, und Frida kündigte an, daß sie daraus ein Bild machen wollte. Von einer Skizze mochte sie nichts wissen. Sie trüge sie im Kopf, sagte sie. Auf dem fertigen Bild erkennt man eine Gruppe von Brennöfen; ein Mann mit einem Sombrero sitzt davor und stochert mit einer langen Stange in einem Ofen herum. Der Stil des Bildes zeigt, daß die Kahlo die Kontrolle über ihre Malerei verloren hat. Die Pinselstriche gehen kreuz und quer, der Farbauftrag ist grob und ungleichmäßig, die Farbe stumpf. Die allgemeine Unerfreulichkeit der Szene wird noch durch die armseligen, entlaubten Bäume und die unheilvoll dunklen Rauchwolken unterstrichen, die von den Öfen aufsteigen. Da die Künstlerin für sich ausdrücklich eine Feuerbestattung gewünscht hatte, mag der Anblick der Brennöfen während des Ausflugs mit dem Chirurgen ihre Gedanken auf den eigenen Tod gelenkt haben. Jedenfalls wirft in diesem Gemälde der Tod seine Schatten voraus.

Raquel Tibol, die damals die Malerin besuchte, erinnert sich an den Moment, als sie mit der Arbeit fertig war. Die Künstlerin betrachtete ihr Werk mit einem feierlichen, zugleich auch herausfordernden Blick und fragte: «Hast du nicht das andere gesehen? Das, auf dem mein Gesicht in einer Blume ist? Das war einmal ein Auftrag, aber ich mag die Idee nicht. Es kommt mir vor, wie wenn ich in der Blume ertrinken müßte.» Nach einigem Suchen fand die Tibol das Bild, von dem die Kahlo gesprochen hatte, und brachte es ihr. Es war, wie die Brennöfen, in einer schludrigen Weise mit dickem Farbauftrag gemalt. Aber es war ein sehr lebendiges Bild und drückte Lebensfreude aus. Die Tibol erinnert sich:

«Frida war deutlich irritiert von der Lebensenergie, die von einem Gegenstand ausging, der unter ihren eigenen Händen entstanden war, von einer Lebensenergie, die sie jetzt nicht mehr spürte. Sie nahm ein Messer zur Hand, wie es in Midoacán hergestellt wird. Es hatte eine gerade und scharfe Schneide. Die Schlaffheit, die Frida nach den abendlichen Spritzen meistens überkam, wich plötzlich von ihr, und mit Tränen in den Augen und einem krampfhaften Lächeln auf den zitternden Lippen fing sie an, langsam auf dem Gemälde herumzukratzen, viel zu langsam. Das Geräusch, wie der Stahl auf der getrockneten Ölfarbe schabte, wuchs zu einem Klagelaut an jenem Abend in Coyoacán, dem Ort, in dem sie geboren war. Und immer weiter kratzte sie und zerstörte das Bild, als ob sie sich selber auslöschen wollte; es war eine Handlung, die in sich Opfer und Buße zugleich verband.»

Die Künstlerin war – vielleicht verständlicherweise – von der strahlenden Energie in ihrem Selbstbildnis als Sonnenblume abgestoßen, aber als die Düsternis ihres Bewußtseins immer dunkler wurde, verlangte es sie mehr nach dem Licht. Im Juni bat sie darum, daß ihr großes Bett aus dem kleinen Eckschlafzimmer in den Korridor gestellt wurde, der zu ihrem Atelier führte. Sie wünschte sich, sagte sie, mehr vom Grün draußen zu sehen; der Korridor hatte Glastüren, die den Blick über eine steinerne Treppe zum Garten hinaus freigaben. Von hier aus konnte sie den Tauben zuschauen, die in den von Diego in die Mauer des neuen Anbaus eingelassenen Tontöpfen nisteten. Stundenlang betrachtete sie das Spiel des Lichts auf den Blättern, die Zweige, die sich im Winde bewegten, oder das Zerspringen der Tropfen auf dem Dach und das Sprudeln der Traufenabflüsse, als die Sommerregenfälle einsetzten.

Mariana Morillo Safa erinnert sich: «Während ihrer letzten Tage lag sie da und war unfähig, sich ohne Hilfe aufzurichten. Sie nahm nur noch durch die Augen Anteil an der Welt. Mir war es unmöglich, sie in diesem Zustand wieder zu besuchen. Auch ihr Charakter war völlig verwandelt. Mit jedermann fing sie Streit an. Da ich nur eine kurze Zeit bei ihr blieb, war sie nett zu mir, aber es war, wie wenn sie an etwas ganz anderes dachte und nur so tat, als ob sie nett wäre. Sie war sehr geräuschempfindlich und mochte nicht so viele Leute um sich haben. Auch Kinder konnte sie nicht mehr ertragen. Sie fuchtelte mit Armen und Händen, und sie warf mit Gegenständen nach Leuten. ‹Laß mich in Frieden! Ruhe!› schrie sie und schlug nach Anwesenden mit ihrem Stock. Oder sie brüllte jemanden an: ‹Bring mir dies und

jenes her! Hast du keine Ohren? Ich rede mit dir!› Ihr Stock lag stets
griffbereit neben ihrem Bett, und wenn man sich nicht beeilte, gebrauchte sie ihn auch. Sie war einfach sehr ungeduldig, weil sie selbst
nichts mehr tun konnte. Ihr blieb nur noch, ihre Haare zu kämmen
und sich Lippenstift aufzulegen. Gegen Ende ihres Lebens trug sie viel
Make-up; dabei gerieten ihr die Farben auf groteske Weise aus der
Kontrolle. Sie wurde zu einer schrecklichen Imitation der alten Frida
Kahlo, die sie einmal gewesen war.»

Judith Ferreto, die inzwischen wieder von Señora Mayet in der
Pflege abgelöst worden war, berichtet: «Während jener Tage ging es
rasch mit ihr bergab. Ich glaube, daß ihr das auch bewußt war . . . An
einem solchen Tag war es, als sie mich anrief. Schon am Klang ihrer
Stimme konnte ich erkennen, wie es um sie stand; man merkt ja
ziemlich leicht an der Stimme eines Menschen, wie verzweifelt er ist,
und sie war damals tatsächlich völlig verzweifelt. Sie rief: ‹Ach, Judith, komm doch, bitte. Kannst du nicht kommen und mir helfen,
Judith? Ich kann überhaupt nichts mehr machen. Ich bin am Ende
mit meinen Nerven. Komm doch, bitte, und hilf mir!› Ich ging also
hin und verbrachte den größten Teil des Tages bei ihr. Sie versuchte,
im Atelier zu malen . . . Sonst war sie immer so hübsch anzusehen
gewesen mit den schönen Kleidern, die sie trug, aber an jenem Tag
war alles anders. Die Falten ihres Rocks waren aufgelöst, die Haare
hingen ihr wirr um das Gesicht, und ihre Augen quollen ungewöhnlich hervor. Vom Malen hatte sie die Hände voller Farbe, sogar auf
dem Handrücken, überall . . . Ich nahm sie ganz sanft und brachte sie
zu Bett. Auf meinen Vorschlag hin ließ sie sich neu ankleiden. Ich
fragte sie, was sie gerne anziehen wollte, und sie sagte: ‹Bring mir
doch das, was du neulich vorbereitet hast, ehe du weggingst, denn
damals gab es noch Liebe in diesem Hause. Jetzt ist davon nichts
mehr zu spüren. Du weißt ja wohl, daß Liebe das einzige ist, wofür es
sich zu leben lohnt. Bring mir also das Kleid, das mit Liebe für mich
bereitgemacht worden ist.› Ich machte sie frisch, frisierte sie, und sie
ruhte . . . so lieb, so wütend und grantig zugleich.»

Der Besuch endete mit einem Streit und einer Wiederversöhnung.
Einige Besucher waren zu lange geblieben, und da Judith bemerkte,
wie erschöpft Frida war, bat sie die Gäste, sich zu verabschieden.
Aber die Kahlo wurde wütend, denn es kam ihr vor, als ob Judith sie
in ihrem eigenen Heim bevormunden wollte. Später waren sie wieder
gut zueinander, und Frida bat ihre frühere Pflegerin, einen Ring und
ein Tehuanakostüm von ihr als Geschenk anzunehmen, was Judith
jedoch nicht haben wollte. Sie erklärte diese Ablehnung später so:

«Ich war an diesem Tag völlig verzweifelt, weil ich als Pflegerin davon überzeugt war, daß man ihr überhaupt nicht mehr helfen konnte. Ich hatte Frida in verschiedenen Krisen erlebt, und meistens war es mir gelungen, ihr beizustehen. Aber da hatte sie noch ihre beiden Beine. Jetzt, mit dem einen Bein, war ihr nicht mehr zu helfen.

In jenen Tagen kamen manchmal Kinder zu ihr auf Besuch. Aber selbst wenn es eins der Kinder ihrer Schwester war, die sie doch wirklich gerne mochte, sagte sie hinterher zu mir: ‹Ach, Judy, ich mag keine Kinder mehr. Ich mag sie nicht bei mir haben. Ich bringe es zwar nicht fertig, ihnen zu sagen, daß sie fortbleiben sollen, weil mir das einfach schrecklich ist, aber am liebsten würde ich sie nicht mehr sehen.› Das war auch nach der Amputation. Frida liebte das Leben, aber nach der schrecklichen Operation vollzog sich in ihr eine tiefgreifende Wandlung.

Gegen Abend kam Carlos Pellicer, und ich war richtig froh darüber, weil der Moment heranrückte, an dem ich mich von ihr verabschieden wollte. Es war ein schrecklich anstrengender Tag gewesen. Ich freute mich auch deshalb, ihn zu sehen, weil ich wußte, wie gut sie sich gegenseitig leiden mochten. Bevor ich ging, reichte mir Frida eine Puppe, die nur ein Bein hatte, und sagte: ‹Das bin ich ohne mein Bein!› Dies war das letzte Geschenk, das sie mir gab, nebst einem kleinen Strauß allerliebster Blumen in einem Gläschen. ‹Nimm es mit›, sagte sie. Ich bestellte das Taxi. Auf der Fahrt warf ich die Blumen zum Fenster hinaus, weil ich mit dem Leben haderte. An jenem Abend habe ich Frida zum letzten Mal gesehen.»

Gegen Ende Juni schien sich ihre Gesundheit zu bessern. «Was spendiert ihr mir als Belohnung dafür, daß es mir besser geht?» rief sie und wartete gar nicht die Antwort ab, sondern wünschte sich eine Puppe. Frida war ihren Freundinnen gegenüber sehr fordernd. Wenn sie anriefen, bestand sie darauf, daß sie auch persönlich kamen. Falls jemand sagte, er wolle «bald kommen», ließ sie nicht locker, bis der Besuch für den betreffenden Nachmittag versprochen wurde. Mitunter bat sie auch Bekannte, die Nacht über bei ihr zu bleiben. Sogar Lupe Marín lud sie ein und versuchte unter Tränen, sich mit ihr zu versöhnen. Lupe kam aber nicht.

Die Kahlo war auch damals noch immer voller Hoffnungen und Pläne für die Zukunft. Sie wollte ein Kind adoptieren und sehnte sich nach der Ferne. Besonders sprach sie von einer Einladung nach Rußland, nur wollte sie die Reise nicht ohne Rivera antreten, der trotz wiederholter Gesuche noch nicht wieder in die kommunistische Partei aufgenommen worden war. Sehr angeregt malte sie sich die Möglichkeit einer Reise nach Polen aus, wo sie sich auf Anraten von Dr. Farill einer besonderen medizinischen Behandlung unterziehen wollte. Sie behauptete, Rivera habe den Gedanken gutgeheißen und beabsichtige, sie zu begleiten. Am meisten freute sich Frida auf den Tag ihrer silbernen Hochzeit. Am 21. August des Jahres wären sie fünfundzwanzig Jahre verheiratet gewesen. Zu einer Freundin sagte sie: «*Traigan mucha raza* (Bringt viele Leute mit), denn es wird ein mexikanisches Volksfest geben!» Frida hatte sogar schon das Jubiläumsgeschenk für Diego gekauft, einen wunderhübschen antiken Goldring. Nach Fridas Wunsch sollte das Jubiläum zu einem populären Ereignis, zu einer richtigen *posada*, werden, und alle Leute von Coyoacán sollten daran teilnehmen.

Am 2. Juli 1954 herrschte das typische naßkalte Wetter der Regenzeit. Dennoch mißachtete die Kahlo die Vorschrift ihrer Ärzte und verließ das Bett, um an einer kommunistischen Demonstration teilzunehmen. Obgleich sie sich eben erst von einer Lungenentzündung erholte, wollte sie unbedingt ihre Solidarität mit den über zehntausend Mexikanern unter Beweis stellen, die an jenem Tag auf die Straße gingen und gegen CIA-Machenschaften in Guatemala protestierten, wo der linksgerichtete Präsident Jacobo Arbenz abgesetzt worden war und der reaktionäre General Castillo Armas die Regierungsgewalt übernommen hatte. Es sollte das letzte Mal sein, daß die Künstlerin in der Öffentlichkeit erschien, und es war ein wahrhaft heroischer Auftritt. Langsam schob Diego ihren Rollstuhl über die holprigen Straßen, und die Prominenten der mexikanischen Kunstwelt marschierten in ihrem Gefolge.

Wie in so vielen von Riveras Fresken war Frida auch bei diesem Ereignis das lebende Vorbild der moralischen Stärke, ein Sammelpunkt allen revolutionären Eifers. Fotografien, die während der Demonstration aufgenommen wurden, zeigen die Künstlerin mit der symbolischen Friedenstaube auf der roten Fahne in der Linken, den rechten Arm erhoben und die Hand zur Kämpferfaust geballt. Mit den erschöpften Zügen ihres hohlwangigen Gesichts wirkt Frida auf den Bildern älter, als sie wirklich war, und ließ die Spuren ihrer Leiden erkennen. Viel zu krank, um sich noch hübsch machen zu wollen, hatte sie ihre Haare nicht wie sonst in Zöpfen aufgesteckt. Statt dessen trug sie ein altes, verkrumpeltes Kopftuch, unter dem sie ihre Haare verbarg. Die einzigen Anzeichen der bei ihr sonst gewohnten Freude an schöner Aufmachung waren die Ringe, die sie an den

Händen trug und die ihre geballte Protestfaust wie den Knauf eines Szepters erglänzen ließ. Vier Stunden lang hielt Frida in ihrem Rollstuhl die Strapazen aus. Sie kehrte mit dem Bewußtsein nach Hause zurück, daß ihre Anwesenheit für die Demonstranten von großer Bedeutung gewesen war. Einer Freundin vertraute sie damals an: «Nur drei Dinge wünsche ich mir noch vom Leben – mit Diego zusammenzusein, weiter malen zu können und der kommunistischen Partei anzugehören.»

Keines der drei Dinge sollte ihr noch sehr lange vergönnt sein, denn durch die Teilnahme an der Demonstration verschleppte sich die Lungenentzündung. Fridas Zustand wurde noch schlimmer, als sie einige Tage später nachts das Bett verließ und trotz des ärztlichen Verbots ein Bad nahm und sich erneut erkältete.

Die Künstlerin wußte, daß sie sterben würde. Auf einer der letzten Seiten des Tagebuchs zeichnete sie kostümierte Skelette, wie man sie aus Posadas *Calaveras* kennt. In großen Buchstaben schrieb sie dazu: MUERTES EN RELAJO (Die Toten beim Tanz). Der Tod war für sie ein Faktum des Lebens, ein Teil des ewigen Kreislaufs, etwas, dem man aufrecht entgegengehen mußte. Als Manuel González Ramírez seine ehemalige Schulfreundin kurz vor ihrem Tod besuchte, sprach sie ganz ungeniert von ihrem bevorstehenden Abgang. «Es war gar nicht weiter schlimm, mit ihr über ihren Tod zu sprechen», erinnert sich González Ramírez, «denn Frida hatte keine Angst vor dem Sterben.» Was ihr allerdings Sorge bereitete, war, daß man sie in Rückenlage begraben könnte. Viel zu oft hatte sie in allzu vielen Krankenhäusern in dieser Lage gelitten, als daß sie auch noch die ewige Ruhe in dieser Haltung hätte antreten wollen. Sie bestand deshalb auf einer Feuerbestattung.

Am Abend vor ihrem Geburtstag sagte Frida zu Teresa Proenza: «Wir wollen schon anfangen, meinen Geburtstag zu feiern. Als Geschenk von dir wünsche ich mir, daß du bei mir bleibst und morgen früh neben mir aufwachst.» Teresa erfüllte ihr den Wunsch, und früh am nächsten Morgen legte sie eine Platte auf mit *Las Mañanitas*, dem mexikanischen Geburtstagslied, damit Frida mit Musik geweckt wurde. Den Morgen verbrachte die Künstlerin im Bett und schlief, weil sie wieder sehr reichlich Betäubungsmittel genommen hatte. Nach dem Erwachen empfing sie einige Besucher. Später kleidete sie sich an, trug Make-up auf und ließ sich zum Speisezimmer hinunterbringen. Dort saß sie, umgeben von ihren Geburtstagsblumen, und unterhielt sich mit den Gästen, die in großer Zahl Visite machten. Etwa hundert Besucher nahmen die Mittagsmahlzeit mit mexikanischen

Gerichten bei der Kahlo ein. Frida war voll von gespannter Lebendigkeit. Gegen acht Uhr abends begab sie sich wieder nach oben und hielt noch eine Weile Hof in ihrem Schlafzimmer. Große Freude hatte ihr an diesem Tag ein Gratulationsschreiben der Sektion kommunistischer Frauen Mexicos gemacht, und sie genoß auch, daß Carlos Pellicer ihr ein Sonett gewidmet hatte.

Auf den letzten Seiten von Fridas Tagebuch finden sich seltsame, geflügelte weibliche Wesen. Sie sind sehr viel flüchtiger gezeichnet als noch wenige Monate zuvor die geflügelten Selbstporträts. Die letzte Tagebucheintragung ist die Zeichnung eines schwarzen Engels, der in den Himmel aufgestiegen ist – gewiß das Abbild des Todesengels. Die Figuren deuten auf den Wunsch der Künstlerin, ins Jenseits hinüberzugehen, und bilden ein Gegengewicht zu Fridas Wunsch nach Erdverbundenheit, wie er in vielen anderen ihrer Zeichnungen zum Ausdruck kommt. Selbst ihre Vorstellung vom Tode war noch aufgeteilt in eine christlich-katholische und in eine heidnisch-mexikanische Tradition. Die letzten Worte in ihrem Tagebuch lassen deutlich ihren Willen erkennen, die düstersten Fakten mit *alegría* anzuschauen: «Ich will hoffen, daß ich den Abgang frohgestimmt erleben werde, und hoffentlich komme ich nie mehr zurück, Frida.»

Diese Worte und die letzte Zeichnung legen die Vermutung nahe, daß die Kahlo den Freitod gewählt haben könnte; allerdings wurde als offizielle Todesursache eine Lungenembolie am Dienstag, dem 13. Juli 1954, angegeben. Immerhin schließt auch Riveras Darstellung vom Tod seiner Frau die Möglichkeit eines Suizids nicht aus. Gleichzeitig hält er am Bild von der am Leben hängenden Frida fest. Er sagte, daß seine Frau am Vorabend ihres Todes einen kritischen Punkt in ihrer Lungenentzündung erreicht hatte:

«Ich saß bis etwa halb drei Uhr morgens an ihrem Bett. Um vier Uhr klagte sie über heftige Beschwerden. Als bei Tagesanbruch ein Arzt erschien, stellte er fest, daß sie kurz zuvor an einer Lungenembolie verstorben war.

Als ich in ihr Schlafzimmer kam, um sie anzusehen, erschienen mir ihre Gesichtszüge entspannt und schöner denn je. Am Abend zuvor hatte sie mir einen Ring geschenkt. Er war als Jubiläumsgabe für unsere Silberhochzeit gedacht gewesen, die knapp drei Wochen später gefeiert werden sollte. Ich fragte sie, warum sie mir den Ring bereits jetzt gäbe, und sie antwortete: ‹Weil ich spüre, daß ich dich sehr bald werde verlassen müssen.›

Aber obwohl ihr der Tod vor Augen stand, muß sie doch um ihr

Leben gerungen haben. Wie ließe es sich sonst erklären, daß der Tod sie überraschen mußte, während sie schlief?»

Viele von Fridas Freunden und Bekannten halten es für unwahrscheinlich, daß sie sich selbst das Leben genommen haben sollte. Sie hätte, sagen sie, bis zum Ende ihren tapferen Lebenswillen behauptet. Andere vermuten, daß sie an einer Überdosis von Betäubungsmitteln starb, wobei es offenbleibt, inwieweit der Zufall eine Rolle gespielt haben könnte. Immerhin wissen wir, daß ihr Kreislauf labil und ihre Abwehrkraft durch die zurückliegende Lungenentzündung geschwächt war. Nach dem Tod der Künstlerin veröffentlichte ihre Freundin Bambi in der Zeitung *Excelsior* einen langen Artikel über Fridas letzte Stunden. Danach hatte sie am Vorabend ihres Todes keinen Besuch mehr empfangen. Diego war nachmittags kurz zu ihr hinaufgegangen. Sie unterhielten sich, und es gab auch etwas zu lachen. Sie erzählte ihm, daß sie fast den ganzen Tag geschlafen hätte, wie Dr. Velasco y Polo ihr das verordnet hatte. Frida machte sich über eine Spezialtasse für bettlägerige Kranke lustig, die Señora Mayet benutzte, um ihr flüssige Nahrung zu verabreichen. «Dies ist das Jahr der Suppe», witzelte sie, weil es ihr so vorkam, als ob sie nichts anderes mehr zu essen bekäme.

Am selben Abend gab sie Diego den Jubiläumsring und sagte, daß sie ihm und einigen der engsten Freunde Lebewohl sagen wollte. Um zehn Uhr abends rief Diego Dr. Velasco y Polo, der Frida in äußerst kritischer Verfassung vorfand. Als er vom Krankenzimmer herunterkam, sagte er Rivera Bescheid; der nickte nur.

Gegen elf Uhr, nachdem sie noch etwas Fruchtsaft zu sich genommen hatte, schlief Frida ein. Diego wachte bei Frida am Bett, bis er sicher war, daß sie fest schlief; danach begab er sich für den Rest der Nacht zu seinem Atelier in San Angel. Gegen vier Uhr erwachte Frida und klagte über Schmerzen. Ihre Pflegerin beruhigte sie und zog ihr das Bettuch wieder straff. Sie blieb so lange bei ihr, bis Frida erneut einschlief. Um sechs Uhr morgens hörte Señora Mayet jemanden klopfen, und sie ging, um aufzumachen. Sie kam an Fridas Bett vorbei und wollte ihr die Decke ein wenig glattstreichen. Da sah sie, daß Fridas Augen starr geöffnet waren. Sie berührte ihre Hände und spürte, daß sie schon erkalteten. Eilends sagte Señora Mayet dem Chauffeur Manuel Bescheid. Der alte Mann, der bereits im Dienste Guillermo Kahlos gestanden und Frida von Kindesbeinen an gekannt hatte, überbrachte Diego die Nachricht: *«Señor, murió la niña Frida.»* (Frida ist tot.)

25 Es lebe das Leben

Als Frida starb, wurde Diegos sonst rundes, strahlendes Gesicht grau und eingefallen. «Innerhalb weniger Stunden verwandelte er sich in einen alten Mann, und er wirkte blaß und häßlich», erinnert sich ein Freund Riveras. Eine Reporterin kam und wollte den Meister um eine Stellungnahme bitten, aber Rivera verweigerte das Interview: «Bitte, stellen Sie mir keine Fragen», sagte er, kehrte sein Gesicht zur Wand und schwieg.

Die Nachricht von Fridas Tod verbreitete sich mit Windeseile. Schon früh am Morgen hatte Diego Lupe Marín angerufen. Sie und Emma Hurtado, die Frau, die Rivera einige Zeit später heiraten sollte, fuhren zusammen zum Haus seiner dritten Frau. «Diego war ganz allein», erinnert sich Lupe. «Ich blieb bei ihm und nahm seine Hand. Gegen halb neun kamen die ersten von Fridas Freunden und Freundinnen. Da verabschiedete ich mich und fuhr wieder nach Hause.»

Die Kahlo lag in ihrem Himmelbett. Man hatte sie in einen schwarzen Tehuanarock und in einen weißen *huipil* [weite Bluse] aus Yatalag gekleidet. Die Freundinnen flochten ihr Blumen und Bänder ins Haar. Sie schmückten sie mit Ohrringen und kostbaren Halsketten; dann kreuzten sie ihr die Hände über der Brust und steckten ihr an jeden Finger einen Ring. Fridas Kopf ruhte auf einem weißen Kissen, dessen gestärkte mexikanischen Spitzen ihr Gesicht wie ein Rahmen umgaben. Am Kopfende des Bettes stand ein Rosenstrauß. Unter dem Saum ihres Rockes ragte ein einzelner Fuß mit hellrot gefärbten Nägeln hervor. Vom Wandbord herab schauten chinesische Puppen, präkolumbische Kultfiguren und Fridas fünf kommunistische Idole.

Ein ununterbrochener Strom von Menschen, die kaum ihre Tränen zurückhalten konnten, zog an ihrem Bett vorbei. Olga Campos gehörte zu den ersten Trauergästen und erinnert sich an diesen Moment: «Es war schrecklich für mich. Als ich hinkam, war Frida noch ganz warm. Ich küßte sie, und es kam mir so vor, als ob sie dabei eine Gänsehaut bekam; da fing ich an zu schreien: ‹Sie lebt ja, sie lebt ja!› Aber sie war natürlich längst tot.»

Bernice Kolko kam um die Mittagszeit: «Ich war begreiflicherweise schrecklich aufgeregt, als ich das Haus betrat. Ich wurde von Cristina empfangen, die mich führte. ‹Wir haben jetzt unsere Frida verloren›, sagte sie. Dann trat ich an ihr Bett und schaute sie an. Wir warteten eine ganze Weile, aber ich konnte mit Diego nicht sprechen, weil er sich eingeschlossen hatte.»

Um halb sieben abends nahm man Frida den Schmuck ab mit Ausnahme der Fingerringe und einer Kette. Sie wurde in einen grauen Sarg gelegt und zum Palast der Schönen Künste überführt. Dort, in der weiträumigen Vorhalle des wichtigsten mexikanischen Kulturinstituts, wurde sie öffentlich aufgebahrt. Rivera ließ sich bei der Fahrt dorthin von niemandem begleiten. In großer innerer Erregung hielt er die Totenwache. Er hatte Dr. Velasco y Polo um eine Sterbeurkunde gebeten, damit Fridas Wunsch nach einer Feuerbestattung erfüllt werden konnte, aber der Arzt hatte aus irgendwelchen rechtlichen Gründen abgelehnt. So wandte sich Rivera an seinen Ex-Schwager, Dr. Marín, der die benötigte Urkunde ausschrieb. Dennoch war Diego noch nicht völlig überzeugt davon, daß seine Frau tatsächlich tot war.

Rosa Castro erzählt von den damaligen Umständen: «Als Frida in Bellas Artes aufgebahrt lag, stand Diego mit Dr. Federico Marín zusammen. Ich ging zu ihm hin und fragte: ‹Was ist los, Diego?› – ‹Wir sind nicht ganz sicher, ob sie wirklich tot ist›, gab er zur Antwort, aber Dr. Marín erklärte: ‹Es gibt keinen Zweifel, Diego.› – ‹Mag sein›, hielt ihm Diego entgegen, ‹aber es ist doch unheimlich, daß sie noch Gefäßregungen zeigt. Auf ihrer Haut stellen sich ja noch die Härchen! Mir ist es schrecklich, daß sie unter diesen Bedingungen bestattet werden sollte.› Ich sagte: ‹Das ist doch ganz einfach. Laß den Arzt die Venen öffnen. Wenn kein Blut fließt, ist sie tot.› So wurde denn ein Schnitt gemacht, und es kam kein Blut. Dann machte der Arzt noch einen Schnitt in die Halsschlagader; auch hier traten nur zwei Tropfen heraus. An ihrem Tod konnte kein Zweifel mehr bestehen. Diego vermochte sich nur nicht mit dem Gedanken abzufinden, weil er sich um keinen Preis von ihr trennen wollte. Er muß sie wohl sehr geliebt haben. Als sie gestorben war, sah er aus wie eine gemarterte Seele.»

Die ganze Nacht hindurch und den folgenden Morgen über lag die Kahlo in der riesigen, hohen Halle. Ihr Sarg stand auf einem schwarzen Tuch, das auf dem Boden ausgebreitet worden war. Der Blumenschmuck, in dem die rote Farbe vorherrschte, war überwältigend. Andrés Iduarte, der ehemalige Schulkamerad von der Preparatoria, der nun Direktor des Nationalen Instituts der Schönen Künste war, hatte die Genehmigung gegeben, Frida auf diese ungewöhnliche Weise zu ehren, vorausgesetzt allerdings, daß Rivera daraus keine politische Aktion machen würde. «Bitte keine Fahnen, Transparente, Parolen, keine Politik!» hatte er verlangt, und Diego hatte zum Einverständnis genickt. Aber als die erste Ehrenwache in die Vorhalle trat – sie bestand aus Iduarte und einigen anderen Beamten des Instituts –, löste sich ein junger Mann aus der Gruppe um Rivera und schritt rasch vor zum Sarg. Es war García Bustos, einer von Fridas Meisterschülern, der den Sarg mit der leuchtend roten Fahne bedeckte, in deren Mitte ein weißer Stern mit Hammer und Sichel prangte.

Befremdet zogen sich Iduarte und seine Mitarbeiter zurück. Von seinem Büro aus ließ der Direktor Rivera an sein Versprechen erinnern, doch er erhielt nur zur Antwort, Rivera sei so tief betrübt, daß man ihn jetzt nicht in seiner Andacht stören dürfe. Auch vom Präsidenten Ruiz Cortínez konnte Iduarte sich keinen Rat einholen, weil der Regierungschef auf Reisen unterwegs war. Das Präsidialamt sah sich außerstande, etwas an der Situation zu ändern, weil sich Rivera, umgeben von seinen linksgerichteten Freunden, auf keinerlei Zugeständnisse einlassen mochte. Er drohte sogar damit, Frida aus dem Institut zu tragen und auf der Straße aufzustellen, falls die Fahne von ihrem Sarg entfernt würde. Als dann der frühere Präsident Lázaro Cárdenas eintraf und seinen Platz in der Ehrenwache übernahm, sah auch Iduarte keinen Grund mehr für weitere Einwände. Das Präsidialamt ließ ihm schließlich noch telefonisch mitteilen, wenn ein General Cárdenas Ehrenwache halte, sollte auch er sich nicht abhalten lassen und dessen Beispiel folgen.

Auf diese Weise wurde eine Nationalfigur zumindest für eine kleine Weile in eine kommunistische Heldin verwandelt. Eine Nachwirkung dieser «russophilen Farce», wie die Presse es nannte, war, daß Iduarte sein Amt als Direktor des Instituts verlor. Er kehrte zurück in die Vereinigten Staaten auf seinen Lehrstuhl als Professor für lateinamerikanische Literatur an der Columbia University. Rivera seinerseits war glücklich, daß er kurze Zeit nach Fridas Begräbnis wieder in die Kommunistische Partei Mexicos aufgenommen wurde.

Die ganze Nacht hindurch und am folgenden Morgen standen die Ehrenwächter an den vier Ecken von Fridas Sarg. Unter ihnen befanden sich prominente Kommunisten ebenso wie enge Freunde und Familienangehörige. Sogar zwei Emissäre der russischen Gesandtschaft kamen für einige Minuten. Diego, feierlich in Schwarz gekleidet und mit vor Erschöpfung und Kummer grauem Gesicht, war die ganze Zeit über anwesend und übernahm wiederholt einen Platz in der Totenwache. Inzwischen hatte er sich wenigstens so weit gefaßt, daß er den Händedruck der Trauergäste ertragen und sich auch der Presse stellen konnte. Dabei sagte er einem Reporter, Frida sei zwischen drei und vier Uhr morgens in Gegenwart eines Osteologen an einer Lungenembolie gestorben. Er erwähnte auch mit Stolz, daß seine Frau im Laufe ihres Lebens an die zweihundert Gemälde geschaffen habe und als einzige lateinamerikanische Malerin ein Werk im Louvre hängen habe. Er erwähnte auch das letzte Bild, das sie einen Monat vor ihrem Tode gemalt hatte, ein Stilleben mit Wassermelonen, ein Werk voll Farbe und *alegría*.

Die letzte Ehrenwache bestand aus Rivera, Iduarte, Siqueiros, Covarrubias, Henestrosa, dem bekannten Agronomen und Linkspolitiker César Martino sowie dem früheren Präsidenten Cárdenas und dessen Sohn Cuauhtémoc. Bis zum Mittag des 14. Juli hatten mehr als sechshundert Leute der Malerin die letzte Ehre erwiesen. Kurz nach Mittag forderte Cristina Kahlo die versammelte Menge auf, die Nationalhymne mitzusingen. Anschließend stimmte jemand in der Versammlung noch die bekannte Ballade an, die von einem berühmten Streik der Bergleute von Cananea im Jahre 1906 handelt. Feierlich schlug Cárdenas dazu den Takt. Rivera, Siqueiros, Iduarte und andere hoben danach Fridas Sarg auf ihre Schultern und trugen ihn die marmornen Stufen hinunter und hinaus in den Regen. Etwa fünfhundert Trauernde folgten dem Leichenwagen in einem langen, langsamen Zug entlang der Avenida Juárez.

Das Krematorium am Panteón Civil de Dolores, dem städtischen Friedhof, war sehr klein und primitiv. Man drängte sich in den winzigen heißen Raum. Außer den Freunden und Familienangehörigen waren Kulturattachés verschiedener sozialistischer Länder anwesend, die Sekretäre der Kommunistischen Partei Mexicos und der Kommunistischen Jugendorganisation, ferner Prominente aus der Welt von Kunst und Literatur. Draußen standen Hunderte von Trauernden zwischen den Grabsteinen im unaufhörlichen Regen. Der Sarg wurde in den Raum gebracht und geöffnet. Die Künstlerin lag darin, die Schultern von einem *rebozo* umhüllt und über dem Kopf ein Diadem von roten Nelken. Jemand stellte am Kopfende des Sarges ein ungewöhnlich großes Blumengebinde auf. Dann trat Andrés Iduarte an den Sarg heran. Er stand neben Rivera, als er in hochgreifenden Worten die Traueransprache hielt:

«Frida ist gestorben, Frida ist von uns gegangen ...

Das geniale und eigenwillige Geschöpf, das einst die Klassenzim-

mer der Preparatoria mit seinem quirligen Geist erfüllte, ist tot . . .
eine ungewöhnliche Künstlerin ist tot: ein wacher Geist, ein groß-
zügiges Herz, die lebendig gewordene Sensibilität, die personifizierte Liebe zur Kunst bis zum Tode, zutiefst im heimatlichen Boden
Mexicos verwurzelt . . . Freundin, Schwester des Volkes, große
Tochter unseres Landes, du bist für uns nicht gestorben . . . Du
lebst in uns fort . . .»

Carlos Pellicer trug seine Sonette an Frida vor. Ein Vers daraus lautet: «Du wirst immer auf Erden leben/ du wirst stets sein wie ein
Aufbruch voller Sonnenaufgänge/ die heldenhafte Blüte heraufziehen-
der Morgendämmerungen.» Adelina Zendejas sprach über ihre Erinnerungen an Frida in der Preparatoria und stellte Fridas Leben und
Werk als ein Beispiel für einen «eisernen Lebenswillen» dar. Juan
Pablo Sainz hielt einen Vortrag über Fridas Malkunst, ein Volksschul-
lehrer redete im Namen der Kommunistischen Partei Mexicos und
benutzte die Gelegenheit, die Probleme der zeitgenössischen Welt zu
beleuchten.

Kurz nach ein Uhr wurde der Leichnam von Rivera und anderen
Familienangehörigen aus dem Sarg genommen und auf den eisernen
Karren gelegt, der im gegebenen Moment automatisch auf Schienen
in den Krematoriumsofen rollen sollte. Rivera stand mit verkrampften
Fäusten daneben. Er grub sich die Nägel in die Handballen. Mit
seinem vom Kummer gezeichneten Gesicht beugte er sich zu Fridas
Stirn herab und küßte sie ein letztes Mal. Auch die Freunde drängten
heran, um endgültig Abschied zu nehmen.

Rivera wünschte, daß seine Frau mit Musik von ihm gehen sollte.
Die Arme mit den geballten Fäusten erhoben, sang die Trauergemein-
de die Internationale, die mexikanische Nationalhymne, Lenins Be-
gräbnismarsch und andere politische Gesänge. Kurz vor zwei Uhr
öffnete sich das Tor zur Brennkammer, und die Lore mit Fridas
Leichnam setzte sich zum Feuer hin in Bewegung. Nun sang die
Versammlung der Trauernden volkstümliche Abschiedsballaden:
Adiós, mi Chaparita, Adiós, Mariquita Linda, La Embarcación und *La Barca
de Oro.*

«. . . Wir alle traten zurück, als die Tür sich öffnete und die inferna-
lische Hitze uns entgegenschlug, nur Diego blieb unerschütterlich
stehen», erinnert sich Guillermo Monroy. In diesem Moment geschah
etwas so Groteskes, wie es am ehesten in Goyas *Caprichos* gepaßt hätte.
Adelina Zendejas erinnert sich: «Plötzlich hing jeder, der sie erreichen
konnte, an Fridas Händen. Während das eiserne Gefährt mit der

Leiche langsam auf die Öffnung der Verbrennungsanlage zurollte, zerrten sie an Fridas Fingern, um die Ringe abzuziehen; jeder wollte noch etwas erhaschen, das ihr im Leben gehört hatte.»

Im Raum erhob sich Weinen und Schluchzen. Cristina verlor die Fassung und begann zu schreien, als sie den Körper ihrer Schwester auf den Brennofen zurollen sah. Sie mußte hinausgebracht werden. So erlebte sie zum Glück den letzten Moment nicht mehr mit. Denn in dem Augenblick, als Frida in die glühende Öffnung einfuhr, richtete sich – offenbar durch die enorme Hitze – ihr Oberkörper auf, und die verbrennenden Haare standen ihr wie eine Aureole um den Kopf. Siqueiros berichtete, daß Fridas Gesicht zwischen den flammenden Haaren wie das Zentrum einer riesigen Sonnenblume ausgesehen habe.

In dem altertümlichen Krematorium dauerte es an die vier Stunden, bis das Feuer seinen Dienst getan hatte. Während des langen Wartens wurde immer wieder gesungen. Diego weinte und rang die Hände. Endlich öffnete sich wieder das Tor, und der rotglühende Wagen rollte mit Fridas Asche daraus hervor. Alle traten zurück wegen der atemberaubenden Hitze, die sich im Raum verbreitete, nur Rivera und Cárdenas blieben ruhig stehen.

Für kurze Zeit behielt Fridas Asche die Form ihres Skeletts bei, bis die darüber hinstreichende Luft die Asche durcheinanderwirbelte. Als Rivera die Gestalt sah, holte er rasch sein Skizzenbuch hervor und zeichnete mit völlig absorbiertem Blick das silberschimmernde Gerippe, während es vor seinen Augen verging. Dann sammelte er die Asche liebevoll in ein rotes Tuch und bettete sie in einen Kasten aus Zedernholz. Er äußerte den Wunsch, daß nach seinem Tode seine eigene Asche mit der ihren vermischt werden sollte. Diese Bitte wurde allerdings nie erfüllt. Statt dessen fand man es dem großen Maler eher angemessen, in der Ruhestätte der bedeutendsten Mexikaner zu liegen, in der Rotonda de los Hombres Ilustres.

In seiner Autobiographie schrieb Rivera: «Der 13. Juli 1954 war der traurigste Tag meines Lebens. Ich verlor meine geliebte Frida für immer... Zu spät erkannte ich, daß die Liebe zu ihr der wunderbarste Teil meines Lebens gewesen war.»

Nicht lange nach Fridas Tod wurde Riveras Enkelin im blauen Haus getauft. Für diese Gelegenheit zog Diego einer Judasfigur, womöglich einem Skelett, Fridas Kleider an und hängte ihr eine Tasche um, die die Asche seiner Frau enthielt. Eines von Fridas Gipskorsetten wurde in eine Kinderwiege gelegt. Eine solche Geste hätte die Künstlerin sicher gern gesehen und gutgeheißen; sie zeigte die typisch mexikanische Haltung zum Tod: Von jeher versteht man in Mexico die Geburt, die Wiege des Todes, als unauflöslich verschränkt mit dem Tod als der Kraft, die das Leben bringt.

Als im Juli 1958 das Frida-Kahlo-Museum eingeweiht wurde, lag Fridas Asche in einem Sack auf dem Bett. Nach dem Kopfende zu hatte man Fridas Totenmaske angebracht, eingehüllt in einem ihrer *rebozos*: Fridas Geist schien im Bett zu sitzen. Eine Blumengirlande bildete einen runden Rahmen über der Erscheinung, wobei sich in der Blumenzier ein Motiv aus einem alten Bild über Fridas Bett wiederholte, auf dem die Girlande über ein totes Kind gebreitet ist.

Später wurde Fridas Asche in eine präkolumbische Urne gegeben, die die Form einer füllligen Frau ohne Kopf hat, und ein Bronzeabguß der Totenmaske erhielt seinen Platz auf einer kleinen Konsole über der Urne. Das Gefäß sieht aus, als ob es mit Leben schwanger ginge. Es erinnert stark an die Tonfigur in dem Gemälde *Vier Bewohner Mexicos*. In den Worten der Malerin lautete die Beschreibung dieser Figur: «Sie ist schwanger, und obwohl sie tot ist, enthält sie etwas Lebendiges.»

Heute ist Fridas Heim wie zu ihrer Lebenszeit für Besucher geöffnet. Im Jahre 1955 schenkte Rivera das Haus mit seinem gesamten Inhalt dem mexikanischen Volk, um die Erinnerung an seine Frau wachzuhalten. «Ich machte lediglich zur Bedingung», sagte Rivera, «daß ich ein Anrecht auf ein kleines Eckchen für mich allein haben sollte, damit ich, wann immer ich das Bedürfnis danach empfand, die Atmosphäre wieder atmen konnte, die von Frida geschaffen worden war.»

Manche Besucher des Museums haben die Künstlerin noch gekannt. Viele andere haben sie zwar nicht persönlich erlebt, verlassen aber dennoch das Haus mit dem Gefühl, seine ehemalige Bewohnerin gut zu kennen, denn die ausgestellten Dinge geben ein sehr lebendiges Zeugnis von ihrer Persönlichkeit und von dem Lebensraum, in dem sie gearbeitet hat. In ihrem Wohnzimmer hängen die Bilder und Zeichnungen, wie sie in keiner anderen Umgebung besser gezeigt werden könnten. In Fridas Atelier im Obergeschoß ist ihr Rollstuhl vor die Staffelei gestellt worden. Eines ihrer Gipskorsette, mit Pflanzen und Reißbrettstiften geschmückt, thront auf dem Bett unter dem Spiegel am Betthimmel. Noch immer sitzen die chinesischen Puppen auf den Wandborden. Neben Fridas Schlafstätte steht ein nunmehr leeres Puppenbett. Vom Baldachin eines weiteren Bettes hängt ein Skelett herab, und ihre Krücken lehnen gegen das Fußteil der Liege.

Das Kahlo-Museum leistet weit mehr, als nur die Lebensatmosphäre der Malerin wieder auferstehen zu lassen; vor allem dient es dazu, uns an die besondere Eigenart und den Realismus ihrer phantastischen Bildwelt heranzuführen und die enge Verbindung zwischen ihrem Leben und ihrer Kunst aufzuzeigen. Durch ihre Existenz als Behinderte wurde das blaue Haus zu ihrer Welt. Für sie als Künstlerin bekamen die Bilder die Bedeutung einer Ausdehnung und Verwandlung dieser Welt. Auf eindringliche Weise rufen sie das bemerkenswerte Leben wach, das sie geführt hat.

Fridas letztes Gemälde hängt an einer Wand des Wohnzimmers. Auf diesem Bild, das einen leuchtend blauen Himmel als Hintergrund hat, der in eine hellere und eine dunklere Hälfte aufgeteilt ist, liegen Wassermelonen, die beliebtesten Früchte Mexicos, ganz, halbiert, geviertelt und auf andere Weise geteilt. Die Farbe ist mit größerer Sorgfalt aufgetragen als in vergleichbaren Stilleben aus der letzten Lebensphase. Die Formen treten als greifbare Volumen hervor und sind klar geordnet. Es ist, wie wenn die Künstlerin alle Kraft, die ihr noch geblieben war, zusammengefaßt hätte, um ihre letzte Aussage über die *alegría* zu machen. In Stücke geschnitten und zerhackt, lassen die Früchte die Nähe des Todes ahnen, aber ihr leuchtend rotes Fleisch preist die Fülle des Lebens. Eine Woche bevor sie starb, als ihre Stunden bereits gezählt waren und das Dunkel sie einzuhüllen begann, tauchte Frida ihren Pinsel in blutrote Farbe und schrieb über das karmesinrote Fleisch der zuvorderst liegenden Frucht ihren Namen sowie das Datum und den Ort der Ausführung. Dann setzte sie in großen Buchstaben ihren letzten Gruß an das Leben darunter:

VIVA LA VIDA
Es lebe das Leben.

Anhang

Dank

Beim Schreiben dieses Buches habe ich mich nicht nur auf Publikationen wie Bücher, Kataloge, Aufsätze, Kritiken und Beiträge in Fachzeitschriften stützen können, sondern auch auf ein umfangreiches unveröffentlichtes Quellenmaterial, das mir durch das Entgegenkommen zahlreicher Leute in Mexico, den Vereinigten Staaten und Frankreich zugänglich gemacht wurde, indem sie mir Tagebücher, Briefe, Privatarchive und Fotosammlungen zur Verfügung stellten und mir gestatteten, daraus zu zitieren oder Teile zu reproduzieren, oder indem sie mir in ausführlichen Gesprächen ihre Zeit widmeten, mir mit ihrem Wissen beistanden und mich an ihren Erinnerungen teilhaben ließen.

Ihnen allen bin ich zu größtem Dank verpflichtet, insbesondere Dolores Olmedo, Alejandro Gómez Arias, Isolda Kahlo, Joyce Campbell, Alberto Misrachi, Mariana Morillo Safa, Mimi Muray, Emmy Lou Packard, Ella Wolfe, Lucienne Bloch, Jan van Heijenoort, Clare Boothe Luce, Isamu Noguchi, Raquel Tibol, Antonio Rodríguez, Adelina Zendejas, Arturo García Bustos, Arturo Estrada, Guillermo Monroy, Fanny Rabel und Dr. Guillermo Velasco y Polo.

Mein Dank gilt ebensosehr all jenen, die mir großzügig erlaubten, Gemälde, Zeichnungen und Fotografien aus privatem oder öffentlichem Besitz abzubilden: den Sammlern Dolores del Rio, Dr. Samuel Fastlich, Eugenia Farill, Jacques Gelman, Edgar Kaufmann jr., Michel Petitjean, Mary Sklar und Jorge Espinosa Ulloa; ferner Mary-Anne Martin von Sotheby Parke Bernet und Miriam Kaiser vom mexikanischen Nationalen Institut der Bildenden Kunst und schließlich Karen und David Crommie, den Schöpfern des preisgekrönten Films über das Leben und Sterben Frida Kahlos.

Bildquellen

2: Imogen Cunningham Trust, Berkeley – 17 oben: Sammlung Alejandro Gómez Arias, Mexico City. Foto Hayden Herrera. – 17 unten: Sammlung Dolores Olmedo, Mexico City. Foto Raúl Salinas. – 35: Museo de Arte Moderno, Mexico City. Foto José Verde. – 44: Foto Guillermo Kahlo. – 62: Sammlung Rafael Coronel, Mexico City. Foto Raúl Salinas. – 69: Museum of Modern Art, New York. Geschenk von Dr. Allan Roos und B. Mathieu Roos. – 87: Foto Raúl Salinas. – 88 oben: Sammlung Gelman, Mexico City. Foto Raúl Salinas. – 88 unten: Sammlung Marte Gómez Leal, Mexico City. Foto José Verde. – 121 oben: Sammlung Dolores Olmedo, Mexico City. Foto Raúl Salinas. – 121 unten: Sammlung Selma und Nesuhi Ertegun, New York. Foto Sotheby Parke Bernet. – 139 oben: Sammlung Gelman, Mexico City. Foto Raúl Salinas. 139 unten: Sammlung Espinosa Ulloa, Mexico City. Foto Raúl Salinas. – 173: Sammlung Manuel Reyero, New York. Foto Christie's, New York. – 174 oben: Detroit Institute of Arts, Founders' Society Purchase, Edsel B. Ford Fund und Geschenk von Edsel Ford. Foto W. J. Stettler. – 191: Aus dem Besitz von Dr. Leo Eloesser, mit Erlaubnis der Hoover Gallery, San Francisco. – 192 oben: Aus dem Besitz von Dr. Leo Eloesser, mit Erlaubnis der Hoover Gallery, San Francisco. Foto Sotheby Parke Bernet. – 192 unten: Sammlung Gelman, Mexico City. Foto Raúl Salinas. – 197: Foto Elinor Mayer. – 203: Foto Nickolas Muray. – 209: Museum of Modern Art, New York. Geschenk von Edgar Kaufmann jr. – 227: Sammlung Daniel Filipacchi, Paris. Foto Sotheby Parke Bernet. – 245: Sammlung Tomás Fernández Márquez, Mexico City. Foto Raúl Salinas. – 246 oben: Sammlung Isolda Kahlo, Mexico City. – 246 unten: Sammlung Michel Petitjean, Paris. – 263: Phoenix Art Museum, Phoenix, Arizona. – 281 oben: Sammlung Dolores Olmedo, Mexico City. Foto Raúl Salinas. – 281 unten: Sammlung Manuel Perusquia, Mexico City. Foto Raúl Salinas. – 299: Sammlung Riquelme. Foto Karen und David Crommie. – 323: Foto Emmy Lou Packard. – 333: Verbleib des Bildes unbekannt. Foto Unidad de Documentación, Dirección de Artes Plásticas, INBA. – 351: Sammlung Jorge Espinosa Ulloa, Mexico City. Foto Raúl Salinas. – 352: Foto Juan Guzmán. – 355: Foto Antonio Rodríguez.

Literaturverzeichnis

Brenner, Anita, *Idols Behind Altars*, New York 1929.

Breton, André, *Surrealismus und Malerei*, Berlin 1967.

Charlot, Jean, *The Mexican Mural Renaissance: 1920–1925*, New Haven und London 1967.

del Conde, Teresa, *Vida de Frida Kahlo*, Mexico City 1976.

Flores Guerrero, Raúl, *Cinco pintores mexicanos*, Mexico City 1957.

Heijenoort, Jean van, *With Trotsky in Exile: From Prinkipo to Coyoacán*, Cambridge, Mass., und London 1978.

Helm, MacKinley, *Modern Mexican Painters*, New York 1968.

Henestrosa, Andrés, *Una alacena de alacenas*, Mexico City 1970.

Museum of Contemporary Art, *Frida Kahlo*, Ausstellungskatalog, Chicago 1978.

Herrera, Hayden, *Frida Kahlo: Her Life, Her Art*, New York 1981.

Instituto Nacional de Bellas Artes, *Diego Rivera: Exposición Nacional de Homenaje*, Ausstellungskatalog, Mexico City 1977.

Instituto Nacional de Bellas Artes, *Frida Kahlo: Exposición Nacional de Homenaje*, Ausstellungskatalog, Mexico City 1977.

Instituto Nacional de Bellas Artes, *Frida Kahlo acompañada de siete pintoras*, Ausstellungskatalog, Mexico City 1967.

Organizing Committee of the Games of the XIX Olympiad, *The Frida Kahlo Museum*, Mexico City 1968.

Rivera, Diego; March, Gladys, *My Art, My Life: An Autobiography*, New York 1960.

Rodríguez Prampolini, Ida, *El surrealismo y el arte fantástico de México*, Mexico City 1969.

Schmeckebier, Laurence E., *Modern Mexican Art*, Minneapolis 1939.

Technisches Komitee des Diego Rivera Trust, *Museo Frida Kahlo*, Museumskatalog, Mexico City 1958.

Tibol, Raquel, *Frida Kahlo. Uber ihr Leben und ihr Werk nebst Aufzeichnungen und Briefen*, Frankfurt 1980.

Tibol, Raquel, *Frida Kahlo: Über ihr Leben und ihr Werk nebst Aufzeichnungen und*

Whitechapel Art Gallery, *Frida Kahlo und Tina Modotti*, Ausstellungskatalog, Frankfurt 1982.

Wolfe, Bertram D., *Diego Rivera: His Life and Times*, New York und London 1939.

Wolfe, Bertram D., *The Fabulous Life of Diego Rivera*, New York 1963.

Wolfe, Bertram D., and Rivera, Diego, *Portrait of Mexico*, New York 1937.

Für die zahlreiche Fachliteratur, welche die Autorin benutzte, verweisen wir auf das ausführliche Verzeichnis in der bei Harper & Row, New York, erschienenen Originalausgabe.

Zeittafel

1907   6. Juli: Frida wird in Coyoacán am südlichen Stadtrand von Mexico City in dem 1904 von ihrem Vater gebauten blauen Haus geboren.

1910   Ausbruch der mexikanischen Revolution, die Fridas Eltern in wirtschaftliche Schwierigkeiten stürzt.

1913   Frida erkrankt an Kinderlähmung und muß neun Monate lang das Bett hüten. Ihr rechtes Bein bleibt für immer geschwächt und merklich dünner.

1922   Frida wird in die Preparatoria, die renommierteste höhere Schule zur Vorbereitung auf die Universität, aufgenommen und wählt das Kursprogramm für künftige Medizinstudenten. Mitglied der *cachuchas* und Freundin von Alejandro Gómez Arias, dem Anführer der berüchtigten Clique.
        Diego Rivera malt Fresken in der Aula der Preparatoria, und Frida schaut dem berühmten Meister öfter bei der Arbeit zu.

1925   17. September: Schrecklicher Busunfall, der Fridas ganzes Leben verändert. Beginn ihres «lebenslangen Sterbens» als Folge der schweren Verletzungen am Rückgrat und am rechten Bein. Hinwendung zur Malerei, da ihr Bewegung versagt ist.
        Abgang von der Preparatoria, um ihren Lebensunterhalt zu verdienen.

1926   Alejandro zieht sich langsam von Frida zurück, bis es 1928 zum endgültigen Bruch kommt.
        Erstes *Selbstporträt*, um Alejandros Gunst zurückzugewinnen.

1928   Frida lernt die Fotografin Tina Modotti kennen. Durch sie kommt sie mit linkspolitischen Literaten in Berührung und tritt der Kommunistischen Partei bei, wo sie die Bekanntschaft von Diego Rivera macht.

1929   1. August: Frida heiratet den 42jährigen Diego Rivera.
        Zweites *Selbstporträt*

1930   Erste einer Reihe von Fehlgeburten. Frida leidet ihr ganzes Leben unter ihrer Kinderlosigkeit.

Rivera erhält verschiedene Aufträge für Wandmalereien in den USA und arbeitet während der folgenden Jahre hauptsächlich in den Vereinigten Staaten. Frida begleitet ihn.

In San Francisco macht sie die Bekanntschaft des berühmten Fotografen Edward Weston und des auf Knochenchirurgie spezialisierten Arztes Leo Eloesser, an den sie sich bis zu ihrem Tod für medizinischen und freundschaftlichen Rat wendet.

Drittes *Selbstporträt*

1931   Bekanntschaft mit dem russischen Filmregisseur Sergej Eisenstein in Mexico.

Einzelausstellung der Werke Diego Riveras im Museum of Modern Art in New York, der ein großer Erfolg beschieden ist.

Frida lernt in New York Lucienne und Suzanne Bloch kennen.

Sie malt vor allem Porträts (Leo Eloesser, Eva Frederick, Jean Wight, Luther Burbank u. a.).

Frida und Diego Rivera

1932   Mehrmonatiger Aufenthalt in Detroit. Erneute Fehlgeburt, nachdem Frida dieses Kind entgegen aller Vernunft zur Welt bringen wollte. Hospitalisierung im Henry-Ford-Krankenhaus und wichtige Stilwandlung in ihrer Malerei als Folge ihres Leidens.

15. September: Tod von Fridas Mutter.

Henry-Ford-Hospital

Frida und die Fehlgeburt (einzige Lithographie)

Selbstbildnis auf der Grenze zwischen Mexico und den Vereinigten Staaten

Meine Geburt

1933   Nachdem Rivera die Wandgemälde in Detroit vollendet hat, folgt ein achtmonatiger Aufenthalt in New York, wo er Fresken für das Rockefeller Center schaffen soll.

Dezember: Rückkehr nach Mexico. Die Riveras beziehen die zwei neu erstellten separaten Häuser in San Angel.

Da hängt mein Kleid

1934   Liebesaffäre zwischen Diego und Fridas Lieblingsschwester Cristina. Frida malt überhaupt nicht.

1935   Frida reist allein für einige Wochen nach New York. Kontakt mit Mary Schapiro und Anita Brenner.

Liebesverhältnis mit dem Bildhauer Isamu Noguchi in Mexico.

Nur ein paar kleine Dolchstiche

1936   *Meine Großeltern, meine Eltern und ich*

1937   Januar: Leon und Natalia Trotzki treffen in Mexico ein und finden Aufnahme im blauen Haus von Coyocán.

Kurze Liebesaffäre zwischen Frida und Leon Trotzki.
Meine Amme und ich
Fulang-Chang und ich
Ich und meine Puppe
Gedächtnis

1938   Teilnahme an einer Gruppenausstellung in der Universitätsgalerie von Mexico City.
Bekanntschaft mit Jacqueline und André Breton, der Frida als surrealistische Malerin feiert.
Einzelausstellung mit 25 Werken von Frida Kahlo in der New Yorker Galerie von Julien Levy, die zu einem großen Erfolg wird.
Leidenschaftliche Liebesromanze mit dem Fotografen Nickolas Muray in New York.
Vier Bewohner Mexicos
Erinnerung an eine offene Wunde
Was mir das Wasser gab

1939   Aufenthalt in Paris. André Breton organisiert eine Ausstellung mit Werken von Frida Kahlo in der renommierten Galerie von Pierre Colle.
Der Louvre erwirbt das Bild *Der Rahmen*.
Bruch zwischen Rivera und Trotzki. Frida stellt sich auf die Seite ihres Mannes.
Frida verläßt ihr Haus in San Angel und wohnt für den Rest ihres Lebens im blauen Haus in Coyoacán.
Scheidung von Diego Rivera in gegenseitigem Einverständnis. Angeschlagene Gesundheit und Flucht in den Alkohol.
Die beiden Fridas
Der Freitod der Dorothy Hale

1940   Die Internationale Surrealistenausstellung in Mexico City, an der sich Frida mit *Die beiden Fridas* und *Verwundeter Tisch* beteiligt, wird zum herausragenden Ereignis.
Während der folgenden Jahre Teilnahme an zahlreichen Ausstellungen, vor allem in den USA, und zunehmende Anerkennung als eigenständige Malerin.
Mißglücktes Attentat auf Trotzki. Wenige Monate später fällt Trotzki einem zweiten Mordanschlag zum Opfer. Die Riveras werden der Kollaboration verdächtigt.
Liebesgeschichte mit dem jungen Deutschen Heinz Berggruen in New York.
8. Dezember: Wiedervermählung mit Diego Rivera in San Francisco. Beide bewahren sich jedoch weitgehende Unabhängigkeit, und Trennungen und Versöhnungen wechseln in der Folge ab.
Der Traum
Verwundeter Tisch
Selbstbildnis mit abgeschnittenem Haar

1941	Diego zieht zu seiner Frau ins blaue Haus. Tod von Fridas Vater.

1941   Diego zieht zu seiner Frau ins blaue Haus.
        Tod von Fridas Vater.

1942   Beginn des Baus von Anahuacalli, wo Riveras wertvolle Sammlung präkolumbischer Plastiken untergebracht werden soll. Wahl Fridas zum Gründungsmitglied des Seminario de Cultura Mexicana.

1943   Lehrtätigkeit an der Maler- und Bildhauerschule «La Esmeralda», aus der «Los Fridos» hervorgehen. Allmähliche Reduktion des Pensums aus gesundheitlichen Gründen.
Wurzeln

1944   *Diego und Frida, 1929–1944*
Porträt von Mariana Morillo Safa
Bildnis der Doña Rosita Morillo

1945   *Mir bleibt nicht die geringste Hoffnung*
Die gebrochene Säule
Moses

1946   Wirbeloperation in New York, die jedoch keine Erleichterung bringt. Beginn von Fridas Drogensucht.
Gewährung eines Regierungsstipendiums und 2. Preis für ihr Bild *Moses* an der nationalen Ausstellung im Palast der Schönen Künste in Mexico City.
Baum der Hoffnung
Das kleine Wild

1947   *Sonne und Leben*

1949   *Die Liebesumarmung des Universums, die Erde (Mexico), Diego, ich und Señor Xolotl*

1950   Einjähriger Krankenhausaufenthalt in Mexico City. Frida malt unter der euphorisierenden Wirkung von Medikamenten. Nach der Entlassung aus dem Krankenhaus bleibt sie geschwächt und dauernd pflegebedürftig.
Wachsende Verbundenheit mit der Kommunistischen Partei.

1951   *Selbstbildnis mit dem Porträt von Dr. Farill*

1952   Grundlegende Stilwandlung unter dem Einfluß von Drogen und Alkohol. Ihre Bilder werden immer wilder, chaotischer und unsorgfältiger. Zunehmende Vereinsamung.

1953   Erste Einzelausstellung in Mexico, in der Galería Arte Contemporáneo, an deren Eröffnung die schwerkranke Frida in ihrem Himmelbett teilnimmt.

Amputation des rechten Fußes. Frida erholt sich nie mehr von dem psychologischen Schock und verliert körperlich und geistig immer mehr die Kontrolle über sich. Starke Drogenabhängigkeit.

1954   Frida stirbt im blauen Haus in Coyoacán, das heute das Frida-Kahlo-Museum beherbergt.
Viva la vida

Namensregister

Abbot, Jere 111
Ageloff, Sylvia 219
Alvarez Bravo, Lola 63, 164, 211, 365 f., 369
Alvarez Bravo, Manuel 220
Amor, Inés 225 f.
Amor, Pita 329 f., 363
Arensberg, Walter G. 256, 289
Arias Viñas, Ricardo 248
Armida, Machila 233, 359
Atl, Dr. 366, 368
Avila Camacho, Manuel 289

Barr, Alfred H., jr. 111
Behar, Roberto 292, 301
Beloff, Angelina 71, 249, 271, 278
Bender, Albert M. 106, 109
Berggruen, Heinz 268 ff.
Blanch, Arnold 104
Blanch, Lucile 99, 104
Bloch, Lucienne 112 f., 125 ff., 131 ff., 136 ff., 141, 144 ff., 149 ff., 157, 166, 189 f.
Bloch, Suzanne 112, 145, 149
Bohus, Irene 243, 265 f.
Boytler, Arcady 317, 363
Brenner, Anita 113, 157, 256, 270 f.
Breton, André 9, 183, 189, 193 f., 197 f., 200, 206, 208, 211, 213, 217, 220 f., 224 f., 229, 233 f., 257, 264
Breton, Jacqueline 193 f., 208, 220, 222, 264, 275, 302
Burbank, Luther 109

Caballero Sevilla, Carmen 274 f.
Calas, Nicolas 201
Calderón, Antonio 19

Calderón y González, Matilde. Siehe Kahlo, Matilde Calderón de
Campos, Isabel 105, 129
Campos, Olga 57, 344, 346, 393
Cárdenas, Lázaro 164, 169, 171 f., 265, 305, 359, 395 f., 398
Cardoza y Aragón, Luis 93
Caso, Antonio 32
Castro, Rosa 363, 379, 382, 394
Chávez, Carlos 257
Chucho 169, 349
Colle, Pierre 211, 213
Cornell, Joseph 202, 233
Covarrubias, Miguel 138, 225, 241, 248, 255, 258, 396
Covarrubias Rolando, Rosa 138, 241 f., 248, 258
Crowninshield, Frank 113
Cunningham, Imogen 2, 9, 98

Dale, Chester 199
Díaz, Porfirio 19, 89
Dimitroff, Stephen 113, 144, 149 f.
Domingo Lavin, José 292 f.
Dromundo, Baltasar 83, 90
Duchamp, Marcel 9, 208, 212 f., 221, 233, 257

Eaton, Marjorie 148, 164, 169
Eisenstein, Sergej 9, 110, 147
Eloesser, Leo 107 f., 113 f., 118, 120, 125, 129, 135, 154 ff., 163, 165, 192, 252, 267 ff., 271, 277, 285, 288, 311, 340 ff.
Ernst, Max 213, 231
Estrada, Arturo 301, 308, 362

413

Die Frau in der Gesellschaft

Gisela Breitling
Der verborgene Eros
Weiblichkeit und
Männlichkeit im Zerr-
spiegel der Künste
Band 4740

Die Malerin Gisela Breitling
bekundet entschiedene Partei-
nahme für Künstlerinnen und
gegen den einseitig männlichen
Kulturbetrieb. Sie weist nach, daß
jedes ästhetische Urteil in Wahrheit ein politisches ist. Eine engagierte und brillant formulierte
Auseinandersetzung mit dem
›verborgenen Eros‹ in der Kunst.

Gisela Breitling
Die Spuren des Schiffs
in den Wellen
Eine autobiographische
Suche nach den Frauen
in der Kunstgeschichte
Band 3780

Mit diesem Buch unternimmt
eine Malerin selbst zum ersten
Mal den Versuch, eine
Geschichtsschreibung zu korrigieren, die bisher Künstlerinnen
in ein »Eckchen im Vaterhaus der
Kultur« abschob oder sie ganz
ignorierte. Der Bildteil dokumen-
tiert eine versunkene Geschichte,
die es wert ist, rehabilitiert zu
werden.

Fischer Taschenbuch Verlag